La politique publique d'intelligence économique

Entreprises et Management
Collection dirigée par Ludovic François

La collection *Entreprises et Management* est destinée à accueillir des travaux traitant des questions liées aux sciences de gestion et à l'entreprise. Les ouvrages publiés ont pour la plupart une vocation pratique. Certains d'entre eux sont issus de thèses professionnelles soutenues à HEC.

Dernières parutions

Annick LAINÉ, *Coopération et management .L'exemple des Sociétés coopératives et participatives (SCOP)*, 2015.
René SANTENAC, *La taille critique des banques françaises*, 2014.
Nicolas MUNDSCHAU, *Recruter les jeunes talents. Attirer, Sélectionner, Fidéliser*, 2013.
Noah GAOUA, *La déductibilité des charges financières en droit fiscal français des entreprises*, 2013.
Nada KHACHLOUF, *Apprendre dans les réseaux de PME, Le rôle des contacts personnels*, 2013.
Florent PESTRE, *La Responsabilité sociale des entreprises multinationales. Stratégies et mise en œuvre*, 2013.
Gérard REYRE, *Huit questions sur l'aventure humaine dans l'entreprise*, 2013.
Françoise DUPUICH (dir.), *Regards croisés sur la Responsabilité Sociale de l'Entreprise (RSE)*, 2012.
Philippe HERMEL et Pascal CORBEL, *Le management des évolutions organisationnelles et stratégiques*, 2012.
Pascal DURAND-BARTHEZ, François LENGLART (dir.), *Choisir son droit. Conséquences économiques du choix du droit applicable dans les contrats internationaux*, 2012.
Anne CHANON et Jérôme AURIAC, *L'entreprise à l'ère des défiances*, 2012.
Michaela TOURNAY-TIBI, Aurélie DANO, Élodie ARANDA-HAPPE, Yves PÉLIGRY, *Le défi énergétique de la Chine. Comment la Chine prépare-t-elle son avenir énergétique ?*, 2012.
Andrés DÁVILA, Simon COUDERC, *Les défis de la petite entreprise internationale*, 2012.
Kamilia BAHIA, *Le Processus de réalisation d'un mémoire ou d'une thèse en marketing*, 2011.

Olivier Chardavoine

La politique publique d'intelligence économique

Préface de Nicolas Moinet et Ludovic François

L'Harmattan

5-7, rue de l'Ecole-Polytechnique, 75005 Paris

http://www.harmattan.fr
diffusion.harmattan@wanadoo.fr

ISBN : 978-2-343-05644-9
EAN : 9782343056449

Remerciements

à M. Nicolas MOINET et M. Ludovic FRANCOIS pour leurs orientations et précieux conseils qui m'ont permis de garder une ligne directrice, durant ces quatre années, sans m'égarer dans les méandres de l'intelligence économique à la française. Merci également d'avoir honoré de votre plume la préface de cet ouvrage.

au colonel Denys MOREE, qui, sous ses ordres, m'a laissé le champ libre pour créer et développer l'intelligence économique au sein de la gendarmerie nationale entre 2006 et 2010. Le travail présenté ici est aussi le fruit de plusieurs rencontres qui n'auraient pu avoir lieu sans son ouverture d'esprit.

à mon épouse et mes deux enfants qui voient enfin la justification à tous ces moments que nous n'avons pu passer ensemble.

Glossaire des sigles et acronymes

ACFCI : Association des chambres françaises de commerce et d'industrie
ADBS : Association des professionnels de l'information et de la documentation
ADIT : Agence de diffusion de l'information technologique
ADITECH : Association pour la diffusion de l'information technologique
AFDIE : Association française pour le développement de l'intelligence économique
AFII : Agence française pour les investissements internationaux
AFNOR : Association française pour la normalisation
AIFIE : Association internationale francophone d'intelligence économique
AII : Agence de l'innovation industrielle
AIPPI : Association internationale pour la protection de la propriété intellectuelle
ANVAR : Agence nationale de valorisation de la recherche
ANSSI : Agence nationale de sécurité des systèmes d'information
ANR : Agence nationale de la recherche
ARIST : Agence régionale d'information stratégique et technologique
BDPME : Banque de développement des petites et moyennes entreprises
BPI : Banque publique d'investissement
CAS : Centre d'analyse stratégique
CCI : Chambre de commerce et d'industrie
CCSE : Comité pour la compétitivité et la sécurité des entreprises
CDC : Caisse des dépôts et consignations
CEA : Commissariat à l'énergie atomique
CGCT : Code général des collectivités territoriales
CGSP : Commissariat général à la stratégie et à la prospective
CIACT : Comité interministériel d'aménagement et de compétitivité du territoire
CICE : Crédit d'impôt pour la compétitivité et l'emploi
CIR : Comité interministériel du renseignement

CIRI : Comité interministériel de restructuration industrielle
CJCE : Cour de justice des communautés européennes
CJUE : Cour de justice de l'union européenne
CMIE : Coordonnateur ministériel à l'intelligence économique
CNI : Conférence nationale de l'industrie / Comité national de l'industrie
CNR : Conseil national du renseignement
CNRS : Centre national de la recherche scientifique
CODEFI : Comités départementaux d'examen des problèmes de financement des entreprises
COFACE : Compagnie française d'assurance et de crédits export
COMES : Comité pour les matériaux stratégiques
CPR : Comités de pilotage régionaux
CRCI : Chambre régionale de commerce et d'industrie
CRITT : Centre régional d'innovation et de transfert de technologie
DATAR : Délégation interministérielle à l'aménagement du territoire et l'attractivité régionale
DCRG : Direction centrale des renseignements généraux
DCRI : Direction centrale du renseignement intérieur
DCSP : Direction centrale de la sécurité publique
DGA : Délégation générale de l'armement
DGCIS : Direction générale de la compétitivité, de l'industrie et des services
DGGN : Direction générale de la gendarmerie nationale
DGM : Direction générale de la mondialisation, du développement et des partenariats
DGRI : Direction générale de la recherche et de l'innovation
DGSE : Direction générale de la sécurité extérieure
DGSI : Direction générale de la sécurité intérieure
DGTPE : Direction générale du trésor et de la politique économique
DIACT : Délégation interministérielle à l'aménagement et la compétitivité des territoires
DIRECCTE : Directions régionales des entreprises, de la concurrence, de la consommation, du travail et de l'emploi
D2IE : Délégation (ou délégué[e]) interministérielle à l'intelligence économique
DPS : Délégation à la prospective et à la stratégie

DPSD	: Direction de la protection et de sécurité de la défense
DPSN	: Direction de la planification de sécurité nationale
DPPSN	: Direction de la prospective et de la planification de sécurité nationale
DST	: Direction de la surveillance du territoire
EPIC	: Établissement public à caractère industriel et commercial
ETI	: Établissement de taille intermédiaire
FCDE	: Fonds de consolidation et de développement des entreprises
FCE	: Fonds de compétitivité des entreprises
FDES	: Fonds de développement économique et social
FéPIE	: Fédération des professionnels de l'intelligence économique
FMEA	: Fonds de modernisation des équipementiers automobiles
FMI	: Fonds monétaire international
FNADT	: Fonds national d'aménagement et développement du territoire
FNRT	: Fonds national de revitalisation des territoires
FSI	: Fonds stratégique d'investissement
FUI	: Fonds unique interministériel
GIP	: Groupement d'intérêt public
HFDS	: Haut fonctionnaire de défense et de sécurité
HRIE	: Haut responsable chargé de l'intelligence économique
IDE	: Investissements directs étrangers
IE	: Intelligence économique
IET	: Intelligence économique territoriale
IERSE	: Institut d'études et de recherche pour la sécurité des entreprises
IFIE	: Institut français de l'intelligence économique
IHEDN	: Institut des hautes études de défense nationale
INDL	: Institut national du développement local
INHES	: Institut national des hautes études de sécurité
INHESJ	: Institut national des hautes études de la sécurité et de la justice
INPI	: Institut national de la propriété industrielle
INRIA	: Institut national de recherche en informatique et automatique
ISM	: Institut supérieur des métiers

LOPSI	: Loi d'orientation de programmation pour la sécurité intérieure
LOPPSI	: Loi d'orientation de planification et de programmation pour la sécurité intérieure
MAE(E)	: Ministère des affaires étrangères (et européennes)
MEIE	: Ministère de l'économie de l'industrie et de l'emploi
MIAT	: Ministère de l'intérieur et de l'aménagement du territoire
MIOMCT	: Ministère de l'intérieur, de l'outremer et des collectivités territoriales
MINEFE	: Ministère de l'économie, des finances et de l'emploi
MINEFI	: Ministère de l'économie et des finances
OEB	: Office européen des brevets
OMPI	: Organisation mondiale de la propriété intellectuelle
PME/PMI	: Petites et moyennes entreprises / petites et moyennes industries
PIA	: Programme d'investissement d'avenir
PIB	: Produit intérieur brut
PPIE	: Politique publique d'intelligence économique
PRIE	: Plans régionaux pour l'internationalisation des entreprises
R&D	: Recherche et développement
RG	: Renseignements généraux
SBA	: Small business act
SCIP	: Strategic (ex-Society of) and competitive intelligence professionals
SCRT	: Service central du renseignement territorial
SDIG	: Sous-direction de l'information générale
SEM	: Société d'économie mixte
SFEF	: Société de financement de l'économie française
SGAR	: Secrétaire (ou secrétariat) général aux affaires régionales
SGDN	: Secrétariat général de la défense nationale
SGDSN	: Secrétariat général de la défense et de la sécurité nationale
SPPE	: Société de prise de participation de L'État
SRADT	: Schéma régional d'aménagement et de développement du territoire
SRDE	: Schéma régional de développement économique
SRI	: Schéma régional de l'innovation

SRIE	: Schéma régional d'intelligence économique
SSI	: Sécurité des systèmes d'information
SYNFIE	: Syndicat français de l'intelligence économique
TCE	: Traité instituant la communauté européenne
TFUE	: Traité sur le fonctionnement de l'union européenne
TIC	: Technologies de l'information et de la communication
TPG	: Trésorier payeur général
UCCIFE	: Union des chambres de commerce et d'industrie françaises à l'étranger

Préface

Cet ouvrage sur la politique publique d'intelligence économique a ceci de remarquable qu'il est le fruit à la fois d'une pratique professionnelle de haut niveau et d'un travail de recherche académique. Tout au long de sa lecture on ressent la maturité de l'auteur sur les questions de l'IE et en même temps ce recul nécessaire à la conceptualisation. Olivier Chardavoine est d'abord un officier de gendarmerie qui a exercé des responsabilités nationales en matière d'Intelligence Economique à la Direction Générale de la Gendarmerie Nationale. Il est donc un praticien accompli avec une expérience de terrain très concrète. Il y a plusieurs années, considérant les qualités de cet officier de gendarmerie pour la conceptualisation, les auteurs de cette préface lui suggérèrent de se lancer dans une recherche doctorale. Quatre ans après, Olivier Chardavoine devenait docteur en sciences de l'information et de la communication. Cet ouvrage se situe donc au confluent de cette pratique professionnelle et de son travail de recherche académique. « *Il faut penser en homme d'action et agir en homme de pensée* ». Cette maxime du philosophe Henri Bergson va comme un gant à un officier de gendarmerie dont la recherche à visée opérationnelle arrive à point nommé, à un moment où la politique publique d'Intelligence Economique Territoriale est en pleine reconstruction sous l'égide d'une Délégation Interministérielle enfin dotée d'une stature et des compétences à la hauteur des enjeux. A commencer par le passage d'une conception pyramidale de l'organisation de l'Etat à une dimension réticulaire seule en mesure de gagner en agilité stratégique et non de poursuivre sur la pente depuis trop longtemps empruntée de la paralysie bureaucratique. Aussi, la pierre ici apportée par Olivier Chardavoine devrait être d'une grande utilité à l'édifice de la politique publique d'intelligence économique territoriale. Pourquoi ? Parce que l'auteur a parfaitement su intégrer cette idée selon laquelle que seule l'alliance entre la théorie et la pratique permet d'avancer dans un monde fait de complexité et de ruptures. C'est pourquoi ce travail passe admirablement du concept d'intelligence économique et le prisme sécuritaire à la question d'une véritable politique publique pour laquelle, après un examen minutieux, il n'hésite pas à se risquer à proposer de nouveaux outils.

Nicolas Moinet & Ludovic François

Introduction

******

Défense économique, sécurité économique, veille, influence, compétitivité... Bien des notions semblent être le corollaire de l'intelligence[1] économique sans que les définitions produites à ce jour ne donnent satisfaction à l'ensemble des acteurs, qu'ils soient théoriciens académiques, législateurs, fonctionnaires ou chefs d'entreprises.

Pour autant, le consensus existe autour de la matière première que constitue l'intelligence économique, à savoir l'information. Si l'intérêt qu'elle suscite est renouvelé depuis quelques années, notamment sous l'effet de la mondialisation, ce besoin n'est pas nouveau. Les décideurs ont toujours eu besoin d'être éclairés, d'avoir la connaissance la plus aboutie des situations pour prendre la bonne décision. « *La stratégie de l'information a de tout temps représenté un élément essentiel de la stratégie générale* » (Lacoste, 1999). Celle-ci n'est pas nécessairement la réponse à la satisfaction du bien commun, mais une réponse favorable à leurs intérêts (d'eux-mêmes ou de l'organisation qu'ils dirigent).

L'histoire regorge de ces exemples où le chef a recherché l'information pour mener son action. Le domaine militaire en est l'illustration parfaite. Si aujourd'hui le mot « espion » revêt une connotation largement négative, tel n'a pas toujours été le cas. Dès l'Antiquité, les chefs militaires ont eu recours aux espions pour être informés des préparatifs et de la stratégie de l'ennemi. L'empire Romain s'est étendu grâce aux légions romaines, lesquelles étaient particulièrement bien informées par un réseau efficace d'espions[2].

Outil politique au même titre que la diplomatie, l'outil militaire a toujours accompagné la création des grands empires, que ce soit en tant que force conquérante ou en tant qu'administration-support de

[1] Du latin *intellegere* : connaître.

[2] L'histoire de l'empire chinois, de la Grèce antique, mais aussi les nombreux conflits évoqués dans l'Ancien Testament, font état de ce besoin en information du chef pour mener son action. Il est vrai que jusqu'au XXème siècle, les conquêtes territoriales ont surtout été menées prioritairement par les forces armées.

l'activité diplomatique[3]. Bien qu'apparemment moins violente, la diplomatie n'en est pas moins un outil de conquête. Le théâtre conflictuel évolue progressivement du terrain militaire vers le champ diplomatique. Il ne faut pas s'arrêter uniquement ici à l'échange courtois et aux relations d'États à États, mais appréhender l'ensemble des techniques permettant d'imposer sa propre vue à autrui par des outils non militaires. L'action diplomatique est d'autant plus victorieuse qu'elle est obtenue, de surcroît, avec l'adhésion de l'adversaire[4].

L'histoire retient les dates qui font référence : l'année 1989 est considérée comme une année charnière où la chute du mur de Berlin symbolise la fin de l'affrontement est-ouest et l'avènement d'un monde nouveau. D'aucuns pensaient même à la fin des conflits entre les peuples dans un monde pacifié où la prospérité économique et la démocratie libérale emportaient l'adhésion de tous (Fukuyama, 1992). L'histoire a emprunté une autre voie. Les conflits militaires interétatiques sont devenus infra-étatiques. Les mercenaires et les terroristes ne portent pas les uniformes des armées régulières.

Parallèlement à ce glissement au sein du terrain de l'affrontement militaire, le champ économique a évolué dans le même temps. Si la mondialisation a eu des effets bénéfiques (élévation du niveau de vie de millions de personnes), elle n'a pas (encore ?) apporté la prospérité universelle. Chômage, délocalisations, crises financières et monétaires, bulles spéculatives immobilières, inflation, déflation... en

---

[3] Ce revirement apparaît durant la période de décolonisation, dans les années 1950-60. La conscience collective et la morale s'accommodaient de plus en plus mal de l'ingérence d'un État sur le territoire d'un autre, surtout par l'outil militaire. Avec la création de l'ONU, les interventions militaires qui ne répondent pas à un besoin de paix ou de stabilisation validé par l'organisation internationale, sont désapprouvées tant par le conseil de sécurité que l'opinion mondiale. Toutefois, les invasions militaires n'ont pas cessé (Afghanistan -1979-, Koweït -1991-...) mais font l'objet d'un rejet systématique de la « conscience mondiale ». Bien que cette hypothèse ne soit pas complètement écartée aujourd'hui en raison de tensions persistantes entre certains États, le terrorisme international est une nouvelle donnée qui a fait évoluer le rapport à la guerre. Actuellement, l'outil militaire est employé autant pour stabiliser certaines régions (mandants internationaux) plutôt que les conquérir (action belliqueuse d'une État envers un autre).

[4] Le sport, la culture, la langue, la normalisation par la « soft law » sont quelques uns des nouveaux champs diplomatiques.

sont quelques uns des maux récurrents. Si ces phénomènes ne sont pas nouveaux, leur ampleur et leur vitesse de propagation jamais atteintes jusqu'alors sont bien des conséquences directes de la mondialisation induite par la levée progressive des différentes barrières. Ce glissement de la conflictualité n'en est pas moins lourd de conséquences :

> « *Au cours des quarante dernières années, l'économie a pris une importance prédominante dans les relations internationales. La mondialisation des échanges a entraîné un renversement de valeurs dans la notion même de conflit. Le passage d'une économie de subsistance (protection du sol) à une économie marchande (circulation des marchandises) a donné à la guerre économique une ampleur déstabilisatrice qui risque à terme d'égaler la guerre traditionnelle.* » (Harbulot, 1992).

Dès lors, le terrain économique devient lui-même un champ de bataille mondial et « *faire la paix pour nous procurer tous les avantages d'un grand commerce, c'est faire la guerre à ses ennemis* » (Pastre, 2006). La géo-économie deviendrait la « *nouvelle grammaire* » des relations internationales (Lorot, 1999, p. 110s). Le président Mitterrand avant une vision assez similaire :

> « *Considérons l'économie mondiale : on n'y voit qu'un champ de bataille où les entreprises se livrent une guerre sans merci. On n'y fait pas de prisonniers. Qui tombe, meurt. A l'instar de la stratégie militaire, le vainqueur s'inspire toujours de règles simples : la meilleure préparation, les mouvements les plus rapides, l'offensive sur terrain adverse, de bons alliés, la volonté de vaincre.* » (1988).

Depuis plusieurs décennies, certains pays ont adopté cette vision et pratiquent une politique publique d'intelligence économique (USA, Japon, Suède...). La puissance publique a défini des axes d'effort et des objectifs que les administrations sont chargées de réaliser et d'atteindre. Ces politiques font appel à diverses ressources, peu coutumières parfois de travailler ensemble (certaines administrations entre elles où les administrations avec les entreprises privées, au-delà du lien traditionnel administration-administrés).

Ce lien public-privé n'est pourtant pas nouveau. Là encore, les exemples de l'enrichissement personnel d'un dignitaire du pouvoir ou de ses proches par le favoritisme dont ils ont pu bénéficier pour remporter des contrats publics avant que les règles modernes ne formalisent ces procédures, sont nombreux. Si ce lien sentait parfois le souffre (népotisme, corruption...), il a véritablement évolué dans le cadre des politiques publiques d'intelligence économique. Il n'est plus caractérisé par la seule soumission légale du secteur privé à la puissance de l'administration. Ce lien public-privé est devenu une empreinte de la nouvelle posture de l'État vis-à-vis des entreprises en tant qu'État-partenaire (Pautrat, 2003). A ce titre, les exemples étrangers démontrent que l'État un devenu un pourvoyeur d'informations pour « ses » entreprises. L'intérêt de l'État n'est pas neutre. Il espère bien ainsi percevoir les fruits de son engagement (compétitivité des entreprises, emploi, recettes fiscales...).

Toutefois, si la première lecture du phénomène laisse à penser que cette politique poursuit l'unique objectif de la compétitivité des entreprises, l'observateur averti remarquera que les moyens employés ne relèvent pas seulement de la « légitime défense économique » (MEDEF, 2004)[5]. Ils sont à la fois défensifs et offensifs.

Vers un management plus combatif

Le chef d'entreprise doit mener aujourd'hui ses affaires tel un général ses troupes au combat[6], puisque les deux « *semblent parentes et souvent très proches* » (Fiévet, 1992, p. 175). Le chef d'entreprise est confronté aux mêmes interrogations que le chef de guerre, même si leurs champs de bataille respectifs divergent. Néanmoins, il est possible d'en dresser un parallélisme intéressant.

---

[5] Concept un temps évoqué en France, par le MEDEF notamment, pour lutter contre les attaques déloyales, il n'a pas trouvé d'application concrète.

[6] D'ailleurs, depuis quelques années, les formations en management s'appuyant sur les techniques militaires de conquête font florès. Des consultants privés en management, gestion de crise ou intelligence économique proposent des formations en ce sens. Il s'agit pour certains d'anciens militaires ou agents des services qui se sont reconvertis dans cette voie.

CHEF MILITAIRE	CHEF D'ENTREPRISE
Champ de bataille	Le marché
Périmètre de l'action	Implantations géographiques
Forces alliées	Associés
Forces ennemies / adversaires	Concurrents
Troupes	Employés
Forces spéciales	Cadres supérieurs / audits / consultants
Renseignement	Information stratégique

Il ne s'agit ici que de quelques rapprochements d'idées les plus flagrants. Cette liste pourrait être prolongée à l'envi. Le même parallélisme peut être établi à propos des défaites commerciales qui

> « *relèvent d'une incompétence stratégique directe ou de même nature que l'incompétence militaire d'un général en chef. Les raisons qui font que les entreprises perdent des marchés, voire plus grave encore disparaissent, sont essentiellement de même nature qu'à la guerre sous-estimation et mépris des concurrents, mauvaise connaissance du marché et de la clientèle, non recherche et non utilisation de l'information relative à ceux-ci, enfin croyance subjective en l'amélioration de la conjoncture économique. L'entreprise doit donc avoir à sa disposition une fonction surveillance et* « intelligence » *de l'environnement capable de jouer le rôle d'observatoire actif de l'environnement intégrant toutefois une perception interne de l'entreprise.* » (Villain, 1989).

Ce parallélisme est une réalité aujourd'hui, une réalité qui peut s'avérer cruelle à qui n'aurait pas intégré ces changements de paradigmes. Et le premier d'entre eux est bien celui de la valeur de l'information économique de nature à conférer un avantage compétitif à celui qui la détient avant ses concurrents. Ce dogme non plus n'est pourtant pas nouveau. Quelques exemples historiques nous le rappellent[7].

Le développement de l'IE dans le monde

Le concept d'intelligence économique ne s'est pas imposé de lui-même instantanément. Il est le fruit d'une longue maturation qui s'est déroulée en quatre phases (Prescott, 1995, p. 71s) :

- « *competitive data gathering* » (collecte compétitive des données). C'est le premier mouvement observé dans les années 1960-70. La fonction était principalement centrée sur la collecte des informations. Plusieurs auteurs ont particulièrement décrit ce phénomène (Aguilar [1967] ; Cleland et King [1975] ; Montgomery et Weinberg [1979], p. 41s) ;
- « *industry competitor analysis* » (analyse concurrentielle et sectorielle). Apparue dans les années 1980, cette phase franchit le cap de la simple collecte de données par l'analyse qui les transforme en renseignement. Des théoriciens (Porter, 1980), des praticiens (Sammon et *al.*, 1984) ainsi que des consultants (Fuld [1985] ; Kelly [1987]) vont largement développer ce thème et permettre sa vulgarisation. Les premiers enseignements voient le jour aux États-Unis, ainsi que la création de la *Society of competitive intelligence Professionals* (SCIP) ;
- « *competitive intelligence for decision making* » (intelligence compétitive pour la prise de décision) est l'étape qui découle des deux premières où le renseignement conduit à la prise de décision. Cette étape a connu un essor significatif dans les années 1990 ;

---

[7] Les voyages de Marco Polo, le fonctionnement de la république vénitienne (où chaque capitaine de navire venait faire un compte-rendu détaillé au pouvoir politique de ce qu'il avait vu pendant son voyage et ramenait ainsi des idées et produits nouveaux), le secret des verriers de la galerie des glaces du château de Versailles et la conservation de ce secret dans les manufactures françaises... sont parmi les exemples les plus célèbres.

- « *competitive intelligence as a core capability* » (l'intelligence compétitive comme compétence clé). Au moment de la publication de son analyse, Prescott envisageait cette dernière étape sous un angle plus prospectif. Il y introduisait notamment les dimensions humaines, comportementales et informelles comme des éléments à prendre en compte dans les systèmes à venir.

Une analyse sensiblement équivalente a été développée quelques années plus tard. Basée sur la fonction de veille, il s'agit d'un processus en trois étapes (Attaway, 1998, p. 25s) :

- années 1960-70 : recherche d'informations sur les compétiteurs ;
- années 1980 : analyse des compétiteurs et de l'industrie ;
- années 1990 : intelligence de l'entreprise pour des décisions stratégiques.

Le développement de l'IE en France

Les effets de la globalisation, par le biais notamment des positions de l'Organisation mondiale du commerce (OMC) et les réglementations européennes ont conduit progressivement le pouvoir politique national à se désengager des politiques industrielles. La fuite des cerveaux et les délocalisations successives contribuent, en partie, à une perte de la compétitivité économique de la France, avec comme corollaire, un chômage de masse. Fort de ce constat, les pouvoirs publics ont décidé de conduire une nouvelle politique industrielle.

Si certaines administrations pratiquaient déjà une forme d'intelligence économique publique bien avant 2003[8], depuis cette date, d'autres se sont alors (ré)organisées pour participer à cette politique publique et y apporter leur contribution[9].

Pour autant, à la pluralité des intervenants correspondent autant de définitions de l'intelligence économique. La première difficulté a

---

[8] Bien évidemment le ministère des finances, mais également la DST, la DPSD, certaines agences d'aide à la recherche et à l'innovation, à l'exportation... pour ne citer que les principaux acteurs publics.

[9] Ministères de l'environnement, de l'agriculture, des affaires étrangères...

consisté à faire travailler ensemble et partager des informations entre plusieurs partenaires, dont chacun a une approche sensiblement différente de la matière en raison de son histoire propre[10]. Plusieurs années après « l'acte de naissance » officiel de la politique publique d'intelligence économique en France, les différentes administrations ont toujours des vues divergentes sur cette définition. De plus, les contributions intellectuelles au débat n'ont pas permis dans l'immédiat de donner une définition précise acceptée par tous[11].

En France, le concept et ses implications ont été compris bien après les réflexions, anglo-saxonnes pour la plupart, indiquées précédemment. La première ébauche d'une politique publique d'intelligence économique voit le jour sous la forme du rapport Martre (1994), du nom de son rédacteur en poste alors au commissariat général du Plan.

Ce rapport fait le constat que l'effondrement du bloc soviétique - et par conséquent celui de la bipolarisation de l'idéologie politique sur la scène internationale – a ouvert une période d'incertitude. L'affrontement planétaire couvre alors des domaines autres que les terrains politiques et militaires, et affecte en particulier le secteur économique (celui-là même qui a précipité la chute de l'URSS). En somme, le rapport envisage le passage d'un affrontement politique frontal entre deux courants de pensée à une belligérance économique multidirectionnelle et asymétrique.

La gouvernance politique, publique et centralisée, disparaît au profit de centres décisionnels protéiformes. L'Europe, mais aussi les régions deviennent des organes politiques intégrant la chaîne de l'intelligence économique (on parlera alors d'intelligence territoriale). Les grands groupes industriels et commerciaux multinationaux, mais aussi les

---

[10] Par exemple, la gendarmerie nationale a une conception globale de la matière et préfère parler de sécurité économique générale, tandis que pour la DCRI, avant son évolution en DGSI, il ne saurait y avoir d'intelligence économique sans la mise en cause d'un acteur de nationalité étrangère. Pourtant, ces deux services sont bien identifiés comme intervenant sur le second volet de l'IE relatif à la sécurité.

[11] Il n'est qu'à observer les débats relatifs à la réglementation des professionnels de l'IE (dans le projet initial de la LOPPSI II) pour saisir les différentes interprétations possibles du concept, et ce, malgré la définition donnée par Alain Juillet qui fait pourtant consensus.

PME-PMI deviennent des partenaires (ce qu'ils ont toujours été), mais cette fois pris en compte dans le cadre d'une politique d'intelligence économique active. Le rapport Martre propose surtout une nouvelle conception de la gestion de l'information au sein de l'entreprise. Il n'écarte pas pour autant le rôle des pouvoirs publics. Ce rapport cite également des exemples de collaboration entre pouvoirs publics et acteurs privés, dans divers pays au niveau de développement comparable à celui de la France.

Malgré sa pertinence et la finesse de son analyse, ce rapport n'a pas rencontré l'écho souhaité, ni dans la sphère publique, ni auprès des entreprises (à l'exception de quelques firmes multinationales). Seules quelques actions relevant de l'initiative personnelle de certains hauts responsables territoriaux sont notables dans les années qui suivirent ce rapport. Dans le même temps, la réflexion est restée confidentielle à ce sujet, celui-ci apparaissant par trop comme théorique, éloigné des préoccupations de l'entreprise. Souvent comprise comme une transposition des méthodes militaires de recherche du renseignement, accompagnée de tout l'imaginaire fantasmagorique lié à l'action illégale et clandestine, l'intelligence économique est restée confinée à quelques spécialistes pendant plusieurs années. Ceux qui sont reconnus aujourd'hui comme les précurseurs de la matière en France ont été, pendant des années, observés avec curiosité dans le meilleur des cas, si ce n'est avec défiance.

Il faudra attendre presque dix années pour voir l'intelligence économique (re)devenir un réel sujet de préoccupation pour les pouvoirs publics français. L'affaire Gemplus, mais surtout le rapport remis par le député Carayon au Premier ministre en 2003, vont relancer le débat. Et cette fois, l'effet n'est pas retombé comme un soufflet éventé, mais au contraire, la prise de conscience est bien perceptible. Là où il y a quelques années encore, l'expression « intelligence économique » ne provoquait que quelques sourires condescendants, elle exerce aujourd'hui une attraction sur un public toujours croissant, même si les principaux intéressés restent composés de professionnels éclairés. Le succès du colloque de décembre 2003 à l'école militaire, ainsi que celui de mai 2004 à la Mutualité à Paris, pour ne citer que ces deux manifestations d'envergure[12], ne sont pas

[12] Toujours sous l'impulsion du député Carayon.

seulement le fait de l'intervention d'acteurs de haut niveau (patrons de multinationales, directeurs d'entreprises d'État ou d'agences gouvernementales, hommes politiques de premier plan, chercheurs, formateurs, universitaires...), mais c'est avant tout le signe que des acteurs publics et privés ont pris conscience que les enjeux d'une politique d'intelligence économique dépassaient les clivages traditionnels. D'autres colloques ont suivi, confirmant cette tendance de fond du renouveau, ou de la prise de conscience, de l'intelligence économique en France.

Pendant trop longtemps, les détenteurs d'un pouvoir décisionnel ont cru que celui qui possédait l'information détenait l'autorité. Cette conception n'a pas totalement disparu aujourd'hui, elle représente un frein à l'anticipation et au développement. L'information n'a pas d'intérêt si elle n'est pas exploitée ni diffusée. Sa véritable plus-value réside dans son partage entre plusieurs acteurs dont chacun apporte son éclairage et sa grille de lecture. L'information ainsi enrichie sera bien plus productive, en termes de connaissance et d'aide à la décision, qu'une information stérilisée et partiellement exploitée.

Cette nouvelle approche du traitement du renseignement commence à être admise au sein des administrations. La création de la fonction de Haut responsable chargé de l'intelligence économique (HRIE), en décembre 2003[13], remplacée par la délégation interministérielle à l'intelligence économique en 2009[14], contribue à cette évolution. Instance de pilotage de la politique publique d'intelligence économique, de centralisation et de partage du renseignement, de réflexion et de propositions des évolutions normatives en la matière, la délégation permet aux acteurs publics de l'IE de se rencontrer et de partager autour d'une matière longtemps considérée comme l'apanage des services de renseignement. Ces méthodes de travail, novatrices par rapport à la culture du secret dont sont imprégnés les services spéciaux, se sont progressivement diffusées à l'ensemble de la communauté publique de l'intelligence économique. Il est vrai que celle-ci n'est pas uniquement composée d'agents des services de renseignement. Nombre d'administrations en sont également

[13] Décret n° 2003-1230 en date du 22 décembre 2003.
[14] Décret n° 2009-1122 en date du 17 septembre 2009.

membres[15]. De même, cette politique publique profite également des contributions et réflexions universitaires, de praticiens, et des organisations professionnelles dans certains cas[16].

Progressivement, cette ouverture au monde professionnel et à certains experts de notoriété publique a facilité la vulgarisation de la matière auprès du public et un meilleur travail de coordination et d'échange entre les administrations[17].

Mais la politique publique d'intelligence économique ne se limite pas au traitement des informations d'intérêt économique. En tant que politique publique, elle est avant tout l'expression d'une volonté politique d'organiser les administrations et de dévouer une partie de leur activité au profit des entreprises. L'État a changé de paradigme : il n'est plus seulement la puissance publique qui contrôle, il devient celui qui désormais accompagne les entreprises afin que celles-ci deviennent plus compétitives tout en protégeant leur capital, notamment le capital immatériel que constitue l'information.

Les pouvoirs publics ont donc mis en œuvre une série de structures dont la vocation d'aide et d'accompagnement des entreprises confirme le degré de préoccupation du politique à l'égard du champ économique national. Au-delà de l'équilibre des territoires, du maintien du tissu socio-économique d'une aire géographique, du respect de l'environnement dans l'acceptation de normes inspirées des principes du développement durable, le terme de cet engagement est le dynamisme économique favorisant la compétitivité des entreprises, et conséquemment la victoire dans la bataille pour l'emploi.

Conscient de ces enjeux, le pouvoir politique a non seulement mis en place une structure de coordination interministérielle, mais a confié la conduite territoriale de cette politique à l'administration déconcentrée,

---

[15] Ministère des finances, de l'agriculture, des affaires étrangères...

[16] Par exemple, des professionnels de la sécurité ont été associés à la préparation de la loi LOPPSI II, laquelle incluait, dans le projet présenté, un dispositif relatif à la réglementation des professionnels de l'IE.

[17] Toutefois, le traitement des informations les plus sensibles nécessite les classifications de protection de type « confidentiel défense » ou « secret défense ». Des personnels sont habilités dans chaque ministère pour traiter ces informations, ayant droit et besoin d'en connaître.

en particulier aux préfets de région[18], cet échelon administratif étant communément le niveau opérationnel de l'action économique. De même, des structures territoriales administratives d'accompagnement des entreprises ont été créées dans plusieurs régions[19], ainsi que les pôles de compétitivité, des fonds de financement public...

Après avoir défini une politique, mené des actions de formation des cadres et dirigeants d'entreprises et mis en œuvre des outils et des moyens, il était légitime de penser que les acteurs économiques disposeraient alors de sérieux atouts pour rebondir.

Force est de constater aujourd'hui qu'il convient de tempérer cet optimisme.

Malgré la crise financière qui a débuté en 2008, le modèle économique français n'avait pas trouvé ce souffle antérieurement. Les économistes pourront avancer, et très certainement avec raison, que la politique publique d'intelligence économique initiée à partir de 2005 n'a pas eu le temps de se diffuser largement avant que la crise ne vienne bouleverser le processus. Si certains des maux conjoncturels peuvent en être la conséquence partielle (remontée du chômage, déficit de la balance commerciale, ralentissement des investissements, restrictions d'accès au crédit...), l'économie française est toutefois handicapée par un mal structurel (coût du travail notamment) dont les effets étaient patents bien avant cette crise : recul français dans les différents classements internationaux, faiblesse du nombre de dépôts de brevets et le tout aussi faible nombre de publications dans les revues scientifiques et économiques internationales, entre autres.

Pourtant, l'histoire française est riche d'enseignements. Elle a connu tous les régimes politiques (à l'exception du communisme au niveau national) et expérimenté toutes les doctrines économiques. Elle dispose d'atouts enviés par la plupart des pays du monde : un territoire suffisamment vaste pour garantir l'autosuffisance alimentaire de sa population, un système hydrique offrant les mêmes avantages,

---

[18] Circulaire INT A 05 00085 C en date du 13 septembre 2005.

[19] Elles prennent généralement l'appellation « d'agence régionale d'intelligence économique » et associent les échelons décentralisés, notamment les conseils régionaux et certains acteurs para-publics (chambre régionale de commerce et d'industrie...).

d'excellents réseaux de communication, une faible dépendance extérieure à l'énergie, un tissu industriel encore performant dans certains secteurs et disposant parfois de leaders mondiaux, le troisième taux de productivité des salariés au monde...

Et pourtant, la France ne parvient pas à trouver un modèle économique durable qui tiendrait compte de ses spécificités (culture, mentalités...) tout en garantissant son efficacité à long terme.

La fragilité de l'économie française, indépendamment de la conjoncture, semble résulter de sa « structure », ou plus précisément, de la structuration de son champ économique, c'est-à-dire du mode de conduite des affaires économiques. Autrement dit, le rôle des décideurs politiques ne serait pas neutre dans cette difficile entreprise et ce constat. Car, *in fine*, c'est bien là que réside tout l'enjeu de cette politique publique.
Pour autant l'État ne dispose pas de tous les moyens pour manœuvrer les entreprises à sa guise. Son rôle est certes important : il édicte la norme nationale, peut mener des actions d'influence lors de l'élaboration des normes internationales, soutient les entreprises dans leur développement (notamment par le levier financier). Il peut également avoir des actions concrètes au sein des entreprises dont il est actionnaire et dispose de ce fait d'un certain pouvoir décisionnaire selon l'importance de sa représentation dans les conseils d'administration de ces entreprises. L'État met également en ouvre des dispositifs incitatifs envers la R&D, publique ou privée. Dans une moindre mesure, les collectivités territoriales disposent de certains de ces outils.

Mais la puissance publique, État et collectivités, ne peut pas prendre en charge intégralement le développement des entreprises ou la mise en œuvre de stratégies individuelles. La décision finale appartient aux dirigeants des entreprises qui sont en quasi-intégralité des acteurs privés.

La politique publique d'intelligence économique est confrontée à cette limitation tenant à la personnalité juridique des acteurs. L'État ne peut que se concentrer sur les dispositifs qui relèvent de son périmètre en faisant évoluer notamment les structures et les règles par le recours à la norme.

Dès lors, il convient de s'interroger sur ce volet et la politique publique d'intelligence économique offre un champ d'investigation novateur dans la mesure où la décision politique a rarement été étudiée dans le cadre de l'intelligence économique. Pourtant, elle en conditionne largement les résultats.

Aussi est-il nécessaire de s'arrêter d'abord sur l'essence même de ce qu'est l'intelligence économique (Titre 1).

L'intelligence économique publique se développe actuellement dans un monde en profonde mutation. Ce concept s'est développé progressivement en s'appuyant tout d'abord sur la notion de défense économique (section1.1) puis de sécurité économique (section 1.2) lui permettant ainsi de trouver son positionnement dans la sphère publique (section 1.3). Une fois le contour de la matière (plus ou moins) défini, nombre d'auteurs se sont attachés à proposer une définition de l'intelligence économique. En plusieurs décennies et autant de définitions, rares sont celles qui font consensus (section 2.1). Parallèlement, les outils juridiques existants définissent également un socle qui peut permettre la compréhension du concept (section 2.2). Malgré les divergences, chercheurs et praticiens s'accordent néanmoins à propos des méthodes employées en intelligence économique, et notamment sur le traitement de l'information. A ce titre, les méthodes usitées en d'autres disciplines (diplomatie, militaire...) ont parfois été transposées à l'intelligence économique (Chap. 3). Il s'agit d'abord de la veille. En complément, la doctrine publique a défini l'articulation de l'intelligence économique autour des trois axes que sont la compétitivité, la sécurité et l'influence, le but ultime étant de parvenir à l'anticipation pour favoriser le dynamisme économique, et par voie de conséquence, l'emploi.

Une fois ce cadre doctrinal posé, il est nécessaire d'examiner son domaine d'application, et notamment d'envisager les différents niveaux de la décision politique en la matière (Titre 2).

Par analogie, il est utile de se référer à d'autres politiques proches sachant que certains domaines peuvent se compléter utilement. Certains critères sont intangibles à toutes les politiques publiques (section 4.1) et la politique environnementale (section 4.2) ainsi que la politique industrielle (section 4.3) permettent d'en saisir tout l'intérêt.

Elles peuvent servir toutes deux de référentiel à une politique publique d'intelligence économique. Mais les politiques nationales aux implications économiques n'en sont pas les seules sources d'inspiration. Des exemples étrangers, plus anciens, sont également riches d'enseignements (section 5.1). A partir de ces éléments, des choix ont été opérés (section 5.2) permettant la création de structures de coordination au plus haut niveau de l'État (section 5.3). Chaque ministère ou service tient un rôle particulier dans cette politique en fonction de ses attributions propres, qu'il s'agisse des services « offensifs » (section 6.1), « défensifs » (section 6.2), ou ceux à double vocation (section 6.3).

Mais cette politique serait probablement inutile si elle ne connaissait une application directe au contact des acteurs économiques répartis sur l'ensemble du territoire national. Aussi, la déclinaison territoriale de cette politique (Titre 3) est inhérente à son efficacité.

Cette action ne relève pas seulement des collectivités territoriales. L'Etat y joue un rôle important par la déconcentration (section 7.1). C'est à ce niveau que les liens commencent à s'opérer avec les acteurs privés (section 7.2) de façon concrète. Et parmi les outils à la disposition de la puissance publique pour aider les entreprises figurent au premier rang les financements qui, en raison de leurs implications, méritent d'être observés avec attention (section 7.3). Enfin, cette politique publique qui se veut avant tout territoriale ne saurait occulter cet espace (section 8.1) en permettant aux territoires de se développer par les outils de l'intelligence économique (section 8.2). Dès lors, et bien que cette politique soit initiée par le niveau central, les collectivités territoriales disposent de leviers pour accompagner leurs entreprises résidentes dans leur développement (section 8.3). Le point de jonction entre tous ces acteurs se situe au niveau des pôles économiques. Le fonctionnement en *clusters* (section 9.1) s'applique aussi bien aux pôles de compétitivité (section 9.2) qu'aux autres pôles dont la décision revient à l'échelon central (section 9.3).

Malgré ces développements depuis deux décennies, le dispositif n'est pas achevé pour autant et il apparaît que certaines évolutions seraient encore souhaitables (Titre 4).

En effet, la protection juridique de l'information confidentielle (section 10.1) est devenue incomplète aujourd'hui. De même, des voix s'élèvent régulièrement pour réclamer une simplification des structures administratives accompagnant les entreprises. La réorganisation des agences en une structure unique pourrait répondre à ce besoin (section 10.2). Enfin, plusieurs études ont démontré que les pôles de compétitivité n'atteignaient pas tous les performances attendues. Sans doute une rationalisation des pôles pourrait contribuer à une meilleure lisibilité du dispositif, et sans doute accroître son efficacité (section 10.3).

Le panorama ainsi dressé permettra de mieux saisir les différents niveaux de la décision politique d'intelligence économique en France et son niveau de maturité. Son observation met en exergue certaines carences. Malgré le volontarisme des acteurs publics, beaucoup reste à faire même si des évolutions interviennent régulièrement pour corriger les dysfonctionnements. Il est d'ailleurs très probable que le dispositif présenté ici, notamment les structures administratives, connaissent rapidement de nouvelles modifications. La photographie développée dans ces lignes sera nécessairement, à moyen terme, en léger décalage avec les nouvelles structures ou celles existantes mais dont le périmètre pourrait évoluer.

TITRE 1 : Le concept d'intelligence économique

Inspirée par les doctrines militaires, l'intelligence économique s'est appropriée certains de leurs préceptes. Mais cette source d'inspiration est également source de confusion et n'a pas été, dans un premier temps, de nature à différencier intelligence économique et renseignement économique[20].

Si les méthodes militaires permettent le traitement complet et satisfaisant de l'information, elles n'ont que trop marqué les esprits dans les premières années de la diffusion du concept auprès du grand public. Toutefois, il ne peut être fait l'économie de cette source d'inspiration sans prétendre aujourd'hui comprendre le fonctionnement de la politique publique d'intelligence économique.

Afin de bien appréhender ce concept, il est nécessaire d'étudier au préalable les conditions de son émergence dans le système français (chap. 1) et d'examiner les différentes explications qui en ont été données, tant par les théoriciens que les praticiens (chap. 2). Alors seulement, son champ d'application pourra être appréhendé (chap. 3).

---

[20] Au sens étatique du terme, c'est-à-dire l'action des services spécialisés publics dans la recherche d'informations, y compris par des moyens clandestins.

Chapitre 1 : Approche politico-économique du concept

L'intelligence économique n'est pas un concept nouveau. Plusieurs pays utilisent ces méthodes depuis de nombreuses années et ont obtenu des résultats tout à fait significatifs[21].

Dans les différents cas observés, il est à noter que la puissance publique a joué un rôle déterminant dans ces systèmes puisque l'État a défini de véritables politiques publiques en mettant en œuvre des structures et des procédures afin de favoriser le développement des industries indigènes.

En France également, cette préoccupation n'est pas nouvelle. Si elle ne revêtait pas nécessairement les habits de l'intelligence économique telle qu'elle est conçue aujourd'hui, tant dans la sphère publique que privée, la réflexion et les dispositions à ce sujet ont permis d'élaborer le dispositif actuel.

Section 1.1 - La défense économique

Les différents régimes politiques français de l'ère moderne ont toujours accordé un certain intérêt à la sphère économique[22]. Par « défense économique » il convient de comprendre la préoccupation de la puissance publique à protéger son système économique. Il s'agit de sécurité macro-économique, c'est-à-dire la prise de mesures préventives, voire curatives[23], afin d'assurer la pérennité de l'économie nationale.

---

[21] Dans le camp des vainqueurs de la seconde guerre mondiale, il n'est qu'à citer les Etats-Unis qui ont mis en place dès les années 1950 des dispositifs en ce sens (Small Business act voté le 30 juillet 1953), mais également dans le camp des vaincus, l'Allemagne et le Japon qui ont reconstruit leur industrie en ayant recours à ces méthodes de recherche d'information et d'acquisition de la connaissance.

[22] « *La politique de la France ne se fait pas à la corbeille* » (Général de Gaulle), conférence de presse du 28 octobre 1966. Le Président reconnaissait par là l'importance prise par les affaires économiques dans le pays, mais ne souhaitait pas que le volet économique dirigeât la France. Le même constat peut être opéré sous la troisième République lors de la seconde révolution industrielle.

[23] La première guerre du Golfe en 1991 pourrait entrer dans cette catégorie si elle avait eu pour objet d'assurer les approvisionnements en produits pétroliers.

1.1.1 - Une préoccupation ancienne

Cette préoccupation s'est manifestée depuis de nombreuses années. Plusieurs textes législatifs ou réglementaires sont parus afin d'atteindre cet objectif.

Un premier texte[24] a institué quelques bases de la défense économique, mais c'est surtout l'ordonnance n° 59-147 du 7 janvier 1959 portant organisation générale de la défense qui va définir un contour bien précis de la défense économique. Elle aborde la défense économique en plusieurs points, bien qu'aucun titre ne porte cette mention dans le corps du texte. Tout d'abord, le Gouvernement dispose du droit

> « *de préparer et d'adapter à tout moment aux nécessités de la défense.* [...] *Le droit de soumettre à contrôle et à répartition les ressources en énergie, matières premières, produits industriels et produits nécessaires au ravitaillement et, à cet effet, d'imposer aux personnes physiques et morales en leurs biens, les sujétions indispensables.* » (art. 5).

Parallèlement, le ministre de l'intérieur est chargé de la défense civile :

> « *Il est responsable à ce titre de l'ordre public, de la protection matérielle et morale des personnes et de la sauvegarde des installations et ressources d'intérêt général.* » (art. 17).
>
> De même, « *Le ministre chargé des affaires économiques oriente aux fins de la défense l'action des ministres responsables de la production, de la réunion et de l'utilisation des diverses catégories de ressources ainsi que de l'aménagement industriel du territoire.* [...] *L'action du ministre chargé des affaires économiques s'étend à la répartition primaire des ressources visées à l'alinéa 1er,*

[24] Loi du 11 juillet 1938 et son décret du 28 novembre 1938, portant sur l'organisation générale de la nation pour le temps de guerre.

> *ainsi qu'à la fixation des prix et à l'organisation des opérations commerciales d'importations et* d'exportations. » (art. 18).

Enfin, cette ordonnance prévoit une coordination entre les différents départements ministériels :

> « [...] *un seul ministre est responsable, pour chacune des grandes catégories de ressources essentielles à la vie du pays - telles que matières premières et produits industriels, énergie, denrées alimentaires, transports, entreprises de travaux publics et de bâtiments, transmissions -, des mesures à prendre pour satisfaire au mieux les besoins des ministres utilisateurs.* » (art. 19).

La doctrine de défense économique ne relève pas seulement des textes officiels, certains chercheurs s'étant intéressés également au sujet. Pour certains, elle serait la « *capacité de résistance de l'appareil économique à toute modification brutale de l'environnement voire à toute agression portée directement sur lui ou sur ses infrastructures.* » (Brégeon et Luchaire, 1988, p. 57s).

Plus récemment, la circulaire du 14 février 2002 relative à la défense économique vient actualiser la vision précédemment développée, l'organisation administrative et territoriale de la France ayant quelque peu évolué entre ces deux dates. Si l'objectif reste identique (maintenir les capacités économiques du pays en cas de crise) de nouveaux concepts sont pris en compte, notamment l'intelligence économique[25]. Cette circulaire dispose dans son article premier :

---

[25] L'affaire Gemplus est alors en pleine ébullition. L'équipe dirigeante de cette entreprise a été renouvelée en décembre 2001 par l'arrivée de Ronald Mackintosh puis le départ du co-fondateur Marc Lassus. Quelques semaines après la parution de cette circulaire, arrivera David Bonderman comme vice-président du conseil d'administration de l'entreprise et le nouveau directeur général, Alex Mandl prendra ses fonctions au mois d'août 2002. Cette affaire n'est sans doute pas étrangère à l'insertion du concept d'intelligence économique dans ce texte officiel, parue pourtant un an et demi avant le rapport Carayon. Au sujet de l'affaire Gemplus, voir les nombreuses publications détaillées de Nicolas Moinet.

« Par défense économique on entend les actes et initiatives pris par la puissance publique, d'une part pour protéger et défendre l'économie et les entreprises des atteintes de toute nature et, d'autre part, pour subvenir aux besoins de la défense nationale.
Conformément aux dispositions de l'ordonnance du 7 janvier 1959 portant organisation générale de la défense, elle constitue, avec la défense militaire et la défense civile, l'une des trois composantes de la défense de la nation. Elle est organisée par le ministre chargé de l'économie, sous l'autorité du Premier ministre et avec le concours du secrétaire général de la défense nationale. Elle est conduite avec les moyens dont dispose ce ministre et avec ceux des autres ministres chargés des ressources de biens et de services.
Elle couvre deux domaines :
- l'un, régalien, veillant au fonctionnement général de l'économie, à titre préventif ou curatif,
- l'autre, émanant de l'État stratège et partenaire, dirigé vers les entreprises et relatif à la défense, la sécurité et l'intelligence économiques.
L'intelligence économique est définie comme l'ensemble des actions coordonnées de recherche, de traitement et de distribution, en vue de son exploitation, de l'information utile aux acteurs économiques. »

Ce texte, bien que passé inaperçu en dehors de la sphère administrative, donne pourtant de nombreuses directions qui seront développées ultérieurement (et certaines oubliées) dans le cadre de la politique publique d'intelligence économique[26].

[26] Outre une définition de l'intelligence économique, il définit un certain nombre de points vitaux, envisage une collaboration accrue entre les secteurs public et privé, prône la mise en place d'un dispositif national d'intelligence économique au profit des entreprises dont la « mise à disposition des entreprises par l'État des informations qu'il possède » ! ... Sans doute l'intitulé même de la circulaire « défense économique », n'a pas éveillé l'intérêt des décideurs en mesure de donner la première impulsion à cette politique. Il est vrai que cette circulaire est sous timbre du ministère des finances uniquement.

1.1.2 - le code de la défense

Bien plus qu'un simple toilettage des textes épars relatifs à la défense, le législateur a compilé en un seul code[27] l'ensemble des textes contribuant à la défense nationale. Cette création a entraîné l'abrogation de la plupart des textes existants préalablement mais dont les dispositions ont été reprises dans ce code.

Le principe des trois piliers de la défense (militaire, civile et économique) a été maintenu. En matière de défense économique, le code a confirmé la notion d'installation d'importance vitale ainsi que des secteurs indispensables à l'activité économique de la Nation (nucléaire, communications électroniques, transports et hydrocarbures).

Le ministre de l'économie joue un rôle important en matière de défense économique. Ses prérogatives ont été étendues par rapport aux attributions que lui conféraient les textes précédents. Ainsi, l'article L.1142-3 du code de la défense dispose que

> *« le ministre chargé de l'économie est responsable de la préparation et de l'exécution de la politique de sécurité économique. Il prend les mesures de sa compétence garantissant la continuité de l'activité économique en cas de crise majeure et assure la protection des intérêts économiques de la Nation.*
> *Il oriente l'action des ministres responsables de la production, de l'approvisionnement et de l'utilisation des ressources nécessaires à la défense et à la sécurité nationale.*

---

[27] Créé par l'ordonnance n° 2004-1374 du 20 décembre 2004, ratifiée par la loi n° 2005-1550 du 12 décembre 2005. Ce code rassemble les dispositions antérieures, constitutionnelles, législatives et réglementaires (notamment l'ordonnance n° 59-147 du 7 janvier 1959), qui encadrent l'activité des forces armées. Rassemblées en un seul code, les dispositions réglementaires ont acquis une valeur législative supérieure. Il explique notamment le rôle et les attributions des instances politiques en matière de défense, le fonctionnement de la défense civile et de la défense économique, l'action de l'État en mer, les régimes exceptionnels (guerre, état de siège, état d'urgence...), les règles relatives au secret de la défense, le régime des armes et des munitions, les règles d'emploi de la force armée...

Conjointement avec le ministre chargé du budget, il assure la surveillance des flux financiers. »

Pour assurer ses missions, le code précise :

> « *Le ministre chargé de l'économie,* [...] :
> *1° coordonne l'action des ministres responsables de la production, de la réunion et de l'utilisation des diverses catégories de ressources ;*
> *2° veille à l'intégration dans les plans d'équipement, de productivité et d'aménagement du territoire des principales mesures nécessitées par la défense ;*
> *3° centralise les demandes justifiées des différents départements ministériels, en particulier celles de l'intérieur et de la défense, et les confronte avec les possibilités du pays ;*
> *4° oriente, aux fins de leur présentation à l'approbation du Premier ministre, les plans de répartition primaires préparés par les ministres responsables des ressources.* [...] ;
> *5° fixe les prix et organise les opérations commerciales d'importations et d'exportations.* »

Ainsi, le code de la défense organise la défense économique en situation de crise, mais au-delà de cette situation particulière, il est intéressant de noter que ce volet de la défense est pris en compte au même titre que la défense militaire et la défense civile. La défense économique demeure une priorité de l'État. Cette conclusion est un point d'étape de la réflexion française sur ce sujet.

1.1.3 - les Livres blancs

Le Livre blanc est le document officiel relatant la position de la puissance publique, la prise en compte des nouvelles menaces pour la défense et la sécurité nationale, les pistes de réflexion et les solutions à adopter pour y faire face.

A ce jour, quatre Livres blancs ont été publiés. Le premier, en 1972, recueillait et précisait les principes de la politique de défense que le Général de Gaulle avait définis. Il marquait pour la défense et pour les forces armées françaises, le franchissement de la période douloureuse que fût la décolonisation. Le second Livre, daté de 1994, prenait en compte les évolutions du monde, notamment la fin de la bipolarisation, l'émergence de la mondialisation et des progrès technologiques. La défense économique y fait l'objet d'une courte évocation de deux pages et l'inscrit résolument dans le cadre européen.

En revanche, le Livre blanc de juin 2008, fait montre d'évolutions particulièrement notables et intéressantes en termes de défense économique. L'intitulé même a changé puisqu'y a été rajouté le concept de « sécurité nationale ». Elle est composée de la politique de défense et de la politique de sécurité intérieure (p. 62). L'objectif d'assurer l'indépendance du pays et la défense des intérêts vitaux de la Nation est réaffirmé :

> « *La sécurité de l'approvisionnement en énergie et en matières premières constituera un défi majeur pour les pays européens au XXI*e *siècle et concerne directement tous les citoyens.* [...] *la France encouragera une meilleure coordination des politiques qui sont actuellement conduites surtout au plan national. Cette coordination concerne aussi bien la sécurisation de l'accès aux matières premières stratégiques qu'aux sources d'énergie, la sécurité de leur acheminement, et la protection des infrastructures qui les traitent et les utilisent sur le territoire de l'Union européenne.* » (pp. 96-97).

Ce texte accorde une place plus importante au ministère de l'économie :

> « *De même, les compétences du ministre chargé de l'Économie seront redéfinies autour de la politique de sécurité économique, qui a pour objectif d'assurer la continuité de l'activité économique, notamment en cas de crise majeure et, plus largement, la protection des intérêts économiques de la nation.* » (p. 75).

Ce Livre blanc définit également plusieurs modes d'action que le ministre de l'économie doit mettre en œuvre :

> « *Le ministre chargé de l'Économie veillera, en liaison avec les autres ministères concernés, à la protection des secteurs et entreprises sensibles, ainsi qu'à la protection de l'information utile au développement de la compétitivité des acteurs économiques. Il s'assurera de la diffusion efficace de l'information économique stratégique, dans le cadre de la politique d'intelligence économique définie par le gouvernement.* » (p. 260).

Formulé ainsi, le texte pourrait laisser supposer que le ministère de l'économie est chargé de conduire la politique publique d'intelligence économique. Or, il n'en est rien, cette action relève du niveau interministériel, des structures de coordination ayant été déployées à cet effet.

Enfin, le Livre blanc de 2013 confirme les cinq axes définis précédemment (protection, dissuasion, intervention, prévention, connaissance et anticipation) mais n'aborde plus directement la question de l'intelligence économique. Néanmoins, plusieurs domaines y concourant sont évoqués :

- les cyber-menaces et les secteurs d'activité d'importance vitale[28] (p. 105) ;
- la protection du potentiel scientifique et technique (p. 107) ;
- les industries de défense (p. 124) avec « *le maintien de capacités de recherche et de développement dans certaines technologies clefs* [qui] *est une priorité...* » (p. 125) ;
- la « *sécurisation des approvisionnements de la France et de l'Europe, en particulier dans le domaine des matériaux stratégiques* » (pp. 129-130).

---

[28] Définis par l'arrêté du 2 juin 2006 : activités civiles de l'État, activités judiciaires, activités militaires de l'État, alimentation, communications électroniques, audiovisuel et information, énergie, espace et recherche, finances, gestion de l'eau, industrie, santé, transports.

Si les entreprises étaient absentes des premières doctrines de défense économique, elles y prennent progressivement leur place. Certes la défense économique est l'organisation de l'économie par la puissance publique en temps de crise, mais elle ne saurait se dispenser des acteurs économiques privés. Il était donc légitime que ces acteurs fassent leur apparition dans la doctrine de l'État. Le rapport Martre conférait déjà une place essentielle aux entreprises dans cette doctrine pourtant publique. Progressivement, à force de rapports, études et prospectives, le concept lui-même de défense économique a évolué.

Section 1.2 - La sécurité économique

Jusqu'à présent, les concepts étaient bien assimilés. La défense économique relevait de l'organisation de l'État et la sécurité économique, bien que peu évoquée, semblait relever davantage du secteur privé. Pour autant, l'émergence de l'intelligence économique en France a bousculé ces notions et les nouvelles appellations recouvrent des concepts aux contours mouvants. Ainsi, le Livre blanc de 2008 dispose que

> « *Le ministre chargé de l'Économie est responsable de la politique de sécurité économique, notion qui se substituera, dans les textes, à celle de défense économique.* » (p. 260).

Au-delà de l'évolution sémantique, c'est une révolution conceptuelle qu'engendrent ces quelques mots. Pourtant, plusieurs années après la parution du texte, le positionnement de ce nouveau concept n'a guère soulevé de questionnements ni de protestations. La raison en reviendrait-elle aux agents de l'État qui auraient parfaitement intégré cette évolution ?

1.2.1 - La sécurité macro-économique

Les interventions et les discours des experts gouvernementaux en intelligence économique ne relèvent aucune ambiguïté à ce sujet. Le terme de « sécurité économique » a tout bonnement remplacé celui de « défense économique », comme s'il s'agissait d'une simple actualisation lexicale. Il pourrait être donné à penser effectivement que ces intervenants conçoivent ces concepts ainsi :

sécurité économique = défense économique

Pour autant, lors de ces mêmes interventions, « sécurité économique » est employée tantôt pour désigner l'action de l'État, tantôt celle des entreprises. L'équation serait-elle en fait :

sécurité économique = défense économique + intelligence économique ?

Dès lors, quel est le périmètre réel de la sécurité économique ?

Il est vrai que cette mention dans le Livre blanc (2008) est de nature à apporter la confusion, tant bien même celle-ci n'a pas été vraiment relevée alors.

Cette évolution n'est pourtant pas conjoncturelle. Un rapport déjà ancien abordait cette question induite par le simple changement d'appellation (Levet, 1997). En substance, cette transition vers la sécurité économique ne signifie pas nécessairement l'intégration de l'intelligence économique dans la sphère publique, mais davantage la prise en compte du rôle des acteurs économiques, et en premier lieu celui des entreprises privées, dans le dispositif global de défense économique publique.

De plus, et à l'occasion des interventions citées ci-dessus, l'expression « intelligence économique » est toujours utilisée. Or, l'intelligence économique est elle-même une expression dont la compréhension et l'étendue divergent en fonction de ceux qui l'emploient. Les contours très flous de l'intelligence économique, notion consubstantielle à la sécurité économique, contribuent à la difficulté d'une correcte compréhension que cette superposition de concepts à l'appellation identique n'encourage pas.

La sécurité économique est en fait un concept qui recouvre deux champs qui se superposent. Le premier niveau est effectivement celui de l'ancienne défense économique, celle relevant de la sphère publique et appréhendée dans sa globalité au niveau national. Il conviendrait alors d'employer l'expression de « sécurité de l'économie », au sens macro-économique du terme. Toutefois, cette notion ne se résume plus à celles évoquées précédemment (énergie et approvisionnements[29] principalement). Elle recouvre des champs plus larges, introduit par la mondialisation : gestion des flux, concurrence, normalisation... Le second niveau est constitué par la sécurité micro-économique.

1.2.2 - La sécurité micro-économique

La sécurité (macro)économique se différencie de la sécurité (micro)économique, laquelle est effectivement l'apanage des acteurs économiques, de quelque statut que ce soit. Son objectif vise à la sécurisation de l'activité des entreprises publiques et privées. Une fois encore, la transition ne semble avoir été que sémantique. Alors que l'expression « intelligence économique » commençait à faire consensus depuis 2004, elle ne semble avoir fait l'objet que d'un simple transfert selon l'équation :

intelligence économique = sécurité économique

Là encore, cette évolution n'a pas engendré de vifs débats[30]. Pourtant, les divergences sont profondes mais ne semblent guère avoir été prises en compte par la puissance publique à la publication du Livre blanc (2008). Toutefois, certains services, et en particulier les services de renseignement, perduraient sur le portage de l'intelligence

---

[29] Sont notamment concernées les matières premières. A ce titre, le ministre de l'industrie a instauré, le 11 mars 2011 un comité pour les métaux stratégiques (COMES), composé par des représentants des différents ministères concernés, de certains établissements publics, des fédérations professionnelles et des entreprises impliquées. Son « *objectif est de mettre en place une grande stratégie pour les matières premières, associant connaissance économique, politique minière, politique industrielle et politique internationale* » (Besson, 2011). Comme le précise le décret de création de ce comité « *il doit assister le Gouvernement dans l'élaboration et la mise en œuvre de la politique de gestion des métaux stratégiques, en vue de renforcer la sécurité d'approvisionnement nécessaire à la compétitivité durable de l'économie* » (art. 2 du décret 2011-100 du 24 janvier 2011 portant création du comité pour les métaux stratégiques). Les débats et réactions suscités par les terres rares chinoises ne font qu'accréditer la thèse de l'importance de ces approvisionnements pour l'industrie de haute technologie.

[30] En 2008, un groupe de travail du HRIE a tenté de lancer la réflexion sur ce sujet. Les contributions des différentes administrations s'étant avérées parfois décevantes et souvent inexistantes, la réflexion n'a pas abouti. A mentionner toutefois la réflexion de PARDINI, G, de l'INHESJ. Bien qu'approfondie, son étude n'a pas rencontré l'écho attendu.

économique, considérant le traitement de l'information sensible comme le cœur du système, s'agissant par ailleurs du cœur de leur activité.

Pourtant, la sécurité micro-économique n'est pas l'intelligence économique. Certes l'information stratégique est une donnée essentielle dans la vie des affaires, mais la sécurité économique d'une entreprise ne repose pas sur cette seule notion. Bien d'autres contribuent à la viabilité d'une entreprise et méritent tout autant d'être sécurisées. Les quelques exemples des tableaux suivants indiquent que les préoccupations et les centres d'intérêt sont divergents au sein d'une même entreprise, selon un schéma d'organisation fonctionnelle.

	PRODUCTION	R& D	MARKETING
Processus	Appro., fabrication, stocks, expéditions	Recherche, expérimentation	Vente
Support physique	Bâtiments, véhicules	Bâtiments, produits de base et produits intermédiaires	Produits finis, véhicules, foires et salons
Personnels	Ouvriers, livreurs	Ingénieurs	Vendeurs
Systèmes d'information	Informatique de production	Informatique, Web	Outils nomades
Environnement économique	Fournisseurs et sous-traitants	Produits concurrents	Concurrence, clients
Environnement juridique	Droit commercial, travail, environnement, assurances	Droit de la propriété intellectuelle, assurances	Droit commercial, assurances
Vulnérabilités	Rupture d'appro., interdiction d'utilisation d'un produit...	Secteur stratégique, produits non brevetés, contrefaçon...	Défaut de paiement, forte dépendance à un nombre restreint de clients...

	COMPTABILITE FINANCES	STRATEGIE DECISION
Processus	Mathématiques	Management, veille
Support physique	Bâtiments	Bâtiments
Personnels	Comptables, financiers	Décideurs, conseillers
Systèmes d'information	Informatique	Outils nomades
Environnement économique	Marché, actionnaires	marché
Environnement juridique	Normes comptables, droit financier	Normes, soft law
Vulnérabilités	Instabilité du capital...	Dilution du pouvoir de décision dans les grandes entreprises, minorité de blocage...

L'activité économique d'une entreprise ne saurait se résumer à la seule gestion de l'information. Même si elle en constitue le support immatériel, elle n'est pas une activité en soi[31]. Ainsi, l'activité d'une entreprise est constituée de plusieurs fonctions[32], chacune ayant ses besoins propres en sécurité, notamment en raison de l'éventail des vulnérabilités. En revanche, d'autres besoins en sécurité sont communs, à partir du moment où la fonctionnalité-support est identique (protection informatique, bâtiments...).

[31] A l'exception des services publics de renseignements ou des agences de recherche privée (détective privé, cabinet d'audit et de conseil...) dont l'activité principale repose sur la fourniture de renseignements au commanditaire. Dans ce cas, l'information est effectivement la matière première et l'objet de l'activité de ces entités.

[32] L'organisation fonctionnelle décrite à travers ces tableaux n'est qu'une illustration pour les besoins de la mise en relief des divergences entre les grandes fonctions de l'entreprise. Bien évidemment, toutes les entreprises ne sont pas construites sur ce modèle.

Toutefois, sécuriser l'activité de ces fonctions pour une entreprise ne signifie pas sécuriser l'information qui s'y rattache[33], de même qu'une information n'a pas la même valeur pour chaque membre de l'entreprise[34].

1.2.3 - Approche globale de la sécurité économique

Cette politique publique intervient tant sur le haut du spectre, la sécurité macro-économique, que directement auprès des entreprises. Elle vise à donner aux acteurs économiques tous les outils pour rester compétitif dans une économie mondialisée (Carayon, 2006, p. 7). Elle a donc vocation à lutter contre toutes les formes de distorsion de la concurrence. Aussi, apparaît-il nécessaire de synthétiser ces notions pour entrevoir le panorama complet, tel que proposé par le schéma suivant :

[33] Ainsi, mettre des barreaux aux fenêtres n'est pas en soi une protection de l'information, mais une protection de l'accès à l'information qui a une valeur économique pour l'entreprise. Il peut s'agir d'empêcher des voleurs de métaux de dérober le stock de cuivre d'une entreprise. En soi, le cuivre en tant que matière première n'a pas de valeur informationnelle pour l'entreprise (tandis que les variations du cours du cuivre qui déterminent la période d'achat et la durée du stock ont une valeur informationnelle qui conditionne la prise de décision du manageur : quand acheter et à quel prix ?). En revanche, la valeur de ce stock de cuivre est une information importante pour le voleur puisqu'elle va conditionner sa décision d'action ou de non action.

[34] Par exemple, dans une entreprise, le vendeur a absolument besoin de connaître le prix de revient du produit qu'il propose. Il connaît ainsi sa marge de manœuvre dans la négociation. Il a bien moins besoin de connaître la composition exacte des alliages entrant dans la composition de son produit, à moins d'en faire un argument marketing sur le (la) mode environnemental(e). De même, ce coût de revient est une information bien moins intéressante pour le livreur, etc...

Fig. 1 : Sécurité macro-économique et sécurité micro-économique

Sécurité macro-économique : POLITIQUE PUBLIQUE

CONTRÔLE DES FLUX				
Denrées alimentaires	Sécurité des appro. et des matières premières	Protection des points d'importance vitale	Finances	Systèmes d'information

VEILLE ET INFLUENCE	COMPETITIVITE
Elaboration de la norme	Investissements

PROTECTION JURIDIQUE				PROTECTION FINANCIERE
Contrefaçon	Propriété intellectuelle	Immigration irrégulière	Travail illégal	Fonds de soutien

Sécurité micro-économique : PROTECTION DES ENTREPRISES

	Direction - stratégie		Ressources humaines	
Relations fournisseurs		Recherche et développement		Systèmes d'information
	Tiers de confiance		Protection physique	
Prestataires de services		Production		Communication
	Relations clients		Capital Finances	

L'intelligence économique utilise l'information comme support de l'action et elle est omniprésente à tous les stades, à tous les niveaux de la politique publique et des entreprises. Toutefois, ce qui était auparavant une vérité admise implicitement - un décideur a toujours besoin d'informations pour prendre sa décision -, son émergence dans le débat public a quelque peu modifié les conceptions et perceptions établies. Malgré la difficulté à la définir précisément, elle a introduit de nouveaux concepts dans la doctrine publique.

Bien que la réflexion ne soit aboutie sur le sujet, il est pourtant essentiel de clarifier ces notions. En effet, la confusion que génère le même vocable recouvrant plusieurs dimensions induit également des approches différentes entre les services de l'État. Ces derniers mènent alors des actions dispersées, parfois redondantes mais pouvant laisser vierges également certains volets de la politique publique d'intelligence économique. Ces « défauts de jeunesse » ont surtout eu lieu lors des premiers mois de la mise en place de la politique territoriale d'intelligence économique, consécutivement à la parution de la circulaire du 13 septembre 2005.

La coordination interministérielle s'est ensuite développée, tant au niveau central que territorial, et ces défauts ont progressivement été gommés. Si en termes d'actions concrètes au profit des entreprises la politique publique d'intelligence économique a permis une meilleure coordination entre les administrations, la délivrance de messages clairs et l'accompagnement des acteurs économiques, ces notions ne sont toujours pas perçues de façon univoque par les services publics.

Chercher à les clarifier ainsi que leurs relations n'est pas un exercice purement intellectuel. Les conséquences sont bien réelles[35].

---

[35] Par exemple, au début de l'année 2010, le ministère de l'intérieur a cherché à améliorer le traitement de l'information et du renseignement (et notamment en matière d'intelligence économique) en procédant à la répartition des missions et au rapprochement entre les services de la police nationale (sous-direction de l'information générale et direction centrale du renseignement intérieur) et de la gendarmerie nationale qui lui était désormais rattachée. Bien que la répartition des missions fût fixée préalablement par des textes officiels, les conceptions divergentes des différents acteurs sur les notions d'information, renseignement, sécurité économique, intelligence économique, renseignement d'intérêt économique, renseignement socio-économique... ont donné lieu à une réflexion et des échanges intensifs pour en dégager les principes conducteurs. Elle a conduit à redéfinir des modes d'action, inventer des procédures nouvelles, déplacer des personnels, repenser la chaîne du commandement... La conduite de ce changement n'aurait certainement pas été aussi délicate si les concepts avaient été préalablement définis à l'identique.

Section 1.3 - Positionnement du concept dans la doctrine publique

En 1996, le comité pour la compétitivité et la sécurité économique élargissait le concept d'intelligence économique à la sphère publique dans les termes suivants :

> « *Le concept d'intelligence économique recouvre les champs suivants :*
> *- au service de la cohésion sociale, l'instauration de relations entre l'État et les acteurs économiques et sociaux adaptées aux enjeux mondiaux de compétitivité participe, par le développement économique, au maintien du tissu social ;*
> *- au service des entreprises, la mise à disposition de l'information utile et notamment économique et financière, scientifique et technique ; la sensibilisation/formation des entreprises à l'utilisation de l'information ; le soutien des entreprises dans la conquête des marchés extérieurs, dans la veille technologique et concurrentielle, à l'acquisition de nouveaux savoir-faire...*
> *- au service de l'État, la définition de politiques, de stratégies, la mise en cohérence, le développement d'outils, de modes d'organisation et de travail au sein du Gouvernement et de l'administration visant à augmenter la performance économique de la France notamment par une meilleure circulation de l'information et une collaboration interministérielle plus fréquente. En ce sens, l'intelligence économique est un levier de réforme de l'État.* »

L'intelligence économique se distingue cependant des concepts évoqués ci-dessus, bien que contiguë. Préciser ces concepts et leurs distinctions doit contribuer à une meilleure compréhension de leur essence et leur portée afin d'éviter tout risque de confusion préjudiciable.

1.3.1 - Intelligence économique et sécurité nationale

Le concept de sécurité nationale, s'il n'est pas nouveau[36], a cependant été intégré récemment dans la doctrine française par le Livre blanc en 2008, inséré dans l'intitulé même, ce document étant sous-titré « de la défense et de la sécurité nationale ». Cette évolution[37] doctrinale a été retranscrite dans le code de la défense, désormais rédigé comme suit :

> « *La stratégie de sécurité nationale a pour objet d'identifier l'ensemble des menaces et des risques susceptibles d'affecter la vie de la Nation, notamment en ce qui concerne la protection de la population, l'intégrité du territoire et la permanence des institutions de la République, et de déterminer les réponses que les pouvoirs publics doivent y apporter.*
> *L'ensemble des politiques publiques concourt à la sécurité nationale.*
> *La politique de défense a pour objet d'assurer l'intégrité du territoire et la protection de la population contre les agressions armées. Elle contribue à la lutte contre les autres menaces susceptibles de mettre en cause la sécurité nationale.* » (art. L.1111-1).

Par ailleurs, ce texte prévoit que la sécurité nationale ne s'exerce pas seulement sur le territoire national, mais dépasse bien les frontières. Cet article précise également :

> « *Elle pourvoit au respect des alliances, des traités et des accords internationaux et participe, dans le cadre des traités européens en vigueur, à la politique européenne de sécurité et de défense commune.* »

L'émergence corrélative de l'intelligence économique n'est probablement pas étrangère à l'intégration du concept de sécurité nationale dans la doctrine française de défense et de sécurité.

---

[36] Le concept a été officialisé aux États-Unis par le National Security Act du 26 juin 1947 créant le Conseil national de sécurité. Contrairement à la doctrine française, ce conseil est davantage un outil de politique étrangère. En France, il est surtout un outil de protection. La notion de défense y reste très attachée.

[37] Modifié par l'article 5 de la Loi n° 2009-928 du 29 juillet 2009.

Toutefois, si l'intelligence économique a pu commencer à s'imposer en France après une dizaine d'années d'atermoiements, d'incompréhension et d'échecs, le concept de sécurité nationale s'est imposé le temps d'une parution. D'aucuns y voient la volonté présidentielle du moment, alors que la France reprenait sa place dans le commandement intégré de l'OTAN, de se rapprocher des doctrines et concepts états-uniens. Au-delà de cet aspect conjoncturel, la raison semble plus profonde, conséquence d'une lente maturation du concept d'intelligence économique. Si elle ne justifie à elle-seule le concept de sécurité nationale, elle y participe indéniablement[38].

Ainsi, la sécurité nationale agrège les concepts de défense militaire dans son acception militaire et les autres types de défense. Si la défense civile est clairement explicitée, la défense économique ne fait pas l'objet d'une même visibilité bien qu'elle y soit sous-entendue dans la première phrase (« *La stratégie de sécurité nationale a pour objet d'identifier l'ensemble des menaces et des risques susceptibles d'affecter la vie de la Nation.* »). Or, la Nation ne peut survivre sans une activité économique pérenne. Il peut simplement paraître curieux que la sécurité économique n'ait pas davantage été spécifiée dans cet article premier, alors que le code de la défense, dans ses développements ultérieurs, lui consacre une part non négligeable[39].

L'introduction du concept de sécurité nationale a cependant soulevé quelques remarques :

> *« Le concept de sécurité nationale aboutit à des dérives potentielles tendant à confondre action militaire et action policière.* [...] *Le risque est dans le glissement vers une sorte d'ennemi intérieur qui se substituerait à l'ennemi tout court.* [...] *la politique de défense ne doit pas se confondre avec la politique de sécurité »* (Chevènement, 2009)[40].

---

[38] Au même titre que la lutte contre le terrorisme ou les trafics d'ampleur de nature à déstabiliser des États ou des firmes multinationales pourvoyeuses de millions d'emploi dans le monde : stupéfiants, contrefaçon...

[39] Partie législative : Partie I, Livre III, Titre III : De la défense économique, article L.1331-1 à L.1336-1.
Partie réglementaire : article R.1332-1 à D.1338-6.

[40] Commentaires exprimés lors des discussions sénatoriales à propos du projet de réécriture de l'article premier du code de la défense, 15 juillet 2009.

Néanmoins, cette critique n'apporte pas de précisions complémentaires quant au positionnement de la nouvelle doctrine. Elle fait simplement le constat d'un rapprochement entre deux modes de traitement de la sécurité. Elle sous-entend que la défense extérieure relèverait de l'outil militaire et la sécurité intérieure du domaine civil. Cette conception est trop cloisonnée et éloignée de la réalité : les intérêts français civils à protéger sont présents sur les cinq continents[41], de même que des intérêts militaires, nécessitant une protection militaire sont largement présents sur le territoire national[42].

A priori, l'intelligence économique ne semble pas comprise en tant que telle dans le concept de sécurité nationale. Il est vrai qu'elle n'est pas expressément désignée comme en étant une des composantes. En fait, résoudre la question du positionnement de l'intelligence économique par rapport à la sécurité nationale ne peut être réalisé qu'à condition de considérer que ces deux concepts coexistent sur le même plan. A défaut, un concept intermédiaire permettrait de passer de l'un à l'autre.

1.3.2 - Intelligence économique, sécurité économique et la tentative avortée du patriotisme économique

Si l'intelligence économique n'est pas une composante directe de la sécurité nationale, il est légitime de s'interroger si elle ne l'est pas indirectement. Cette question appelle une réponse positive à travers le prisme de la sécurité économique puisque l'information économique « irradie » l'ensemble du spectre. L'information économique, lorsqu'elle a pour objet de protéger les intérêts économiques nationaux, devient *de facto* un élément de sécurité économique.

Pourtant, toutes les informations économiques n'ont pas cette vocation et dès lors, il apparaît que les informations économiques ont une valeur différente en fonction de l'exploitation qui peut en être faite et de l'intérêt qu'elles représentent pour le décideur. C'est ainsi que dans le cadre de la dynamique d'intelligence économique, plusieurs idées ont été avancées pour préciser ces concepts en développement. De

---

[41] Ressortissants, chantiers civils dans le cadre des grands contrats d'infrastructures (chemins de fer, aéronautique, centrales nucléaires...), approvisionnements énergétiques, entre autres.

[42] Ne serait-ce que les bases de sous-marins nucléaires.

fait, celui du patriotisme économique a été régulièrement évoqué entre 2005 et 2008, avant que la crise financière et économique, puis la crise de confiance vis-à-vis des dettes souveraines et de l'Euro, aient réorienté les préoccupations des instances politiques.

Peu de temps après sa nomination, le Premier ministre faisait cette déclaration :

> « *Mobiliser les énergies autour du patriotisme économique.* [...] *Nous ne protégeons pas assez nos intérêts économiques et ceux de nos entreprises* », [...] [et] *un paquet de réformes fiscales* [devait voir le jour pour] *renforcer l'attractivité du territoire.* » De même, le gouvernement s'engageait à : « *examiner les évolutions nécessaires en matière de droit des sociétés.* [...] *l'actionnariat français doit être conforté pour éviter la dispersion du capital, qui fragilise certaines de nos entreprises.* [...] *Je souhaite que les entreprises développent l'actionnariat salarié* [car il permet de] *développer notre capacité de résistance aux chocs et aux menaces, c'est mieux ancrer nos entreprises sur le sol national.* » (De Villepin, 2005).

Les thèmes abordés lors de cette conférence de presse montrent bien que le patriotisme économique n'est pas le protectionnisme car l'économie française reste ouverte sur le monde. Les pistes évoquées avaient pour objectif de renforcer la compétitivité et la protection des entreprises ainsi que les intérêts français dans une économie mondialisée.

Quelques mois plus tard, le Premier ministre confirmera cette position : « *La France devra se distinguer sur l'échiquier mondial par sa capacité à innover, à inventer de nouveaux produits.* » Il constate que les entreprises françaises « *ont souvent du mal à dépasser une certaine taille* », ce qui nuit à leur compétitivité. Plusieurs pistes ont été évoquées pour simplifier les formalités des PME et rendre le système fiscal « *plus attractif pour les PME qui veulent grandir* » et « *faciliter le rapprochement des PME, notamment via l'Oseo.* » Le patriotisme économique consiste à « *ne pas se recroqueviller sur soi-même.* » (De Villepin, 2006).

En 2006, le député Carayon contribuera à cette réflexion à travers un rapport par lequel il exprime la différence qu'il convient de réaliser entre le patriotisme économique et le protectionnisme. Malheureusement, l'opinion publique, mais également des journalistes et des chefs d'entreprises ont bien montré que cette différence n'était pas perçue comme telle. Pourtant, ce concept n'est pas nouveau (Wieder, 2009)[43].

Pour beaucoup, chercher à développer l'activité économique des entreprises dans le cadre d'une politique publique visant à sécuriser cette même activité a été compris comme du protectionnisme (Junghans [2005] ; Follorou [2006] ; Kahn [2006] ; L'Expansion [2006]). De même, lorsque la manne publique devant permettre aux économies d'affronter la crise de 2008 a été mise en œuvre, il a parfois été rétorqué qu'elle devait profiter aux économies nationales. Ces commentateurs ont alors confondu patriotisme économique et « chauvinisme économique » (Currie, 2009) ou le colbertisme (Baverez, 2010).

Force est de constater que le sursaut du patriotisme économique n'a pas eu lieu en France[44]. Même si ce concept devait changer de dénomination au profit de celui de « préférence nationale », il pourrait connaître un sort identique. En effet, les investissements étrangers en France sont importants et afficher cette notion dans une politique

---

[43] « *Contrairement à une idée reçue, le protectionnisme n'a pas davantage disparu après 1945 qu'il n'était apparu en 1930. L'histoire du «* patriotisme économique *» est aussi ancienne que celle du capitalisme.* ». Pour WIEDER, le patriotisme économique est synonyme du protectionnisme. Source : Lemonde.fr, 12 avril 2009, consulté le 25/01/2010.

[44] A l'exception de quelques relocalisations qui tiennent davantage de la déception de la qualité des produits fabriqués dans certains pays étrangers à bas coûts où de l'exposition au risque de contrefaçon qu'une réelle préoccupation de préférence nationale. (VULSER, 2009). D'ailleurs, les dossiers traités dans le cadre du grand emprunt et de l'aide à la relocalisation n'ont pas eu d'effets notables immédiats en termes d'emploi (DOMITILLE, 2011). Pourtant, la réduction des écarts de coûts entre les pays développés et ceux où il était intéressant encore peu de faire produire, incite au retour des usines dans leur pays d'origine (The Economist [12 mai 2011] ; Le Point [17 janvier 2013], p. 87 ; Challenges n° 330 [31 janvier 2013], p. 35 ; ARTUS, Challenges n° 334 [28 février 2013], p. 35).

publique pourrait ne pas encourager les investisseurs étrangers, sans même évoquer l'image produite auprès des partenaires européens[45].

Pourtant, cette idée était une contribution majeure à la politique publique d'intelligence économique sur le volet de la compétitivité. Elle avait pour objectif, dans une économie mondialisée, de trouver les ressorts qui permettraient de favoriser les industries nationales face à la concurrence étrangère, l'objectif étant d'assurer une activité économique, notamment industrielle, pérenne sur le territoire. Cette démarche se voulait positive. Il ne fallait pas y voir une approche négative ou négationniste de la concurrence étrangère, auquel cas, il eût convenu d'évoquer le protectionnisme, dont les dangers sont régulièrement évoqués (Liebreich, 2010). Cette démarche s'inscrivait, au regard des buts recherchés, dans le cadre de la sécurité macro-économique. La clause de préférence nationale y aurait trouvé sa place, à l'instar du *small business act* états-unien.

Même si la dynamique de compétitivité s'inscrit dans la politique publique d'intelligence économique, cette dimension n'a pas encore trouvé à ce jour toute l'envergure à laquelle elle est promise[46]. Par ailleurs, la sécurité économique a été envisagée sous l'angle de la protection des intérêts nationaux. Malgré la dimension sécuritaire qui semble revêtir cette appellation, est-elle simplement défensive ? Par ailleurs, cette politique implique tous les ministères concernés de près ou de loin par l'activité économique de la Nation. Certains, plus que d'autres, ont une vocation plus offensive, c'est-à-dire qu'ils sont mieux disposés à accompagner les entreprises dans la recherche de la performance et la conquête de marchés plutôt que la protection de l'outil industriel.

1.3.3 - Entre le défensif et l'offensif : quelle intelligence économique ?

En préliminaire, notons que la valeur de l'information est reconnue puisqu'elle constitue l'essence même de l'intelligence économique. Ce

[45] Les exportations françaises infra-européennes représentent un peu plus de 60 % des exportations totales du pays.

[46] La simple observation des récents échecs d'industriels français dans de grands appels d'offres internationaux suffit à s'en convaincre (centrales nucléaires, avion de combat « Rafale », TGV...).

postulat permet de donner une base d'appréhension de la problématique identique pour chacun des acteurs.

Par contre, la dichotomie « offensif-défensif » a été introduite lors de l'initialisation de la politique publique d'intelligence économique territoriale par la circulaire du 13 septembre 2005 :

> « *La politique publique d'intelligence économique s'articule autour de deux dimensions : défensive (contre les tentatives de déstabilisation ou de prédation) et offensive (anticiper les mutations, trouver et diffuser l'information stratégique).* »

Cette répartition permet de définir les axes d'effort et par conséquent, les acteurs impliqués dans chacune des deux dimensions ainsi que le mode d'organisation de l'action publique territoriale en la matière. Mais au-delà de ces implications, il est nécessaire au préalable de préciser l'étendu de ces deux dimensions. Leurs conséquences déterminent le champ d'intervention de telle ou telle administration dans un domaine en construction alors que les repères anciens et les actions traditionnelles de chacun de ces acteurs peuvent être amenés à se superposer par endroit.

A priori, la répartition semble nette : la dimension défensive serait le domaine des actions de protection et la dimension offensive celui de la compétitivité. Si cette partition semble bien tranchée dans son exposé textuel, elle se révèle moins évidente dans son application. Parmi les administrations impliquées dans la politique publique d'intelligence économique, quelques ministères illustrent plus particulièrement ce schéma : le ministère des finances pour le volet de la compétitivité, le ministère de l'intérieur et le ministère de la défense pour celui de la sécurité. Toutefois, les autres ministères sont également impliqués dans cette politique et leurs actions relèvent parfois des deux dimensions.

Mais surtout, il apparaît que cette partition, théorique au premier degré, n'est pas complètement adaptée à la réalité. Ainsi, protéger une entreprise innovante et son savoir, n'est-ce pas un des meilleurs moyens de lui garantir une avance sur ses concurrents, lui permettre de lancer sur le marché un produit sans équivalent et conforter ainsi sa position, voire conquérir, des parts de marchés ? Jusqu'à présent, la dimension défensive n'a été envisagée que sous le seul angle de la protection contre les agressions extérieures. Il s'agit certainement de son objet et de ses modes opératoires, mais pas nécessairement de sa finalité. En fait, l'optique est double et dépend de la position de l'entreprise sur le marché :

- conserver une longueur d'avance sur ses concurrents afin de maintenir sa position de leader ;
- ne pas prendre de retard sur la concurrence, pour les suiveurs.

La finalité de la sécurité micro-économique deviendrait alors celui de la compétitivité[47] et cette distinction n'est pas sans conséquences sur les modes opératoires de la sécurité micro-économique. Le leader pourra chercher à égarer ses concurrents dans la recherche d'informations afin de ne pas dévoiler l'état de sa propre R&D tandis qu'un suiveur, à moins de chercher l'innovation de rupture, aura tendance à dupliquer (en cherchant à améliorer tout de même) les produits du leader. Cette position sur le marché donne une indication sur l'objet des recherches de l'entreprise. En soi, cette information intéresse la concurrence.

A l'inverse, certaines opérations menées sous couvert de la compétitivité, visent un objectif de sécurité macro-économique. Leur finalité première n'est pas de contribuer à la compétitivité de ces entreprises, mais parfois de maintenir des bassins d'emploi[48] ou préserver la souveraineté et l'indépendance nationales par le maintien de certaines filières industrielles nationales[49], au détriment de la

---

[47] Voir à ce sujet l'affaire de la dentelle de Calais, une des premières grandes réussites de la mission d'Alain Juillet. En 2006, des industriels chinois voulaient acquérir les métiers à tisser de la dentelle utilisés dans les ateliers nordistes. L'exportation de ces machines sur le territoire chinois faisait courir le risque de l'émergence d'une production concurrente à moindre coût qui aurait pu porter un coup fatal à cette industrie en France, menaçant ainsi 1600 familles. Finalement, les métiers à tisser ont fait l'objet d'une inscription au patrimoine culturel et dès lors leur exportation devenait interdite. Source : Lepoint.fr, 17 janvier 2007, consulté le 27/01/2010.

[48] L'histoire économique française foisonne de ces exemples : chantiers navals, industries minières...

[49] Filières aéronautique et spatiale notamment.

performance financière où du moindre coût pour les finances publiques.

Enfin, ces mêmes opérations (certaines recherches financées par les pouvoirs publics, certains marchés publics ou des avances d'investissement sur des programmes dont l'issue est incertaine) visent un objectif de sécurité micro-économique lorsqu'une entreprise particulière dispose d'un savoir-faire relevant de la sécurité nationale, ce qui semble pleinement légitime, mais aussi parfois simplement emblématique voire symbolique[50].

Rapidement, il est apparu pour les praticiens des administrations que la césure n'était pas aussi tranchée entre l'intelligence économique défensive et offensive. Si la frontière semble suffisamment nette d'un point de vue théorique, contribuant ainsi à déterminer peu ou prou le périmètre d'action de chaque administration, les objectifs visés peuvent ne pas correspondre à l'ambition initiale. Ces deux notions ont progressivement disparu de la doctrine publique et les textes législatifs et réglementaires publiés depuis n'y font plus guère référence. Tout juste servent-elles à l'occasion des conférences de sensibilisation données par les administrations à délimiter le périmètre d'action de chacun dans la globalité des actions publiques.

Ainsi, l'étude des concepts de sécurité macro et micro-économique permet de préciser davantage les implications de l'intelligence économique malgré les « échecs » du patriotisme économique et de la dichotomie offensive-défensive. Ces difficultés d'application résultent essentiellement de la difficulté à définir correctement le champ de l'intelligence économique.

---

[50] Que serait aujourd'hui le constructeur automobile français Panhard sans les commandes de véhicules pour l'armée de terre, alors qu'il est possible d'acheter des véhicules aux propriétés comparables « sur étagère » auprès de constructeurs étrangers ? Le développement de l'industrie militaire européenne est intéressant à ce titre. Les âpres négociations du lancement du second porte-avions français, dont le projet initial devait s'adjoindre une commande anglaise afin de produire en série deux bâtiments de surface identiques pour réduire les coûts de fabrication, illustrent cette difficulté. Parmi les points de divergence, au-delà des choix technologiques, figuraient bien ceux relatifs aux constructeurs et sous-traitants. En un mot, qui allait profiter de ces commandes publiques ?

Chapitre 2 : Encadrement de l'intelligence économique

Une fois cet environnement général défini, il convient d'approcher maintenant l'intelligence économique davantage pour ce qu'elle est (ou n'est pas) et de la percevoir à travers notamment les différentes définitions que chercheurs et patriciens ont élaboré. Cet encadrement conceptuel sera complété par une approche juridique.

Section 2.1 - Définition(s) de l'intelligence économique

Ce titre peut être en mode singulier car tous les auteurs cités ci-dessous tentent bien de définir le même objet. Toutefois, ce titre pourrait tout aussi bien être au pluriel en raison de la multiplicité des définitions relatives à l'intelligence économique et des divergences d'appréhension s'y rapportant.

Une des principales difficultés dans la tentative de définition de l'intelligence économique réside dans la diversité des champs qu'elle recouvre :

> « *Elle est donc davantage une fédération des approches disciplinaires jusqu'à présent dispersées dans des spécialisations* [...]. *L'I.E emprunte tout et en même temps elle invente tout.*
> *- Elle emprunte tout ce qui la compose : stratégie, management de l'information, organisation, outils de protection, gestion de la documentation, etc.*
> *- Elle invente tout un mouvement de synergie qui met en valeur les relations entre ces composantes du tout et leur donne une puissance nouvelle* [...].
> *La démarche n'est pas nouvelle et ainsi se sont constituées les grandes disciplines sociales, l'économie entre autres. Comment parler d'économie sans comprendre les comportements humains ?* [...]. *Sans doute faut-il voir ici un des problèmes pour les spécialistes à reconnaître l'IE comme originale, et la difficulté à discerner les frontières disciplinaires.* » (Bruté de Rémur, 2006, p. 120).

L'intelligence économique utilise l'information comme matériau de base et cette information se situe dans tous les pans de l'activité économique d'un pays et de ses entreprises. Dès lors, l'exercice devient difficile de donner une définition à un concept aussi large dont les applications sont parfois perçues comme antinomiques[51].

Toutefois, ces définitions font consensus sur un point : s'agissant du traitement de l'information, des principes intangibles sont repris par tous, faisant notamment référence au cycle de l'information.

Sous une forme ou sous une autre, ces auteurs évoquent le besoin de connaissance, la circulation, le tri, l'analyse et la diffusion de l'information dans le but d'éclairer le décideur dans ses choix stratégiques.

En fonction de la sensibilité de leurs auteurs, ces définitions abordent l'intelligence économique différemment. Ils définissent l'intelligence économique en l'abordant par trois angles différents[52].

2.1.1 - Sous l'angle de la nature de l'objet traité : le renseignement

Cette première approche est surtout celle envisagée par la puissance publique. Certains de ces auteurs ont d'ailleurs une expérience dans les services d'information ou de renseignement de l'appareil d'État. En premier lieu, la circulaire du 13 septembre 2005, dans son paragraphe premier, dispose que « *l'information est une ressource stratégique* ». Chacun s'accorde sur ce principe.

Besson et Possin (2002) proposent la définition suivante :

> « *L'intelligence économique est la maîtrise concertée de l'information et de la coproduction de connaissances*

[51] La sécurité, en raison des coûts qu'elle engendre pour une entreprise, augmente de coût de revient des produits fabriqués. La sécurité nuit-elle alors à la compétitivité alors que l'intelligence économique a pour ambition de favoriser l'emploi ?

[52] Pour chacune de ces catégories, il n'est cité ici que quelques définitions pour illustrer le propos, sans reprendre l'intégralité des définitions données (plus d'une cinquantaine à ce jour en France). Seules les définitions paraissant les plus significatives sont citées afin d'éviter les redondances.

nouvelles. Elle est l'art de détecter les menaces et les opportunités en coordonnant le recueil, le tri, la mémorisation, la validation, l'analyse et la diffusion de l'information utile ou stratégique à ceux qui en ont besoin. Elle impliquera une protection adaptée à tous les stades de son élaboration : acquisition, traitement, exploitation, et au patrimoine en résultant avec une attention particulière aux prémisses [...]. *Pour l'essentiel, l'intelligence économique est un cycle d'informations dont la finalité est la production de renseignements stratégiques et tactiques à* "haute valeur" ajoutée. » (p. 3).

Cette définition est en fait très complète[53]. Elle précise l'objet de l'intelligence économique (la maîtrise de l'information), son effet majeur (détecter les menaces et les opportunités), et sa finalité (la production de renseignements stratégiques) tout en précisant une méthode de travail (le cycle du renseignement). Ce dernier point est toutefois plus développé car il précise les étapes (acquisition, traitement et exploitation) et les modalités (recueil, tri, mémorisation, validation, analyse, diffusion) du traitement de l'information.

Cependant, le développement du traitement de l'information dans cette définition peut soulever quelques interrogations et plus particulièrement en raison des champs qui semblent se superposer entre certaines étapes et certaines modalités. En effet, l'acquisition et le recueil sont identiques ainsi que le traitement et l'analyse. Dans les étapes, il n'est pas précisé celle de la diffusion, mais en revanche, il peut paraître difficile de distinguer le traitement de l'exploitation. La différence est pourtant réelle : le traitement ne concerne que l'analyse du renseignement à l'intérieur du cycle du renseignement tandis que l'exploitation est la façon dont le décideur va intégrer cette information dans son analyse plus générale de la situation et orienter sa décision. A travers l'exploitation, il faut comprendre l'utilité de cette information pour le décideur.

---

[53] Une bonne définition résume une doctrine de façon synthétique en répondant à trois questions : quoi ? pourquoi ? et éventuellement « Comment ? ». Cette première définition en est l'illustration.

Revelli (2000) donne, pour sa part, une définition sensiblement différente :

> « *L'intelligence stratégique est un processus de collecte, traitement et diffusion de l'information qui a pour objet la réduction de la part d'incertitude dans la prise de toute décision stratégique. Si à cette finalité on ajoute la volonté de mener des actions d'influence, il convient de parler alors d'intelligence économique.* » (p. 18).

Il évoque en premier la méthode qui se réfère également au cycle du renseignement. Il répond donc d'abord à la question : *comment* ? Le *quoi* se résume au processus et la finalité est la réduction de la part d'incertitude dans la prise de décision stratégique (qui répond en fait d'une autre manière à la question « *pourquoi* ? »). Enfin, il introduit la notion d'influence qui est généralement absente dans bien des définitions mais qui n'en est pas moins un outil essentiel de l'intelligence économique.

Ces deux définitions placent donc l'information au centre du dispositif, mais d'autres auteurs ont développé une approche différente.

2.1.2 - Sous l'angle de ses modalités : le recours aux réseaux

Cette seconde catégorie de définitions privilégie le traitement de l'information. Ainsi, l'association ADBS (2005) propose la définition suivante[54] :

> « *L'intelligence économique est constituée par l'ensemble des concepts, des outils, des méthodologies et des pratiques permettant de mettre en relation, de façon pertinente, différentes connaissances et informations dans la perspective de la maîtrise et du développement de la dynamique économique. Cette mise en relation implique en particulier :*

---

[54] Cité par DAVID, A. « Regard scientifique sur le concept d'intelligence économique ». Article pour le colloque : « La veille sur l'Internet du libre accès : entre objet scientifique réflexif et management stratégique de l'information économique ». IUT Paris 5, 24 mai 2007.

- une mobilisation des hommes ;
- un traitement et une analyse de l'information et de la connaissance orientés vers une finalité opérationnelle ;
- une circulation efficace des informations et des connaissances au sein des organisations concernées. »

Cette définition répond également aux trois questions évoquées précédemment, en insistant plus particulièrement sur le « *comment* ? ». C'est cette dimension qui donne son relief à cette définition en insistant sur les procédés opérationnels. Plusieurs autres définitions privilégient également cette approche :

> « *La veille technologique c'est l'art de repérer, collecter, traiter, stocker des informations et des signaux pertinents (faibles, forts) qui vont irriguer le futur (technologiques, commerciaux...) et également protéger le présent et l'avenir face aux attaques de la concurrence.* » (Rouach, 1996, p. 5).

> « *L'intelligence économique peut, au niveau d'une entreprise particulière se définir comme sa capacité à combiner efficacement les réseaux et compétences extérieures en vue de résoudre un problème productif inédit.* » (Colletis, 1997, p. 25s).

Nous pourrions multiplier les citations. Toutefois, ces deux définitions abordent le sujet quelque peu différemment. Le professeur Rouach évoque principalement la veille. Il convient toutefois de replacer sa réflexion dans l'échelle temporelle. Il est vrai que les entreprises pratiquaient la veille depuis de nombreuses années lorsque cette définition a été donnée. Seulement deux années après le rapport Martre, l'intelligence économique émergeait et beaucoup se référaient encore à la technique de veille[55]. Par contre, l'approche du professeur Colletis est différente dans sa finalité puisque l'intelligence économique ne viserait qu'à résoudre un « *problème productif inédit* ».

---

[55] La veille est souvent employée dans son sens générique alors qu'il est possible d'en faire de multiples distinctions : processus ou résultat, types de veilles (concurrentielle, technologique...). Cf. BROUARD, F. « Que la veille stratégique se lève : faisons le point sur la terminologie et le concept ». Congrès ASAC-IFSAM, Montréal (2000).

Toutefois, il faut considérer cette expression dans son sens générique (tout type de production : biens, services, informations, etc... sans limitation temporelle). Bien que non évoquée, le chemin vers l'anticipation commence à se dessiner.

En résumé, ces auteurs considèrent l'utilisation des réseaux comme le mode opératoire adapté à la manœuvre d'intelligence économique. Il n'est pas non plus indiqué dans ces définitions quel est l'utilisateur de ces méthodes. Bien qu'envisagée dans un premier temps pour les entreprises, l'intelligence économique s'adapte également aux besoins de la puissance publique.

2.1.3 - Sous l'angle de sa finalité : utilité à la stratégie

Enfin, la dernière approche pour tenter une définition de l'intelligence économique peut s'opérer par la finalité poursuivie, c'est-à-dire en répondant à la question « *pourquoi* ? ». Dans ce cadre, apparaît une précision quant aux acteurs à laquelle elle est susceptible de s'appliquer, à savoir tant le secteur public que privé.

Dans les conceptions précédentes, et bien que cela ne soit précisé, la formulation des définitions tend à les rendre applicables uniquement par les entreprises. Et aussi curieux qu'il puisse paraître, c'est à travers une approche par la finalité que le secteur public apparaît pleinement.

Ainsi, la circulaire du 13 septembre 2005 indique que l'intelligence économique, par rapport à l'information stratégique, est :

> « *La capacité à l'exploiter et à la protéger dans les secteurs sensibles de l'économie est déterminante pour la compétitivité des entreprises, les conditions d'exercice de notre souveraineté et notre rayonnement international.* » (p. 1)

La puissance publique n'est certes pas insensible à l'argument de la compétitivité des entreprises[56], mais évoque clairement les intérêts et

---

[56] Le pouvoir politique ne peut trouver qu'avantage au bon fonctionnement de l'économie française dans les marchés mondialisés : baisse du chômage, hausse des investissements, balance commerciale bénéficiaire, rentrées fiscales...

bénéfices qu'elle peut en retirer. L'intelligence économique est donc utile pour aider des organisations publiques à mener des stratégies. Néanmoins, plusieurs définitions sont suffisamment généralistes pour s'adresser aux deux entités. Nous retiendrons l'évocation de Bernardin (2005)[57] :

> « *L'ensemble des processus qui permet au décideur d'avoir une bonne compréhension du terrain sur lequel il opère à partir des données utiles disponibles pour prendre des décisions stratégiques. Autrement dit : savoir et comprendre pour agir.* »

Enfin, certaines définitions s'adressent plus spécifiquement aux entreprises :

> « *L'intelligence économique n'est plus seulement un art d'observation mais une pratique offensive et défensive de l'information. Son objet est de relier entre eux plusieurs domaines pour servir à des objectifs tactiques et stratégiques de l'entreprise. Elle est un outil de connexion entre l'action et le savoir de l'entreprise.* » (Baumard, 1991, p. 32).

Lorsque la finalité de l'intelligence économique a pour ambition de permettre les choix stratégiques, et donc la décision, elle devient cet « *outil de connexion entre l'action et le savoir* », c'est-à-dire qu'elle a pour conséquence directe d'éclairer le décideur dans ses choix. Cette formulation indique bien que l'intelligence économique n'est plus simplement un outil de recueil d'information telle que la veille[58], mais qu'elle est surtout un outil d'aide à la décision.

Mais l'aperçu du sujet ne serait complet sans évoquer la définition donnée par le rapport Martre qui marque la naissance de l'intelligence

---

[57] Président de l'assemblée des chambres françaises de commerce et d'industrie. Cité par DAVID, A. « Regard scientifique sur le concept d'intelligence économique ». Article pour le colloque : « La veille sur l'Internet du libre accès : entre objet scientifique réflexif et management stratégique de l'information économique ». IUT Paris 5, 24 mai 2007.

[58] dont la simple évocation n'évoque pas, en première compréhension, le dynamisme et l'action...

économique en France après une gestation discrète. Quelques unes des définitions produites en France l'ont été avant ce célèbre rapport, puis beaucoup s'en sont inspirées pour faire évoluer le concept. La décennie 1990 a été, de ce point de vue, particulièrement prolifique. En fait, la définition de ce rapport aborde tous les aspects évoqués précédemment. Elle évoque la finalité de l'intelligence économique et les modalités du traitement de l'information. Elle répond aux trois questions (quoi, pourquoi, comment) qui permettent de définir toute l'étendue d'une matière. Il est par ailleurs à mentionner que cette définition est une des rares à évoquer le principe de légalité dans l'action d'intelligence économique :

> « *L'intelligence économique peut être définie comme l'ensemble des actions coordonnées de recherche, de traitement et de distribution, en vue de son exploitation, de l'information utile aux acteurs économiques. Ces diverses actions sont menées légalement avec toutes les garanties de protection nécessaires à la préservation du patrimoine de l'entreprise, dans les meilleures conditions de délais et de coûts. L'information utile est celle dont ont besoin les différents niveaux de décision de l'entreprise ou de la collectivité, pour élaborer et mettre en œuvre de façon cohérente la stratégie et les tactiques nécessaires à l'atteinte des objectifs définis par l'entreprise dans le but d'améliorer sa position dans son environnement concurrentiel. Ces actions, au sein de l'entreprise, s'ordonnent autour d'un cycle ininterrompu, générateur d'une vision partagée des objectifs de l'entreprise.* » (Martre, 1994, p. 12).

Ainsi, et quelle que soit la sensibilité de ces auteurs, ces définitions abordent plusieurs points au relief inégal : cycle du renseignement, utilité, information stratégique, stratégie de l'entreprise, puissance publique... Ces différences occasionnent des priorités dans le traitement des divers volets, et dès lors, elles sont susceptibles d'engendrer des écarts d'interprétation. Si toutes ces définitions traitent bien de l'intelligence économique, ces divergences nourrissent des désaccords entre acteurs et praticiens. Ce foisonnement intellectuel n'a pas contribué à la clarification du concept, malgré la bonne volonté de chacun.

Et finalement, en raison de la complexité du sujet ou s'entrecroisent des concepts issus de différents champs disciplinaires, il est légitime de s'interroger s'il est tout simplement possible de définir l'intelligence économique.

Le rapport Carayon (2003) aborde dès l'introduction cette difficulté :

> « *L'intelligence économique a fait l'objet de multiples définitions d'experts. Plusieurs personnalités auditionnées ont souligné la confusion - entretenue par la double acception du mot intelligence – entre intelligence économique et espionnage, et suggéré de changer d'appellation.* » (p. 12).

Un an après le rapport Carayon, il semblait finalement difficile, sinon illusoire, de vouloir donner une définition qui satisfasse tout un chacun. Un chercheur s'en explique :

> « *Une fois passé l'engouement initial, le terme « *intelligence économique* » s'est vu chargé de tous les maux : trop anglo-saxon, trop connoté services secrets, trop lié aux pratiques illégales, etc. Les acteurs actuels jouent donc sur une sémantique floue. Indistinctement sont utilisés les termes : guerre économique pour les plus traditionalistes ; compétitivité économique pour ceux qui ne souhaitent pas se souiller avec des notions sulfureuses (on les trouve dans certains cabinets ministériels) ; et l'on rencontrera également sécurité économique, veille stratégique, etc. En réalité, cette difficulté sémantique manifeste le fait que l'on se trouve dans ce domaine et cette fonction à la charnière de plusieurs mondes et plusieurs activités.* » (Daguzan, 2004, p. 91s).

Ces différentes approches ont contribué à entretenir le flou quant à la définition précise de l'intelligence économique.

2.1.4 - Le syncrétisme : une solution possible à une définition impossible

L'analyse des différentes définitions fait apparaître que ces auteurs comprennent l'intelligence économique selon plusieurs perspectives : elle est parfois stratégie, démarche, processus, méthode ou discipline. Pour uniformiser le concept sans le dévoyer dans de multiples directions, la démarche syncrétique peut être une solution. Bournois et Romani (2000), dans leur rapport pour l'IHEDN, ont proposé une définition en ce sens. Les différents aspects évoqués précédemment sont (presque) tous réunis dans cette formule qui s'adresse en premier chef aux entreprises :

> « *Une démarche organisée, au service du management stratégique de l'entreprise, visant à améliorer sa compétitivité par la collecte, le traitement d'informations et la diffusion de connaissances utiles à la maîtrise de son environnement (menaces et opportunités) ; ce processus d'aide à la décision utilise des outils spécifiques, mobilise les salariés, et s'appuie sur l'animation de réseaux internes et externes.* »

La « *démarche organisée* » et les « *outils spécifiques* » ne sont pas développés dans cette définition. Néanmoins, ils renvoient à des notions largement connues des praticiens sans qu'il soit nécessaire de les développer dans une définition, au risque de lui faire perdre alors son caractère syncrétique, ou tout du moins, sa lisibilité. Mais cette définition, aussi synthétique soit-elle, n'a pas emporté une adhésion unanime. La puissance publique peut ne pas se reconnaître dans cette définition. Par la suite, plusieurs autres ont été données.

En fait, la première solution pour définir le concept d'intelligence économique pourrait être justement de ne pas tenter de le définir. Le rapport Carayon (2003) évoque cette possibilité :

> « *Chacun des spécialistes de l'intelligence économique la conçoit à l'aune de ses propres préoccupations. Il serait donc vain de faire prévaloir une définition qui rallierait nécessairement contre elle ceux qui ne s'y retrouve pas tout à fait, sans satisfaire complètement ceux qui en partagerait*

l'essentiel... Il semble en revanche possible de s'accorder sur l'utilité, les champs d'application et les acteurs de l'intelligence économique. » (p. 17).

Ainsi, plutôt que de tenter de définir l'intelligence en tant que telle, d'après sa nature, ce rapport préconise une approche par sa destination. C'est la formule retenue par Alain Juillet (2005) qui donne alors la définition suivante :

> « *L'intelligence économique consiste en la maîtrise et la protection de l'information stratégique par tout acteur économique et a pour triple finalité la compétitivité du tissu industriel, la sécurité de l'économie et des entreprises et le renforcement de l'influence de notre pays.* » (p. 2).

Cette formule syncrétique, plus concentrée que la proposition formulée par l'IHEDN, présente l'avantage de pouvoir s'appliquer aussi bien aux acteurs publics que privés. Elle ne donne pas de pistes pour définir les outils et les méthodes, mais rassemble de façon générique l'objectif à atteindre. Chacun, quels que soient sa fonction, son statut et ses objectifs, peut s'y reconnaître.

D'une façon légèrement plus développée, Besson et Possin (2006) ont révisé leur définition antérieure en l'incrémentant de toutes ces évolutions[59] :

> « *Un système collectif d'acquisition, de production et de transformation de l'information en connaissances utiles. Ce système vise à l'amélioration du processus décisionnel, à l'exercice de l'influence, à la détection des opportunités, à la prévention des menaces et des risques, à la protection et à l'enrichissement du patrimoine, au développement de la performance, au maintien et au redressement de l'image, à la création de valeurs, à la sécurité et à la sûreté. Offensif et défensif, ce système implique un projet, une stratégie, une éthique, une déontologie, une culture de l'anticipation, un partage des connaissances, et la maîtrise*

[59] Cité par KNAUF, A. « Les dispositifs d'intelligence économique – compétences et fonctions utiles à leur pilotage ». Éditions l'Harmattan (2010), p. 32.

des fonctions individuelles et collectives de mémoire, de réseaux, et d'analyse de l'information. Il est un modèle de management. » (p. 36).

Section 2.2 - Des outils juridiques en évolution constante

Une des caractéristiques de la puissance publique est d'avoir la capacité d'édicter des règles qui s'imposent à tous. Le droit est donc une composante forte de cette politique publique puisqu'il peut fixer la réglementation applicable et définir les conditions de mise en œuvre de l'intelligence économique, tant par les organismes publics que les acteurs privés[60].

2.2.1 - Le cadre juridique : le principe de légalité

Comme toute règle de droit, le cadre juridique a pour objet de définir les contours d'une activité ou d'un comportement. Cet élément de la légalité le différencie de l'action des services de renseignement dont les objectifs sont tout autres. Autrement dit, l'intelligence économique est une activité de traitement de l'information dans un cadre légal et déontologique (Wilensky [1967, p. 5] ; Rouach [1996, p. 5] ; Guichardaz et *al.* [1999]).

Plusieurs auteurs précisent cette approche légaliste, notamment :

> *« Il ne faut pas confondre intelligence économique et espionnage. L'intelligence économique se fait avec des moyens légaux en structurant sa recherche d'informations. L'espionnage économique se fait de manière totalement illégale* » (Botbol et Verdier, 2004).

Enfin, il paraît indispensable de disposer d'un socle juridique pour encadrer cette activité, l'espionnage économique étant *« le cancer de l'IE* » (Rouach, 1996, p. 83).

---

[60] Ce qui ne veut pas dire pour autant que les acteurs publics sont autorisés à s'affranchir de la Loi. Même les services de renseignement font l'objet de normes réglementaires qui encadrent scrupuleusement leurs activités, telle la tenue de fichiers nominatifs par exemple.

Pour les différentes administrations, cette approche ne souffre aucune ambiguïté et chacune agit en vertu de la réglementation en vigueur. En revanche, c'est bien dans la sphère privée que des débordements ont été constatés. Sous couvert de compétitivité, certaines entreprises franchissent parfois les limites de la légalité pour s'approprier des informations importantes chez leurs concurrents. De temps à autre, la presse se fait l'écho de tels faits, contribuant par ailleurs à jeter le discrédit sur l'intelligence économique.

Dès 2003, les pouvoirs publics se sont attachés à vouloir moraliser la profession des professionnels de l'IE. En effet, derrière la légalité se profile l'idée de moralité, ou tout du moins de normalité par rapport aux pratiques existantes. Une première tentative de moralisation a été initiée par les pouvoirs publics en incitant à la création de la fédération des professionnels de l'intelligence économique (FéPIE). Fondée en 2005, l'objectif de cette fédération est de parvenir à une moralisation des acteurs privés de l'IE par l'autorégulation où chaque adhérent reconnaît agir selon les préceptes d'une charte de déontologie. Ce système repose sur la bonne volonté de chacun, mais il est apparu qu'il ne parvenait pas à moraliser la profession. D'ailleurs, la plupart des grands cabinets français d'IE ne sont pas membres de cette fédération. De même, les deux premiers présidents[61] avaient une expérience importante dans le milieu militaire ou du renseignement d'État, ne contribuant pas ainsi à différencier l'IE de l'espionnage.

Malgré cette tentative louable, force est de constater que l'autorégulation a été un échec. C'est pourquoi le troisième président[62] de la FéPIE a souhaité donner une plus grande lisibilité à cette structure en créant un syndicat[63] des praticiens de l'intelligence économique, soutenu par la FéPIE, afin de défendre les intérêts de ses membres, notamment devant les juridictions. En effet, les affaires d'espionnage économique ou de concurrence déloyale n'ont pas cessé avec la création de la FéPIE et c'est bien sur le terrain du droit que cette fédération compte également agir.

---

[61] L'amiral Lacoste (2005-2007), figure emblématique de la DGSE, le général Pinatel (2007-2009) ancien parachutiste.

[62] Hervé Séveno, élu en 2009, a un parcours professionnel dans le secteur public au ministère de l'intérieur avant de fonder son propre cabinet d'IE.

[63] Les statuts du syndicat français de l'intelligence économique (SYNFIE) ont été déposés le 14 décembre 2010.

Partant de ce constat, la puissance publique a décidé de réglementer certaines professions de l'intelligence économique. Cette réglementation a été proposée dans la LOPPSI II[64], mais a été rejetée par le Conseil constitutionnel[65]. Pour autant, cette réglementation n'est pas la seule qui puisse être applicable à l'intelligence économique.

2.2.2 - Un droit existant, mais diffus

En fait, le terrain juridique applicable à l'intelligence économique n'est pas vierge. De nombreuses dispositions et incriminations existent déjà dans le *corpus juris* du droit positif français, même si elles n'ont pas été initialement été conçues spécifiquement dans cette optique. Ainsi, des informations à caractère ou aux implications économiques bénéficient directement ou indirectement d'une protection juridique, à travers notamment les dispositions suivantes (Prométhéus, 2010) :

- la propriété industrielle : elle confère aux déposants un droit d'exclusivité et le droit de jouir des bénéfices produits au « premier entrant », c'est-à-dire le premier déposant de ce droit (Roubier, 1952, p. 179), même si cette garantie n'est pas absolue[66] (le droit du secret de fabrication est également voisin de ce droit). En effet, la sous-traitance croissante, notamment auprès de pays émergents, accroît les risques de copie et de récupération (Jouyet et Levy, 2006, p. 22). La contrefaçon[67] constitue le non respect de ce droit ;

---

64 Les premiers travaux de réglementation des professionnels de l'IE ont été conduits dès 2006. La première mouture ne correspondant pas aux aspirations et besoins de ces professionnels, la copie a été complètement revue (la première tentative consistait à rattacher les professionnels de l'IE au statut déjà existant de celui des agents de recherche privée. Pour obtenir l'agrément, le praticien devait donc suivre les formations spécifiques aux détectives privés, d'une durée et d'un coût élevés pour une formation qui n'aurait pas correspondu aux besoins de la profession). Face à cette impasse, la LOPPSI II proposait un statut particulier pour les professionnels de l'IE.

65 Décision n° 2011-625 DC du 10 mars 2011, rejet de l'article 32 consacré à la réglementation des professionnels de l'IE.

66 Règlement du Conseil de l'Union n° 40/94 du 20 décembre 1993, JOCE n° L011 du 14 janvier 1994.

67 Article L.615-12 et suivants du code de la propriété intellectuelle pour les infractions relatives au non respect des droits conférés par les brevets d'invention.

- les systèmes de traitement automatisé des données : en raison du développement exponentiel de ces systèmes dans les entreprises, qu'il s'agisse d'informatique de gestion ou d'informatique de production, les systèmes numériques constituent aujourd'hui le cœur d'une entreprise, leur dysfonctionnement pouvant engendrer l'arrêt temporaire ou définitif de l'activité. Toutefois, des dispositions répressives protègent ces systèmes (loi Godfrain)[68] ;
- le droit du travail : un contrat de travail peut contenir explicitement certaines clauses visant à limiter ou interdire la diffusion d'informations de l'entreprise. Il s'agit principalement des clauses de confidentialité[69], d'exclusivité et de non-concurrence[70] ;
- le droit des entreprises : comme précédemment, c'est essentiellement la clause de confidentialité qui protège les entreprises. Elle concerne en particulier les commissaires aux comptes[71], les experts-comptables[72], les auditeurs et consultants extérieurs mais concernent également les différentes parties lors des négociations touchant à la composition du capital (vente de l'entreprise, arrivée ou montée d'un actionnaire...) ;
- le droit commercial : la confidentialité est souvent requise lors des négociations des contrats (ce secret des affaires est également protégé lors de procédure contentieuse[73]). De plus, les

---

[68] Loi n° 88-19 du 5 janvier 1988 sur la fraude informatique. Elle est retranscrite sous les articles 323-1 et suivants du code pénal.

[69] A titre d'exemple, l'article L.1227-1 du code du travail dispose que « le fait pour un directeur ou un salarié de révéler ou de tenter de révéler un secret de fabrication est puni d'un emprisonnement de deux ans et d'une amende de 30.000 € ». L'intéressé encourt également l'interdiction des droits civiques, civils et de famille.

[70] Cette dernière s'applique lorsque le salarié a quitté l'entreprise, pour ne pas faire profiter, dans un laps de temps et une aire géographique prédéterminés les concurrents de son ancien employeur des connaissances qu'il aurait acquises auprès de lui.

[71] Ils sont soumis à un code de déontologie : décret n° 2005-1412 du 16 novembre 2005 portant approbation du code de déontologie de la profession de commissaire aux comptes.

[72] Dispositif identique : décret n° 2007-1387 du 27 septembre 2007 portant code de déontologie des professionnels de l'expertise comptable.

[73] Art. L.463-4 et R.463-13 à R.463-15-1 du code de commerce.

entraves à la libre concurrence (situation monopolistique ou abus de position dominante[74]) peuvent être sanctionnées ;
- le droit international[75] : lors de négociations entre deux entreprises de « nationalités »[76] différentes[77], ou de conflits juridiques[78] entre elles, les parties peuvent être amenées à produire des informations sensibles pour leur défense. Dans ce dernier cas, certaines informations détenues par des établissements relevant du droit français peuvent être bloquées[79]

---

[74] Art. 102 du TFUE, art. L.420-1 du code du commerce.

[75] Les travaux de l'association internationale pour la protection de la propriété intellectuelle (AIPPI) sont généralement parmi les précurseurs en la matière. Cf. traité ADPIC (art. 39-2), annexé à la convention de Marrakech.

[76] Il devient aujourd'hui presque impossible de définir la nationalité d'une entreprise lorsque la majorité des éléments qui la compose ne sont pas implantés sur un même territoire (capital ? salariés ? usines ?...).

[77] Exercer une *due diligence* en réalisant un audit ou en demandant des informations précises sur une entreprise en lui laissant croire par exemple à une prise de participation croisée est une façon d'obtenir des informations recherchées. Cette procédure est généralement engagée lors des opérations de fusions-acquisitions. Toutefois, l'objet de la négociation peut n'être qu'un leurre alors que l'entreprise a entrepris ces démarches dans le seul but d'obtenir les informations recherchées.
Une autre technique assez similaire peut être employée, la technique dite de la lamproie. L'objectif est le même à savoir la recherche d'informations et non la conclusion d'un contrat. Un exemple est fourni dans un rapport confidentiel du ministère des finances : « *Les Chinois convoquent les industriels occidentaux, leur font savoir que, s'ils veulent vraiment être retenus, il y a lieu d'améliorer leur offre technique. Chacun y va de la surenchère dans l'offre technique, jusqu'à ce que les Chinois estiment en avoir appris assez.* [Ensuite, ils] *arguent du manque de budget pour stopper les discussions* ». Cf. LAMIGEON, V. « La vérité sur... les transferts industriels à la Chine ». Magazine Challenges n° 334, 28 février 2013, p. 55.

[78] Par exemple, la procédure du « *pretrial discovery* » aux États-Unis. Intenter un procès peut-être une façon d'obtenir des informations sur un concurrent en lui demandant de fournir des preuves, par le biais du contentieux lié à la contrefaçon, qui sont généralement des informations sensibles sur un processus, une technologie particulière, la composition d'un produit...

[79] Bien que peu connue, cette disposition est précieuse, dans les procédures de *discovery* notamment. Elle n'est pourtant pas récente : loi n° 68-678 du 26 juillet 1968 relative à la communication de documents et renseignements d'ordre économique, commercial, industriel, financier ou technique à des personnes physiques ou morales étrangères, modifiée par la loi n° 80-538 du 16 juillet 1980. L'article 1 de cette loi dite « de blocage » précise que cette communication serait « *de nature à porter atteinte à la souveraineté, à la sécurité, aux intérêts économiques essentiels de la France ou à l'ordre public [...]* ». L'article 1 bis étend cette interdiction, sous réserve des accords internationaux, lorsque cette

et ne sont dès lors pas communicables aux juridictions étrangères ;
- le droit pénal : de nombreuses incriminations[80], autre que celles relatives aux atteintes aux systèmes de traitement automatisé de données, peuvent s'appliquer aux entreprises où aux individus par elles mandatés. Dans cette hypothèse, il s'agit bien d'espionnage économique en raison de l'acquisition illicite d'informations à valeur économique.

A l'exception du droit pénal, dont il est tout de même difficile dans l'administration de la preuve de faire correspondre ces incriminations à une atteinte de type « IE »[81], les autres atteintes reposent essentiellement sur le volet civil[82].

Ainsi brièvement évoqué, il n'est pas inexact d'affirmer qu'il existe en France un « droit de l'intelligence économique » (Manoir de Juaye, 2000, p. 1s), même si celui-ci est dispersé dans plusieurs textes

---

demande a pour objet la constitution de preuves en vue de procédures judiciaires ou administratives étrangères. Bien qu'ayant semblé tomber en désuétude, une jurisprudence récente a permis de redécouvrir tout l'intérêt de ses dispositions (C.Cass. 12 décembre 2007, pourvoi n° 07-83.228, affaire : Executive Life).

[80] Vol, corruption, abus de confiance, violation du secret professionnel, atteintes au secret des correspondances, atteintes aux intérêts fondamentaux de la Nation...

[81] A défaut de législations spécifiques, la jurisprudence ne peut exister en la matière. Notons toutefois que les juges ne sont pas insensibles à ce volet juridique en devenir : Cf. Cass. Crim 9 septembre 2003, pourvoi n° 02-87098 (affaire Bourquin) et Trib. Correc. Versailles, 18 décembre 2007 (affaire Li Li Whuang / Valéo). Toutefois, la doctrine n'est pas stabilisée et nombre d'auteurs considèrent aujourd'hui que le vol ne peut être réalisé que sur un objet matériel, la définition du vol étant la « soustraction frauduleuse de la chose d'autrui » (art. 311-1 du code pénal). Seul un dispositif juridique, à l'instar de celui proposé par le député Carayon, lèverait cette ambiguïté en conférant à l'information économique protégée un statut juridique à part entière. Mentionnons toutefois une évolution jurisprudentielle qui pourrait ouvrir la voie à une réglementation : par décision du 26 septembre 2010, le tribunal correctionnel de Clermont-Ferrand a condamné « Madame Rose » pour vol et abus de confiance, après que cette dernière ait proposé à la vente des fichiers commerciaux de son ancien employeur avec lequel une rupture conventionnelle de son contrat était intervenue quelques semaines auparavant. Il s'agit du premier jugement qui qualifie l'appropriation frauduleuse d'informations du délit de « vol », les jugements précédents ayant toujours refusé cette qualification au profit de l'abus de confiance.

[82] Cf. art. 1382 (responsabilité délictuelle) et 1147 (responsabilité contractuelle) du code civil.

(Gaudin, 2007, p. 241s). A la décharge du législateur, il convient de reconnaître que ces législations n'avaient pas pour objet initialement de lutter contre l'appropriation ou l'utilisation frauduleuse d'informations à caractère économique. Toutefois, elles ont produit des résultats intéressants, que ce soit en termes de moralisation de la vie des affaires[83] ou de poursuites judiciaires[84].

Toutefois, la politique publique d'intelligence économique a bien intégré la dimension juridique et s'attache à consolider ce socle sur lequel l'intelligence économique pourra se développer en s'étant débarrassée de ses vieux démons que sont l'espionnage économique et le sentiment d'impunité qui l'accompagnent souvent.

2.2.3 - Le droit du secret des affaires

Bien que cette notion soit imprécise, elle est reconnue dans le droit : « *La notion de secret des affaires ne fait l'objet d'aucune définition par les textes communautaires ou français qui, pourtant, y font référence.* » (Blondel, 2006, p. 66). Elle devient également une préoccupation au niveau européen[85].

---

[83] En janvier 2008, la presse s'est faite l'écho d'une affaire d'espionnage concernant un salarié indélicat du fabricant de pneumatiques Michelin, qui, après son départ de l'entreprise, a tenté de vendre un secret de fabrique au concurrent de son ancien employeur, le japonais Brigdestone.

[84] Le cas le plus célèbre à ce jour en France est celui de la stagiaire d'origine chinoise en poste chez Valéo, condamnée pour abus de confiance en 2007.

[85] - HOGAN LOVELLES International (Dir. ANDERSON, R. et TURNER, S.) « Report on Trade Secrets for the European Commision », 23 sept. 2011.
Source : http://ec.europa.eu/internal_market/iprenforcement/docs/trade/Study_Trade_Secrets_en.pdf, consulté le 02/04/2013.
A la suite de ce travail préparatoire, un rapport final a été rendu (Dir. LATHAM, D. et KHWAJA, S), publié sur le site Internet de la Commission Européenne le 13 janvier 2012.
Source : http://ec.europa.eu/internal_market/iprenforcement/docs/parasitic/Study_Parasitic_copying_en.pdf, consulté le 02/04/2013.
- Le 29 juin 2012, la Commission Européenne a organisé à Bruxelles une conférence intitulée « *Les secrets d'affaires : soutenir l'innovation, protéger le savoir-faire* ». A la suite, une enquête en ligne a été organisée entre octobre 2012 et mars 2013. Ces consultations en ligne ont eu pour objet de collecter les opinions des acteurs économiques (entreprises, organismes de recherche) quant aux questions relatives à la sécurité des informations commerciales afin de déterminer si les dispositions légales existantes permettaient une protection juridique satisfaisante de ces informations stratégiques, ou si, au contraire, il

La mission du HRIE a bien tenté de proposer une législation relative à ce droit en se basant sur une des propositions du député Carayon[86]. Ces travaux n'ayant pu aboutir avant la fin de la mission du HRIE, la nouvelle délégation interministérielle à l'intelligence économique s'est alors attelée à la tâche en cherchant à transposer les règles du « confidentiel défense » employées dans le secteur public au secteur privé sous la forme d'un « confidentiel entreprise ». Par ailleurs, le député Carayon, constatant l'absence de législation malgré sa proposition formulée en 2004, réitérée en 2009[87], a de nouveau proposé son texte sous la forme d'un amendement à la LOPPSI II[88] lors des discussions relatives à ce texte. Cette proposition non plus n'a pas été retenue dans le texte final. Elle a d'ailleurs fait l'objet de certaines critiques :

> « *Sur le fond, on peut regretter que le texte ne réprime que la révélation en excluant d'autres agissements pouvant porter atteinte aux secrets des affaires tels que l'appropriation, la reproduction et l'utilisation d'informations économiques protégées. En outre, il ne réprime pas la tentative, alors que les affaires Valeo ou Michelin portaient sur des actes relevant de cette catégorie d'infractions. La sanction prévue par la proposition de loi ne semble pas assez dissuasive (1 an de prison et 15.000 euros d'amende au plus), même si elle a la cohérence de vouloir se rapprocher des sanctions en vigueur pour la violation du secret professionnel. Il conviendrait d'aligner ce quantum sur les peines prévues pour le vol soit 3 ans d'emprisonnement et 45.000 euros d'amende - ou à tout le moins sur la violation des secrets de fabrication (article 1227-1 du Code du travail) – prévoyant 2 ans de prison et*

devenait nécessaire d'envisager de nouvelles réglementations plus adaptées. Les travaux se poursuivent et n'ont pas donné lieu, pour l'heure, à l'établissement d'une norme européenne.

86 Proposition n° 18 du rapport « *intelligence économique, compétitivité et cohésion sociale* » (2003). Le député a également déposé une proposition de loi en ce sens : proposition n° 1611 du 13 mai 2004 relative à la protection des informations économiques.

87 Proposition de loi n° 1754, déposée le 17 juin 2009.

88 Il s'agit de l'amendement n° 2827 déposé au bureau de l'assemblée nationale, repris sous le n° 227 comme amendement à la LOPPSI II, en date du 1er octobre 2010.

30.000 euros d'amende, soit le double de la proposition de loi. » (Maison-rouge, 2012)[89].

« *La question est de savoir quelle place va prendre ce texte dans l'arsenal juridique de la protection du patrimoine immatériel. En effet, dans toutes les affaires récentes d'appropriation indue de secrets d'affaires, les magistrats ont su s'appuyer sur des textes existants comme l'abus de confiance, le secret de fabrique, ou l'intrusion informatique. Ce nouveau texte sera utile s'il est complété par d'autres dispositions. S'il reste en l'état, je crains que l'excellente initiative de Bernard Carayon ne reste sans effet sur la vie des entreprises. Si le préalable du droit d'auteur est levé, et qu'une procédure de saisie des infractions au secret des affaires est imaginée, alors les entreprises françaises disposeront d'un véritable arsenal pour se battre à armes égales.* » (Manoir de Juaye, 2012)[90].

Malgré l'absence d'une définition précise du droit des affaires dans le droit français[91], les législations étrangères[92], les règlements internationaux[93] ou encore certaines réflexions[94] apportent des pistes

---

[89] Cité par CREQUY, P. « Adopté par les députés, le « secret entreprise » pose encore question ». 2 février 2012. Source : http://blog.lefigaro.fr/crequy/, consulté le 23/02/2013.

[90] *Ibid.*

[91] Cette notion est portant employée à l'article L.463-4 du code de commerce, mais dans le cadre limitatif de la communication de pièces lors d'une procédure face à l'Autorité de la concurrence.

[92] Par exemple, la notion de secret des affaires est connue dans le droit algérien. Cf. décret n° 05-219 relatif aux autorisations des opérations de concentration, art. 9, signé à Alger le 22 juin 2005. Les entreprises désireuses de se concentrer doivent en faire la demande auprès des autorités algériennes. Les entreprises peuvent demander à ce que les documents fournis pour l'instruction du dossier soient couverts par le secret des affaires. Dans cette hypothèse, chaque page porte la mention « secret d'affaires ».

[93] L'article 339 (ex-287) du Traité CE, soumet les fonctionnaires européens au secret professionnel, notamment à propos des « *renseignements relatifs aux entreprises et concernant leurs relations commerciales ou les éléments de leur prix de revient* ». Les institutions européennes reconnaissent ainsi l'existence d'un secret des affaires, tout du moins l'existence d'informations confidentielles et sensibles pour les entreprises.

de réflexion. Le contexte économique difficile du début de la décennie 2010 a contribué à faire évoluer cette réflexion[95]. Ainsi, l'accord sur les aspects des droits de propriété intellectuelle qui touchent au commerce (ADPIC)[96] a délimité le secret des affaires aux

---

[94] Voir à ce sujet les publications de maître Thibault du Manoir de Juaye notamment ainsi que certains colloques et séminaires d'études (ex : colloque « *secret des affaires : faire converger la défense de l'emploi et de l'outil de travail* », fondation Prométheus, 7 mars 2011, Assemblée Nationale).

[95] Une nouvelle proposition de loi relative à la violation du secret des affaires a finalement été adoptée par l'Assemblée Nationale le 23 janvier 2012 (proposition n° 3985 du 22 novembre 2011). Elle serait inscrite au code pénal, réformant au passage la loi de blocage de 1968. Elle crée l'infraction pour « *le fait de révéler à une personne non autorisée à en avoir connaissance, sans autorisation de l'entreprise ou de son représentant, une information protégée relevant du secret des affaires de l'entreprise* », punie de trois ans d'emprisonnement et 375 000 € d'amende. Près de deux ans plus tard, ce texte n'avait pas encore été débattu au Sénat, malgré les appels de M. Carayon (Cf. « Secret des affaires – protéger le secret des affaires : un enjeu national », *in* Bulletin du droit du secret des affaires, n° 1, 3ème trimestre 2012, pp. 2-5 et Lettre de la fondation Prométheus, janvier 2013, édito p. 1). Malgré les critiques émises par plusieurs juristes, notamment son éventuelle inutilité au regard des lois existantes et de certaines jurisprudences, le Barreau de Paris a signé une convention avec la délégation interministérielle à l'intelligence économique le 18 avril 2012. Cette convention, d'une durée de trois ans renouvelable, a pour objet de « *créer un espace de travail et d'échanges* » entre avocats et professionnels de l'IE, tant du secteur public que privé.
Néanmoins, ce sujet a connu récemment un regain d'intérêt. La réflexion a été relancée (séminaire « *Le secret des affaires est-il encore protégé ?* », chambre de commerce international, le 23 janvier 2013 ; colloque « *L'économie réelle face à la déloyauté des affaires* », le 27 septembre 2013, au Tribunal de Commerce de Paris ; Revue Défis, n°3, *« Le secret des affaires, vers une concurrence loyale* », INHESJ, juillet 2014 ; Rapport *« la protection des secrets d'affaires dans l'Union européenne* », CCI Paris, 11 septembre 2014).
Sur le plan législatif, les travaux ont également repris. Ainsi, la Commission Européenne a proposé des règles applicables au secret des affaires, le 28 novembre 2013 (2013/0402[COD]), adoptées sous la forme d'une orientation générale pour une proposition de directive du Conseil de l'union européenne, à l'occasion du Conseil « Compétitivité » du 26 mai 2014. Elle fixe un cadre précis. En France, le député URVOAS a déposé la proposition de loi n° 2139 relative à la protection du secret des affaires, le 16 juillet 2014, à l'Assemblée Nationale. Dans la continuité de la proposition du député CARAYON, elle la complète. Cette nouvelle proposition, vise à la fois les volets civil et pénal. Elle est toutefois plus restrictive que les orientations européennes. Les débats autour de cette question ne sont pas clos et font l'objet, à l'heure de la rédaction de ces lignes, de discussions à l'Assemblée Nationale dans le cadre de la loi Macron.

[96] Accords signés à Marrakech le 15 avril 1994, entrés en vigueur le 1er janvier 1995.

renseignements confidentiels, non librement accessibles, à valeur économique et faisant l'objet de mesures spécifiques de protection :

> « *Les personnes physiques et morales auront la possibilité d'empêcher que des renseignements licitement sous leur contrôle ne soient divulgués à des tiers ou acquis ou utilisés par eux sans leur consentement et d'une manière contraire aux usages commerciaux honnêtes, sous réserve que ces renseignements :*
> *a) soient secrets en ce sens que, dans leur globalité ou dans la configuration et l'assemblage exacts de leurs éléments, ils ne sont pas généralement connus de personnes appartenant aux milieux qui s'occupent normalement du genre de renseignements en question ou ne leur sont pas aisément accessibles ;*
> *b) aient une valeur commerciale parce qu'ils sont secrets ; et*
> *c) aient fait l'objet, de la part de la personne qui en a licitement le contrôle, de dispositions raisonnables, compte tenu des circonstances, destinées à les garder secrets.* » (art.39-2).

Par ailleurs, certains auteurs ont proposé des définitions, dont « *l'intérêt légitime des acteurs économiques à ce que des informations secrètes par nature ou par leur volonté ne soient pas divulguées* », qui donnerait lieu à une insertion dans le code pénal sous la forme suivante : « *le fait par toute personne de divulguer ou de tenter de divulguer une information secrète par nature ou par la volonté des acteurs économiques.* » (Martin, 2008).

Il est toujours légitime de s'interroger lors de la mise en place d'une nouvelle réglementation si celle-ci remplira correctement le rôle que lui assignait le législateur, en l'occurrence, si le nouveau droit du secret des affaires sera suffisamment protecteur. Les litiges qui seront amenés devant les tribunaux dans les années à venir permettront de répondre à cette question, mais une faiblesse apparaît d'ores et déjà. Cette nouvelle réglementation, tout comme les précédentes évoquées au présent paragraphe, ne confère une protection à l'information que d'après l'usage qui en est fait ou les moyens employés. Par comparaison, ces dispositions pourraient être qualifiées de

« protection par destination » au risque de ne pas protéger une information qui subirait une atteinte en raison d'un comportement ou d'une modalité non prévue par le législateur. Ce risque serait écarté si la législation envisageait une « protection par nature » qui tiendrait à la nature même de l'information à protéger. Le « confidentiel entreprise » envisagé par la D2IE, selon les modalités retenues, pourrait limiter ce risque.

Chapitre 3 : Méthodes de l'intelligence économique

L'intelligence économique est aujourd'hui inscrite dans la politique de l'État et une définition officielle a été retenue. Dès lors, les pouvoirs publics se sont attachés à décliner ces concepts en des axes et méthodes afin de les rendre opérationnels. A l'instar de la définition donnée par le HRIE, cette méthode est applicable par les acteurs publics et privés, de niveau national ou territorial, même s'il est vrai que certaines entreprises employaient déjà ces outils.

Section 3.1 - La veille

Il s'agit de la première méthode employée pour suivre l'évolution informationnelle sur un sujet ou un domaine particulier et les évolutions technologiques importantes de ces dernières années en matière de technologies de l'information et de la communication n'ont pas altéré son intérêt. Elles en ont simplement rénové les modes opératoires. L'emploi de cette technique n'est pas récent. Aux États-Unis, les grandes entreprises ont commencé à constituer des services de veille à partir de la fin des années 1950 (Jakobiak, 1998), mais bien plus tardivement en France, à compter des années 1980, comprenant que ce moyen de réduction des risques devenait un enjeu central pour la survie de l'entreprise (Bourthoumieu et *al.*, 1999).

La veille est définie de la façon suivante : « *1° action de veiller, moment sans sommeil, généralement consacré à quelque occupation pendant le temps normalement destiné à dormir ; 2° radar de veille, de surveillance ; 3° état d'une personne qui ne dort pas* »[97].

De ces définitions, il ressort que la veille est une activité de surveillance menée pendant le temps consacré ordinairement au repos. Par extension, elle consiste à surveiller un domaine pendant un temps qui normalement n'est pas consacré à la surveillance. Une première lecture pourrait laisser croire que le veilleur est passif, attendant que l'information vienne à lui (ce que paradoxalement permettent davantage les outils actuels). Par exemple, la veille technologique est définie comme étant « *dans une entreprise, un organisme, etc., une*

[97] Dictionnaire Petit Robert.

activité consistant à se tenir informé des innovations dans le secteur le concernant »[98]. En fait, le veilleur est actif dans sa recherche d'informations.

Plusieurs auteurs ont analysé la fonction de veille. Elle peut être « *une réflexion prospective constituant une forme d'intervention qui invite le décideur à réorganiser sa vision du présent pour donner la bonne information à la bonne personne, au bon moment, pour prendre la bonne décision* » (Porter, 1991, p. 95s).

Généralement, la veille est qualifiée par quatre caractéristiques :

- la finalité : l'objectif poursuivi qui va conditionner l'action et la décision à prendre. Elle est alors « le processus informationnel par lequel l'entreprise se met à l'écoute anticipative des signaux faibles de son environnement dans le but créatif de découvrir des opportunités et réduire son incertitude » (Lesca, 1994, p. 31s) ;
- l'objet : les changements observés. Ils se manifestent par des signaux, des événements, des tendances et des relations (Cartier, 1998) ;
- le processus : transformation nécessaire pour atteindre les objectifs poursuivis (Aguilar [1967], Bergeron [1995, p. 17s], Calof [1997, p. 32s]. En matière de veille il s'agit donc d'élaborer le renseignement à partir des signaux observés. Toutefois, les résultats peuvent varier en fonction du décideur ou du veilleur, selon la méthode retenue (Zou et Cavusgil, 1996, p. 52s) ;
- l'environnement : ensemble des facteurs qui « entourent » le cycle du renseignement. Cet environnement peut être externe à l'organisation lorsqu'il comprend le « macro-environnement et les détenteurs d'enjeux » (Aguilar, [1967], Calof [1997]). Il devient interne lorsqu'il est lié aux ressources, à la culture, aux stratégies, à la direction et à la structure (Liu [1998, p. 295s], Jacob et *al.* [1997, p. 93s].

L'objectif de l'action de veille est de surveiller les sujets qui peuvent avoir, à plus ou moins long terme, un impact sur l'organisation. La veille est organisée en plusieurs étapes. Sur ce point en particulier, les

[98] Dictionnaire Larousse.

réflexions ont été nombreuses mais s'apparentent généralement au cycle du renseignement. Ainsi, un processus de veille stratégique est conçu comme une série continue d'étapes que sont la planification, la collecte, l'analyse et la diffusion (Kahaner, 1996). Quelques divergences subsistent sur l'étape de la planification, mais généralement, un processus de veille est organisé selon la logique chronologique et itérative suivante :

- cibler les sujets ;
- suivre leur évolution ;
- synthétiser ces informations ;
- informer le décideur.

De même, la veille est utile à quatre fonctions au sein des organisations (Attaway, 1998, p. 25s) :

- appuyer la prise de décision stratégique ;
- servir d'avertissement pour les opportunités et les menaces ;
- évaluer et suivre la concurrence ;
- appuyer la planification stratégique et son implantation.

Par simplification, il est souvent évoqué la veille pour qualifier cette fonction. Or, il conviendrait davantage d'évoquer les veilles. En effet, sous l'effet de l'accroissement exponentiel de l'information, les veilleurs ne s'attachent qu'à rechercher une partie très spécifique de l'information. La difficulté est croissante pour les organisations à vouloir tout connaître de leur environnement. Aussi, la veille a été divisée en plusieurs thématiques afin de mieux répondre à la demande du décideur : veille technologique, veille concurrentielle, veille commerciale et veille sociétale (Porter [1982], Martinet et Ribault [1989]. Lorsque la demande est très spécifique, cette veille particulière est incluse dans la veille stratégique (Pateyron, 1998). Pour autant, ces pôles sont indissociables et indivisibles : technologie, concurrence, clientèle, fournisseurs et environnement général (Bergeron, [1995], Julien et *al.* [1999, p. 281s], Martinet et Ribault [1989]). Ces pôles contribuent à l'élaboration d'un renseignement complet sur l'environnement de l'organisation et ne pas opérer de veille dans un de ces segments expose l'entreprise à une perception partielle, donc dangereuse. Cet ensemble permet d'orienter la stratégie de l'entreprise (Hafsi et *al.*, 1996).

La veille n'est pas seulement la surveillance d'un certain nombre d'indicateurs. Elle procède d'une réflexion qui organise complètement le traitement de l'information. A travers les étapes décrites ci-dessus, il est apparent que ce schéma correspond au cycle du renseignement. Cette similitude a, dans un premier temps, contribué à maintenir la confusion entre l'intelligence économique et la veille.

En fait, dans sa conception traditionnelle, la veille a souvent été perçue comme la fonction d'assurance : toujours considérée comme trop onéreuse lorsqu'elle est peu sollicitée, elle s'avère précieuse à qui y a recours efficacement. C'est pourquoi la fonction de veille ne se limite pas à une simple surveillance des signaux, mais une véritable manœuvre de recherche dirigée de l'information, de son analyse et de son élaboration en renseignement afin d'orienter le décideur dans ses choix.

Elle s'intègre ainsi parfaitement dans le cycle du renseignement et correspond à la seconde étape de la recherche d'informations. La conception traditionnelle du veilleur tend donc à s'estomper aujourd'hui. D'ailleurs, pour définir ce métier et à l'exception des personnes exclusivement dédiées à cette technique, le terme d'analyste est plus généralement employé.

La veille n'a d'utilité que si elle s'inscrit dans cette démarche prospective. Sa finalité est bien d'éclairer le décideur. La principale difficulté dans un processus de veille est de la responsabilité du décideur, c'est-à-dire dans la formulation de sa requête. Une demande imprécise ou un besoin mal identifié à l'origine vont engendrer une perte de temps et une débauche d'énergie inutiles. En effet, un chef d'entreprise qui décide d'organiser une veille doit avoir à l'esprit les contraintes engendrées par une telle démarche.

Si les bénéfices peuvent être particulièrement significatifs, le manager doit prendre en compte plusieurs paramètres pour optimiser cette opération :

- le coût : la veille, pour être efficace, nécessite des personnels formés et l'emploi croissant de matériels et outils spécifiques (logiciels…) ;

- la délimitation du sujet : le demandeur doit formuler précisément sa demande afin d'orienter correctement l'activité du veilleur. Au besoin, ce dernier doit faire préciser la demande pour y apporter la réponse la plus adéquate[99] ;
- la contrainte temporelle : les résultats doivent être communiqués en temps et en heure, c'est-à-dire ni trop tôt, auquel cas le renseignement pourrait être incomplet, ni trop tard où il serait périmé ;
- le destinataire : chaque demandeur a des besoins différents. La même information ne sera pas recherchée et analysée de la même manière en fonction du destinataire et de ses besoins. Le veilleur doit bien identifier le besoin du demandeur ;
- le retour sur investissement : à condition d'obtenir les informations recherchées, ce retour sur investissement peut être prévisible. Toutefois, si les technologies de l'information et de la communication permettent aujourd'hui un retour certain en terme quantitatif, la valeur de ces informations nécessite une étude sérieuse pour en déterminer l'intérêt réel.

Enfin, pour être utile et efficace, la veille doit éviter deux écueils :

- ne pas rester stérile[100] et contribuer à l'élaboration de la connaissance ;
- bien différencier la veille de l'analyse, ces deux procédés faisant appel à des techniques différentes. Bien souvent, par

---

[99] L'erreur la plus fréquente chez les décideurs dans ce domaine est de formuler une demande trop large du type : « Que pouvez-vous trouver sur tel sujet ? » Cette demande reflète l'absence de réflexion préalable du décideur. *A contrario*, il peut avoir une idée très précise de l'information recherchée mais ne veut pas communiquer à son veilleur sa préoccupation réelle, soit par défaut de confiance soit par excès de considération de lui-même (« Je sais quelque chose que vous ignorez, donc j'ai le pouvoir »). Dans tous les cas, ces demandes généralistes représentent une perte de temps et un coût.

[100] Cet écueil a été constaté par l'équipe du CERAG de l'université Pierre Mendès France à Grenoble dans l'étude "*Veille stratégique : Un Facteur d'échec paradoxal largement avéré : la surinformation causée par l'Internet*". Ce rapport indique : "*qu'avons-nous constaté ? La plupart des dirigeants d'entreprises attachent fort peu d'intérêt à la veille : soit ils n'en veulent pas, soit ils sont fort déçus des résultats de celle-ci*". Et de citer les réactions acerbes des chefs d'entreprise rencontrés : "*Si la veille aboutit à m'inonder de coupures de presse, dont la quasi-totalité est de très faible intérêt, alors elle ne présente aucun intérêt pour moi*".

manque de moyens dans les petites structures[101] ou en raison de la perception du décideur de l'utilité et de la plus-value de ces opérations, ces deux phases sont réalisées par la même personne, le veilleur se faisant analyste. Le danger de ce procédé peut être la volonté de ce veilleur-analyste à vouloir répondre positivement à l'attente du décideur et effectuer une veille et une analyse dirigées, par définition partielles. Pour garder son objectivité, il doit impérativement ne pas connaître les intentions de son commanditaire.

Une fois acquise, ces informations doivent être utiles au décideur. Si la veille opérée il y a quelques années (et aujourd'hui encore) n'est qu'une compilation des informations recueillies (revue de presse, flux RSS...), elle laisse le soin au décideur de se faire sa propre opinion, sa propre analyse alors qu'il ne dispose pas nécessairement des outils ni du temps indispensable. Le veilleur puis l'analyste doivent fournir un produit fini, complet et impartial, répondant directement à la question posée.

Ainsi, la simple veille, lorsqu'elle est limitée à une compilation de données, ne saurait être suffisante. Elle n'est que la matière première à une analyse plus aboutie, directement intégrable dans la réflexion du décideur.

Section 3.2 - L'anticipation par la puissance publique

L'anticipation n'est pas seulement un thème dévolu aux entreprises, la puissance publique y porte une attention toute particulière, et ce, depuis de nombreuses années. Toutefois, son application s'étendait principalement jusque là aux domaines des relations internationales et à la sécurité intérieure.

Son extension au domaine économique, et en particulier à la sécurité économique, est bien plus récente. Elle s'est manifestée dans la doctrine publique à travers le Livre blanc de défense et de sécurité nationale (2008). Il est y indiqué que « *la stratégie de sécurité nationale a pour objectif de parer aux risques ou menaces*

[101] Plus de 90 % des entreprises françaises ont moins de 10 salariés. Source : INSEE.

susceptibles de porter atteinte à la vie de la Nation » et qu'elle doit « *assurer de façon permanente [...] le maintien de la vie normale du pays en cas de crise* » (p. 62). Les moyens pour y parvenir sont précisés :

> « *La stratégie de sécurité nationale embrasse aussi bien la sécurité extérieure que la sécurité intérieure, les moyens militaires comme les moyens civils, économiques ou diplomatiques. Elle doit prendre en compte tous les phénomènes, risques et menaces susceptibles de porter atteinte à la vie de la nation.* » (p. 63).

Le secteur économique est bien perçu comme une des composantes essentielles de la vie de la Nation et est inclus dans la stratégie de sécurité nationale.

Ensuite, le Livre blanc définit plusieurs principes devant guider cette stratégie et l'anticipation est le premier d'entre eux. Dans le paragraphe intitulé « anticipation-réactivité »[102], les auteurs du Livre exposent les implications liées aux incertitudes de l'environnement international et à la prise en compte de ces phénomènes et terme de capacités et de modalités de réponse.

Ces orientations conditionnent la mise en œuvre de l'anticipation par la puissance publique :

> « *Les incertitudes qui pèsent sur l'évolution de notre environnement international et son haut degré d'imprévisibilité obligent à prendre en compte le risque de surprises ou de ruptures stratégiques. [...] La prise en compte de ce risque impose de développer d'une part des capacités d'anticipation et de connaissance, d'autre part des capacités d'adaptation et de réaction rapides. Les unes comme les autres doivent être à la base de notre stratégie et recevoir une très haute priorité dans l'effort que la nation consent pour sa défense et sa sécurité.* » (p. 63).

[102] *Ibid.* Cet intitulé indique bien que la connaissance a pour finalité l'action.

Ces principes directeurs ont été déclinés en cinq grandes fonctions, et la première citée est la « connaissance-anticipation »[103] qui *« couvre cinq domaines majeurs :*

> *- le renseignement ;*
> *- la connaissance des zones d'opérations ;*
> *- l'action diplomatique ;*
> *- la démarche prospective ;*
> *- la maîtrise de l'information.*
> *[...]La connaissance et l'anticipation sont l'une des clés de l'autonomie stratégique de la France, [...] les pouvoirs publics font le maximum pour éclairer l'avenir, analyser les risques, tenter de les éviter, et préparer les moyens d'y faire* face » (p. 66).

La puissance publique a donc bien intégré l'anticipation dans sa réflexion et sa stratégie de sécurité nationale en percevant son champ d'application, ses implications et les bénéfices que l'État pourrait en retirer à l'appliquer.

Toutefois, la mise en œuvre de ces principes nécessitait une coordination interministérielle, la mise en place de nouvelles structures et la répartition des missions et des moyens entre les différents acteurs publics, à l'heure où la Réforme générale des politiques publiques (RGPP) entrait en vigueur. Cette politique, ayant pour objet de réaliser des économies d'échelle dans le budget de l'État par la rationalisation des infrastructures et des effectifs, a contraint les administrations à déployer des trésors d'imagination pour concilier ces deux impératifs. Un début de solution a été trouvé dans le travail collaboratif interministériel et en s'appuyant sur les modes opératoires déjà en vigueur au sein des ministères. En fait, les administrations pratiquaient peu ou prou la veille, l'analyse et/ou la détection de signaux faibles ainsi que le traitement des informations. Il a suffit parfois de mettre un nom sur des pratiques courantes mais éparses, non identifiées comme pouvant être d'un apport significatif dans la politique publique d'intelligence économique. Pourtant, ces pratiques,

---

[103] Ces principes de la connaissance-anticipation font l'objet d'un chapitre entier (chapitre 8, pp.133-149) dans le Livre blanc.

une fois mise en relation les unes avec les autres, ont produit des résultats appréciables[104].

La mise en œuvre du principe d'anticipation a eu pour vertu d'améliorer les échanges entre les différents services, dans les limites du droit et de besoin d'en connaître, et d'orienter l'activité de ces mêmes services vers des objectifs mieux ciblés. D'un traitement réactif, les administrations évoluent progressivement vers le traitement proactif et anticipatif.

Toutefois, plusieurs échecs enregistrés lors des contrats internationaux après la publication du Livre blanc (2008) démontrent que l'anticipation ne semble pas être l'arme absolue (bien que souvent perçue comme telle) garantissant la réussite d'une politique offensive d'intelligence économique. La seule certitude établie à ce jour en la matière semble être la garantie par défaut : si l'anticipation ne garantit pas la réussite, l'absence d'anticipation favorise l'échec.

La réflexion relative aux méthodes employables ou transposables à l'intelligence économique n'est donc pas nouvelle. Parallèlement au rapport Martre, parfois avant et souvent après, nombre d'auteurs se sont interrogés à propos de cette matière. Dans cette réflexion doctrinale, le consensus s'établit quant aux trois grands domaines qui conditionnent l'action d'intelligence économique :

> « *Fondamentalement, l'intelligence économique a trois grandes vocations :*
> *- maîtrise et protection du patrimoine scientifique, technologique et concurrentiel de l'entreprise ;*
> *- détection des menaces et opportunités que l'entreprise peut affronter ;*

---

[104] Par exemple, au sein de la gendarmerie nationale, les compétences sont réparties entre plusieurs unités ou personnels spécialisés. Face aux différents « besoins d'IE » d'un chef d'entreprise (victime d'un cambriolage de prototype, de cybercriminalité, de contrefaçon ou besoin de conseils à l'occasion de l'accueil d'un stagiaire étranger ou de la protection de ses bâtiments et savoir-faire...) plusieurs spécialistes de la gendarmerie sont en capacité d'intervenir. Avant la mise en œuvre de l'IE au sein de cette administration, ces différents intervenants méconnaissaient le périmètre de l'action de leurs collègues auprès de la même entreprise. Dorénavant, des gendarmes référents ont une vision globale de l'entreprise.

> *- constitution de stratégie d'influence au service de l'entreprise.*
> *Il s'agit d'un processus en continu, permanent et heuristique, dont l'objectif général est d'améliorer la compétitivité de l'entreprise en lui donnant les moyens de connaître et comprendre son environnement pour éclairer ses décisions.* » (Zartarian, 1998)[105].

Bien que cette explication soit orientée vers l'action à accomplir par les entreprises pour mener une politique interne d'intelligence économique, ces trois principes (compétitivité, sécurité, influence) sont unanimement reconnus. M. Juillet, lors de la parution du référentiel des formations, a complété sa définition en élargissant le champ d'application de l'intelligence économique (« [...] *la compétitivité du tissu industriel, la sécurité de l'économie et des entreprises et le renforcement de l'influence de notre pays* ») à la sphère publique.

Section 3.3 - Compétitivité

Il est communément admis que la compétitivité s'applique à deux domaines, l'État et les entreprises, avec quelques réserves[106] toutefois (Krugman, 1994, p. 28s). En première lecture, la compétitivité d'une nation est « *la capacité à améliorer durablement le niveau de vie de ses habitants et à leur procurer un haut niveau d'emploi et de cohésion sociale.* »[107] (Debonneuil et Fontagné, 2003, p. 8). Dans le même temps, le ministre de l'intérieur affirmait que « *la compétitivité*

---

[105] Cité par DAVID, A. « Regard scientifique sur le concept d'intelligence économique », *in* « La veille sur l'Internet du libre accès : entre objet scientifique réflexif et management stratégique de l'information économique ». Source : http://hal.inria.fr/docs/00/16/70/35/DOC/2007-vila-paris-8.doc, consulté le 26/08/2013.

[106] La compétitivité appliquée aux États fait l'objet de débats entre économistes. KRUGMAN dénonçait la « dangereuse obsession » de l'administration Clinton et de la Commission européenne à aller en ce sens. Pour ce futur prix Nobel d'économie, « *la compétitivité est un mot vide de sens lorsqu'il est appliqué aux économies nationales. L'obsession de la compétitivité est à la fois fausse et dangereuse.* »

[107] Cette définition reprend le consensus international établi autour de cette notion et élargie par la déclaration de Lisbonne en 2000.

de la France n'est pas que l'affaire des entreprises. C'est aussi l'affaire des pouvoirs publics. » (Sarkozy, 2003). Il indiquait par ses mots l'importance accordée à la compétitivité, et en particulier dans le cadre de la politique publique d'intelligence économique, alors que le rapport Carayon était public depuis quelques mois et que s'organisaient les premières grandes rencontres de vulgarisation de l'IE en France. L'alternance politique de 2012 en France n'a pas modifié la perception de l'utilité de la compétitivité, y compris au plus haut niveau de l'État, puisque « *si le désendettement c'est le premier étage du redressement, le second c'est la compétitivité* » (Hollande, 2012). Quelques mois après l'élection du Président, un rapport faisait un état des lieux de la compétitivité en France et avançait quelques propositions (Gallois, 2012), répondant à la lettre de mission du Premier ministre qui déclarait qu' « *il ne peut y avoir d'économie forte sans industrie forte* » (Ayrault, 2012). L'accompagnement des entreprises par la puissance publique, notamment sur les marchés internationaux, n'est certes pas une idée nouvelle mais qui prend de l'ampleur sous l'effet de la mondialisation lorsque les entreprises doivent chercher ailleurs des relais de croissance : « *les États se sont engagés, aux côtés de leurs entreprises nationales, dans des politiques de conquête de marchés extérieurs et de prise de contrôle de secteurs d'activité considérés comme stratégiques.* » (Lorot, 1999, p. 110s).

Néanmoins, la mesure de cette compétitivité n'est pas chose aisée. Elle est constituée de plusieurs facteurs, en particulier financiers en termes de coûts et d'une forte dimension technologique[108] (Kaldor, 1981, p. 593s). Même si des propositions ont déjà été faites en ce sens[109], établir un indicateur composite[110] nécessite un consensus parfois

[108] Dans les économies développées, la compétitivité est souvent affaire d'innovation technologique, même s'il ne faut pas occulter les gains sur les coûts de revient que permet la délocalisation des productions de masse dans les économies émergentes.

[109] Plusieurs organismes ont créé leur propre indice de la compétitivité, mais les critères retenus pour leur composition suscitent de nombreux débats (indice du World competitiveness center, indice du World economic forum de Davos, indice de la fondation Andrew Thomas Kearney, voire même un indice de la compétitivité des économies de la connaissance : le World Knowledge competitiveness index de l'université de Cardiff...).

[110] Le coût du travail, le niveau technologique, les positions sur les marchés mondiaux, la balance du commerce extérieur sont quelques uns des indicateurs qui pourraient donner une première évaluation du niveau de compétitivité. La

difficile à obtenir au risque d'aboutir finalement une orientation contraire au souhait initial (Beauvallet, 2009). Toutefois, la compétitivité est déterminée par plusieurs facteurs (Rostow, 1997) :

- la propension à développer la science ;
- la propension à appliquer la science à des fins économiques ;
- la propension à accepter les possibilités d'innovation ;
- la propension à chercher une amélioration matérielle ;
- la propension à consommer ;
- la propension à avoir des enfants.

Si la propension à consommer peut être quantifiable, les autres facteurs le sont beaucoup plus difficilement. Dès lors, fonder la mesure de la compétitivité sur ces critères serait prendre le risque de ne pas avoir une mesure précise de la situation réelle, en décalage avec celle-ci en concluant à une image faussée.

A défaut, la bonne tenue d'une économie se résume à l'évolution de la croissance. Par souci d'uniformité à même de pouvoir réaliser des comparaisons spatiales et temporelles, l'évaluation de la croissance est fournie par un seul indicateur prédominant, bien que non exclusif, la mesure de la performance de l'économie : le produit intérieur brut (PIB). Pourtant d'autres baromètres donnent des indications précieuses car plus précises. A ce titre et dans le cadre de la stratégie de Lisbonne[111] instaurée en 2000, des économistes auscultent les économies européennes à travers plusieurs indicateurs[112]. Cet indicateur composite permet un classement plus exhaustif entre les

---

création d'un indice de la compétitivité, basé sur un panier de ces indicateurs, permettrait les comparaisons internationales.

[111] Entre 2000 et 2010, la stratégie de Lisbonne avait pour ambition de faire de l'UE la première économie mondiale par une série de réformes basées sur l'innovation et l'économie de la connaissance. En 2005, en raison du semi-échec de cette stratégie, celle-ci a été recentrée sur la croissance économique et l'emploi. « Lisbonne III », des 13 et 14 mars 2008, portait sur la mise en œuvre et la concrétisation de ces réformes. La crise économique de septembre 2008 a complètement balayé la stratégie de Lisbonne des discours officiels.

[112] C'est ainsi que les économistes du groupe d'assurance Allianz ont créé l'indicateur européen de croissance et d'emploi. Il reflète l'état de l'économie d'un pays à travers six objectifs (croissance du PIB, productivité du travail, développement de l'emploi, qualification de la main-d'œuvre, investissement de croissance et viabilité des finances publiques).

économies nationales sous réserve de l'exactitude des données[113]. Il démontre par ailleurs le recul régulier de l'économie française, là où le seul PIB semblerait la placer à une meilleure place européenne.

L'idée que la performance d'une économie nationale se mesurerait à la seule croissance du PIB et dont un des effets induits serait la compétitivité macro-économique, commence à être remise en question. L'idée qu'un indicateur composite prendrait en compte non seulement la performance économique mais également des indicateurs sociaux (emploi, formation...) et de qualité de vie (état sanitaire, environnement...), progresse en raison de l'implication de ces domaines dans la vie quotidienne (Meadows, 1972). Cet indicateur serait celui du « bien-être social »[114] (Statec, 2006). D'autres propositions ont été formulées, notamment une mesure du « bien-être économique durable » (Nordhaus et Tobin, 1973, p. 509s), relayée par « l'indice de bien-être économique » (Osberg et Sharpe, 2002). Cette idée est récurrente comme l'illustre l'indicateur de l'ONU dans le cadre du PNUD, l'indice de développement humain (IDH) qui associe le PIB par habitant, l'espérance de vie et le niveau d'instruction. De son côté, la déclaration d'Istanbul (2007) va dans le même sens[115]. Enfin, d'autres travaux sur la mesure sociale du bien-être, intégrant des notions telles le degré d'aversion de la société à l'inégalité, le niveau de qualité des biens publics (santé...), le rapport aux loisirs, méritent d'être cités (Fleurbaey, 2003, p. 133s).

Toutefois, les experts ne parviennent à s'accorder sur la définition de la richesse, ni sur les éléments constitutifs et les modalités de calcul de cet indicateur[116]. Les variations de ces éléments génèrent des

[113] La crise grecque apparue en 2010 a démontré que les chiffres officiels n'étaient pas toujours de la plus grande fiabilité.

[114] La différence est notable. Si la production de sucre augmente en France, elle n'est pas pour autant le signe d'un accroissement de son degré d'utilité.

[115] Elle associe la Commission européenne, l'OCDE, l'Organisation de la conférence islamique, l'ONU et le PNUD ainsi que la banque mondiale. Déclaration du 30 juin 2007.

[116] L'intégration des données relatives aux activités ménagères, aux loisirs... donnent lieu à d'intenses débats. Il est également difficile de différencier le bien-être général du bien-être économique. Le débat n'est pas clos. En 2003, l'Institut international du développement durable avait répertorié plus de 300 indicateurs utilisés dans le monde.

variations particulièrement importantes des résultats et rendent tout aussi délicate leur interprétation.

Plusieurs écoles s'affrontent. La première considère que l'économie politique classique a détourné la définition de la richesse en l'observant sous le seul prisme de l'accumulation, quelles qu'en soient les conséquences en termes sociaux et environnementaux (Méda, [1999] ; Viveret, [2001]). Une seconde interprétation soutient que la science économique aurait négligé l'apport de valeur, au sein du PIB, de la nature et de l'énergie. Cette conception introduit le facteur de la nature en complément de la valeur du capital et de travail (Cochet, 2005, p. 17s). Ces deux approches illustrent bien l'absence de prise en compte de certains facteurs par le seul PIB, bien qu'ils aient une valeur économique certaine, en positif ou en négatif.

Face à ce constat, le Président de la République a initié une réflexion à ce sujet en confiant une mission au prix Nobel d'économie Joseph Stiglitz en février 2008. Cette commission a formulé plusieurs propositions[117] pour mesurer le « bien-être », c'est-à-dire en prenant en compte également des indicateurs non marchands, en particulier liés à la qualité de la vie et à sa perception ainsi qu'au développement durable. En décembre 2010, le conseil d'analyse économique[118] a formulé des préconisations pour intégrer les propositions de ce rapport dans la mesure statistique française[119].

Quel que soit l'indicateur de la mesure de la performance d'une économie nationale, la compétitivité d'un pays peut être définie comme étant « *la capacité des entreprises implantées sur son sol à affronter avec succès la concurrence sur les marchés national et étranger.* » (Jamet, 2007). Pour cet auteur, la compétitivité macro-économique résiderait dans la somme des capacités de chaque entreprise. Or, cette approche néglige le rôle fondamental de l'économie politique. La doctrine économique de la France attribue

---

[117] Rapport de la commission sur la mesure des performances économiques et du progrès social. 14 septembre 2009.

[118] Organisme dépendant directement des services du Premier ministre.

[119] Suivant cet exemple français (mais aussi canadien), économistes et politiques de Grande-Bretagne et des États-Unis s'intéressent également à la mesure du bien-être des citoyens. Cf. article « *Money and happiness* ». The economist, 25 novembre 2010.

deux fonctions principales à l'État dans le domaine économique, celui de l'État régalien et celui de l'État-stratège. L'État, en tant que prescripteur souverain de sa propre norme, contribue à la compétitivité de son économie[120].

D'un point de vue micro-économique, le débat semble plus simple. Chacun s'accorde à dire que la compétitivité d'une entreprise réside également dans sa capacité à affronter la concurrence. Elle se mesure au coût du produit ou du service vendu, constitué de plusieurs paramètres (coût des matières premières, de la main-d'œuvre, de l'énergie, fiscalité....). Il ne s'agit pourtant pas du seul indicateur. Celui de l'innovation est également très important[121]. Plus généralement, la compétitivité d'une entreprise *« désigne sa capacité à occuper une position forte sur un marché »*[122].

Dans la politique publique d'intelligence économique, la compétitivité désigne le volet offensif mis en œuvre par les entreprises ou par la puissance publique au bénéfice de ces dernières. Elle ne peut cependant être isolée des autres volets. Le questionnement macro-économique sur l'importance de la compétitivité par rapport à la sécurité est fort bien illustré dans la formule suivante : *« l'ultime question est de savoir lequel du profit ou de la sécurité est le premier intérêt de l'État »* (Jefferson, 2006). Cette préoccupation est toute aussi juste au niveau micro-économique, appliquée aux entreprises dans le cadre de l'intelligence économique.

---

[120] Bien que leur impact soit bien moins important aujourd'hui, les droits de douanes en sont le parfait exemple. En taxant les produits étrangers, un État favorise ses produits nationaux sur son territoire.

[121] Un produit plus cher peut mieux se vendre que les produits concurrents en raison de ses qualités supérieures. Les exemples sont nombreux. Citons simplement le smart-phone d'Apple, qui, lors de son lancement à l'automne 2007, a véritablement écrasé la concurrence pendant plusieurs années en raison de la rupture technologique que proposait ce produit.

[122] Définition donnée par le site Internet spécialisé en bourse www.trader-finance.fr, consulté le 17/03/2010.

Section 3.4 - Sécurité

Second axe de l'intelligence économique, la notion de sécurité renvoie immédiatement à la notion de protection. La circulaire du 13 septembre 2005, quant à elle, évoque le volet défensif.

Comme évoqué précédemment, la doctrine publique établit une dichotomie nette entre l'intelligence économique offensive et défensive, les renvoyant respectivement aux idées de compétitivité et de sécurité/protection. En réalité, des pratiques offensives peuvent avoir des visées défensives et *vice-versa.*

Mais quels que soient les moyens employés, la sécurité économique en tant qu'axe de l'intelligence économique peut être envisagée soit comme une finalité, soit comme une méthode pour parvenir à cet état. En effet, l'éventail des possibilités en matière de sécurité de l'information est particulièrement large (Bruté de Rémur, 2003). La définition de la sécurité varie selon les acteurs impliqués. Elle est :

- un objectif lorsqu'il s'agit de l'intervention de l'État dans le spectre macro-économique ;
- un ensemble de moyens pour protéger les entreprises ayant pour finalité de les faire parvenir à un niveau de protection satisfaisant (protection des informations, des installations, des réseaux, des marchandises...).

Par ailleurs, la fonction « intelligence économique » est souvent pilotée, dans les entreprises ayant identifié ce besoin, par des responsables « sécurité/sûreté ».

Il est d'ailleurs à noter que la sûreté est quasiment absente des discours officiels. Pourtant elle gagnerait à y être intégrée car elle permettrait une meilleure identification des concepts. En effet, la sécurité est définie comme étant la « *situation dans laquelle quelqu'un, quelque chose n'est exposé à aucun danger, à aucun risque, en particulier d'agression physique, d'accidents, de vol, de détérioration* » ou encore la « *situation de quelqu'un qui se sent à l'abri du danger, qui est rassuré* »[123]. La sécurité est donc un état. En revanche, la sûreté est

123 Dictionnaire Larousse.

définie comme étant « *un dispositif de protection* », « *l'agencement d'une arme en vue d'un fonctionnement sans incident* (armement) », « *un ensemble des mesures actives et passives permettant à une force militaire d'éviter la surprise* (militaire) »[124], c'est-à-dire les moyens employés pour atteindre un état de sécurité.

Dès lors, la transposition apparaît évidente : la sécurité macro-économique serait du domaine de la sécurité et la sécurité micro-économique celui de la sûreté.

Pour clarifier ces concepts et éviter les confusions, la puissance publique pourrait s'approprier cette dimension de la sûreté en laissant le champ d'application aux entreprises, les décideurs économiques étant seuls responsables des mesures à mettre en œuvre dans leur établissement[125] pour atteindre le niveau de protection adapté. En effet, une politique de sûreté dans une entreprise doit s'attacher à l'analyse de sa propre situation, déterminer les points nécessitant un niveau de protection accru en fonction de la sensibilité des éléments à protéger et prendre les mesures pour y parvenir. L'objectif d'une telle politique n'est pas de vouloir tout sanctuariser à tout prix. Cette option ne ferait qu'engendrer des coûts importants pour l'entreprise en surprotégeant certains éléments ne le nécessitant pas. De plus, le chef d'entreprise doit bien avoir à l'esprit que la sécurité absolue est une utopie[126]. Une bonne politique de sûreté est celle de la réduction des vulnérabilités.

Section 3.5 - Influence

Parmi les trois axes de l'intelligence économique, l'influence tient une place à part. Contrairement à la compétitivité et à la sécurité, elle est exclusivement une action amont alors que les deux autres axes peuvent être entrepris en réaction à une situation donnée. De plus,

---

[124] *Ibid.*

[125] Cette approche doit toutefois être tempérée car la puissance publique impose parfois des normes de sécurité à certains établissements privés en fonction de leur activité. Par exemple, un sous-traitant de la défense doit respecter certaines normes pour obtenir son habilitation.

[126] C'est encore plus vrai avec le développement des technologies de l'information et de la communication.

l'influence ne se limite pas aux stricts champs de l'offensif ou du défensif, elle peut les englober tous deux. Enfin, et contrairement à la compétitivité et la sécurité/sûreté qui reposent sur des textes et des règlements visant à délimiter une situation existante où à en prévenir les dérives, l'influence est du domaine de la *soft law,* c'est-à-dire « *la capacité à obtenir ce que vous voulez en attirant et persuadant les autres d'adopter vos objectifs.* » (Nye, 2004, p. 2).

En observant les efforts de la puissance publique dans le déploiement de l'intelligence économique, il est notable (et de notoriété) que ces actions sont plus efficaces sur les deux premiers axes. En revanche, le développement des actions d'influence dans le cadre de cette politique semble connaître davantage de difficultés. Sans doute, la culture française y est pour beaucoup, renforcée par le droit pénal[127].

Il est d'ailleurs emblématique de constater que cette déviance s'étend au-delà de la sphère politico-économique[128] au point d'être devenue une véritable position de principe à l'égard du politique. Pourtant, « *l'influence acquiert une ampleur inédite, de par la dimension informationnelle et communicationnelle qui prévaut désormais dans*

[127] De nombreuses réglementations encadrent maintenant les rapports public/privé (marchés publics...). A la suite des scandales politico-financiers des années 1980-90 et la loi d'amnistie n° 90-55 du 15 janvier 1990 relative au financement des partis politiques, le législateur a pris acte des dérives constatées et a institué de nouvelles incriminations pénales (refonte du code pénal en 1993). Cette réécriture du droit pénal, prévoyant notamment des infractions liées à la conduite des affaires et la volonté affichée de moraliser la vie économique publique, a renforcé les obstacles entre les décideurs et donneurs d'ordre des administrations et les entreprises privées (corruption active et passive...). Les décideurs publics semblent être devenus plus moraux, en tout cas plus prudents, car ces scandales ont aujourd'hui pratiquement disparu de la scène publique, exceptions faites de quelques affaires sporadiques. Aujourd'hui, la simple connivence entre un décideur public et un chef d'entreprise privée, même à titre purement amical, suffit à faire naître le doute et la suspicion quant à l'honnêteté des protagonistes. Certaines des infractions françaises n'existent pas dans le droit d'autres pays européens.

[128] En juillet 2005, lors de l'attribution des Jeux Olympiques de 2012 à la ville de Londres au détriment de Paris, la presse française s'est montrée particulièrement offusquée de la démarche du Premier ministre anglais Tony Blair qui, quelques heures avant la désignation de la ville organisatrice, rencontrait et recevait encore à son hôtel plusieurs membres du Comité international olympique. Stratégie d'influence pour certains, immoralité voire corruption (sans l'ombre d'une preuve) pour d'autres...

notre monde » (Revel, 2012, p. 2) et mérite dès lors d'être sérieusement prise en considération.

Parmi les différentes définitions données à l'influence, celle relative à la décision est définie comme étant le « *pouvoir social et politique de quelqu'un, d'un groupe, qui leur permet d'agir sur le cours des événements, des décisions prises, etc.* »[129]. L'approche française de l'influence est significative dès sa définition. Il s'agit d'abord du pouvoir[130] de quelqu'un et peut donc être perçu comme une oppression douce. Bien que non désirée, elle n'est pas ressentie comme telle par ses « victimes », les personnes influencées. Les techniques sont nombreuses et particulièrement développées pour faire adhérer une personne à une position divergente de sa position initiale[131]. Les anglo-saxons ont une vision légèrement différente du lobbying. Elle est l'« *action menée par un lobby en vue d'obtenir quelque chose* »[132]. Il n'est pas question ici d'un pouvoir dont la formulation même laisserait entrevoir des positions immorales (abus de pouvoir, domination, oppression, contrainte...), mais il s'agit d'une simple action. De plus, elle est menée par un groupe et non par une personne individuelle. Dès lors, il apparaît que le lobbying serait une action, certes volontariste, mais dénuée de toute volonté allant contre l'intégrité morale d'un des protagonistes. Cet amoralisme est garanti par la personnalité du bénéficiaire, à savoir qu'il s'agit d'un groupe, donc défendant ou cherchant un intérêt collectif, et non pas une personne individuelle.

La culture française de l'influence n'est pas, de toute évidence, la culture anglo-saxonne du lobbying où il est une activité reconnue. Il apparaît davantage comme une « *stratégie et* [une] *tactique de conviction menée auprès des décideurs de manière déontologique et*

---

[129] Dictionnaire Larousse.

[130] Dans la perception vulgaire, le pouvoir s'accompagne de deux corollaires : les privilèges que recherche celui qui veut atteindre ce niveau d'importance sociale, et l'abus de pouvoir quand il veut dénigrer leurs titulaires lorsqu'il réalise qu'il ne parviendra pas à intégrer ces cercles fermés.

[131] Les opérations psychologiques, la manipulation par la flatterie, le dénigrement de l'adversaire, s'attirer la sympathie du décideur par divers procédés... sont autant de techniques utilisées depuis des siècles et perfectionnées depuis quelques décennies grâce aux apports des sciences humaines en particulier.

[132] Dictionnaire Larousse.

professionnelle, à partir d'un traitement approprié de l'information. » (Revel, 2006, p. 101).

L'influence apparaît ici revêtue des apparats les plus vils. Ce ne sont pas les chefs d'entreprises qui sont dénigrés de la sorte, l'opinion publique est plus clémente à leur égard à partir du moment où ces actions ne contribuent pas à leur enrichissement personnel. Ils bénéficient alors d'une certaine mansuétude car les contrats ainsi remportés sont alors perçus comme un atout pour l'emploi. Il existerait donc une certaine caution morale, quitte à verser dans « l'illégalité honorable »[133], à remporter des marchés par ces procédés[134]. En revanche, la puissance publique et en particulier les décideurs politiques ne bénéficient absolument pas de cette largesse d'esprit. Au contraire, il est attendu d'eux la plus extrême rigueur et la non moins plus scrupuleuse honnêteté. Dès lors, les techniques et la pratique du lobbying se marient bien mal avec le comportement attendu de ces décideurs. Pourtant, l'influence peut être pratiquée tout à fait légalement sans tomber sous le coup d'incriminations pénales et nombre de pays la pratiquent sans qu'elle ne soulève les cris d'orfraies rencontrés en France.

Bien que le frein au développement de l'influence par la puissance publique en France soit culturel, elle n'est pas le dernier chantier à mettre en œuvre pour que la puissance publique soit complètement en position de mener une politique publique efficace en la matière.

Si l'évolution de l'intelligence économique est particulièrement notable depuis deux décennies, elle n'est pas achevée pour autant. Toutefois, elle est bien résumée dans la formule suivante :

> « *Le concept comprend ces capacités de maîtrise de l'information économique, d'anticipation et d'influence sur le marché. Dans le passé, on préférait parler de veille technologique. On peut désormais élargir le spectre à l'ensemble des aspects économiques d'un pays. Ainsi définie, l'intelligence économique apparaît comme une*

---

[133] La fin justifierait les moyens, à condition qu'ils n'outrepassent pas le but recherché.

[134] Cette considération est bien révélatrice de la méconnaissance, par l'opinion publique, du droit pénal et du concept d'influence.

arme dans ce qu'on appelle la guerre économique. Une arme dont la conception est fondée sur la maîtrise des réseaux d'information, des réseaux d'influence et de contre-influence et sur l'anticipation. » (Caduc, [1998] ; [2003], p. 113).

Titre 2 : La décision de politique publique d'intelligence économique

Une fois les concepts liés à l'intelligence économique définis, nous nous intéresserons maintenant à la façon dont ils deviennent les éléments d'une politique publique, c'est-à-dire comment ils sont appréhendés par la puissance publique et comment celle-ci organise son administration pour les mettre en œuvre et répondre à ces enjeux et défis.

Pour autant, l'Etat français ne part pas d'une feuille blanche. Plusieurs autres politiques publiques sont déjà en action et les modalités qu'elles utilisent peuvent utilement être transposées à la PPIE (Chap. 4). De fait, une organisation a été pensée au niveau central (Chap. 5) et les fonctions réparties entre les différents services de l'Etat (Chap. 6).

Chapitre 4 : Politiques périphériques

Une politique publique revêt certaines caractéristiques qui la rendent identifiable. Cette approche sera illustrée par deux exemples qui permettront de dégager les lignes conductrices d'un politique publique.

Section 4.1 - Les critères des politiques publiques à répercussion économique

Une politique publique est d'abord une vision et une volonté politiques. Si les préceptes de l'intelligence économique ont été mis en œuvre dans un premier temps en France par les grandes entreprises, la puissance publique a fait siens ces outils pour développer une action au profit des acteurs économiques privés. La finalité de cette politique reste *a minima* la protection et la sauvegarde des entreprises tout en leur offrant la possibilité de renforcer leur position.

Plusieurs éléments permettent de définir une politique publique, encore faut-il s'entendre préalablement sur la portée exacte de cette notion. Une première approche consiste à tenter une définition par défaut, c'est-à-dire en l'opposant à une politique privée. Dans le monde de l'entreprise, cette terminologie est peu employée, à l'exception peut-être des grands groupes[135]. En règle générale, la politique d'une entreprise est sa stratégie lorsqu'il s'agit de ses objectifs industriels et commerciaux. Toutefois, le terme est davantage employé à propos de la gestion des ressources humaines (la politique RH), des préoccupations écologiques (la politique environnementale ou d'environnement durable) où en matière de HSCT (la politique de sécurité).

Pour la puissance publique, l'approche est sensiblement différente et sa portée est double. La politique publique signifie que celle-ci est

[135] Il est à noter que certains grands patrons ont évolué antérieurement dans la haute administration, occupant parfois des postes ministériels (ex : Thierry Breton, PDG de France Télécom (2002-2005), puis ministre des finances (2005-2007) avant d'intégrer plusieurs conseils d'administration de grandes entreprises et de prendre la présidence du directoire de la société Atos Origin en 2008).

mise en œuvre par la puissance publique. Transposée au monde de l'entreprise, il conviendrait effectivement de parler de stratégie (moyens mis en œuvre, but recherché...). Toutefois, la dimension publique indique également que ces politiques visent à satisfaire un besoin commun, qui dépasse pourtant la simple dimension sociale qu'elles évoquent. Leurs implications sont également budgétaires et fiscales puisqu'elles font appellent aux finances publiques et peuvent avoir des visées divergentes, notamment en terme d'aménagement du territoire. Ces trois critères ne sont pas cumulatifs et, dans certaines situations, peuvent même être antinomiques[136].

4.1.1 - La satisfaction du besoin commun

Étymologiquement, « politique » signifie l'organisation du pouvoir dans l'État, son exercice[137]. Or, cette gestion des affaires publiques répond à plusieurs objectifs, dont celui de satisfaire l'intérêt et les besoins communs. Ils sont aisément identifiables, bien que variables, dans toute société.

Le premier des besoins communs (mais de valeur individuelle) est celui de la vie même de la population d'un territoire. Les organisations internationales actuelles le reconnaissent, qu'il s'agisse des institutions européennes[138] ou diverses organisations internationales[139].

---

[136] Au nom de l'aménagement du territoire, le pouvoir politique, central ou décentralisé, peut être amené à faire des choix pour maintenir des services publics sur une portion de territoire ne justifiant pas ce maintien au regard du volume de population locale, ou bien génère des coûts bien plus élevés qu'ailleurs, comparativement au service offert. *A contrario*, certains services publics sont fermés, bien que le besoin local existe, mais dans une proportion trop faible pour les maintenir. Selon les cas, la clause budgétaire ou la clause d'aménagement du territoire prévaut.

[137] D'origine grecque (politicos) et latine (politicus), la politique et l'art de gouverner, c'est-à-dire la conduite des affaires publiques d'après une organisation des pouvoirs.

[138] - convention de sauvegarde des droits de l'homme et des libertés fondamentales (Rome, 1950) ;
- recommandation n° R (2000) 3 du comité des ministres aux États membres sur le droit à la satisfaction des besoins matériels élémentaires des personnes en situation d'extrême précarité (adoptée par le comité des ministres le 19 janvier 2000). Parmi les attendus de cette recommandation figure « *que la satisfaction des besoins humains matériels élémentaires (à tout le moins la nourriture, l'habillement, l'hébergement et les soins médicaux de base) découle de la dignité*

Les besoins vitaux sont indispensables avant de songer à la satisfaction de besoins supplémentaires. A ce titre, Hall et Smith (1976) ont établi une grille d'évolution à travers de laquelle ils exposent le développement d'un individu en huit étapes[140]. Le parallèle peut être établi avec la pyramide de la motivation de Maslow (1943, p. 370s). Bien qu'appliquée à la psychologie au travail et cherchant à déterminer les ressorts de la motivation, ce schéma est partiellement valable pour déterminer les niveaux de besoins d'une population.

Fig. 2 : La pyramide de Maslow

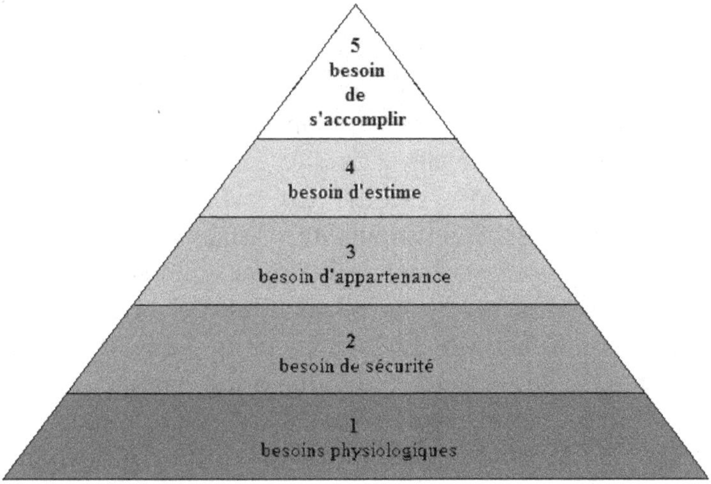

Transposée à l'intérêt commun, cette pyramide hiérarchise les besoins d'une population que la puissance publique doit garantir. Ainsi, les

---

inhérente à tout être humain et constitue la condition d'existence de l'homme, ainsi que de son épanouissement. » ;

- recommandation n° 1196 (1992) de l'assemblée parlementaire du Conseil de l'Europe relative à « *l'extrême pauvreté et à l'exclusion sociale : vers des ressources minimales garanties* ».

[139] - conférence sur la dignité humaine et l'exclusion sociale (Helsinki, mai 1998) ;
- résolution n° 1999/26 de la Commission des droits de l'homme des Nations unies sur les droits de l'homme et l'extrême pauvreté.

[140] En définissant quatre phase d'évolution comportant chacune deux stades (phase 1 : sûreté et sécurité ; phase 2 : famille et institution ; phase 3 : vocation et création ; phase 4 : sagesse et conscience), HALL et SMITH ont conclu à l'existence de 125 valeurs universelles.

trois premiers stades[141] s'appliquent parfaitement au rôle que doit tenir l'État vis-à-vis de sa population. Cependant, certaines conceptions divergent d'un État à l'autre[142].

Nombre de philosophes et sociologues se sont penchés sur cette question de l'utilité de la vie en société en partant souvent du postulat que l'homme seul est un être faible dans la nature, comme l'évoque Hume (1740) dans sa préface, où dans l'incapacité à satisfaire seul l'ensemble de ses besoins (Smith, 1776, t.1, p. 21). Pour pallier ces faiblesses l'Homme s'organise en société pour regrouper ses forces et où chacun joue un rôle en fonction de ses possibilités. Même les égoïsmes individuels peuvent concourir à la satisfaction du besoin commun[143]. Les productions de chacun peuvent être échangées avec celles de son voisin. Ainsi est née une communauté d'échanges où chacun participe à la satisfaction des besoins de tous (Platon, vers 380 av. JC). Mais une société ne se constitue pas seulement sur les échanges de biens en vue de satisfaire les besoins, les hommes se rapprochent également par l'amitié (*la philia*), le sentiment social d'appartenir à une même communauté (Aristote, 335 à 322 av. JC). Une fois ce groupe suffisamment développé, non seulement en terme d'échanges économiques et de production de biens, mais surtout lorsque les individus ont le sentiment d'avoir créé une entité indépendante de la somme des individus qui la compose et qui exerce sur eux une force contraignante, alors il convient de parler de société (Durkheim, 1895)[144]. Ce pouvoir de la contrainte légitime est

---

141 L'échelon 3 représente le niveau de l'appartenance, que l'on pourrait transposer dans ce parallélisme à la notion d'identification et d'adhésion sociales. Le 4ème échelon peut être transposé comme la reconnaissance de l'individu par l'État. En revanche, le dernier échelon ne correspond plus aux besoins garantis par la puissance publique. La comparaison s'arrête donc au 4ème échelon.

142 Par exemple, le deuxième barreau de la pyramide, le besoin de sécurité, peut être ressenti différemment entre le pouvoir politique d'un régime de type démocratie occidentale qui considère la nécessité de protéger sa population contre les différents dangers, notamment extérieurs, et un régime totalitaire qui cherchera d'abord à se protéger et neutraliser les opposants politiques internes qui pourraient représenter un risque pour la survie du régime.

143 L'envolée des prix sur un produit qui se raréfie peut inciter certains producteurs avides à le produire davantage pour tirer bénéfice de cette situation. Devenu plus abondant, ce produit pourra satisfaire un plus grand nombre et répondre ainsi à un besoin commun.

144 Cette conception du phénomène social, le holisme, rencontrera rapidement une vive opposition à travers un second courant sociologique apparu également dans

symbolisé par le pouvoir politique. Toutefois, le maintien de ce sentiment n'est possible que si la puissance publique, en contrepartie, garantit la satisfaction du besoin commun. Le bien commun est alors « *la somme des biens privés et publics, matériels et moraux, qu'intègre une société donnée, bref sa prospérité.* » (Fessard, 1944)[145]. Derrière cette notion de bien commun se profile l'idée du bonheur.

Le rôle du pouvoir politique est d'identifier, prendre en compte et satisfaire ces besoins communs puisqu'ils satisfont, par définition, l'intérêt général. Autrement dit, l'économie politique cherche à « *savoir comment les ressources productives sont affectées à la production de biens et de services qui satisfont au mieux les besoins présents et futurs, individuels et collectifs.* » (Burgenmeier, 2006, p. 6). Ainsi, l'activité économique est un facteur de satisfaction des besoins et elle est mesurable : « *le progrès économique se mesure par la quantité de valeur produite par chaque individu ou* [...] *par l'augmentation des ressources collectives en proportion de la population.* » (Aron, 1962, p. 82).

Dans nos États modernes, la satisfaction du besoin commun est organisée et des structures *ad hoc* sont chargées d'y pourvoir. Elles constituent le service public.

Pour autant, le service public n'est pas nécessairement assuré par des structures publiques[146]. Parfois, la puissance publique peut s'allier à certaines structures privées pour gérer ensemble un service à travers des sociétés d'économie mixte locales[147]. En d'autres circonstances, des entreprises privées ont contracté avec les pouvoirs publics pour assurer seules ce service dans le cadre d'une délégation de service

---

la seconde moitié du XIXème siècle : l'individualisme. Porté notamment par Max Weber, ce dernier considérait que l'action humaine est « *orientée significativement par rapport à autrui* ».

[145] Cité par BASUNGA NZINGA, A. « Sagesse et pouvoir. Une herméneutique du pouvoir ». Source : http://www.memoireonline.com/04/11/4398/m_Sagesse-et-pouvoir-une-hermeneutique-du-pouvoir-18.html, consulté le 23/02/2013.

[146] Article L.1412-1 et suivants du code général des collectivités territoriales. La gestion directe d'un service public par une collectivité territoriale s'opère par une régie. Le fonctionnement d'une régie s'apparente à une gestion d'entreprise privée.

[147] Article L.1521-1 du code général des collectivités territoriales.

public[148]. Comme tout contrat, les parties prenantes sont assujetties au respect de certaines obligations, tant pour la puissance publique (exclusivité, chiffre d'affaires assuré...) que l'entreprise délégataire (continuité, service imposé...).

Quelle que soit la forme de la structure chargée d'assurer le service public, celle-ci est dans l'obligation d'assurer certains impératifs afin de satisfaire l'intérêt commun. Les grandes infrastructures, notamment les voies de communication et les réseaux d'énergie, répondent à ce besoin de service public. Progressivement, il s'est étendu des activités économiques aux activités sociales, médicales et culturelles. Dans tous les cas, il est un principe fondamental, consubstantiel à la notion de service public : le principe de la continuité[149]. Par définition et parce qu'il répond à l'intérêt général, un service public doit être assuré en permanence[150]. De même, tous les services publics ne sont pas de même niveau. Ils peuvent être nationaux, notamment lorsqu'il s'agit des services régaliens, ou locaux pour répondre à un besoin spécifique et géographiquement localisé (transport public dans une agglomération...). Enfin, le principe de subsidiarité est applicable aux services publics, à savoir la possibilité pour un échelon administratif supérieur de remplir une mission de service public normalement dévolue à un échelon inférieur mais que ce dernier est dans l'impossibilité de mettre en œuvre[151].

En fait, la culture française du service public l'élève au rang de nécessité et il est alors difficile de le remettre en cause. Le second

---

[148] Article L.1411-1 et suivants du code général des collectivités territoriales.

[149] Ce principe peut toutefois sembler se heurter au droit constitutionnel de la grève. En fait, le droit de grève n'est pas absolu puisque le préambule de la Constitution indique que « *le droit de grève s'exerce dans le cadre des lois et règlements* ». D'ailleurs, plusieurs professions ne disposent pas de ce droit : militaires, magistrats, pompiers professionnels... (arrêt Dehaene, Conseil d'État, 7 juillet 1950). La non attribution du droit de grève concerne justement certaines professions chargées d'une mission de service public régalien, en particulier lorsqu'il s'agit de porter secours ou d'assurer la sécurité à la population.

[150] La permanence autorise une certaine discontinuité temporaire, dans les limites du socialement raisonnable et acceptable. Ainsi, lors des grèves des transports publics ferroviaires franciliens, le service est généralement assuré à raison d'un train sur deux, trois ou quatre.

[151] Exceptionnellement, la puissance publique peut même se substituer au secteur privé lorsque celui-ci est défaillant et ne peut répondre aux besoins élémentaires de la population. Exemple : le ravitaillement alimentaire.

handicap réside dans la négation préalable qui viserait à considérer qu'un service public ne peut être honoré. La commodité revient alors à créer une délégation de service public auprès d'un acteur privé.

Considérant ces éléments, la question est posée quant à l'intelligence économique. Si elle fait aujourd'hui l'objet d'une politique publique, si des structures existent déjà pour accompagner les acteurs économiques, elle n'est pas pour autant considérée comme un service public. Pourtant, certains organismes publics ou parapublics offrent déjà des prestations de ce type. Assurément, la création d'un service public d'intelligence économique serait une évolution conséquente au profit des entreprises.

4.1.2 - De la faisabilité budgétaire à la rentabilité économique

Une politique publique implique des structures, des personnels, des moyens et des infrastructures. Elle a donc un coût financier pour l'État ou les collectivités territoriales.

Jusqu'à récemment, les règles de la comptabilité publique, mais également la pratique politique, considéraient que seule la faisabilité budgétaire sans recherche de profits, prédominait. Ce principe est compréhensible en termes de dépenses d'investissement, les pouvoirs publics ne disposant pas des fonds nécessaires pour investir lourdement sans le recours à l'emprunt où à l'impôt. Toutefois, ce principe a souvent été prolongé et appliqué aux dépenses de fonctionnement. La satisfaction du besoin commun justifiait à lui seul la création de ces services publics, quelles qu'en soit les implications budgétaires. Par ailleurs, le contrôle des dépenses était jusqu'alors réalisé principalement sous trois formes :

- le contrôle politique, où un organe politique est jugé sur son bilan à chaque élection ;
- le contrôle financier par la Cour des comptes[152] ;
- le contrôle administratif[153], pouvant aller jusqu'à la mise sous tutelle par l'État d'une collectivité défaillante.

---

[152] Tous les ans, le rapport de la Cour des comptes ne manque pas de pointer des investissements à la justification parfois douteuse et/ou à la rentabilité absente, sous couvert de la satisfaction d'un bien commun parfois discutable.

[153] Article 72 de la constitution.

Ce dernier contrôle illustre bien l'évolution des rapports entre l'État et les collectivités territoriales depuis le début des années 1980[154].Toutefois, ces contrôles ne sont effectués qu'*a posteriori*, il ne s'agit que de constats et aucune mesure n'existe pour vérifier en amont la rentabilité financière des projets sans aggraver les déficits publics.

En France, il existait jusqu'à ces dernières années un dogme en matière de finances et de services publics, celui de l'ignorance de la rentabilité, comme si par définition, un service public ne devait pas s'attacher à être bénéficiaire. Pourtant, les entreprises qui jouissent de concessions de services publics ne peuvent se permettre d'être financièrement déficitaires sur le long terme sans mettre en péril leur existence. Or, ces entreprises sont rarement défaillantes[155], preuve qu'un service public peut être financièrement autonome, voire rentable.

Toutefois, la dégradation continue des finances publiques et le niveau préoccupant de l'endettement incitent le pouvoir politique à revoir cette position. La crise économique de 2008 a fait voler en éclat le pacte de stabilité introduit par Maastricht et les instances et pays européens se sont accommodés provisoirement du dépassement des seuils. Toutefois, la crise grecque de 2010 a lancé un sérieux avertissement aux économies européennes, à savoir que si le niveau autorisé du taux d'endettement (60% du PIB) pouvait être franchi, une dégradation continue ne pouvait être supportable à long terme. La crise des dettes souveraines européennes en 2011-2012 a renforcé ce sentiment.

---

[154] Depuis la loi de décentralisation du 2 mars 1982, le préfet n'exerce plus de contrôle *a priori* et sur l'opportunité des actes des collectivités. Il n'exerce plus qu'un contrôle de légalité *a posteriori*. Toutefois, le « *représentant de l'État règle le budget et le rend exécutoire* », après saisine de la Chambre régionale des comptes lorsqu'il n'a pas été adopté à temps (article L.1612-2 du CGCT). La même procédure est adoptée en cas du budget déséquilibré (article L.1612-5 du CGCT).

[155] Il n'est qu'à observer les comptes deux plus grands opérateurs en matière d'approvisionnement en eau potable à la population, Suez et Véolia, qui bénéficient de concessions dans de nombreuses villes françaises et dans des dizaines de pays à travers le monde. Ces deux entreprises figurent parmi les leaders mondiaux dans leur domaine.

Ces événements, bien que factuels, ont incité les différents pouvoirs politiques français à modifier le comportement de l'État vis-à-vis de la dette publique. Progressivement s'installe en France l'idée de la rentabilité économique, y compris pour les services publics. Plusieurs décisions l'illustrent[156].

Pourtant, ce ne sont pas ces crises qui ont modifié le rapport du politique à la dette, mais une disposition légale plus ancienne qui percevait déjà les difficultés budgétaires à venir. Il s'agit de la loi organique relative aux lois de finances (LOLF)[157] qui réorganise le budget de l'État. Le Premier ministre a expliqué aux parlementaires les changements induits par cette loi[158] :

> « *L'entrée en vigueur de la loi organique relative aux lois de finances (LOLF) rend nécessaire une réforme en profondeur de la procédure budgétaire, avec l'objectif de poursuivre la modernisation de l'État et l'assainissement de nos finances publiques.*
> *La LOLF introduit cette année de nombreuses innovations. Les crédits seront présentés par mission et programme, avec une justification de dépenses dès le premier euro qui met fin à la distinction entre services votés et mesures nouvelles. Au sein de chaque programme, le gestionnaire disposera d'une très large capacité de redéploiement de ses moyens. En contrepartie, la procédure budgétaire devra réserver une place primordiale aux travaux sur la stratégie, les objectifs et les indicateurs de performance associés à chaque programme qui sont des outils*

---

156 Révision des différentes « cartes » (judiciaire, hospitalière, militaire...) qui se caractérisent généralement par une concentration des services, c'est-à-dire la formation de grands centres par la fermeture des petites structures afin de dégager des économies d'échelle. Les opposants à ces réformes avancent généralement comme argument la perte de service public par l'éloignement de ces structures de certains bassins de population à faible densité. Ces dernières années, d'autres réformes ont également eu pour objectif de réduire la dette publique : réduction des remboursements de médicaments, non-remplacement d'un fonctionnaire sur deux faisant valoir ses droits à la retraite...

157 Loi organique n° 2001-692, du 1er août 2001, elle est entrée pleinement en vigueur le 1er janvier 2006.

158 Circulaire du 21 janvier 2005 relative à la préparation du projet de loi de finances pour 2006 dans le nouveau cadre budgétaire.

indispensables pour mettre en œuvre une véritable culture de résultat.
Ce nouveau cadre budgétaire nous donne une opportunité unique d'accroître l'efficacité de l'action gouvernementale. L'enjeu est double : améliorer le service public rendu au citoyen, mais également dégager de nouvelles marges de manœuvre au profit des priorités du Gouvernement. » (Raffarin, 2005).

Au-delà de l'aspect technique de ces mesures, il est à souligner la volonté du pouvoir politique de maintenir son objectif et sa mission de service public tout en cherchant à assainir ses finances. Par ailleurs, une terminologie d'ordinaire plus usitée dans le secteur privé est employée (stratégie, objectifs, indicateurs de performance et culture du résultat) bien que ces notions n'étaient pas complètement ignorées antérieurement par les gestionnaires publics.

Même si cet effort est particulièrement louable, cette vision est uniquement centrée sur l'aspect financier. *A contrario*, aucune réflexion n'a émergé quant à la nécessité d'honorer un service public. En effet, si les principes de la finance publique évoluent progressivement vers une gestion de type privé, le dogme du service public à la française ne fait l'objet d'aucune remise en cause. Si la réduction des moyens devient la règle, la réduction des missions de service public n'en est pas le corollaire. Dès lors, les administrations doivent honorer les mêmes services (voire davantage)[159] tout en disposant de moyens étales ou en réduction. Parallèlement, de nouveaux services publics apparaissent[160], rendant parfois difficile l'adaptation.

---

[159] La politique publique d'intelligence économique en est une bonne illustration. Si la plupart des administrations menaient préalablement des actions de type IE avant 2003, la formalisation de cette politique publique a obligé nombre de services à s'adapter pour répondre à cette nouvelle mission. Si la simple adaptation s'est faite sans difficulté pour certains services spécialisés dont c'était la vocation (DST devenue DCRI, DPSD, ministère des finances...), d'autres ont dû créer des structures dédiées, dans un contexte budgétaire et une politique des effectifs contraints.

[160] Par exemple, l'évolution de l'agriculture biologique oblige le ministère de l'agriculture à recruter ou former en interne des fonctionnaires capables de répondre à ces nouveaux enjeux (assistance aux agriculteurs, connaissance des

Ainsi, lors de la création d'un service public, le choix est d'abord conditionné par la satisfaction du besoin commun. Une fois actée, cette décision peut difficilement être remise en cause pour de « simples » raisons budgétaires même si les nouvelles règles en matière de finances publiques obligent à une meilleure prospective de rentabilité (ou de réduction des effectifs).

La politique publique d'intelligence économique à la française se voulant avant tout territoriale, la dimension géographique de cette intervention ne saurait être occultée. Par extension, cette politique peut même concourir à la politique d'aménagement du territoire.

4.1.3 - L'aménagement du territoire

La politique publique d'aménagement du territoire vise à offrir aux citoyens un cadre de vie et des prestations équivalentes en tout point du territoire national. Cette politique doit donc s'adapter aux flux de personnes. Jusqu'en 1975, la France a vécu une période de transfert de population des campagnes vers les centres urbains. Ce mouvement s'est ensuite inversé et connaît une progression plus marquée ces dernières années[161]. La population rurale augmente dorénavant trois fois plus vite que la population urbaine (Poncet et Bellot, 2008, p. 15).

Ce mouvement induit une réflexion pour les collectivités territoriales qui doivent s'adapter en conséquence. Bien évidemment, les implications économiques sont nombreuses car toute activité humaine engendre des flux financiers et les outils de l'intelligence économique, permettant une meilleure compréhension d'une situation, peuvent être un recours intéressant pour permettre aux décideurs de choisir les investissements appropriés[162].

Néanmoins, un territoire se doit tout de même de fournir un certain nombre de prestations pour attirer de nouvelles personnes et des

---

normes, des nouvelles techniques...). A travers cet exemple, ce n'est pas la légitimité du service public qui est pointée, mais les conditions de sa réalisation.

[161] Les causes sont multiples : recherche de la qualité de vie, « retour aux sources » pour les jeunes retraités, attractivité des prix de l'immobilier pour les ménages aux revenus plus modestes...

[162] Par exemple, l'analyse de la démographie d'un territoire indiquera s'il convient d'investir plutôt dans une école qu'une maison de retraite.

entreprises, et ce, quel que soit le profil démographique de la population résidente ou présentielle :

> - qualités des infrastructures (voies de communication, notamment routières et ferroviaires, réseaux de communication[163]...) ;
> - qualité du service public local (écoles, facilité d'accès à la médecine, établissements postaux, équipements sportifs...) ;
> - offres en énergie ;
> - ressources locales en personnels qualifiés et marché du travail à proximité ;
> - niveau des aides financières (subventions, dégrèvements de charges...) ;
> - niveau de services proposés par les acteurs privés (emploi, commerces, services à la personne...).

Transposée au territoire, la politique publique d'intelligence économique prend l'appellation « d'intelligence économique territoriale » (IET). *A contrario*, les schémas directeurs des échelons déconcentrés et autres décisions prises par les collectivités territoriales prennent l'appellation de « politiques territoriales » et non de « politiques publique territoriale ». Quelques explications s'imposent.

Dans son acception territoriale, cette politique perd son attribut de « politique publique ». Les textes officiels n'évoquent pas la « politique publique d'intelligence économique territoriale ». Il semblerait donc qu'une politique, lorsqu'elle est territoriale, ne puisse être « publique », ou qu'*a contrario*, une politique publique ne puisse être territoriale. Dès lors, faut-il en déduire qu'une politique publique doit être uniquement le fait et la volonté de l'échelon national ? Pourtant, la circulaire du 13 septembre 2005 du ministère de l'intérieur[164], bien que ne traitant pas directement de l'aménagement du territoire, place l'échelon régional au cœur du dispositif d'intelligence économique territoriale :

---

[163] Le développement de l'Internet haut débit et la couverture des zones grises en téléphonie portable sont des critères importants.

[164] Intitulée « *L'intelligence économique appliquée aux territoires* », elle marque le véritable lancement de la politique territoriale de l'intelligence économique.

> « *Dès l'automne 2003, le ministère de l'intérieur a mis en œuvre un programme expérimental d'intelligence économique appliquée aux territoires* [...]. *Le cadre régional a été retenu pour plusieurs raisons : la région constitue une réalité économique incontournable, et a vu récemment son rôle renforcé dans l'organisation territoriale de l'État. Par ailleurs, la démarche des pôles de compétitivité est conçue dans un cadre régional.* » (p. 2).

De plus, cette circulaire a été adressée aux préfets de région auxquels il est demandé de mettre en place un comité de pilotage régional constitué de représentants des différentes administrations et services de niveau régional (parag. 1.1 et 1.2). Les services décentralisés impliqués en matière économique, notamment le conseil régional, sont également membres de ce comité.

La nature des intervenants (services publics) et l'objectif poursuivi (l'intérêt commun) sur une zone géographique identifiée devraient inciter à qualifier cette action de « politique publique d'intelligence économique territoriale ». Il ne s'agit pas d'une simple réflexion rhétorique mais cette perception est révélatrice de la conception jacobine française de la décision politique où l'échelon central serait le seul à pouvoir donner l'impulsion. Le rôle des échelons décentralisés est parfois méconnu et sous-estimé alors que leur action est déterminante en la matière. Pourtant, la prise en compte de la dimension territoriale, et en particulier l'échelon régional, dans la politique publique d'intelligence économique est une réalité puisqu'il s'agit de l'échelon d'application. Dès lors, et considérant les attributs de l'aménagement du territoire, cette politique ne doit pas être comprise comme étant le développement de l'économie sur un territoire, mais le développement d'un territoire par l'économie. L'économie n'est qu'un critère parmi d'autres, même s'il occupe une place importante dans l'aménagement du territoire.

Aussi, il est possible de développer un territoire, même s'il ne possède pas de grands bassins industriels. La concentration de personnes suffit à développer les échanges économiques dans une zone donnée, à partir du moment où cette population atteint un certain seuil, ne serait-ce que par la satisfaction de ses besoins élémentaires. Même si aujourd'hui la politique publique d'intelligence économique envisagée au niveau central se considère comme devant être l'effort à porter prioritairement sur les industries, et notamment les industries de souveraineté, cette vision n'est pas nécessairement conforme à la réalité des niveaux de développement économique des territoires. Aussi, les collectivités territoriales ont-elles constitué leurs propres outils de développement économique, dont certains empruntent aux techniques de l'intelligence économique.

La politique publique d'intelligence économique doit donc réunir ces trois critères (satisfaction du besoin commun, faisabilité budgétaire et aménagement du territoire) pour devenir une véritable politique publique d'intelligence économique territoriale.

Afin de bien comprendre les implications de ces trois critères, deux exemples de politiques publiques aux répercussions économiques, en cours de développement depuis quelques années, permettent de bien en saisir toute la portée. D'ailleurs, ces deux politiques ne sont pas si éloignées de la politique publique d'intelligence économique car elles en empruntent la philosophie (la création d'emploi sur l'ensemble du territoire par le développement économique de filières pérennes), l'échelonnement temporel (le long terme) et les modalités humaines (formation, sensibilisation), techniques (soutien à la R&D...) et financières, qu'il s'agisse de dispositifs fiscaux (crédit impôt recherche...) ou comptables (avances remboursables...). Ces deux politiques sont la politique environnementale et la politique industrielle.

Section 4.2 - L'exemple de la politique environnementale

L'attention des pouvoirs publics nationaux et des organisations internationales envers les questions environnementales est un phénomène relativement récent dans nos sociétés modernes. La prise de conscience par l'opinion publique date de l'après-guerre où certains mouvements[165] sociaux et associatifs ont mis en avant le principe de

---

[165] Venus des États-Unis, dans les années 1960 les mouvements Beatnik et Hippie, par exemple, ont cherché à renier le modèle consumériste de la société américaine en prônant un nouveau modèle sociétal. Les préoccupations environnementales tiennent une grande place dans cette philosophie.

respect de la nature et l'ont parfois érigé en véritable mode de vie. Toutefois, certaines cultures autres qu'occidentales avaient déjà adapté leur mode de vie à la prise en compte de leur environnement naturel, et ce depuis plusieurs siècles[166].

A partir des années 1970, la conscience politique environnementale va s'éveiller progressivement et un sommet international se tiendra désormais tous les dix ans[167]. Bien plus qu'une rencontre symbolique, ils sont l'occasion d'officialiser les programmes d'action internationaux de respect de l'environnement[168].

En France, plusieurs mouvements politiques ont vu le jour au cours des dernières décennies et ont connu des fortunes diverses. Ces mouvements, bien que certains soient à connotation politique partisane, prônent en priorité le respect de l'environnement, et parallèlement, la mouvance associative en la matière est particulièrement dynamique[169]. Cet élan va trouver un écho politique[170] où le principe fondateur de cette action est affirmé. En effet, lors de la préparation de la loi d'orientation pour l'aménagement et le développement durable du territoire, la ministre déclarait : « *les politiques publiques doivent déterminer les conditions d'utilisation, de préservation, de partage et de transmission du patrimoine collectif dans des conditions qui permettent la nécessaire satisfaction de nos besoins d'aujourd'hui sans compromettre celle des générations futures.* » (Voynet, 1999). Il se concrétisera quelques années plus tard par la mise en œuvre du dispositif dit « Grenelle de

---

[166] La tradition bouddhiste en Asie, les indiens d'Amérique du nord...

[167] Stockholm (1972), Nairobi (1982), Rio de Janeiro (1992), Johannesbourg (2002) et à nouveau Rio de Janeiro (2012).

[168] Par exemple, le premier sommet de 1972 a donné naissance au Programme des Nations unies pour l'environnement et celui de 1992 a vu la signature de la convention-cadre des Nations unies sur les changements climatiques.

[169] En 2006, la fondation *Nicolas Hulot pour la nature et l'homme* a établi une charte environnementale baptisée « Pacte écologique ». L'animateur invitait les candidats à l'élection présidentielle de 2007 à signer ce pacte. La valeur contraignante de cette signataire était essentiellement morale.

[170] Circulaire ATE C 99 80216 C du 11 mai 1999 relative aux prochains contrats de plan État-régions du ministère de l'aménagement du territoire et de l'environnement.

l'environnement »[171]. Bien que cette politique ait des visées environnementales, ses implications économiques sont importantes. S'agissant d'une politique publique, elle satisfait aux trois critères observés précédemment.

Les conséquences environnementales de l'activité humaine sont multiples, corrélativement à la diversité desdites activités. La « croissance verte » poursuit un double objectif, celui de développer une activité économique tout en étant respectueuse de l'environnement.

Dès lors, le respect de la nature revêt un double aspect. Il est à la fois le moyen et l'objectif.

En tant que moyen, la prise en compte des préoccupations environnementales devient un moteur économique car elles obligent industriels et consommateurs à revoir leur rapport aux produits et à la Nature. Elles favorisent la R&D pour développer de nouveaux produits[172] qui prendront mieux en compte leurs conséquences sur l'environnement afin de réduire l'impact des activités humaines. Cette première catégorie concerne principalement les énergies. Mais cette orientation a des effets politiques, notamment en terme géopolitique puisqu'elle permettra, au fur et à mesure du développement des énergies renouvelables, d'accroître l'indépendance énergétique de la France[173], même si ce n'est encore qu'un objectif à très long terme, de

---

[171] Ce comité a réuni le gouvernement, des associations professionnelles et des ONG. Il a formulé des propositions qui ont été présentées au Parlement. Votées et prenant ainsi valeur législative en 2009, ce processus du Grenelle I (Loi n° 2009-967 du 3 août 2009), arrêtant les grands principes de la politique environnementale de la France, a ouvert la voie à un Grenelle II (Loi n° 2010-788 du 12 juillet 2010, promulgué le 12 juillet 2010) qui en fixe les modalités d'application.

[172] Les exemples sont nombreux : éoliennes, panneaux photovoltaïques, centrales houlomotrices...

[173] Si la France peut aujourd'hui faire valoir son bilan énergétique positif, résultat bien plus satisfaisant que la plupart des pays occidentaux en raison de la filière nucléaire, celle-ci reste cependant largement tributaire des approvisionnements en combustibles provenant en totalité de l'étranger. Les gisements d'uranium de faible volume présents sur le territoire, inexploités pour l'instant en raison des coûts, constituent une réserve de précaution. Si une crise politique internationale venait à interrompre les importations, la France serait rapidement confrontée à

l'ordre de plusieurs décennies. D'autres moyens « verts » permettent de développer l'économie, en particulier dans le domaine de la construction (nouveaux matériaux...) et des transports (véhicules électriques...).

Parallèlement, le respect de l'environnement est envisagé comme l'objectif de cette politique publique et les activités humaines sont alors étudiées et des solutions proposées pour en réduire l'impact :

- réduction des gaz à effet de serre et plus généralement toute forme d'atteinte à l'écosystème (développement de l'agriculture biologique, traitement des déchets) ;
- réorganisation des transports (développement du fret ferroviaire et fluvial afin de réduire le fret routier) ;
- valorisation des déchets (fermeture progressive des décharges, recyclage)...

Enfin, certaines dispositions sont à la fois l'objectif et le moyen : la gestion de l'eau et des ressources halieutiques.

4.2.1 - L'intérêt commun

Le dispositif du Grenelle de l'environnement envisage une approche globale du rapport de l'homme à son environnement. Il répond ainsi à un intérêt commun car les conséquences s'appliquent à l'ensemble de la population. Toutefois, ce besoin peut être compris à deux niveaux : il peut s'agir d'un besoin réel ou d'un besoin psychologique.

Un des principaux arguments au développement de la croissance verte tient dans ses conséquences. La préservation de l'environnement correspond à un objectif moral, mais il est particulièrement difficile de déterminer les seuils acceptables et deux courants s'opposent : les tenants d'un retour à la nature où l'empreinte humaine serait la plus réduite possible et ceux qui acceptent un niveau plus élevé de développement à condition que l'environnement puisse absorber les rejets polluants. La nature jouerait alors un rôle de filtre autorégulateur. Cette différence de position initiale des protagonistes

---

une situation extrêmement tendue où le risque de pénurie électrique pourrait devenir probable.

conditionne les mesures à prendre. Pourtant, chacun s'accorde à dire que la préservation de l'environnement est un défi majeur pour les générations futures mais dont les conséquences sont immédiates. Il serait illusoire aujourd'hui de rétablir la nature à son état originel. Seul l'abandon de notre modèle de civilisation pourrait y parvenir en reniant tout recours au progrès, à la recherche, aux industries et à l'enrichissement pécuniaire. Cette conception puriste et idéaliste, peu partagée, est irréaliste. En revanche, les partisans d'une conception environnementale raisonnée, où l'Homme et la Nature pourraient cohabiter harmonieusement sont plus nombreux. Ils ne remettent pas en cause le progrès, mais cherchent à en limiter les effets négatifs sur l'environnement. Il s'agit du besoin réel.

Le besoin des individus, lorsqu'il est partagé par une majorité, devient un intérêt collectif, de même que la satisfaction de certains besoins individuels a des répercussions sur l'ensemble de la collectivité[174]. L'intérêt commun n'est pas nécessairement l'intérêt global. C'est pourtant souvent le cas à propos des questions environnementales car les répercussions concernent le plus souvent tout un chacun, notamment en termes de santé publique[175].

L'intérêt commun de la politique environnementale est à considérer au regard de deux objectifs :

- la préservation de l'environnement à proprement parler. Cette motivation est morale ;
- garantir à la population un mode de vie respectueux de sa santé. Ce ressort est individuel.

Ainsi, cette politique publique environnementale illustre bien que l'intérêt commun n'est pas si apparent, en tout cas peut ne pas être la motivation première des individus. L'émergence de cette « conscience

---

[174] Ainsi, dans notre système de santé, garantir les soins à une personne engendre des coûts supportés par la communauté.

[175] Il convient pourtant d'être prudent car si plusieurs cas localisés ont été avérés (amiante, Tchernobyl, catastrophe de l'usine Sandoz dans le Rhin le 31 octobre 1986, explosion de l'usine Bohpal en Inde le 3 décembre 1984...), les études scientifiques sont parfois contradictoires sur les sujets globaux, comme par exemple la relation entre l'activité humaine et le réchauffement climatique. Voir à ce sujet les conclusions du Groupe d'experts Intergouvernemental sur l'Évolution du Climat (GIEC) et celles du géochimiste français Claude Allègre (ouvrage « l'imposture climatique ». Éditions Plon, 2010).

verte » ne doit pas occulter ses véritables motivations : la satisfaction de besoins personnels[176] à travers un dispositif plus large que seule la collectivité peut mettre en œuvre. L'aspect éthique est également important, tant pour soi-même (auto-considération) que vis-à-vis de la communauté[177]. L'adhésion au système de valeurs de la cause environnementale est parfaitement perceptible à travers la projection et l'identification des individus à l'état de leur environnement[178].

Il apparaît donc que le ressort de la motivation d'une personne à intégrer les préceptes des enjeux environnementaux soit avant tout personnel. Toutefois, lorsque cette position est adoptée par le plus grand nombre, par démarche individuelle ou par incitation politique, elle devient l'expression d'un intérêt commun. Dès lors, il est logique que la cause environnementale devienne une politique publique. Il revient donc à la puissance publique d'organiser la satisfaction de cet intérêt.

4.2.2 - Conditions de réalisation

La politique environnementale est menée par plusieurs moyens. En général, l'administration gère ces dossiers par des structures idoines, le

---

[176] Le bien-être et la santé personnels de chaque individu. Les proches sont également concernés indirectement car l'individu a un intérêt et une satisfaction personnels à avoir des proches en bonne santé et se rassurant sur leur avenir. L'intérêt personnel peut aussi être d'ordre fiscal par la déduction accordée lors de la réalisation de certains investissements (chauffage et isolation de l'habitat, bonus écologique sur l'achat des véhicules neufs à plus faible émission de CO_2...).

[177] Sans sombrer dans le moralisme qui peut produire des effets contre-productifs (risque d'être perçu comme faisant preuve de rigueur psychologique), une personne respectueuse de l'environnement peut donner une image positive d'elle-même et peut donc être mieux acceptée par la communauté. Indirectement, le besoin est personnel sur un plan relationnel.

[178] Les publicitaires utilisent ce procédé à l'envi. Les formules de type « *Si c'est bon pour la planète, c'est bon moi* » font florès dans le paysage publicitaire. De même, il n'est qu'à observer les campagnes publicitaires des constructeurs automobiles dans les années 2008-09, pendant la préparation du Grenelle de l'environnement, où l'argument principal, et parfois unique, de la promotion de leurs automobiles était la quantité de dioxyde de carbone rejeté par kilomètre, à l'exclusion de tout autre critère promotionnel traditionnel : confort, performance, sécurité...

plus souvent des agences ayant le statut d'établissement public à caractère industriel et commercial (EPIC).

En matière d'environnement, la puissance publique s'est depuis plusieurs décennies intéressée à sa gestion et avait créé plusieurs agences traitant chacune d'un problème spécifique[179].La première de ces structures en vigueur aujourd'hui, antérieure au Grenelle de l'environnement, est l'Agence de l'environnement et de la maîtrise de l'énergie (ADEME)[180]. Elle intervient dans le domaine de l'environnement, de l'énergie et de développement durable. Pour cela, elle conseille et réalise des expertises au profit des acteurs publics ou privés (entreprises, collectivités territoriales, pouvoirs publics et particuliers). L'ADEME dispose de son propre budget, lequel est fortement abondé depuis la mise en œuvre du Grenelle[181]. Les aides financières[182] accordées par l'agence couvrent un large panel[183].

---

[179] - l'Agence pour les économies d'énergie (AEE) créée en 1974 ;
- le Commissariat à l'énergie solaire (COMES) créé en 1978 ;
- les comités Géothermie et Réseaux de chaleur créés dans les années 1970 ont fusionné en 1982 pour devenir l'Agence Française pour la maîtrise de l'énergie (AFME) ;
- l'Agence pour la qualité de l'air (AQA) créée en 1980 ;
- l'Agence nationale pour la récupération et l'élimination des déchets (ANRED) créée en 1975.

[180] Établissement public à caractère industriel et commercial, l'ADEME a été créée en 1990 par la fusion des agences existantes, citées ci-dessus. Cet héritage a modelé sa configuration actuelle et le périmètre de ses missions. Cette structure est placée sous la tutelle conjointe du ministère de l'écologie et du ministère de l'enseignement supérieur et de la recherche.

[181] Pour la période 2011-2013, son budget s'élève à 2,3 milliards d'euros, soit un peu plus de 700 millions par an, après un pic, Grenelle de l'environnement oblige, à 832 millions d'euros en 2010.

[182] Articles L.131-3 à L.131-7 et R.131-1 à R.131-26 du code de l'environnement.

[183] aides aux communes accueillant une installation intercommunales de traitement des déchets ménagers ; aides aux travaux de dépollution et de réhabilitation des friches industrielles ; traitement des points noirs du bruit des transports terrestres ; gestion des déchets ; aides pour le développement des énergies renouvelables ; soutien pour le retraitement des huiles usagées ; aides à la recherche, au développement et à l'innovation ; aides au développement de véhicules de nouvelle génération ; participation aux opérations de sensibilisation sur l'énergie.

Une seconde structure remplit partiellement ces objectifs : le Centre Scientifique et Technique du Bâtiment[184]. Cet organisme, créé en 1947 pour aider à la reconstruction, a orienté progressivement son activité vers la recherche liée à l'habitat durable.

Parallèlement à ces structures, la politique environnementale a prévu des dispositifs fiscaux pour inciter les consommateurs à investir dans ce domaine. Ces déductions fiscales représentent un effort conséquent pour les finances publiques[185]. Pour les particuliers, ces incitations visent à améliorer la qualité de l'habitat (isolation) et la réduction de la consommation énergétique (système de chauffage). Enfin, des aides particulières peuvent être obtenues pour réaliser des travaux (prêt à taux réduit) afin que les bâtiments respectent les nouvelles normes[186], conformément aux objectifs visés[187].

Par ailleurs, une politique publique ne saurait faire abstraction du secteur privé et nombre d'organismes ont été créés, le plus souvent sous forme associative, pour accompagner le public dans cette démarche. Généralement, ces organismes proposent des conseils ou des prestations (bilan énergétique d'une habitation avant sa mise en vente...). Certains, reconnus d'utilité publique, peuvent réaliser des études pour le compte d'organismes officiels.

---

[184] Établissement public à caractère industriel et commercial, le CSTB contribue à la qualité et à la sécurité de la construction durable. Il comporte une délégation au développement durable et est composé de huit départements traitant tous les aspects de l'habitat (énergie, santé environnement, structures, revêtements, hydraulique, acoustique, éclairage, pollution).

[185] Non seulement le montant des frais engagés à ce titre est déductible partiellement de l'impôt sur le revenu, mais en cas de dépassement, l'administration fiscale rétrocède la différence. Cette incitation représente donc un manque à gagner, voire une dépense pour le budget de l'État.

[186] Il existe en France deux labels publics : la Haute Performance Énergétique (HPE) et le Bâtiment Basse Consommation (BBC).

[187] Si aujourd'hui la Haute Qualité Environnementale (HQE) est la plus populaire, elle est un label privé établi par une association reconnue d'utilité publique en 2004. La HQE constitue surtout un ensemble d'objectifs. Cette association a été créée par un groupe d'industriels en matériaux de construction.

4.2.3 - Conséquences territoriales

La politique publique environnementale a des implications sur le plan de l'aménagement du territoire. Elle permet la création de nouvelles infrastructures ou l'amélioration de celles existantes (énergie, habitat...), ainsi que l'organisation en réseau des voies de communication (amélioration des voies ferroviaires [ferroutage] et fluviales, considérées moins polluantes). Elle peut également renforcer les liens humains d'une communauté. L'aménagement du territoire, en sus de ses conséquences économiques, a des implications humaines et sociales importantes.

Davantage que la territorialité, c'est le concept de proximité qui prévaut. La proximité est réelle lorsqu'elle s'exprime physiquement. Elle est virtuelle par le biais des réseaux numériques. Pour autant, si les réseaux numériques permettent d'établir des liens plus aisément à travers le village global[188] (MacLuhan, 1967), il semblerait que l'être humain ne puisse admettre une relation à autrui de façon totalement virtuelle[189]. D'ailleurs, son besoin d'autrui ne lui autorise pas à rompre totalement tout lien physique avec ses congénères[190]. La politique

---

[188] Certaines traductions françaises évoquent le « village planétaire » pour reprendre l'expression « Global Village » employée par le sociologue.

[189] A l'exception notable du Japon où de jeunes adultes vivent complètement reclus. Ils n'existent qu'à travers leur ordinateur installé dans leur chambre. Ils refusent tout contact avec le réel. Seuls les parents sont autorisés à avoir quelques relations avec leurs enfants (notamment en déposant un plateau repas devant la porte de la chambre). Si le refus de la société et du système est l'apanage de la jeunesse, chacun s'accorderait à trouver cette attitude « normale » chez un jeune tout juste sorti de l'adolescence. En revanche, le refus du contact humain et mener une existence exclusivement virtuelle est considérée comme une anomalie par les sociologues. Selon un site spécialisé sur le Japon, ces « hikikomori », étaient au nombre de trois millions en 2003.
Source : http://www.japononline.com/article.php?sid=355. Article du 05 novembre 2003, consulté le 03/08/2010.

[190] A l'heure d'Internet et de l'information immédiate, et alors qu'il est possible de recevoir un message depuis n'importe quel point de la planète, les préposés des postes restent le symbole humain du lien qui unit une personne à sa communauté (familiale lorsqu'elle reçoit une carte postale d'un membre de sa famille en vacances, sociale en recevant sa feuille d'imposition, économique par le prospectus vantant les mérites du dernier téléphone mobile à la mode...). Les préposés, qui remplissent par ailleurs d'autres fonctions dans les campagnes où les réseaux sont moins développés, sont souvent perçus comme le dernier lien

publique environnementale ne saurait faire abstraction de ce principe de proximité, exprimée dans la territorialité des projets, car toute politique publique ne peut exister sans ce levier qu'est la communauté, un groupe d'individus en réseau(x).

De plus, la politique publique environnementale vise à garantir à la population un niveau de sécurité environnementale qui implique la sauvegarde des espaces[191] par l'aménagement du territoire et la prévention des risques naturels. Depuis quelques années, des phénomènes climatiques importants frappent la France[192] (tempête en 1999, canicule en 2003, tempête Klaus en janvier 2009, tempête Xynthia en février 2010...). Les pouvoirs publics retirent des enseignements à chacun de ces phénomènes en actualisant les plans de secours et prennent des dispositions pour sauvegarder en priorité les populations[193]. L'habitat est concerné en premier lieu. Un second enseignement a été retiré de ces tempêtes, celui de la nécessité d'accroître les possibilités du Conservatoire du littoral[194].

---

entre des personnes isolées et leur extérieur, le dernier maillon du réseau qui les concentre tous à lui seul.

[191] Et également la sauvegarde des espèces. Cet aspect a une incidence en termes d'aménagement du territoire : la création des parcs naturels conditionnent la physionomie de l'activité humaine (tracé des autoroutes et des voies ferrées...).

[192] Les experts reconnaissent unanimement que ces phénomènes ne sont pas nouveaux, mais leur périodicité, de plus en plus rapprochée, suscite interrogations et inquiétudes.

[193] Une des conséquences de la tempête Xynthia a été la création, par l'État, de zones noires devenues inconstructibles. De leur côté, certains maires ont revu leur plan d'urbanisme et ont procédé de même pour ne pas délivrer des permis de construire dans des zones à risques, ou potentiellement à risques en cas de phénomène particulier. La motivation de ce déclassement n'est pas nécessairement d'inspiration environnementale. Elle peut être humanitaire... ou judiciaire par crainte des poursuites pour mise en danger de la vie d'autrui (article 223-1 du code pénal, puni d'un an d'emprisonnement et de 15.000 € d'amende) en délivrant un permis de construire dans une zone dangereuse.

[194] Établissement public créé en 1975, le conservatoire « *mène une politique foncière visant à la protection définitive des espaces naturels et des paysages sur les rivages maritimes et lacustres et peut intervenir dans les cantons côtiers en métropole, dans les départements d'Outre-mer, à Mayotte, ainsi que dans les communes riveraines des estuaires et des deltas et des lacs de plus de 1000 hectares* » (www.conservatoire-du-littoral.fr). Il acquiert ces terrains le plus souvent par achat au prix du marché lorsqu'ils sont mis en vente, ou en usant du droit de préemption, ou exceptionnellement par expropriation. Le Conservatoire fait l'acquisition de 2000 à 3000 hectares par an en moyenne. Au début de

La politique du Conservatoire est de préserver ces milieux naturels, notamment de l'urbanisme, ou de constituer des unités écologiques et paysagères. Son action, bien qu'antérieure au Grenelle de l'environnement, s'inscrit parfaitement dans cette politique en actionnant plus spécifiquement le levier de l'aménagement du territoire.

Ainsi, cet exemple de la politique publique environnementale est riche d'enseignements. Le développement d'une telle politique est réalisé en plusieurs étapes :

- le temps des précurseurs : les collectivités locales et/ou le pouvoir central, mettent en œuvre certaines structures, chacune chargée d'un volet particulier de la protection de l'environnement. Toutefois, ces structures agissent isolément, le plus souvent par expérimentation ;
- le temps politique : le dossier devient politique et la puissance publique cherche à coordonner l'action publique en exploitant les enseignements des expérimentations (qu'elle a initiées ou non) et élabore des normes pour mener cette politique ;
- le temps de l'action coordonnée : les structures et les moyens s'étant superposés au fil du temps, la coordination permet la recherche de l'efficience accrue par la rationalisation des moyens. Le secteur privé est davantage impliqué.

La principale caractéristique d'une politique publique est la création de liens, la constitution de réseaux entre des acteurs ayant les mêmes préoccupations, mais envisagées par chacun sous un angle particulier.

Ce schéma est transposable à la politique publique d'intelligence économique. Une autre illustration, plus proche, peut en être donnée.

l'année 2014, le Conservatoire exerçait son action, avec certains partenaires, sur plus de 153.000 hectares sur une distance excédant 1000 kilomètres de rivage.

Section 4.3 - L'exemple de la politique industrielle

La culture industrielle est forte en France. Bien que ce pan économique ait connu de profonds bouleversements ces dernières décennies, les choix politiques récents ont confirmé son rôle moteur dans l'économie nationale. Il est vrai que les implications de ce secteur, notamment au niveau de l'emploi, sont particulièrement importantes, conférant ainsi à la politique industrielle un rôle contigu à la politique publique d'intelligence économique.

Le Blanc (2005) définit les caractéristiques économiques de l'industrie :

> - la standardisation des produits et des procédés permettant le recours à des forces mécaniques avec des machines, l'automatisation des tâches, la fabrication de masse en grande série offrant des économies d'échelle ;
> - un rythme élevé et soutenu d'innovations (produits, procédés, organisation) s'appuyant sur les progrès scientifiques et technologiques (c'est-à-dire l'effort de R&D) ;
> - le niveau considérable des immobilisations et des investissements en capital (usines, machines, lignes de production) requis pour produire et moderniser en permanence l'outil de production.

La mobilisation des énergies et des investissements que requiert l'industrie est à la hauteur de ses retombées économiques. En raison de ces contraintes, la puissance publique française a adopté deux positions au cours de ces dernières années : l'encadrement et le laisser-faire qui correspondent chacun à une doctrine d'économie politique.

Au gré des courants géoéconomiques et des majorités politiques au pouvoir, ces conceptions du rôle de l'État dans l'industrie ont alternativement été mises en œuvre. Aux nationalisations de 1981 ont succédé les privatisations de 1986. Si l'Histoire a donné l'avantage à l'école libérale, la doctrine collectiviste a élaboré des outils parfois utilisés dans les économies libérales. En sus des nationalisations, la planification économique est un de ces outils dont l'emploi peut être plus ou moins divergent de l'orthodoxie collectiviste.

La France a disposé d'un organe de planification de l'économie nationale : le Commissariat général du Plan[195]. Sans atteindre le niveau d'exigence du Gosplan soviétique, il a permis d'organiser la reconstruction d'après-guerre par le biais de plans quinquennaux en visant d'abord les priorités pour satisfaire les besoins essentiels de la population (énergie, alimentation) puis en développant les équipements collectifs (habitat, équipements scolaires et hospitaliers, autoroutes et réseaux de télécommunications...). Les chocs pétroliers de 1973 et 1979 ont mis en exergue la surreprésentation du monde agricole par rapport à l'industrie et la dépendance de cette dernière à l'extérieur. La difficulté à tenir les objectifs pendant cette période à conduit le Commissariat à supprimer par la suite toute référence à un objectif chiffré ainsi que les projections émanant de l'échelon central.

Progressivement, la planification à la française a été vidée de sa substance. La décentralisation va jouer un rôle important dans l'évolution de la planification puisque l'État conclura dorénavant des contrats dc plan avec les régions pour financer des projets d'infrastructures ou soutenir des filières prometteuses. Par ailleurs, le recours aux lois de programmation s'est accentué et divers dispositifs ont été déployés, notamment à travers la politique industrielle, pour soutenir l'activité économique dans les territoires.

4.3.1 - Fondements et outils de la politique industrielle

Une des premières grandes politiques industrielles qu'a connue la France est sans conteste le colbertisme où la variante française du mercantilisme[196]. Cette politique a contribué à l'émergence d'un secteur manufacturier important, y compris en utilisant parfois les outils de l'intelligence économique[197], protégé par des barrières

---

195 Créé en 1946, cet organisme a été remplacé en 2006 par le Centre d'analyse stratégique. La sémantique indique la conception et le rôle de cet outil.

196 Alliant thésaurisation des richesses au développement et protectionnisme des industries, cette doctrine se veut interventionniste. D'aucuns y voient un des fondements du courant keynésien.

197 A ce titre, voir l'affaire des verriers où comment la galerie des glaces du château de Versailles a permis la création de cette filière industrielle jusqu'alors aux mains des verriers italiens. Cette manufacture deviendra Saint-Gobain, un des leaders mondiaux du secteur. De même, le contrôleur général des finances de Louis XIV n'hésitait pas à « débaucher » les compétences extérieures (charpentiers navals, tapissiers...) pour former les équipes françaises des

douanières dissuasives à la concurrence étrangère. Néanmoins, cette doctrine n'interdit pas l'exportation, bien au contraire, source de débouchés et de revenus[198].

Si les doctrines économiques ont bien évolué depuis le XVIIème siècle, la France a récemment mis en œuvre plusieurs politiques industrielles qui ont généralement pris la forme d'un plan. Ils mettent en exergue l'implication de la puissance publique dans ces filières économiques. Les systèmes de soutien sont divers, qu'il s'agisse d'un accompagnement financier (commandes publiques, fonds de soutien, avances remboursables, dispositifs fiscaux...) ou techniques (accompagnement par les agences publiques[199] ou privées[200]). A ce titre, il est à noter :

- le plan « calcul » : lancé en 1967 par le général De Gaulle, ce plan avait pour vocation à développer l'industrie des ordinateurs en vue d'assurer l'indépendance du pays en matière informatique[201] ;
- le plan « machines-outils » en 1976 et 1982 ;
- le plan « textile » en 1996[202] ;
- le plan « composants électroniques » a permis le lancement du programme européen Eurêka en 1985. Ce programme a reçu le

---

manufactures et rendre ainsi l'économie nationale moins dépendante de l'étranger.

198 La création de la compagnie des Indes orientales, des Indes occidentales, de la Compagnie du Levant et certains comptoirs (Pondichéry...) avaient justement pour vocation à permettre la vente à l'étranger des produits issus des manufactures françaises.

199 Agence de l'innovation industrielle intégrée à Oséo depuis le 1er janvier 2008, l'agence nationale de la recherche...

200 Par exemple, le réseau de recherche et d'innovation technologique (RRIT), liés à l'opérateur téléphonique France Télécom.

201 Malgré le succès mitigé des deux plans entre 1967 et 1975, cette politique a eu quelques effets bénéfiques immédiats ou à long terme : soutien à certaines entreprises (Bull, Thomson...) et création de l'INRIA, devenu aujourd'hui un des fleurons nationaux de la recherche informatique.

202 Ou « Plan Borotra ». Par la loi n° 96-314 du 12 avril 1996, ce dispositif prévoyait un allègement des charges pour les entreprises du secteur « textile-habillement-cuir ». Ce dispositif a toutefois été condamné par la Commission Européenne le 9 avril 1997 au titre des aides d'État à caractère prohibé. Cette décision a été confirmée par la Cour de Justice Européenne le 6 octobre 1999. Les entreprises ayant bénéficié de ces aides ont dû les rembourser.

soutien de plusieurs laboratoires et organismes de recherche publique[203]. Il a permis le développement d'une petite filière micro-électronique sur le territoire national[204].

Pour la mise en œuvre de ces plans, l'intervention de la puissance publique en matière de politique industrielle visait à garantir à l'État une forme d'autonomie, sinon d'indépendance vis-à-vis des opérateurs étrangers. Le développement de la filière nucléaire française à partir des années 1960 répond à cette logique de défense économique et de volonté d'émancipation dans le secteur de l'énergie, de la sûreté des approvisionnements à la distribution chez le consommateur final. Ces plans ne visaient pas seulement à garantir l'indépendance nationale sur certains secteurs stratégiques, mais également à favoriser l'émergence de champions nationaux dans les secteurs innovants.

Jusqu'en 1983, l'État avait une politique industrielle affirmée. Toutefois, le pouvoir politique a alors opéré d'autres choix en raison de la rigueur en privilégiant la seule faisabilité budgétaire à la stratégie industrielle à long terme. Parallèlement, le début des années 1980 a été marqué par de profondes réformes des industries lourdes en France (nationalisations, fusions...). D'autres facteurs, telles la crainte des sanctions européennes, l'ouverture progressive des marchés protégés à la concurrence et les privatisations à partir de 1986, ont contribué au retrait progressif de l'interventionnisme étatique jusqu'à l'abandon de toute forme de politique industrielle (Carayon, 2005, p. 13). Enfin, l'effondrement du bloc de l'est en 1989[205], et avec lui la doctrine collectiviste, a influencé la pensée économique, laissant place à la seule doctrine libérale.

---

[203] ANVAR, DGA, CEA, CNRS, INRIA...

[204] - BOREL, V. et PUISSOCHET, A. (février 2002) Rapport « *Soutien des pouvoirs publics à l'industrie micro-électronique* » : « *En 2002, la France comptait une dizaine d'unités de production de composants micro-électroniques aux applications larges (télécommunications, multimédia, automobile, carte à puce...) ainsi que plusieurs centres de développement de grandes entreprises.* »

- Progressivement, en raison des coûts induits par la miniaturisation, le secteur s'est concentré au niveau mondial. Ainsi, « *alors qu'en 1990, parmi les 10 principales entreprises de semi-conducteurs, 6 étaient japonaises, 3 américaines et 1 européenne, en 2007, il n'y a plus que 3 japonaises et 2 américaines contre 3 européennes et 2 coréennes* ». Cf. SAUNIER, C. (25 juin 2008), p. 24.

[205] Souvent perçus comme l'échec d'une doctrine politique, ces événements ont aussi été précipités par la faillite d'un système économique.

Néanmoins, l'Industrie prend la forme d'un secrétariat d'État en 1997, intégré au ministère des finances. Ce rattachement est une indication de la conception du pouvoir politique d'alors qui privilégiait ainsi la vision à court terme des projets industriels plutôt qu'à moyen et long terme, contrairement aux plans industriels des années 1960-80.

Depuis deux décennies, la France n'a pas eu de politique industrielle, à un moment où le monde connaissait de profonds bouleversements. Le libéralisme triomphant, profitant d'une mondialisation toujours plus ouverte, a réorganisé complètement le fonctionnement de l'économie mondiale. Poussé à l'extrême, ce modèle a donné l'illusion un temps qu'un « *groupe industriel pouvait ne plus avoir d'usine en propre* » (Tchuruk, 2001). De même, certains pays industrialisés ont fait le choix de la désindustrialisation pour orienter leur économie vers des secteurs à plus forte valeur ajoutée tels la finance, la R&D et les services. Toutefois, cette stratégie de la désindustrialisation s'est violemment heurtée à la crise de 2008. La sous-traitance intégrale de l'industrie vers des pays tiers implique un transfert intégral des compétences de fabrication, et donc d'un certain nombre d'emplois.

Cette hypothèse devient une réalité au fur et à mesure que les ingénieurs de ces sous-traitants, une fois formés dans les grandes écoles occidentales[206], conçoivent leurs propres produits de qualité identique à moindre coût. De même, fonder une économie uniquement sur certains secteurs fait encourir à ce pays un risque de récession plus important en cas de crispation des dits secteurs (finance en Grande Bretagne, immobilier en Espagne).

Néanmoins, avant la crise de 2008, le danger de la désindustrialisation avait pourtant été perçu depuis bien longtemps par certains (Levet, 1989) ou plus récemment :

---

[206] Par exemple, pour l'année scolaire 2005-06 (statistiques de la conférence des grandes écoles), les écoles d'ingénieurs ont accueilli 94.565 étudiants dont 16.990 étrangers (soit 17,93 %).
Source : http://www.senat.fr/rap/a09-102-2/a09-102-27.html, projet de loi de finances pour 2010 : « *Action extérieure de l'État : rayonnement culturel et scientifique* », consulté le 3/08/2010. Le nombre d'élèves ingénieurs augmente régulièrement (+127 % entre 1990 et 2011). En 2011-12, les écoles d'ingénieurs ont accueilli 131.015 étudiants.
Source : http://www.insee.fr/fr/themes/tableau.asp?reg_id=0&ref_id=NATTEF07113, consulté le 24/02/2013.

« *La désindustrialisation est une tendance naturelle de nos économies, les délocalisations l'inévitable conséquence de la réorganisation globale des groupes, mais c'est la perte de substance industrielle, résultat de politiques inadaptées, qui menace notre niveau de vie.* » (Fontagné et Lorenzi, 2005, p. 18).

Ainsi, une politique économique a pour objet d'organiser, par la force contraignante ou d'orienter par des incitations, l'activité des acteurs économiques publics et privés afin de satisfaire un besoin commun. La puissance publique définit alors des objectifs déclinés en des actions :

« *La politique industrielle découle des choix de société et du degré d'indépendance que l'on souhaite pour le pays. Pour la mise en œuvre de cette politique, les pouvoirs publics doivent naturellement envisager l'action directe par le biais d'organismes contrôlés par l'État (orientation de la recherche, grands programmes), l'action financière (avances remboursables, fiscalité...), l'action légale et réglementaire (législation, droit, normes). La commande publique et la coopération entre industriels et pouvoirs publics (mutualisation des expériences, accompagnement dans la conquête de marchés...) doit également être employée à des fins de soutien au développement économique, notamment afin de combler notre déficit de PME-PMI de taille européenne. Les pouvoirs publics, dans la conduite de la politique industrielle, doivent avoir pour horizon l'orientation à long terme de l'industrie. Ainsi, ils doivent, par exemple, soutenir des programmes de recherche dont la rentabilité est trop lointaine pour que les entreprises s'en chargent seules. Les pouvoirs publics ont ainsi un rôle primordial d'anticipation et de prospective.* » (Carayon, 2004, p. 14).

Si les décennies 1990 et 2000 ont laissé croire un temps que l'économie pouvait faire abstraction des puissances publiques et de régulation, les crises économiques, financières et monétaires qui se sont succédées depuis 2008 ont démontré que l'ultra libéralisme était une chimère au même titre que le collectivisme dix-neuf ans plus tôt.

4.3.2 - La nouvelle donne

La mondialisation de l'économie oblige à repenser les rapports entre les États et les nations. La pensée française prend en compte ces évolutions comme l'expose le Livre blanc :

> « *La mondialisation transforme en profondeur les fondements mêmes du système international. La distribution de la puissance mondiale se modifie au bénéfice de l'Asie. Les États sont concurrencés, dans leurs stratégies, par de nouveaux acteurs puissants. La typologie des menaces et des risques oblige à redéfinir les conditions de la sécurité nationale et internationale.* [...] [Le] *monde n'est pas nécessairement devenu plus dangereux, mais certainement plus imprévisible, plus instable, plus contradictoire que celui qui se dessinait en 1994, lors de l'élaboration du précédent Livre Blanc. Dans un tel environnement, des vulnérabilités nouvelles affectent le territoire national et la population française.* » (2008, p. 13).

Si la menace d'un conflit armé interétatique susceptible de se dérouler sur le territoire national s'est éloignée pour l'instant, de nouvelles formes de menaces sont apparues, bien que celles-ci existassent de longue date[207]. D'ailleurs, il semblerait que la versatilité de l'Homme ne lui autorise à connaître ni le repos ni la quiétude et le conflit semble être devenu un état permanent : « *nous sommes entrés dans un âge de conflits constants.* » (Peters, 1997, p. 4s). Seule la forme du conflit varie. En effet, la guerre « *n'est qu'une simple continuation de la politique avec d'autres moyens... Elle n'est pas seulement un acte de la politique, mais un véritable instrument de celle-ci, une continuation du commerce politique, la poursuite de ce commerce avec d'autres moyens.* » (Clausewitz, 1834)[208]. A l'inverse, mais dans le même esprit, « *ce n'est, ni plus ni moins, que la poursuite sous de nouvelles*

---

[207] On pensera bien sur aux conflits asymétriques liés au terrorisme international et aux mouvements indépendantistes nationaux (Bretagne, Corse, Nouvelle-Calédonie...), mais surtout aux tensions économiques qui nous préoccupent plus particulièrement ici.

[208] Cité par WEIL, E. (1955). « Guerre et politique selon Clausewitz ». Revue française de science politique, vol. 5, n° 2, pp. 291-314.

formes – en l'occurrence commerciales – des anciennes rivalités internationales. » (Luttwak, 1995, p. 32).

L'économie n'a pas été dissociée de cette évolution politique. Bien au contraire, elle façonne la mondialisation. « *Parler de mondialisation, c'est évoquer l'emprise d'un système économique, le capitalisme, sur l'espace mondial.* » (Adda, 2004, p. 3). A ce jour, ce système est le plus répandu, même si d'autres sujets se mondialisent également (environnement et santé notamment), mais sans avoir atteint encore le niveau de pénétration de l'économie. Pour autant, le capitalisme n'a pas prouvé à ce jour qu'il était le système susceptible d'apporter le bien-être à tous les hommes. « *Le capitalisme n'est pas parfait* » (Wall Street journal, 2007) même si « *la mondialisation est potentiellement porteuse d'immenses bienfaits, tant pour les populations du monde en développement que pour celles du monde développé.* » (Stiglitz, 2006, p. 32). Les déséquilibres entre les niveaux de vie des populations d'un pays à l'autre sont encore frappants, y compris pour ceux ayant adopté cette doctrine économique, ainsi qu'entre les diverses catégories de population d'un même pays.

Si ce système permet aux États de se développer et aux populations d'améliorer leur niveau de vie en période d'expansion économique, cette progression n'est ni permanente ni uniforme pour chacun. Ce système est constitué de cycles où l'expansion succède aux crises. Dans tous les cas, la puissance publique n'est jamais complètement exclue du système. Elle peut même devenir interventionniste en période de crise. C'est le paradoxe du système où la puissance publique vient au secours d'un système qui voudrait l'ignorer en période de croissance, mais se satisfait de ses interventions en périodes difficiles. La crise débutée en 2007 a fait l'objet du commentaire suivant à ce sujet : « *En quelques mois, Londres, Wall Street, Zurich, les trois places fortes de la mondialisation financière, viennent de jeter d'humiliants S.O.S à destination d'un adversaire jugé jadis moribond : la bonne vieille puissance publique.* » (Lemaître, 2007).

La puissance publique, lorsqu'il s'agit des États, continue à jouer un rôle d'importance variable en économie, notamment en fonction de la période du cycle économique.

Mais la puissance publique supra-étatique voit son rôle renforcé progressivement. L'OMC, le FMI mais surtout l'UE ont des actions significatives, qu'il s'agisse de l'établissement de la norme, du règlement des conflits où de l'interventionnisme « de secours ».

Au niveau de l'État français, et malgré la doctrine libérale en vigueur[209], la puissance publique est toujours présente dans la sphère économique. Certes, elle est dans son rôle lorsqu'il s'agit d'établir des normes, et en particulier dans le cadre européen. Toutefois, l'État a encore de nombreuses participations dans les entreprises. Si cette posture peut sembler logique à propos d'entreprises stratégiques, un observateur extérieur ne manquerait pas d'être surpris par certaines participations détenues par l'État dans des entreprises paraissant d'importance moindre[210].

Mais la France n'est pas un cas isolé. L'évolution des référentiels géopolitiques (fin de la guerre froide) et géoéconomiques (mondialisation) n'a pas empêché certains États déjà engagés dans une politique publique d'intelligence économique (États-Unis...) ou une politique industrielle (Allemagne...) de poursuivre dans cette voie.

Si la tradition industrielle de la France reste vive, son industrie décroît pourtant depuis les chocs pétroliers[211] :

> « *La fragilité du positionnement stratégique de l'industrie française se résume ainsi :*
> *- d'un point de vue sectoriel, la part de l'industrie française dans les hautes technologies s'affaiblit ; or, c'est dans ces industries que la capacité des pays développés à prendre un avantage concurrentiel sur les pays émergents est la plus forte ;*
> *- d'un point de vue géographique, le positionnement de l'industrie française dans les pays émergents à forte*

[209] Le libéralisme à la française est toutefois tempéré par une assez forte régulation. Les règles de protection sociale y sont particulièrement définies, comparativement à d'autres pays développés, y compris européens.

[210] Certaines PME, sous-traitant pour de grands groupes, sont également stratégiques et soutenues par l'État.

[211] Par exemple, sur la période 2009-2011, la France a constaté près de 880 fermetures de sites industriels pour 494 créations.

croissance est mauvais alors même qu'ils offrent également à nos entreprises l'opportunité de se développer sur de nouveaux marchés. » (Carayon, 2005, p. 15).

Toutefois, la mondialisation et la financiarisation de l'économie incitent les entreprises à rechercher davantage le profit à court terme. La puissance publique n'échappe pas à ce mouvement puisqu'avec « *l'installation du dogme de la primauté de la gestion budgétaire sur la gestion politique,* [...], *le secteur industriel a été abandonné à la* « main invisible » *d'Adam Smith.* » (Carayon, 2005, p. 12).

Un des premiers effets de ce mouvement a été celui de l'évolution des investissements directs étrangers (IDE) avec comme corollaire le maintien ou la création sur le territoire national d'usines rachetées par des investisseurs étrangers, mais également des délocalisations du fait d'investissements français à l'étranger. Elles peuvent avoir lieu en deux temps :

- la première délocalisation : elle concerne les centres de production pour se rapprocher des marchés (automobile) et profiter des coûts salariaux moindres (textile) ;
- la deuxième délocalisation consiste à déplacer les centres de recherche pour bénéficier également de coûts salariaux plus intéressants (Carayon, 2005, p. 10)[212].

Si le premier mouvement des délocalisations est largement entamé en France sur certains secteurs, les sociétés occidentales rechignent parfois à délocaliser leurs centres de recherche car ils constituent la véritable valeur ajoutée de l'entreprise, et ce, bien que des pays comme la Chine ou l'Inde forment bien plus d'ingénieurs à eux-seuls que l'ensemble des pays de l'UE réunis et disposent de marchés locaux très prometteurs. Une offre importante de personnels qualifiés localement ne suffit pas toujours à décider les manageurs à délocaliser leurs centres de recherche. Toutefois, cette condition est parfois impérative pour accéder à ces marchés.

[212] Le coût de formation d'un ingénieur est 4 fois inférieur en Asie : 30.000 € en Chine ou en Inde contre 120.000 € en France.

Si en l'absence de crise, le jeu économique semble entre les mains des seules entreprises (fusions internationales, IDE, délocalisations...), la puissance publique y tient pourtant un rôle prépondérant, celui du faiseur de normes. Bien que souvent perçu en second plan lors des périodes de croissance, ce rôle est en fait d'importance car ce sont ces mêmes normes qui permettent le jeu économique international.

En France, et alors que la puissance publique avait abandonné la planification et les politiques économiques depuis plusieurs années, la crise mondiale commencée en 2007 par la crise dite des « *subprimes* » a replacé les puissances publiques au premier plan du terrain économique et financier. Dans ce cadre, l'État français (re)découvre le rôle de soutien aux entreprises bien que le cadre soit contraignant, notamment au regard des règles communautaires[213].

4.3.3 - La rénovation de la politique industrielle

La mondialisation inspire parfois la crainte car, pour certains de ses détracteurs, elle accroît les inégalités. La succession des crises économiques enseigne que le libéralisme le plus ouvert contribue à la création de procédures ayant pour objectif d'accroître les richesses financières. Lorsque cet accroissement n'est pas corrélé à l'économie réelle, il engendre la création de bulles dont les explosions, du fait de la mondialisation financière, se font davantage destructrices. La puissance publique intervient alors pour réguler ces excès. Les crises du libéralisme sont en fait des mouvements successifs oscillant entre régulation et déréglementation. Lorsque le système découvre un nouveau champ ne faisant l'objet que d'un encadrement réglementaire « léger »[214] voire inexistant, les financiers inventent les produits pour générer des flux énormes dans ce champ. Lorsque la crise survient, la puissance publique réglemente pour éviter à l'avenir ces « excès de

---

[213] Cette préoccupation s'est traduite notamment par la création du ministère du redressement productif lors de la formation du nouveau gouvernement en mai 2012.

[214] C'est-à-dire qu'il est possible légalement, en fonction des législations existantes, de procéder à des opérations financières dans ce champ. Toutefois, les réglementations n'ont pas encore prévu l'encadrement des outils inventés par les investisseurs et financiers.

libéralisme » (Beffa, 2012)[215]. Le jeu consiste alors pour les investisseurs à trouver un nouveau terrain propice.

Ce schéma de crise financière s'applique aussi aux crises industrielles qu'a connues la France. La vigilance devient la règle de fonctionnement de la puissance publique pour anticiper les crises à venir :

> « *Il faut avant tout déchiffrer vers quelles guerres permanentes nous entraînent certains traits nouveaux de la conflictualité globalisée, et évaluer du point de vue européen quelles formes de paix valent d'être défendues.* » (Joxe, 2007, p. 217).

Cette préoccupation de l'implication de la puissance publique dans les affaires économiques est une constante dans la doctrine de certains partis politiques en France. Au gré du contexte national et international, l'interventionnisme régulateur des états-nations est diversement vécu. Pourtant, les crises des années 2008-10 ont fortement contribué au « retour en grâce » des puissances publiques dans le jeu économique. C'est en effet un enjeu majeur pour le pouvoir politique que de maintenir un certain niveau d'activité économique sur son territoire. Il y va de la stabilité de la société. Aussi, il est important de connaître la répartition des emplois et des forces de l'économie nationale pour opérer les choix et déterminer les secteurs où l'effort doit être porté prioritairement[216].

Ces choix politico-économiques sont toujours délicats pour les décideurs politiques. Ainsi, il peut être décidé de soutenir des filières économiquement déficitaires mais dont le maintien est important car garant de la stabilité sociale[217]. Une autre voie consiste à investir dans

---

[215] Selon Jean-Louis Beffa, il conviendrait toutefois de distinguer deux formes de capitalisme : le « libéral-financier », inspiré du modèle anglo-saxon et le « commercial-industriel » davantage dans la tradition française.

[216] Par exemple, la première analyse de la crise qui a touché la France en 2008 a montré les fragilités du secteur bancaire. Il a donc bénéficié en priorité d'un soutien de l'État. Mais l'analyse ne s'est pas arrêtée là et il est apparu que le secteur automobile était également en grande souffrance au même moment et un fonds spécial a été créé pour soutenir cette filière industrielle.

[217] Ainsi, la fin de l'extraction houillère en France a été étalée sur deux décennies afin de permettre la reconversion progressive des sites industriels. Malgré

des filières dont l'avenir peut paraître favorable, mais sans garantie de rentabilité[218]. Un des premiers critères de ces choix politiques est celui du volume d'emploi dans le secteur considéré. D'après l'INSEE, le secteur industriel représente environ 15 % des emplois en France (INSEE, 2011)[219]. Dès lors, est-il nécessaire alors de déployer tous ces efforts pour maintenir cette activité alors que d'autres secteurs nécessitent un fort investissement de la part de l'État (infrastructures, services à la personne...) ? De plus, ce déclin se confirme année après année (INSEE, 2011)[220].

Fig. 3 : Evolution des actifs par branche

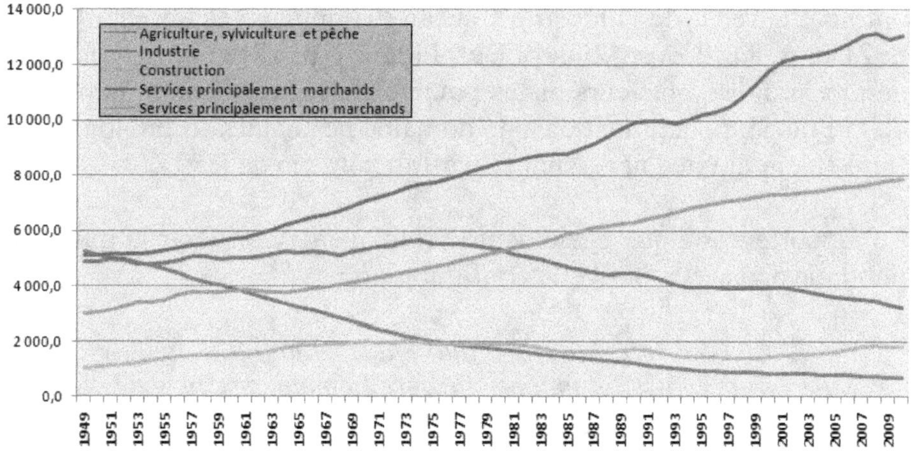

Confirmant des positions précédemment avancées (Vimont [1991] ; Cohen et Lorenzi [2000], p. 19), le rapport Beffa (2005) a mis en exergue le rôle de l'industrie et son impact significatif sur le marche de l'emploi dans l'économie française. Le rapporteur indique que « *la baisse de l'emploi industriel direct n'a de sens qu'en tenant compte du*

---

certains conflits sociaux durs, la transition se voulait progressive, bien qu'elle n'ait pas épargné le chômage de masse aux régions minières du nord et de l'est. Dans le même cas de figure, l'Angleterre tatchérienne fermait brutalement les mines, entraînant un long conflit parsemé de troubles en 1984-85. Ces choix politiques étaient conditionnés par la doctrine économique des dirigeants politiques : socialisme en France, libéralisme en Grande-Bretagne.

218 Le risque est double. Il peut être économique et électoral.

219 Source : www.cndp.fr/stat-apprendre/insee/emploi/secteurs/secteursrepartition secteur.htm, consulté le 15/01/2012.

220 Source : http://www.cndp.fr/stat-apprendre/insee/emploi/secteurs/secteurs evolutionbranche.htm, consulté le 15/01/2012.

quasi-doublement de l'intérim dans l'industrie au cours des années 90 et de l'externalisation importante d'un certain nombre de fonctions vers les services. » (Beffa, 2005, p. 16). De fait, un grand nombre d'emplois liés à l'industrie sont en fait comptabilisés dans le secteur tertiaire des services[221].

La part de l'industrie dans l'économie nationale est donc bien plus importante qu'elle n'y paraît de prime abord et mérite à ce titre l'attention de pouvoirs publics. L'économie française ne peut faire abstraction de son histoire et de son héritage industriels. D'aucuns y verraient « *notre destin* » (Carayon, 2011), tout du moins une nécessité économique vitale (Levet, 2006). Pourtant, plusieurs auteurs ont noté le recul de l'industrie française (Fontagné et Lorenzi [2005], p. 21 et p. 84 ; Levet [2004] ; Beffa [2005], p. 17) et le rapport de ce dernier propose plusieurs pistes pour relancer la politique industrielle de la France, notamment dans le domaine des hautes technologies[222] à forte valeur ajoutée nécessitant un effort soutenu de R&D.

Le rapporteur indique également le rôle que devrait tenir la puissance publique dans cette nouvelle configuration :

> « *L'intervention de la puissance publique peut-être nécessaire à trois étapes du déroulement des projets. La première concerne la nécessité d'une coordination des acteurs, notamment des acteurs privés avec des organismes publics, comme des laboratoires de recherche. Cette coordination peut être géographique ou thématique. La deuxième forme d'intervention publique concerne le soutien financier direct à la recherche et développement dont les modalités concrètes dépendent du programme. La troisième forme d'intervention concerne enfin le marché*

---

[221] Ainsi, l'industrie représenterait près de 41 % du PIB et 51 % de l'emploi marchand en 1998 (Postel-Vinay [2000, p. 456], cité par BEFFA, J-L. « Pour une nouvelle politique industrielle », 2005, p. 16). En 2008, les « services principalement marchands » (hors industrie) employaient 47,7 % des actifs d'après l'INSEE.

[222] Pour l'OCDE l'industrie de haute technologie comprend : produits pharmaceutiques ; machines de bureau, comptables et informatiques ; appareils de radio, télévision et communication ; instruments médicaux, de précisions, d'optique et d'horlogerie ; construction aéronautique et spatiale.

final, où la puissance publique peut intervenir soit par des commandes publiques, soit dans le cadre d'une réglementation. » (Beffa, 2005, p. 50).

Bien que ce rapport n'ait connu une diffusion des plus larges en dehors des cercles d'experts[223], il a formulé plusieurs propositions qui ne sont pas restées lettres mortes au sein de l'administration :

- détermination des secteurs et des domaines pouvant faire l'objet de programmes[224] ;
- création d'une agence de l'innovation industrielle.

Dès sa prise de fonctions, le Président de la République confiait, dans une lettre de mission adressée à la ministre de l'économie en juillet 2007, le soin de lancer « *une politique industrielle destinée à ancrer des industries et des usines en favorisant la recherche et l'innovation.* » (Sarkozy, 2007)[225]. Mais le véritable facteur déclenchant de la prise de conscience publique de l'utilité d'une politique industrielle ont été, dans le contexte de la crise de 2008, les états-généraux de l'industrie[226]. Partant du constat qu'« *il nous faut une réflexion sur toutes les grandes filières industrielles. Si on ne garde pas d'usines, on n'aura pas d'emploi.* » (Sarkozy, 2009), ces états-généraux ont abouti à une série de propositions et ont également mis en exergue l'importance de l'industrie dans l'économie nationale auprès du public. Durant ces quelques mois, les médias se sont emparés du sujet et ont souligné la nécessité de maintenir une industrie performante, qu'à la suite d'une « *prise de conscience*

---

223 Sans doute convient-il d'analyser cette confidentialité médiatique au regard de son année de publication (2005), époque où l'interventionnisme étatique dans le pilotage économique était moins prégnant.

224 Cette proposition a été actée à plusieurs reprises dans la politique publique d'intelligence économique par la création et la révision de la liste des secteurs stratégiques.

225 Alors qu'il bénéficiait du maroquin de Bercy en 2004, le ministre de l'économie Nicolas Sarkozy avait déjà constaté les difficultés de l'industrie française et avait décrété la « *mobilisation générale pour enrayer le déclin de l'industrie française* ».

226 Initiés par le Président de la République et pilotés par le ministre chargé de l'industrie, ces états-généraux ont rassemblé entre octobre 2009 et février 2010 les partenaires économiques (patronat, syndicats, investisseurs, économistes, élus...).

renouvelée, après les excès financiers, que l'industrie est au cœur de la richesse du pays et de ses habitants. » (Syndicat de la métallurgie, 2009). La qualité des produits français et les relocalisations sont régulièrement évoquées[227]. Si ces auteurs estiment que plusieurs facteurs, liés au produit lui-même ou aux services rattachés, peuvent inciter à la relocalisation (qualité, proximité, innovation et marketing), ils pourraient ne pas être suffisants. C'est pourtant ces arguments qui ont convaincu certaines entreprises à s'installer ou développer leurs outils existants, considérant notamment qu'« *au-delà de 400 kilomètres, la part du transport dans les coûts devient trop forte* » (De Maistre, 2010)[228].

Les états-généraux de l'industrie ont permis de dresser un état des lieux du secteur et de formuler toute une série de propositions (prêts « verts », livret industriel, fonds pour les start-up innovantes, simplification administrative, guichet unique...). Ces états-généraux ont été clôturés le 4 mars 2010 par la Président de la République, à Marignane. Cette étude et ces réflexions ont abouti à la conférence nationale de l'industrie (CNI)[229], chargée de mettre en application les

---

227 ROCCO, A-M. « *La France qui ressuscite* ». Magazine Challenges n° 282, 5 janvier 2012.
JAOUËN, M. « *Pourquoi les entreprises commencent à relocaliser* ». Magazine Management, décembre 2010.
ROCCO, A-M. « *Le made in France se rebiffe* ». Magazine Challenges n° 200, 25 février 2010.

228 Le directeur général d'Isover-Saint-Gobain France, s'expliquait sur le choix de l'installation d'une des plus grandes usines du groupe à Chemillé, au cœur du Maine-et-Loire en 2010.

229 Cette structure, rattachée au ministère de l'économie, a été inaugurée le 8 juillet 2010 (décret n° 2010-596 du 3 juin 2010). A cette occasion, les outils d'aide à la réindustrialisation ont été annoncés : dispositif de soutien (200 M€ + 231 M€ issus du grand emprunt), prêts verts bonifiés (500M€) mis en place par OSEO, lancement d'une réflexion sur l'épargne salariale, définition de 11 secteurs stratégiques propres au ministère de l'économie, suivi des filières par des comités stratégiques, création d'un observatoire du « made in France »...
Cette conférence nationale de l'industrie est devenue Conseil national de l'industrie le 5 février 2013, la nouvelle majorité politique confirmant ainsi les orientations précédemment définies et cherchant à imprimer une dynamique forte dans ce domaine. Ce nouveau CNI a intégré également de « *nouveaux partenaires (artisanat, CCI, représentants des collectivités territoriales ou d'organisations syndicales).* […] *Le CNI aura pour mission de coordonner les douze comités stratégiques de filières* […] *dans le but d'élaborer des contrats de filière.* […] *La décision de créer un treizième comité stratégique de filière dédié*

mesures annoncées. L'objectif est bien de maintenir un outil industriel compétitif et de qualité sur le territoire national[230]. Ces études et ces rapports[231] ne sont pas restés vains et une dynamique industrielle s'est alors enclenchée[232].
Ainsi, la politique industrielle de la France, à travers son histoire et ces exemples, délivre des enseignements transposables à la politique publique d'intelligence économique comme le rôle d'orientation et d'impulsion de la puissance publique ainsi que la création d'outils de soutien et d'accompagnement des entreprises.

Après plusieurs décennies de pratique de la politique industrielle et économique, après plus d'une décennie de réflexion et d'analyse de l'intelligence économique, face aux difficultés croissantes de la situation économique du pays dans les années 2000 et après l'électrochoc de l'affaire Gemplus, le pouvoir politique, a décidé d'initier une politique publique d'intelligence économique.

---

aux industries extractives et à la première transformation des matières premières, dont l'acier et l'aluminium, qui agira en lien avec le Comité des métaux stratégiques (COMES) a également été acté. » Cf. Lettre de la fondation Prométhéus, février 2013, p. 2.

230 L'article « *Le tissu industriel de la France se rafistole* » (magazine Challenges n° 208 du 15 avril 2010), pressentait cette orientation. En conclusion de ces états-généraux de l'industrie, le Président a fixé un objectif d'augmentation de la production industrielle de 25 % en volume (hors énergie) à l'horizon 2015, c'est-à-dire, revenir au niveau de la production industrielle de 2008. En pleine crise économique, ce niveau de 2008 était celui déjà atteint en 1990. Cet objectif vise principalement un retour à la balance commerciale industrielle excédentaire.

231 Régulièrement, de nouveaux rapports sont produits permettant ainsi de percevoir précisément l'évolution de l'économie française. Ainsi, la nouvelle majorité présidentielle a initié, après son accession au pouvoir au printemps 2012, une mission sur la compétitivité des entreprises. Dans une économie globalisée, la compétitivité des entreprises est bien un des facteurs clés du dynamisme économique.

232 Le 31 août 2010, Christian Estrosi, ministre de l'industrie, inaugurait l'observatoire du « *fabriqué en France* », en suivant les recommandations du rapport « *En finir avec la mondialisation anonyme* » (mai 2010), du député Yves Jégo. Une semaine plus tard, le 8 septembre, le ministre installait les « *comités de filières* ». Ces outils ont vocation à mesurer l'évolution du label « *fabriqué en France* » et de proposer des mesures pour améliorer les filières industrielles sur le territoire national. L'ambition du ministre est de créer « *des écosystèmes à l'allemande* ». Cf. magazine Challenges n° 224, 16-22 septembre 2010.

Chapitre 5 : Détermination de la politique publique d'intelligence économique

La réflexion française, au-delà de ces critères et exemples nationaux, s'est enrichie d'expériences étrangères. A partir de ces éléments, des choix ont été opérés et des structures mises en place.

Section 5.1 - Les sources d'inspiration

Pour comprendre le degré de maturité d'une économie à intégrer les préceptes de l'intelligence économique dans une politique publique, il est nécessaire de déterminer son stade de développement. Il est composé de trois niveaux (Toffler, 1980) :

- recherche de subsistances ;
- industrialisation ;
- information et connaissance.

L'histoire de l'empire britannique en fournit une bonne illustration. Cette expansion, bien que menée en partie par les armées coloniales, a surtout été le prétexte à un renforcement des liens commerciaux[233] visant notamment à garantir les approvisionnements par le contrôle des voies de communication[234]. De même, l'extension de l'empire britannique au XIXème siècle a donné lieu à une intense compétition avec la France où, après des siècles d'affrontements militaires, la belligérance s'est déplacée sur le terrain économique (non parfois sans quelques coups de canon)[235], en utilisant au besoin les armes de

[233] L'utilisation de la langue anglaise et la diffusion de la culture britannique a contribué à « rapprocher » les peuples, notamment à travers le Commonwealth, ou tout du moins, à donner le sentiment d'une certaine proximité culturelle à défaut de la proximité géographique. Ce levier de la culture a également servi les intérêts américains depuis la seconde moitié du XXème siècle (Hollywood).

[234] En raison de son insularité, il est vital pour l'Angleterre de garantir ses approvisionnements extérieurs par le contrôle des voies maritimes (ex : affaire du canal de Suez en 1956).

[235] Le bombardement de Canton en 1840 par les Britanniques constitue des représailles militaires à un différent économique lié à l'opium. Refoulés, ils ont débarqué à proximité, dans une petit poste avancé qui restera sous bannière britannique jusqu'en 1997 (Hong-Kong). Autre adversaire, même ambition.

l'intelligence économique[236]. Cette politique visait à briser les liens commerciaux des autres empires coloniaux, en particulier ceux de la France et son protectionnisme. Le soutien aux acteurs économiques, même privés, reste une préoccupation des autorités d'Outre-Manche qui ont compris depuis plusieurs siècles l'intérêt que représentait l'information. Ce constat est toujours d'actualité[237].

Plusieurs autres pays ont développé ces dernières décennies des politiques publiques et des systèmes d'intelligence économique qui méritent une attention plus particulière, notamment au regard des résultats obtenus. Les autorités françaises s'en sont partiellement inspirées ou étudient toujours les possibles modalités d'une transposition adaptée aux spécificités hexagonales.

5.1.1 - L'exemple américain

Pour bien comprendre le système américain, comme pour toute étude comparée, il est nécessaire de comprendre au préalable les motivations de l'action des personnes et les ressorts des systèmes étudiés. Ainsi, comprendre la doctrine américaine de la *competitive intelligence* n'est possible qu'à la condition de prendre en compte le mode de fonctionnement des dirigeants américains. S'agissant d'économie, compte tenu de la place de l'économie américaine dans le monde et du mouvement de la mondialisation, c'est à travers la conception américaine de la politique étrangère que les clés de compréhension de cette doctrine pourront être perçues.

Héritage de plusieurs décennies d'hégémonie politico-économique, la conception des États-Unis par rapport à la justesse de leurs idées et de

[236] Les nombreuses missions économiques, militaires, diplomatiques et scientifiques des ressortissants britanniques au sein de leur empire étaient une bonne source d'information et les « voyageurs » étaient invités à produire des rapports d'étonnement à leur retour. Cette technique n'était pas nouvelle. Auparavant, la République de Venise s'était développée sur ce modèle de recherche d'information au point de concurrencer la ligue hanséatique, théoriquement bien plus puissante économiquement.

[237] En 2004, les autorités britanniques ont lancé le programme « *global watch* », un dispositif national de veille technologique ayant pour objectif de recueillir des informations susceptibles d'intéresser leurs entreprises nationales.

leur place dans le monde[238], que ce soit sur le terrain politique[239] ou économique[240] ne souffre aucune ambiguïté. Cette conception engendre *de facto* un sentiment de supériorité, conjugué à une forte propension à protéger le modèle américain (protectionnisme). Cette combinaison peut favoriser l'émergence d'un sentiment impérialiste : « *le leadership américain est bon pour l'Amérique et pour le monde ; un tel leadership nécessite une puissance militaire, une diplomatie vigoureuse, un engagement à respecter certains principes de moralité* [...] » (Parti républicain, 1997)[241].

La position exprimée par un leader conservateur confirme cette opinion : « *Nous n'avons pas besoin de nouvelles idées, mais nous avons besoin de nouvelles techniques pour diffuser des idées vraies qui ont fait leurs preuves.* » (Viguerie, 1999)[242]. De même, deux analystes considèrent que la situation est celle d'« *un monde dans lequel la croyance dans la supériorité morale des États-Unis justifie l'exception américaine, son unilatéralisme global et son multilatéralisme à la carte.* » (Barry et Lobe, 2002).

---

238 Malgré quelques déconvenues en matière de politique internationale (Vietnam, Irak, Afghanistan...), cette position reste constante dans l'esprit américain. Elle est toutefois exprimée plus ou moins ouvertement selon les circonstances.

239 Les dirigeants américains, comme les simples citoyens qui s'intéressent à la politique internationale, sont souvent convaincus du devoir moral qui incombe aux États-Unis d'éradiquer le mal (« l'empire du mal », Reagan désignant l'URSS ou « l'axe du mal », W. Bush désignant les nations potentiellement proliférantes) et de répandre la démocratie partout dans le monde. Cette position a connu un nouvel apogée sous la présidence Bush (2000-2008), quitte à en passer par de nouveaux concepts (la guerre préventive).

240 Après plus d'un demi-siècle de prédominance (1945-1989) puis d'hégémonie américaine (1989-2008), son leadership économique a commencé alors à perdre de sa superbe, notamment en raison de la crise économique, symbolisée par la faillite de la banque Lehmann Brothers le 15 septembre 2008 et la montée en puissance de l'économie chinoise qui commençait alors à ravir certaines premières places mondiales aux États-Unis, et parfois sur son propre sol (marché intérieur automobile en 2010...).

241 « *Project for the new american centuary* », 3 juin 1997. Il s'agit d'une synthèse d'idées proposées par les conservateurs en vue des élections présidentielles américaines de 2000. Ils prônaient notamment l'idée du « *leadership global américain* ».

242 Cité par David Callahan, « *One billion dollars for ideas : conservative think tanks in the 1990's* », rapport du *National committee for responsive philanthropy*, mars 1999, p. 9.

Au cours des années 1990, les États-Unis se sont retrouvés dans une position inédite. Ils n'avaient plus d'adversaire politique à leur mesure et pas encore de concurrents économiques capables de faire jeu égal. Leur principale préoccupation à ce moment était la conservation de leur rang et de leur puissance[243]. Cette position se reflète dans les discours de plusieurs hauts responsables politiques américains, et plus particulièrement au cours de la décennie 1990. Partant du constat que les États-Unis était en « *perte de vitesse et en voie de désindustrialisation* » (MIT, 1990), le pouvoir politique a réorienté ses priorités, aidé il est vrai par la perte de l'ennemi politique que constituait le bloc communiste[244]. Le Secrétaire d'État aux affaires étrangères ne s'en est pas caché : « *la sécurité économique doit être élevée au rang de première priorité de la politique étrangère des États-Unis d'Amérique.* » (Christopher, 1993). Quelques années plus tard, cette position était réaffirmée : « *la prospérité économique fait partie de la sécurité nationale.* » (Stapelton, 2005). Cette approche permet d'ailleurs la justification d'un certain protectionnisme par les États-Unis puisqu'il « *ne s'agit pas de protéger les industries, il s'agit de protéger la sécurité nationale.* » (White, 2005).

Cette doctrine souligne le besoin d'une stratégie concertée entre le pouvoir politique et les acteurs économiques américains afin de faire face aux pratiques de concurrence déloyale des autres pays et de conforter le leadership des États-Unis sur l'économie mondiale (Harbulot et Lucas, 2004). Dans le même temps, le président américain a précisé le champ d'application de cette nouvelle orientation : « *tous les emplois de haute technologie devront rester aux États-Unis où tout devra être fait pour les rapatrier s'ils ne s'y trouvent pas déjà* » (Clinton, 1993)[245]. Si l'accent est mis sur les hautes technologies, les entreprises ne restent pas seules dans la compétition mondiale et les pouvoirs publics s'engagent à leurs côtés :

---

243 La politique développée par États-Unis dans les années 1980, alors en difficulté face aux performances économiques nippones, en est l'illustration.

244 *A posteriori*, nombre d'observateurs, notamment européens, ont considéré que cette évolution de la doctrine était une façon de réorienter l'activité des services de renseignement sur le terrain économique, sans avoir à amputer leurs budgets du fait de la disparition de l'ennemi politique.

245 Débat à l'occasion de l'*Advanced Technology Program*. Le président américain donnait alors une orientation forte à sa politique économique. Entre 1990 et 1996, le budget alloué à ce programme est passé de 10 à 490 millions de dollars.

« *notre administration jette désormais tout son poids derrière les firmes américaines pour obtenir des contrats à l'étranger* » (Eizenstat, 1995)[246]. L'idée de la coopération entre les secteurs public et privé est réaffirmée. C'est un des axes majeurs de la doctrine américaine.

De même, les objectifs du gouvernement sont parfaitement clairs puisqu'ils consistent à

> « *s'assurer que les intérêts des États-Unis pourront être étendus à l'échelle planétaire.* [...] *Nous devons construire un système économique global qui travaille pour les États-Unis.* [...] *Une responsabilité du Département d'État consiste à observer si les intérêts des firmes américaines sont traités correctement et à faire en sorte que les obstacles inéquitables à la compétition soient levés.* »[247] (Albright, 1997)[248].

Enfin, le président américain lui-même a confirmé le positionnement des États-Unis sur l'échiquier mondial en ces termes : « *Pour saisir toutes les occasions offertes à notre économie, nous devons dépasser nos frontières et mettre en forme la révolution qui abat les obstacles et installe de nouveaux réseaux parmi les nations et les individus, les économies et les cultures : la globalisation.* [...] *Nous devons être au centre du réseau global vital.* » (Clinton, 2000).

Les États-Unis sont sans conteste un des pionniers en matière d'intelligence économique. La littérature relative à la *competitive intelligence* y est particulièrement abondante. Elle s'inspire largement des préceptes de la politique étrangère américaine et les positions évoquées ci-dessus par différents responsables, tant démocrates que conservateurs, font preuve d'une remarquable constance sur la position que les États-Unis estiment devoir tenir, tant sur le plan politique qu'économique. Tous ces concepts, adaptés à la *competitive intelligence*, ont donné lieu à de nombreuses définitions. Nous retiendrons principalement celle de la SCIP qui, en 1999 indiquait que la « competitive intelligence » permet la prise de décision éclairée par

---

[246] Ambassadeur des États-Unis à l'Union Européenne, de 1993 à 1996.

[247] The Wall Street Journal. Édition européenne, Bruxelles, 21 janvier 1997.

[248] Secrétaire d'État aux affaires étrangères de 1997 à 2001 pendant le second mandant Clinton.

l'utilisation du cycle du renseignement[249]. D'autres définitions sont davantage centrées sur les modes opératoires et les perspectives de l'utilisation de l'information par ces outils[250].

Par ailleurs, des praticiens[251] ou des hauts responsables[252] de firmes multinationales ont expliqué la *competitive intelligence* par le biais de l'information elle-même et son rôle d'aide à la prise de décision. D'autres enfin estiment que la *competitive intelligence* peut être utilisée pour identifier les priorités stratégiques de l'entreprise[253].

---

[249] « *Competitive intelligence (CI) is a process of monitoring the competitive environment. CI enables senior managers in companies of all sizes to make informed decisions about everything from marketing, R&D, and investing tactics to long-term business strategies. Effectice CI is a continuous process involving the legal and ethical collection of information, analysis that doesn't avoid unwelcome conclusions, and controlled dissemination of actionable intelligence to decision makers.* » (SCIP, 1999).

[250] « *Continuous process of monitoring a firm's industry or market to identify current and future competitors, their current and announced activities, how their actions will affect the firm, and how to respond. It differs from industrial espionage in that it uses legal and ethical means to gather and sift the publicly available information.* »
Source : http://www.businessdictionary.com/definition/competitive-intelligence.html, consulté le 10/07/2010.
Malgré la divergence des formulations, les principales caractéristiques sont contenues dans ces définitions. A l'instar des définitions françaises, ces exemples pourraient être multipliés.

[251] « *Competitive intelligence is a prelude to informed decision-making, and further argues that intelligence can be viewed as actionable information about customer, market situation, regulator, competitor or any other external influence.* » (Sawka, 1996). Ken Sawka a reçu le « Meritorious award » 2010 de la SCIP, la plus haute distinction de l'association. Ce prix récompense les personnes ayant contribué significativement à la profession de la *competitive intelligence* aux États-Unis. Ce professionnel est l'auteur de plusieurs publications remarquées.

[252] « *Our team wants to deliver a differentiated and focused intelligence service for our key decision makers by systematically keeping track our business, markets and competitor.* [...] *As a result, our management has a clear view of market sizes & shares, growth rates and profit pools, both now and in the future.* » (Niederer, 2008), chef du département Strategy Controlling & Operations chez l'industriel suédois ABB.

[253] « *Our intelligence activities provide us with the backup that we need to prioritize our strategic moves and to ensure that their timing will be optimised.* [...] *and we are strong believers in business planning that is supported by carefully analysed information.* » (Nadarajah, 2008), Senior strategic market à la compagnie pétrolière Shell.

Certains concepts contenus dans ces définitions étaient déjà en vigueur en France lors de leur rédaction (veille concurrentielle, veille technologique, veille financière...) et le processus décrit s'apparente peu ou prou au cycle du renseignement (collecte, analyse...). En revanche, ces définitions évoquent l'approche légale et surtout éthique de la démarche. La réflexion à ce sujet est dynamique depuis plusieurs années outre-Atlantique où nombre d'articles et études insistent tant sur la difficulté pour les cabinets américains de bien différencier la *competitive intelligence* de l'espionnage et de ne pas sombrer dans ces pratiques pour obtenir un contrat à tout prix, et de la difficulté à résister parfois à cette tentation (Charters [2001] ; Fitzpatrick [2003] ; Jordan et Fikelstein [2005] ; Trevino et Weaver [1997]). En sus de cette référence à l'éthique, la doctrine et la pratique américaine de la *competitive intelligence* sont articulées autour de plusieurs axes qui vont inspirer ultérieurement la doctrine française :

- relations étroites public-privé et rapprochement des champs politique et économique ;
- soutien des entreprises par le secteur public (services de renseignement, subventions[254], recherche universitaire...) ;
- la protection des entreprises américaines par des dispositifs législatifs et des structures dédiées.

Le dispositif américain de la *competitive intelligence* a d'abord été élaboré par le droit. Les États-Unis disposent maintenant d'un arsenal juridique interne à double vocation, défensive et offensive. Pour ne citer que les principales dispositions :

- Buy american act (1933), loi visant à favoriser l'achat des produits américains[255] ;

---

[254] Pour assurer l'équité dans le commerce mondial, l'OMC est particulièrement vigilante à propos des subventions accordées aux entreprises. Régulièrement, des procédures sont initiées lorsque des pays concurrents estiment que les États-Unis favorisent leurs entreprises par des subventions, créant dans certains cas des distorsions de concurrence (coton, aéronautique...).

[255] Initialement instaurée par le Président Roosevelt dans le cadre de la politique économique du New Deal pour faire face à la grande dépression des années 1930, cette réglementation a été étendue progressivement à divers secteurs et plusieurs autres *buy american act* verront le jour au gré des circonstances (banques, agriculture, communications, charbon, transports...). Certaines décisions peuvent prendre la forme d'un autre plan, mais s'inspire de ce modèle.

- Small Business act (1953), visant à favoriser les PME américaines lors des appels d'offres publiques, réservant un pourcentage des contrats aux petites entreprises américaines ;
- Bayh Dole Act (1980) qui permet aux universités :
- de favoriser la création d'entreprises par leurs chercheurs et de les soutenir (financement, commercialisation, soutien logistique),
- d'être titulaires des brevets issus de ces recherches,
- d'organiser le transfert des produits de la recherche universitaire vers l'industrie (licence d'exploitation).
- programme douanier C-TPAT[256] ;
- Economic Espionage Act (1996) (ou Cohen Act), loi pénale réprimant l'appropriation frauduleuse d'informations ;
- Trade act, section 301 (1974) et le Omnibus Trade and competitiveness Act, dit « super 301 » et « special 301 » (1988) : mesures de rétorsion à l'encontre de concurrents pour des pratiques estimées déloyales ;
- l'amendement Exon-Florio (1988), obligeant les investisseurs étrangers à effectuer certaines formalités, donnant la possibilité aux autorités américaines d'avoir une connaissance approfondie de l'acquéreur, notamment si l'investissement est susceptible d'avoir des implications pour la sécurité nationale américaine ;
- les Lois Torricelli (1992), Helms-Burton (1996), D'Amato (2001), destinées à entraver la concurrence contre les entreprises américaines dans les zones hostiles aux États-Unis...

Parallèlement, des organismes vont être créés pour mettre en œuvre certaines de ces réglementations, ou chargés d'une mission particulière. Les dispositifs récents les plus notables sont :

Ce fut le cas pour le *Recovery Act* du 17 février 2009 concernant les matériaux utilisés pour les infrastructures, mais plus généralement tous les produits achetés grâce au financement du plan de relance doivent être « fabriqués aux États-Unis ».

[256] « *Customs – Trade partnership against terrorism* ». En raison de la lutte contre le terrorisme, ce programme douanier a pour fonction d'accréditer des entreprises expédiant des marchandises vers le sol américain. En pratique, les douaniers américains vérifient les livraisons en partance depuis les pays tiers. Ils peuvent également visiter les entreprises sur le sol étranger pour leur délivrer l'accréditation qui facilite ensuite les démarches à l'arrivée des produits dans les bases de transit américaines (ports, aéroports).

- Advocacy center (1993) : organisme chargé d'aider les entreprises américaines à remporter les contrats à l'étranger ;
- American presence post : diplomates américains en fonction à l'étranger, en ambassades, consulats ou dans des postes de présence américains. Parmi leurs missions figure l'assistance aux compagnies américaines pour les aider à développer leurs affaires au niveau territorial[257] ;
- National economic council (1993) ;
- Information Security oversight office (1993), chargé de la protection et de la gestion des informations confidentielles se rapportant aux affaires économiques ;
- National counter intelligence center (1994), chargé du contre-espionnage économique ;
- Trade promotion coordinating committee (1993), chargé du soutien à l'export ;
- Foreign Ownership control & influence, procédure de contrôle des investissements étrangers qui permet d'obtenir des informations sur les investisseurs[258]...

Enfin, le panorama ne serait complet sans une évocation des manœuvres d'influence dont les États-Unis semblent être devenus experts, notamment auprès des organisations internationales (OMC, OCDE, UE...). Ces actions ont pour objet l'élaboration de normes en leur faveur (ex : télécommunications) ou imposées aux autres pays pour qu'elles leurs soient défavorables[259].

---

[257] En France, sept postes sont identifiés : Lille, Lyon, Marseille, Nice, Rennes, Strasbourg et Toulouse. Source : site officiel de l'ambassade des États-Unis en France, http://french.france.usembassy.gov/postes-consulaires.html, consulté le 14/07/2010.

[258] Cette procédure s'inscrit dans le *National industrial security program*. La certification accordée permet aux employés d'avoir accès à des zones sensibles dans les entreprises en lien avec la défense et la sécurité nationale américaines.

[259] Sur ce dernier point, voir en particulier l'étude réalisée sous la direction de RENY, B. : « *Comment les normes IFRS peuvent-elles révéler nos secrets économiques aux États-Unis.* » École de guerre économique, 18 mars 2008, ainsi que le rapport du député Carayon « A armes égales » (2006), chap. 2, parag. « Une erreur stratégique de la Commission européenne : les normes IFRS », p. 49.

La majeure partie des réglementations et structures a été mise en œuvre sous la présidence Clinton. Ce président avait une vision pragmatique et offensive de la *competitive intelligence* :

> « *Nous ouvrirons de façon agressive les marchés étrangers aux biens et services américains, nous sommerons nos partenaires commerciaux en Europe et dans le Pacifique de renoncer aux pratiques commerciales déloyales dans des secteurs cruciaux comme le secteur des constructions navales et aéronautiques et nous agirons promptement s'ils ne s'inclinent pas.* » (Clinton, 1993)[260].

Ainsi, il est possible de représenter le dispositif américain d'intelligence économique selon le schéma suivant[261] :

Fig. 4 : Le système américain d'intelligence économique

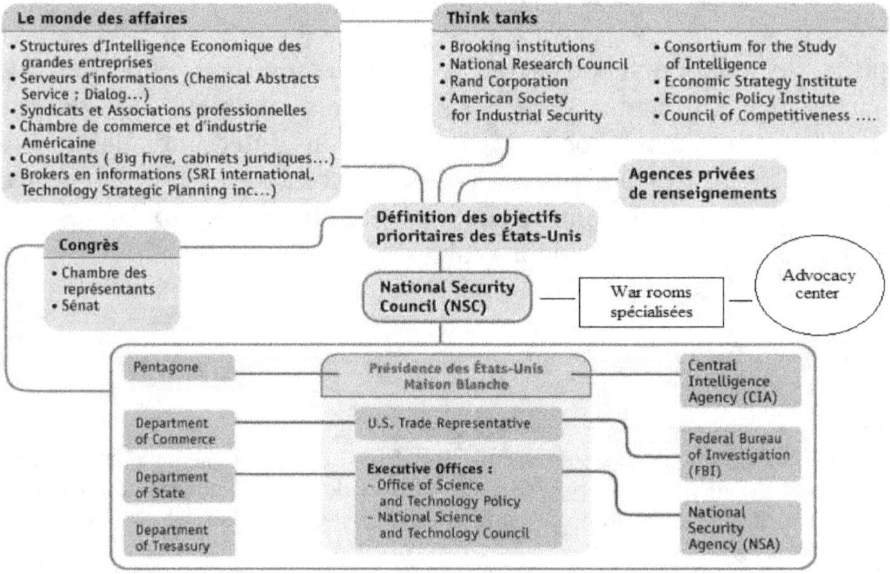

[260] A l'occasion de son discours "*American leadership and global change*", le président Clinton annonçait les axes de sa politique économique en soulignant la nécessité de libéraliser davantage le commerce mondial. Cf. document du Département d'État *Dispatch*, vol. 4, n° 9, 1er mars 1993, pp. 116-118.

[261] Source : ADIT, citée par CONESA, P. « L'intelligence économique et stratégique : l'organisation française », janvier 2004.

A posteriori, l'analyse des déclarations des différents dirigeants, la création des structures nécessaires à l'accompagnement des entreprises américaines et les législations leur permettant de contraindre les firmes étrangères sur leur territoire national démontrent que la politique publique de la *competitive intelligence* américaine se décline selon deux axes complémentaires : la préservation des intérêts américains et la conquête, ou la neutralisation des concurrents.

Si les États-Unis pratiquent l'intelligence économique depuis de nombreuses années et ont obtenu des résultats très significatifs, leur méthode, qui peut paraître parfois brutale, n'est pas partagée par tous. D'autres pays utilisent également ces outils mais de façon moins ostentatoire ou agressive, ce qui ne diminue pas leur efficacité pour autant.

5.1.2 - L'exemple japonais

Le modèle de développement japonais intégrant la dimension de l'intelligence économique est particulièrement emblématique des apports de cette matière. Le redressement de l'économie japonaise commence après la seconde guerre mondiale. Alors que le pays est désorganisé, le pouvoir va chercher, non seulement à reconstruire le pays comme tous ceux impliqués dans ce conflit, mais surtout, à mettre en œuvre les structures et les modes opératoires pour hisser l'économie japonaise au plus haut niveau. Le Japon a fondé sa reconstruction sur une économie d'espace vital et de management de l'information sur le modèle militaire. Pour cela, il s'est inspiré des doctrines occidentales (Herzog, 1914) où japonaises en adaptant les vertus combatives des samouraïs (Musashi, 16e-17e s.) à l'économie[262] :

[262] Miyamoto Musashi (1584-1645) « *le traité des cinq anneaux* » ou « *traité des cinq roues* ». Célèbre guerrier maître dans le combat au sabre, il écrivît ce traité à la fin de sa vie. Bien que celui-ci expose les techniques de maniement du sabre, il est emprunt d'une philosophie guerrière aisément transposable à toute situation conflictuelle face à un adversaire. De fait, ce traité est également un ouvrage sur la stratégie (observer l'adversaire, choisir les endroits où frapper, déstabiliser l'adversaire...). Cet ouvrage et ceux consacrés à le commenter ont connu un regain d'intérêt au Japon auprès des manageurs dans les années 1970-80.

> « *La stratégie du Japon, formulée et conduite par une élite et par une bureaucratie polyforme et protéiforme, est axée sur la conquête, le contrôle et l'utilisation de la puissance. Toutefois, la puissance du Japon n'est pas construite sur une supériorité militaire, mais essentiellement sur la connaissance, ressource perpétuellement renouvelable, qui a été et demeure toujours un fantastique outil de supériorité en faveur du Japon sur le plan économique.* » (CIA, 1991).

Pour comprendre comment s'est développée l'intelligence économique au Japon, et sur quels critères, il est nécessaire de comprendre d'abord la mentalité de ce pays. Tout comme la Suède (exemple suivant),

> « *la géographie et l'histoire du Japon jouent un rôle déterminant dans cette civilisation. Les caractères physiques de ce pays insulaire, montagneux et assis sur un volcan, tout comme sa relation particulière au continent, la Chine principalement, se retrouvent en effet dans sa culture* […]. » (Bernat et *al.*, 2008)[263].

Cette même analyse est partagée par plusieurs auteurs, pour lesquels

> « *les conditions climatiques hostiles du territoire ont appris aux Japonais à être vigilants et à transmettre aux autres les indices annonciateurs de ces événements. De plus, le Japon est imprégné d'une culture du paraître*[264] *: il faut arriver à être toujours le plus conforme possible à l'attente des autres. Pour bien paraître, il faut donc se renseigner sur les attentes de l'autre mais aussi*

---

263 Source : http://meridien.canalblog.com/archives/2008/10/18/11002347.html, consulté le 26/02/2013.

264 Le « paraître » doit être compris ici dans le sens où il est employé dans la culture asiatique, c'est-à-dire en faisant preuve constamment d'affabilité envers son interlocuteur. Il y est de bon ton de toujours paraître courtois. Cette apparente magnanimité n'enlève rien à la volonté et la détermination de la culture asiatique à vouloir être performant. Cette attitude peut surprendre une personne de culture occidentale qui n'est pas coutumière de ces pratiques et attitudes. *A contrario*, le paraître dans la culture occidentale est surtout marqué par son aspect péremptoire, individualiste et orgueilleux qui visa davantage à rabaisser l'autre plutôt que de prêter attention à ses désirs.

communiquer, collaborer et diffuser les informations afin de plaire à ses supérieurs. Ces caractéristiques illustrent bien cette forte culture collective de l'information. Enfin, les Japonais peuvent s'appuyer sur une langue que, comme leur culture, peu de gens connaissent, ce qui leur assure une relative protection. » (Legouteil, 2009)[265].

La doctrine d'intelligence économique du Japon est fondée sur le lien entre les partenaires publics et privés. Le développement de ces liens (Haramaya, 2001) a permis corrélativement de meilleurs échanges des méthodes et des informations et la création de structures (Institut de recherche *Riken* en 1917, la *Science and Technology Agency* en 1956...). Un premier livre blanc sur la politique technologique (1949) définit les grands axes de la politique industrielle du Japon où, en complément du lien public-privé, la nécessité d'investir dans l'innovation est affirmée. Celle-ci va être favorisée à partir de 1966 par des grands programmes nationaux de R&D, un des objectifs étant de parvenir à l'autonomie technologique. La coopération industries-universités est renforcée. Ces différentes orientations vont être inscrites dans la loi fondamentale de la science et technologie (1995), déclinée un an plus tard dans le Plan fondamental de la science et technologie (1996). Plusieurs autres plans suivront, en complément du plan VLSI[266] (micro-électronique) déjà lancé en 1975 par le MITI pour acquérir de nouvelles connaissances par des procédés maintenant bien connus (veille technologique, visites de salons, reverse-ingeenering des produits concurrents, expatriation d'étudiants, sous-traitance, contrats de licence...). Certaines de ces pratiques ont d'ailleurs contribué à entretenir le flou quant à la distinction entre l'espionnage et l'intelligence économique. Il est vrai que, dans la pratique, la recherche d'informations par la Japon s'est faite sur le terrain légal (Bayen, 1991), mais aussi illégal.

Actuellement, plusieurs organismes publics collaborent à cette politique.

---

[265] Source : http://www.metis-acie.fr/?p=40, consulté le 15/5/2011. L'auteur reprend les remarques formulées par MASSE, G. et THIBAULT, F. dans leur ouvrage « *Intelligence économique : un guide pour une économie de l'intelligence* ». Éditions De Boeck (2001).

[266] Ce plan a déclenché une véritable guerre économique avec les États-Unis dans ce secteur stratégique.

D'emblée, la position des différents acteurs retient l'attention. Le ministère de l'économie, du commerce et de l'industrie[267] joue un rôle prépondérant dans la politique publique d'intelligence économique japonaise, et sous sa tutelle, l'organisme chargé du commerce extérieur, le JETRO. Mis en place dans sa forme actuelle au lendemain de la seconde guerre mondiale pour superviser la reconstruction (Johnson, 1987), ce ministère jouit de prérogatives étendues.

Pour protéger son industrie, le Japon a développé un arsenal juridique qui impose des règles particulièrement lourdes aux opérateurs étrangers. De fait, « *les entreprises étrangères voient le marché intérieur barré par de très nombreuses réglementations exceptionnelles et où la législation sur les offres publiques d'achat rend pratiquement impossible pour une entreprise étrangère de lancer un raid boursier hostile contre une société nippone.* » (Miginiac, 2006).

Dans un deuxième temps, la recherche de la connaissance à l'extérieur, pour remettre l'économie japonaise à niveau puis de prendre de l'avance sur les concurrents étrangers, a constitué une priorité. Cette pratique n'était pourtant pas nouvelle au pays du soleil levant. Dès le XVIIIème siècle, les Japonais se sont rapprochés des sciences occidentales, notamment néerlandaises[268]. En 1811, les savants japonais ont créé un bureau de traduction néerlandaise, implanté à l'Observatoire astronomique, pour traduire et comprendre la culture scientifique occidentale. En 1852, ce bureau a été transformé en « *Institut de recherche sur la documentation étrangère* » avant de devenir l'université de Tokyo. La tradition japonaise, visant à

---

[267] A noter que ce ministère a changé d'appellation dans son acronyme anglophone, le MITI étant devenu METI.

[268] Dont les commerçants avaient ouverts des succursales en terre nippone. Ils n'étaient pas les seuls, Portugais, Anglais et Espagnols étaient présents également, mais dans une moindre mesure. Suspectés de préparer une invasion militaire, le Shogunat japonais refusa ces relations commerciales pendant près de deux siècles, à l'exception des commerçants chinois et hollandais à Nagasaki. Le Japon s'ouvrira davantage à l'Occident par la convention de Kanagawa en 1854, permettant aux navires occidentaux de se réapprovisionner en charbon dans les ports japonais. Le 4 juillet 1858, par le « *Harris Treaty* », le Japon s'ouvrait au commerce avec les États-Unis.

considérer l'information comme un élément stratégique, est donc bien antérieure aux besoins liés à la reconstruction de l'après-guerre.

Dans un troisième temps, des mesures ont été prises, consistant notamment à cibler les industries à développer en priorité pour permettre au pays de reconquérir son indépendance. Un effort particulier a été réalisé pour développer une industrie cohérente, dirigée par le secteur privé mais dont les grandes orientations sont fixées par la puissance publique[269]. Ainsi se sont davantage développés les *Sogo Shosha* (les maisons de commerce) et les *Keiretsu* ces conglomérats devenus puissants, voire mondiaux pour certains (Mitsubishi, Toyota...).

Ce dispositif est résumé dans le schéma suivant (Source : ADIT) :

Fig. 5 : Le système japonais d'intelligence économique

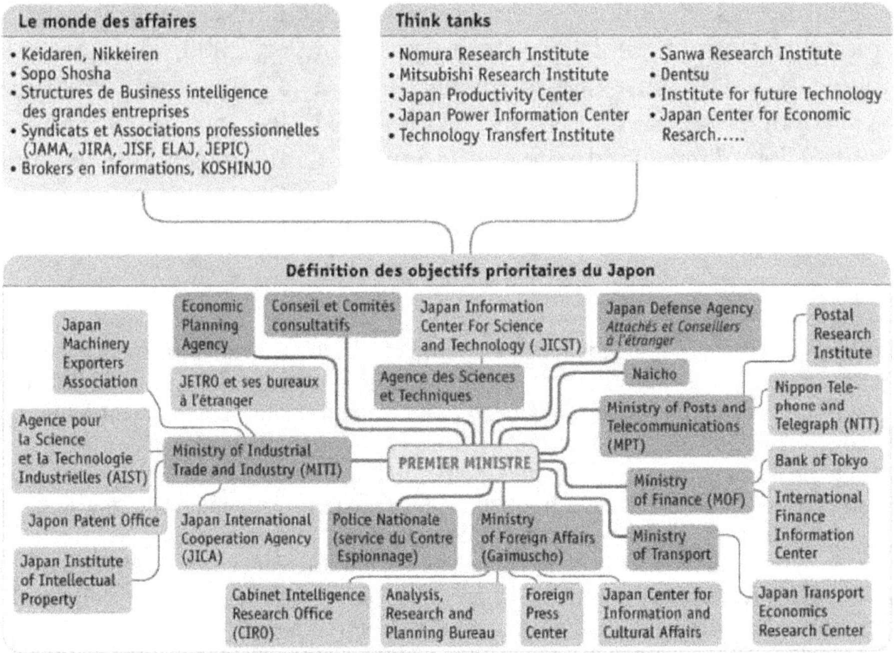

[269] Cette stratégie est actuellement celle de la Chine. La France a développé son industrie sur ce modèle au XVIIème siècle. Cette doctrine porte le nom de son fondateur (le colbertisme) où les manufactures ont joué un rôle prépondérant dans ce développement.

Ainsi, le Japon a constitué son modèle économique fondé sur une véritable économie de la connaissance. L'échange d'informations et la constitution de réseaux ont été formalisés autour de trois grandes entités économiques : le secteur bancaire, les assurances et les entreprises. Les sociétés de commerce ont, par le biais de ces réseaux, concentré leurs forces pour gagner en compétitivité. Parallèlement, la puissance publique a également développé et organisé ses réseaux pour soutenir efficacement le secteur privé (guichet unique)[270]. Par cette politique, le Japon s'est forgé une image d'excellence en matière d'intelligence économique.

Tous les analystes reconnaissent la réussite économique du modèle japonais puisque celle-ci s'est hissée à la seconde place mondiale dans les années 1980. Considérant son niveau en 1945, ce redressement peut être considéré comme spectaculaire.

Mais après avoir atteint des sommets, l'économie japonaise a connu de sérieux revers : explosion de la bulle spéculative en 1991, crise régionale asiatique en 1997 et crise mondiale en 2008. De même, le modèle social[271] ainsi que le management à la japonaise, symbolisé par Toyota, se sont effrités. Alors que les produits japonais bénéficiaient d'une excellente réputation il y a quelques années encore, des dysfonctionnements sont apparus au sein des entreprises les plus emblématiques[272]. Ce retournement s'explique en partie par

---

[270] Si les observateurs français reconnaissent l'efficacité de ce dispositif et où chacun s'accorde à lui accorder le crédit nécessaire pour simplifier la relation administration-entreprises, le guichet unique à la française peine, quant à lui, à se concrétiser.

[271] Si pour les générations dirigeantes d'aujourd'hui il semble normal de passer toute sa carrière dans la même entreprise en lui sacrifiant également une partie de sa vie privée, les jeunes générations acceptent moins ce modèle. Nourries des préceptes de la mondialisation, les jeunes générations japonaises hésitent moins à changer d'entreprise et souhaitent préserver davantage leur vie personnelle. Le Japon vit actuellement une véritable révolution sociale dans son rapport à l'entreprise.

[272] Au 1er trimestre 2010, plusieurs milliers de véhicules ont été rappelés par certains constructeurs automobiles en raison de défauts techniques. Cet épisode a été vécu comme une véritable atteinte à l'honneur japonais fondé sur la rigueur et la perfection. Dans le même temps, la compagnie aérienne Japan Airlines faisait faillite. Cf. « *Le modèle japonais redescend sur terre* ». Challenges n°201, 25 février 2010.

l'émergence ou la vitalité de concurrents régionaux[273] et internationaux[274]. Toutefois, le Japon conserve encore de sérieux atouts, notamment dans le secteur des composants électroniques[275].

Malgré ces revers, l'analyse du système japonais d'intelligence économique est riche d'enseignements, dont les deux principaux sont l'investissement dans la R&D et l'organisation en réseaux de l'économie nippone. Ce fonctionnement accorde d'abord une place prépondérante à l'information. Ainsi, « *la vision d'une entreprise comme un vaste réseau ouvre, indiscutablement, un champ nouveau au développement des relations professionnelles, de par l'apprentissage collectif qu'elle suppose de l'utilisation de l'information, et du niveau d'adéquation au sein de l'organisation entre les structures de production et des modes d'organisation du travail, fondés sur le décloisonnement et la circulation de l'information.* » (Girardin, 2008, p. 176).

En plus de contribuer à la circulation de l'information, ce fonctionnement s'appuie sur des réseaux efficaces où les acteurs de différents horizons se rencontrent. Il s'agit bien de

> « *dispositifs nationaux, mais* [qui] *fonctionnent selon une logique de réseaux incluant la «* productivité *» de l'informel. Cette organisation produit également des «* postes d'échange d'information *» favorisant développement régional et développement des PME, des forums d'échange d'information sur les technologies et l'accès aux marchés et la création de réseaux d'échanges entre PME, universités et centres de recherche nationaux pour améliorer le développement technologique.* » (Clerc, 2004).

Plusieurs chercheurs se sont penchés sur l'analyse du système japonais d'intelligence économique. Une autre explication est donnée sur la

---

273 Sud-coréens et Chinois ont rattrapé le Japon dans plusieurs secteurs où il était leader (construction navale, semi-conducteurs...).

274 Américains et Européens gagnent du terrain sur le design et marketing (Apple, Nokia...).

275 Par exemple, en matière d'écrans plats (télévision, informatique) deux des trois fabricants mondiaux sont japonais.

réussite de ce système où ce n'est pas tant l'information qui est l'objet de toutes les attentions que la relation entre les acteurs permettant la circulation de celle-ci, et donc son efficacité par l'enrichissement mutuel lorsque l'information est valorisée non pas par son accumulation, mais par « *la capacité combinatoire et la créativité de son milieu d'accueil* » (Fayard, 1995) :

> « *Le modèle japonais est plus performant parce qu'il place au cœur du dispositif la relation, c'est-à-dire le processus même de gestion du risque et de l'incertitude, alors que le modèle contractuel marchand place l'information au cœur du dispositif. Dans ce modèle, l'information, qui est théoriquement un moyen de réduire l'incertitude (ou à tout le moins un moyen de réduire les coûts associés au risque et à sa gestion) devient une fin en soi, car elle ne circule pas parfaitement. Elle devient un objet d'échange en soi, dont la circulation tend à être régie par le modèle marchand lui-même, alors que dans un modèle relationnel elle demeure essentiellement un moyen, une ressource venant alimenter la relation.* » (Martinet et Ribault, 1989).

La réussite du système japonais tient également dans la forte synergie public-privé où plusieurs principes fondamentaux de stratégie ont été appliqués : la concentration des efforts, la liberté d'action et l'économie des forces (Fievet, 1992). « *En misant sur des logiques et un rare sens du rythme et de l'opportunité, le Japon a mis en œuvre un processus d'intelligence économique.* » (Moinet, 2010, p. 57).

Si le Japon constitue l'archétype d'un dispositif public d'intelligence économique efficace, d'autres pays ont également adopté ces pratiques.

5.1.3 - L'exemple suédois

Parmi les autres exemples de politique publique d'intelligence économique reconnue, la Suède est souvent citée.

La Suède est un cas particulier dans le développement des politiques publiques d'intelligence économique. L'analyse de Philippe Clerc[276] fait état d'un système reposant sur une double originalité, celle d'une histoire déjà longue en la matière et le dynamisme des réseaux publics et privés particulièrement influents. Il ne faut pas perdre de vue également le positionnement géographique de ce pays de mentalité occidentale, physiquement proche de la Russie, où la guerre froide a laissé en héritage une certaine méfiance, si ce n'est une position vigilante voire défensive à l'égard de ce voisin proche, autrefois menaçant. Les Suédois ont donc développé un esprit de sécurité collective et une gestion du secret efficiente. Le climat et la géographie du pays, incitant à la concentration des personnes et donc des idées, ont également façonné l'esprit suédois. Tous ces éléments ont largement conditionné l'émergence d'une culture nationale d'intelligence économique qui s'est diffusée aussi bien dans le secteur public que privé, impliquant la puissance publique, les universités, de nombreuses associations et bien sur, les entreprises : « *Dans ce petit pays où les relations sont faciles à établir, l'intelligence économique est intégrée dans le processus habituel d'information et fait très rarement l'objet de programmes institutionnels transversaux.* » (Battisti, 2006, p. 155s).

Très tôt, le secteur public a développé l'intelligence économique[277]. Ainsi, en 1975, Stevan Dedijer[278] a créé le premier enseignement en matière d'intelligence économique à l'université de Lund[279]. Il a ainsi formé plusieurs responsables de grands groupes suédois. Plusieurs

---

276 Source : http://www.metis-acie.fr/?p=90. Article publié le 26 mars 2009, consulté le 15/05/2011.

277 La Ligue Hanséatique, à partir du XIVème siècle a été un formidable levier de développement économique de la Baltique, utilisant des concepts que l'on qualifierait aujourd'hui d'intelligence économique (notamment la recherche d'information sur Venise dans le but d'obtenir un avantage concurrentiel sur la cité des Doges). De même, en 1630, l'information a été systématisée dans le domaine minier grâce à la société « Bergskollegium ». Plus récemment, dans les années 1900, c'est le secteur bancaire (« the statistical Department » de la Enskilda Bank) qui a fait l'objet d'un développement similaire (après une visite à la banque Crédit Lyonnais en 1903 pour comprendre le système bancaire français).

278 Une des grandes figures de l'IE au niveau mondial, il est considéré comme le père du *Business intelligence* dans son pays.

279 Cet enseignement s'est progressivement étendu et est dispensé aujourd'hui dans huit universités suédoises, jusqu'au niveau du doctorat.

universitaires de renom, dont Sven Hamrefors[280] et Hans Hedin[281], ont également participé à cet enseignement. Certaines universités se sont également regroupées pour créer la Stockholm Science City (SSCi)[282] en 1990 afin « *d'organiser les interactions entre l'université et le monde industriel dans cette zone géographique.* » (Prager, 2008).

De même, le gouvernement s'est impliqué. Il a développé une organisation verticale où chaque ministère a recours aux services d'agences[283]. Toutefois, la transversalité est favorisée par la tradition suédoise du travail collaboratif. Une des principales caractéristiques de la Suède est son mode de fonctionnement « bottom-up » (Besson, 2006) où les décisions peuvent être prises à tous les niveaux sans être imposées par les instances politiques.

Enfin, l'étude du développement de certaines entreprises suédoises, dont plusieurs firmes multinationales (SKF, Volvo, ABB, Alfa Laval, Electrolux...), démontre que leurs dirigeants ont parfaitement intégré les principes de l'intelligence économique, comme l'indique la capacité de ces entreprises à apprendre de leur environnement par l'intermédiaire des réseaux. Plus de 500 entreprises utiliseraient aujourd'hui ces outils de l'intelligence économique, à un niveau variable en fonction de leur intégration dans la mondialisation.

---

[280] Professeur entre autres à l'université de Malardalen et à la *Stockholm school of economics*.

[281] Enseignant également à l'université de Lund, Hans Hedin exerce des fonctions de coordination dans plusieurs instances d'intelligence économique en Suède (SCIP Scandinavia, Global Intelligence Alliance, Novintel...).

[282] La SSCi regroupe trois grandes universités (le Karolinska Institute, le Royal Institute of technology et la Stockholm University), des collectivités publiques (ville de Stockholm, Gouverneur du comté) et des représentants du monde industriel.

[283] A l'exception toutefois de certains départements sensibles (Défense, Affaires étrangères et Justice) qui disposent de leur propre structure interne. A ce jour, il existe 5 agences officielles : la *Swedish Emergency Management Agency* (spécialisée dans l'analyse et l'anticipation des situations de crise), la *Swedish Agency for Innovation System*, le *Swedish Institute for Growth Policy Studies*, les *Swedish Technical Attaches* (l'équivalent des missions économiques des ambassades françaises) la *Confederation of Swedish Enterprises* qui regroupe environ 50 000 entreprises.

Parallèlement, une véritable communauté de l'IE suédoise s'est également formée autour d'un réseau associatif performant[284].

L'histoire du développement des entreprises suédoises, parmi lesquelles certaines sont des leaders mondiaux, est marquée par une capacité à apprendre des autres à travers des réseaux d'information et de veille concurrentielle.

Section. 5.2 - Les choix français

La prise de conscience par les décideurs politiques de la nécessité d'ériger une politique publique d'intelligence économique relève d'une analyse objective par laquelle ceux-ci ont perçu toutes les faiblesses du dispositif et des entreprises françaises dans les domaines de l'innovation (Beylat et Tambourin, 2013), de la connaissance de l'information stratégique, son indispensable protection et l'utilisation qui pouvait en être faite par des concurrents avertis. Sans mesure de sûreté, le patrimoine économique national peut être attaqué et ses technologies pillées. A terme, c'est le marché de l'emploi qui est affecté par ces pratiques. Comme le rappelle le délégué interministériel à l'intelligence économique dans les premiers mois de sa prise de fonction, la politique publique d'intelligence économique a « *pour finalité principale la création et la préservation d'emplois sur le territoire, ainsi que la compétitivité des entreprises.* » (Buquen, 2010). Cette position était confirmée par le Gouvernement (Conseil des ministres, 2010) à ce sujet.

Cette politique nationale a puisé son inspiration dans sa propre histoire et sa propre expérience dans des domaines aussi variés, et parfois d'apparence antinomique, tels que la politique industrielle, la coordination interministérielle, le jacobinisme administratif et la

[284] A ce titre, il est à noter les associations suivantes : SCIP, BI-Digital, Global Intelligence Network, Agoria, Global Intelligence Alliance, BISNES (Business Intelligence and Strategy Network Scandinavia : créée en 1992 par l'université de Lund, puis dissoute en 2000. Elle a tenté le rapprochement entre la communauté du renseignement et la communauté des affaires), FoSo (forum for joint intelligence : regroupe des universitaires, des personnalités politiques et des chefs d'entreprises qui partagent leurs expériences respectives), pour ne citer que les principales.

décentralisation. De même, cette politique est orientée par les enjeux de demain, en particulier la politique environnementale (fiscalité « verte », accroissement de l'autonomie énergétique...). En outre, l'étude des dispositifs étrangers a permis d'en retirer des enseignements utiles à l'organisation publique de l'intelligence économique. Transposés au système (et à l'esprit) français, ces dispositifs ont été une aide précieuse permettant à la France de rattraper son retard en la matière par rapport à certaines autres grandes nations. Mais une fois initiée, plusieurs pays, notamment européen ont alors imité le dispositif français[285].

5.2.1 - Une politique nationale...

Avant de définir une politique publique qui irriguerait l'ensemble des territoires, quelques concepts et notions ont d'abord dû être posés pour délimiter ensuite le cadre de l'intervention de la puissance publique. Si le débat sur la définition et l'approche française de l'intelligence économique n'est pas clos, les professionnels de l'intelligence économique s'accordent néanmoins sur la nécessité de respecter le cadre légal des actions. Dès sa prise de fonction[286] et à de multiples reprises, le HRIE n'a cessé de rappeler que « *la politique publique d'intelligence économique est à la fois défensive et imaginative, légale et respectueuse des engagements de la France, sans pour autant être naïve.* » (Juillet, 2005). En revanche, l'éthique est un volet peu abordé dans les définitions françaises produites au cours des années 1990. Toutefois, la réflexion éthique relative à l'intelligence économique se développe en France (CDSE, 2010). La distinction n'est pourtant pas anodine. Si l'éthique est l'adhésion volontaire à un système de valeurs, elle n'a pas la force contraignante de la loi. La culture et l'héritage français ont conditionné cette approche. En effet, l'intelligence économique étant issue du renseignement (Besson et Possin, 2001) en France, elle en a hérité des techniques qui, si elles sont admises en matière de sécurité nationale, ne peuvent être moralement toutes transposées à l'intelligence économique, l'objectif étant tout autre. Plusieurs affaires, où des acteurs de l'intelligence économique avaient employé des méthodes illégales, ont été rendues publiques ces

---

[285] Nomination d'un haut responsable, législation sur les investissements étrangers dans les secteurs sensibles nationaux...

[286] JUILLET, A. Présentation de la mission du HRIE. Source : http://www.intelligence-economique.gouv.fr/ consulté le 14/03/2009.

dernières années, ajoutant un peu plus à la méfiance des néophytes envers cette discipline (Jordan et Finkelstein, [2005] ; Baptendier [2008] ; Delamotte [2009]). Face aux enjeux de l'intelligence économique, il peut paraître difficile d'envisager que l'éthique s'imposera d'elle-même par la seule bonne volonté de ses praticiens[287].

L'antagonisme entre la culture française du légalisme (droit latin)[288] et l'origine de l'intelligence économique (liée au renseignement d'État et parfois teinté d'illégalité), n'a pas permis l'autorégulation. La puissance publique cherche donc à se doter progressivement d'un arsenal juridique pour encadrer les pratiques et les professionnels de l'IE[289]. S'inspirant des législations étrangères et des pratiques en

---

[287] C'est pourtant un des objectifs de la Fédération des professionnels de l'intelligence économique (FéPIE), où les adhérents s'engagent moralement à respecter les préceptes de la charte déontologique élaborée par cette fédération. Après plusieurs années d'existence, le nombre d'adhésions à cette fédération peinait à décoller, contrairement au nombre de cabinets d'IE. Cette fédération avait été initiée par les pouvoirs publics pour moraliser la profession par l'autorégulation. Face à cet échec, les pouvoirs publics ont envisagé le recours à la réglementation (proposition initiale de la LOPPSI II de 2011 pour l'encadrement des professionnels de l'IE non retenue dans le texte final, législation relative au secret des affaires...).

[288] En opposition au droit coutumier anglo-saxon, de nature à favoriser davantage les approches transversales et non conventionnelles des problèmes.

[289] Lors de l'installation de la mission d'Alain Juillet, un constat a été opéré. La France disposait déjà de plusieurs outils juridiques (loi n° 68-678 du 26 juillet 1968 relative à la production de preuves dans un contentieux civil à l'étranger, dite « loi de blocage » ; Loi n°88-19 du 5 janvier 1988 relative à la fraude informatique, dite « loi Godfrain » ; législation sur la contrefaçon...). Voir en particulier l'ouvrage de Maître Thibault du Manoir de Juaye « Le droit de l'intelligence économique », éditions Litec (2007). Cet ouvrage est un des rares en France à dresser un panorama étendu des différentes possibilités de recours à l'outil juridique (droit pénal, droit civil, droit du travail, droit des sociétés...), alors que bien des manuels n'évoquent généralement qu'une seule branche du droit commun applicable à l'IE. A mentionner également que ce dispositif juridique n'est pas figé. Ainsi, le décret n° 2014-479 du 14 mai 2014 relatif aux investissements étrangers soumis à autorisation préalable, étend la liste des activités dans lesquelles les investissements étrangers sont soumis à une autorisation préalable du ministre de l'économie. Sont inclus dans cette liste les secteurs contribuant au bon fonctionnement de la vie de la population (approvisionnements en énergie, réseaux de transport, communications électroniques, ouvrage d'importance vitale, santé publique). Cette extension des secteurs est dorénavant davantage en adéquation avec la doctrine de défense économique, dépassant les seuls concepts d'ordre et de sécurité publics.

matière d'intelligence économique, la constitution de cet arsenal n'est pas achevée[290]. Or cette responsabilité est bien du niveau central car dans l'État unitaire français, il revient au législateur national de faire la Loi et aux ministères d'édicter les décrets d'application.

Mais la Loi n'est pas le seul élément de la politique publique d'intelligence économique qui relève du niveau national. La encore, les exemples étrangers s'avèrent précieux.

Ainsi, le rapprochement du monde de la recherche publique et des entreprises est une piste prometteuse et le modèle américain est intéressant à cet égard. S'inspirant de la législation américaine du Bayh Dole Act[291] (1980), la France a voté la loi sur l'innovation en 1999[292]. Elle permet « *la création d'une entreprise destinée à valoriser les travaux de recherche* [que l'agent] *a réalisés dans l'exercice de ses fonctions* » (art. 2). Cette loi permet aux chercheurs et aux universitaires de créer une entreprise et de déposer des brevets. Le fonctionnaire, en position statutaire de détaché ou de mis à disposition, conserve son statut lui assurant ainsi une stabilité professionnelle indépendante du développement de son entreprise. De même, le laboratoire de recherche peut fournir des moyens de fonctionnement (locaux, équipements, matériels...).
Par ailleurs, plusieurs ministères se sont mobilisés pour participer à la politique publique d'intelligence économique, bien que la plupart menait déjà des actions en la matière antérieurement.

---

[290] Le droit, se rapportant à l'activité humaine, est par essence évolutif. Sans doute cet arsenal ne sera-t-il jamais achevé, mais simplement bien développé et en adaptation constante. Atteindre le premier stade de la maturité, c'est-à-dire envisager des réglementations dans l'ensemble des branches du droit de l'IE, représente déjà un travail considérable.

[291] Cette loi permet aux universités de soutenir leurs chercheurs et de les aider à créer des entreprises, des *spinoffs*, pour commercialiser le produit de leurs recherches. Ce dispositif s'est avéré particulièrement efficace. Entre 1980 et 2000, 3376 *spinoffs* ont été recensés aux États-Unis (Pressman, [2000] p. 9, cité par Zahra et al. [2007] p. 569s, et Cattaneo [2009], p. 2). Une *Spinoff* génère environ 10 millions de dollars (Cohen, 2000, p. 2) et 83 emplois en moyenne.

[292] Loi n° 99-587 du 12 juillet 1999 (art. 1, 5°) relative à l'innovation et la recherche, du ministre de la recherche Claude Allègre, modifiant la loi n° 82-610 du 15 juillet 1982 d'orientation et de programmation pour la recherche et le développement technologique en France (insertion de l'art. 25-1). Voire également la circulaire d'application du 7 octobre 1999.

Enfin, une politique publique ne peut être envisagée sans son volet financier et la puissance publique a instauré un dispositif conséquent, en complément des mesures déjà existantes.

Par ailleurs et tirant les leçons des dispositifs étrangers, le Premier ministre Edith Cresson, en 1990, appelait de ses vœux la création d'un grand ministère de l'économie regroupant le commerce extérieur et l'industrie. Ce ministère se serait inspiré du METI japonais, symbole de l'intelligence économique nippone. Il aurait introduit par ce biais une notion que la culture française du cloisonnement et de la compétition entre services parvient à assimiler non sans difficultés : le réseau. Pourtant, cette notion est fondamentale à la création du sens, et donc de la connaissance (Moinet, 2009, p. 215s).

Enfin la mise à niveau de la France en matière de politique publique d'intelligence économique est un objectif ambitieux dont il ne peut être prédit à l'heure actuelle la date de son achèvement. Les cibles sont multiples et nécessitent un fort engagement :

> « *La connaissance de l'environnement concurrentiel des secteurs stratégiques au niveau mondial, l'acquisition de la capacité d'anticipation requise pour avoir une chance de gagner, la détection et la mise en œuvre de parades aux distorsions de concurrence par les lois, les normes et les standards locaux ou internationaux, sont des énormes chantiers* [...]. » (Juillet, 2006).

Ces quelques lignes directrices définies par le HRIE montrent bien toute l'étendue du défi. Et encore, ces objectifs ne constituent qu'une démarche de rattrapage vis-à-vis des pays les plus avancés en la matière. Il serait une erreur de ne pas considérer également les autres pays développés ou émergents qui ont engagé récemment des politiques offensives en ce sens[293].

---

[293] Ainsi, certains pays ne passent commande auprès d'industriels qu'à la condition de certains transferts de technologies ou de création de centres de maintenance sur leur territoire, employant des salariés nationaux et formés par l'industriel. Ainsi, ces pays acquièrent progressivement la technologie et le savoir-faire. Dans quelques années ou décennies, ces pays deviendront autonomes dans ces secteurs industriels et des concurrents encore plus présents lors des contrats internationaux (le nucléaire en Chine, l'industrie de défense au Brésil...).

Face à ces enjeux mondiaux, la politique doit être nationale pour coordonner les efforts (suivi des filières stratégiques, normalisation, influence...). Là encore, l'alternance politique de 2012 n'a pas modifié le processus engagé puisque la nouvelle ministre du commerce extérieur déclarait que « *l'intelligence économique, c'est dans mon écran radar.* » (Bricq, 2012). Mais en raison du particularisme de la France (dispersion des entreprises sur le territoire, nombre très élevé de très petites entreprises), cette politique dans son application ne peut être généraliste pour les volets concernant directement le soutien aux entreprises. Dès lors, il est apparu nécessaire au pouvoir politique de « délocaliser » cette fonction d'accompagnement au niveau territorial.

5.2.2 - ...d'application territoriale

Il serait illusoire de vouloir mener une politique publique sans s'intéresser au premier des acteurs dont elle est l'objet, et dans le cas présent, les entreprises[294]. Si la politique publique d'intelligence économique, dans sa phase d'accompagnement des entreprises, peut effectivement rester au niveau national pour le suivi des grandes firmes multinationales en les aidant notamment à conquérir des marchés à l'étranger, cet échelon n'est pas le plus approprié pour suivre et accompagner la multitude des PME réparties sur le territoire[295]. Cet intérêt d'une intelligence économique territoriale fait aujourd'hui l'unanimité en France :

> « *Il faut travailler à la rendre totalement opérationnelle et indispensable aux chefs d'entreprises, non seulement à ceux des grands «* champions *» nationaux et des industries de souveraineté, mais aussi et surtout à ceux des PME-PMI. En effet, ces derniers forment le cœur innovant des pôles technologiques de nos territoires* [...] *: ils s'avèrent par conséquent moteurs du développement industriel et*

---

294 Dès ses premières réflexions sur l'intelligence organisationnelle, WILENSKY (1967) soulignait ce lien nécessaire entre les secteurs public et privé.

295 En 2010, le nombre de PME en France (moins de 250 salariés selon la classification de l'UE) tous secteurs confondus, s'élevait à 3.964.974, soit environ 98 % des entreprises.
Source : http://www.insee.fr/fr/themes/tableau.asp?reg_id=0&ref_id=NATnon09221, consulté le 16/01/2012.

économique de nos régions. » (Pautrat et Delbecque, 2005).

Même si cette conception peut paraître novatrice dans un État centralisé telle la France, elle n'est pourtant que le produit d'une lente maturation intellectuelle, issue à la fois des lois de la décentralisation où il est reconnu que les échelons territoriaux disposent de compétences en matière économique, mais également des réflexions d'auteurs de renommée internationale :

> « *Même si nous devons penser en termes de concurrence mondiale, les sources de l'avantage concurrentiel des nations se trouvent avant tout au niveau local. Des facteurs universels comme les capitaux, les matières premières et même le savoir sont extrêmement mobiles, et les entreprises peuvent avoir recours à une main-d'œuvre bon marché. Ce qui n'est pas mobile, en revanche, c'est la concentration dans une région de savoir-faire, de technologies appliquées, de firmes, de fournisseurs et d'institutions hautement spécialisées et interconnectées, représentant une masse critique suffisante pour pousser à l'innovation et à la réussite.* » (Porter, 1986, pp. vi-vii).

Aussi, la structure de l'appareil d'État, organisé selon un schéma territorial, permet aux entreprises d'avoir des correspondants locaux dans chaque administration.

C'est à travers le double mouvement de la décentralisation et de la déconcentration que la puissance publique peut se rapprocher des acteurs économiques locaux. En matière de décentralisation, c'est l'échelon régional qui a vocation à gérer le volet économique (tandis que le département gère davantage les affaires sociales[296]). De même, la déconcentration offre des possibilités intéressantes, qu'il s'agisse de

---

[296] La dichotomie d'attribution n'est pas si nette en réalité. Les collectivités territoriales bénéficient d'une compétence générale qui leur permet de s'approprier les dossiers qu'elles veulent bien traiter.

la représentation du gouvernement dans la région ou celle des différentes administrations[297].

La sauvegarde de l'emploi est un élément particulièrement fédérateur. Aussi, il n'est pas rare localement de constater des « unions sacrées » où élus de toutes tendances, administrations, collectivités territoriales, fédérations professionnelles et syndicats unissent leurs forces et mobilisent leur énergie dans une même direction pour soutenir et parfois créer de nouvelle entités industrielles là où la volonté d'un seul n'aurait pas suffit[298]. Ce travail en réseau permet d'envisager des situations « gagnants-gagnants » puisque chaque intervenant aura intérêt à s'engager dans cette démarche[299].

Enfin, à la croisée du secteur public et des entreprises se situe le réseau consulaire. Les chambres de commerce et d'industrie (CCI) et les chambres régionales de commerce et d'industrie (CRCI) constituent le plus souvent un des premiers contacts de l'entreprise avec la sphère administrative.

Ainsi, cette synergie partenariale contribue à l'attractivité et la performance des territoires par le levier économique. Le « *concept d'intelligence territoriale est fondé sur la démarche de l'intelligence*

---

[297] Au sein des directions régionales et départementales des ministères impliqués dans la politique publique d'intelligence économique, sont positionnés des fonctionnaires travaillant en réseau.

[298] A titre d'exemple, l'ouverture de l'usine Isover du groupe Saint-Gobain le 14 avril 2010 dans le Maine-et-Loire (exemple évoqué *supra*) a vu notamment la mobilisation des élus locaux et l'opération a été suivie par une cellule spécifique au niveau de la sous-préfecture.

[299] Ce critère de la motivation, qui peut être individuelle ou exercée au nom de l'organisation que représente le décideur, est un élément central dans la prise de décision. L'ouverture d'une usine dans une localité permet aux décideurs d'en tirer des bénéfices collectifs : bien-être général, création d'emplois, rentrées fiscales pour les collectivités territoriales, installation de nouvelles familles, donc de nouveaux consommateurs pour les commerces de proximité et le maintien de certains services publics (La Poste, écoles...). A titre individuel, les motivations peuvent être d'un tout autre ordre (reconnaissance par les citoyens du dynamisme de ses élus, appréciation supposée utile à l'approche d'élections), reconnaissance de l'action de certains fonctionnaires d'État ou territoriaux (appréciation utile pour leur notation annuelle et susceptible d'avoir des répercussions sur leur avancement)... Les motivations peuvent être différentes, mais animer les acteurs dans une même direction.

économique, il introduit des dynamiques réticulaires qui intègrent à la fois une circulation fluidifiée de l'information, mais aussi des actions offensives de conquête de marchés, dont la finalité est évidemment la compétitivité d'un territoire donné. » (François, 2008, p. 3). Les retombées pour les territoires peuvent être particulièrement significatives :

- création d'emploi ;
- meilleure adaptation des politiques locales au contexte macro-économique ;
- anticipation accrue des risques socio-économiques par une meilleure connaissance de la situation des acteurs économiques locaux ;
- détection des opportunités...

De fait, appliquée aux territoires, l'intelligence économique devient intelligence territoriale (ou intelligence économique territoriale). Il ne s'agit pourtant pas d'une simple transposition des outils de l'intelligence économique appliqués localement, mais une conception plus large, en l'espèce :

> « *l'ensemble des actions d'intelligence économique conduites de manière coordonnée par des acteurs publics et privés (marchands et non marchands) localisés dans un territoire, afin de renforcer la performance économique et, par ce moyen, d'améliorer le bien-être de la population locale.* » (Marcon et Moinet, 2011, p. 99).

Une étude résume parfaitement les enjeux et l'intérêt à mener une politique d'intelligence économique territoriale :

> « *La mise en commun des problématiques, par affinité régionale ou par activité, permet à la PME/PMI de ne pas être isolée et de partager ses questions mais aussi ses solutions et son retour d'expérience. Elle permet aussi de dégager les ressources, humaines comme financières qui sont nécessaires pour assurer un socle IE. C'est un moyen de partager les opportunités et les risques et d'accéder à des marchés auxquels, seule, la PME n'aurait pu prétendre. L'IE collective ne doit pas se limiter au cercle*

fermé de PME/PMI mais doit s'ouvrir sur des partenaires extérieurs, et en particulier les grandes écoles, les universités. » (CHEAr, 2005).

Concrètement, la politique publique d'intelligence économique appliquée aux territoires a revêtu plusieurs formes en utilisant divers outils depuis sa mise en œuvre (pôles de compétitivité, agences...). En raison du nombre d'entreprises et de leur dispersion sur le territoire national, la puissance publique a dû opérer des choix, les moyens humains et techniques des administrations ne lui permettant pas de développer cette politique à destination de l'ensemble des acteurs économiques territoriaux.

5.2.3 - Les secteurs stratégiques

Force est de constater que toutes les entreprises ne sont pas égales, tant dans leur volume, que leur importance sur les marchés mondiaux ou encore leur secteur d'activité. Afin d'opérer une première classification des entreprises devant faire l'objet d'un suivi de la part des services de l'État, une des premières tâches de la mission du HRIE a été de définir une liste des secteurs stratégiques. Bien évidemment, les entreprises dont l'activité se rattache à celles évoquées dans cette liste bénéficiaient dès lors d'une attention prioritaire.

Une première liste, comportant 15 secteurs stratégiques, a été élaborée en septembre 2005. Après quelques temps de pratique, elle a été révisée en avril 2007, ne comportant alors plus que 14 secteurs. Malgré la protection juridique dont bénéficient ces listes[300], quelques indications sont publiques quand à leur contenu. Ainsi, les médias ont évoqué : l'armement, la cryptologie, les biotechnologies, les TIC, le nucléaire... Ce n'est pas tant le secteur en entier qui bénéficie de cette attention particulière, mais seulement quelques technologies-clés par secteur.

La difficulté dans l'établissement et la tenue à jour de cette liste réside dans l'aspect « stratégique » des secteurs. En effet, le Livre blanc retranscrit la réflexion de l'État en matière de défense et de sécurité et

---

[300] Elles sont classifiées « confidentiel défense ». Elles ne peuvent donc être retranscrites *in extenso* ici.

ses orientations permettent d'entrevoir une classification des secteurs devant faire l'objet du suivi prioritaire de son action. En effet, la puissance publique considère que sont stratégiques les éléments qui lui permettent dans un premier temps d'assurer son indépendance et sa souveraineté nationale, et, dans un deuxième temps, ceux lui permettant la « *bonne marche de l'économie et la prospérité du pays* »[301]. Grâce à la fonction « anticipation »[302], ce suivi doit permettre d'éviter les situations de rupture et de dépendance stratégique.

Lors de la création de la délégation interministérielle à l'intelligence économique, cette dernière s'est interrogée sur la pertinence à conserver la classification de protection de la liste des secteurs stratégiques alors que la plupart de ceux-ci sont aisément identifiables par simple déduction, et parfois supposés dans la presse. Néanmoins, certaines des technologies répertoriées dans la liste des secteurs stratégiques sont suffisamment sensibles pour continuer à bénéficier de cette protection.

Par ailleurs, à l'occasion de l'inauguration de la conférence nationale de l'industrie, le 8 juillet 2010, les ministres de l'économie et de l'industrie ont dévoilé une liste de 11 secteurs stratégiques envers lesquels l'effort de soutien des finances publiques devait porter. Cette liste est propre au ministère de l'économie[303] en raison de ses objectifs (performance de l'économie et sauvegarde de l'emploi) et ne correspond pas à la liste de la délégation interministérielle (souveraineté et indépendance nationale). Toutefois, certains secteurs identifiés comme stratégiques sont communs aux deux listes.

La création de ces listes a permis néanmoins d'identifier les secteurs clés de l'économie envers lesquels la politique publique d'intelligence

---

[301] Source : http://cyrileteka.org/IMG/pdf/Intelligence_economique_en_France.pdf, consulté le 21/07/2010.

[302] Il s'agit de la cinquième fonction, après la prévention, la dissuasion... Cette fonction de l'anticipation est une nouveauté du Livre blanc de 2008 par rapport à celui de 1993.

[303] Il s'agit des secteurs suivants : automobile, aéronautique, ferroviaire, naval, technologies et services de l'information et de la communication, chimie et matériaux, industries et technologies de santé, luxe et création, industrie des biens de consommation et de l'aménagement, agro-alimentaire et agro-industries, éco-industries.

économique pouvait trouver un espace d'expression en raison des enjeux induits. Mais pour ce faire, la puissance publique a dû créer des instances particulières pour conduire cette politique.

Section 5.3 - Les structures interministérielles de pilotage et de coordination

Ériger l'intelligence économique au rang de politique publique nécessite un travail collaboratif et une coordination entre les différents ministères concernés. A la suite du rapport Martre (1994), un premier dispositif[304] a vu le jour : le comité pour la compétitivité et la sécurité économique (CCSE). Ce comité avait pour ambition d'être la structure fédératrice au sein de l'administration française en s'appuyant notamment sur le Secrétariat général de la défense national (SGDN). Il n'a réellement fonctionné que deux années, jusqu'en 1997, où ses membres n'ont pas été renouvelés. D'aucuns y voient une des conséquences de la cohabitation à la suite des élections législatives du printemps 1997. Mais parmi les handicaps observés dans le dysfonctionnement de ce système, la culture française du corporatisme et de la rétention d'informations est souvent citée (Conesa, 2003, p. 153s).

5.3.1 - Le haut responsable chargé de l'intelligence économique (HRIE)

A la suite du premier rapport Carayon (2003) et de l'affaire Gemplus, la puissance publique a pris acte de la nécessité d'engager une véritable politique publique d'intelligence économique. Parmi les 38 propositions de ce rapport, la troisième évoque un « *délégué interministériel à la compétitivité et à la sécurité économique* » (p. 27). Reprenant cette proposition, un décret[305] du Premier ministre créait le poste de Haut responsable chargé de l'intelligence économique (HRIE), confié à Alain Juillet[306].

---

[304] Décret n° 95-350 du 1er avril 1995.

[305] Décret n° 2003-1230 du 22 décembre 2003.

[306] Décret PRMD0350011D du 31 décembre 2003 portant nomination du haut responsable chargé de l'intelligence économique.

La mission du HRIE (2003-2009) fut de coordonner l'action des ministères (renseignement sur les entreprises et affaires en cours) et définir les besoins (réglementation) répondant aux critères de la politique publique d'intelligence économique. Les professionnels issus du monde de l'entreprise étaient associés à certains de ces travaux. Cette mission a marqué de son empreinte la politique publique d'intelligence économique en posant les fondamentaux : référentiel des formations[307], décret relatif aux investissements étrangers, participation à l'élaboration de la réglementation relative aux professionnels de l'IE (proposée dans la LOPPSI 2)...

En pratique, la mission du HRIE fonctionnait selon deux modes :

- le groupe permanent à l'intelligence économique[308] (GPIE) : plénier ou restreint selon la nature des dossiers traités, le GPIE fut un lieu d'échange de l'information et de connaissance mutuelle de l'activité de chaque ministère en matière d'intelligence économique ;
- les groupes de travail : des groupes d'études étaient également constitués de membres de chaque ministère pour analyser les problèmes décelés et faire des propositions[309] afin d'améliorer l'existant, notamment sur le terrain réglementaire.

La publication du Livre blanc de la défense et de la sécurité nationale en juin 2008 n'a pas modifié la mission du HRIE. Au contraire, elle a été confirmée en ces termes :

---

307 La présentation officielle de ce référentiel a eu lieu le 23 mai 2005. Ce référentiel n'est pas un programme de formation, mais un catalogue des compétences requises dans chaque métier de l'IE (veilleur, analyste, formateur...). Il a été élaboré par une commission composée de chercheurs et de professeurs des universités. Bien que destiné en priorité aux programmes universitaires, ce référentiel peut s'adresser à l'enseignement secondaire et à tout organisme de formation continue, chefs d'entreprise mais aussi fonctionnaires territoriaux y trouvent matière à compléter leurs connaissances professionnelles.

308 Ce groupe était organisé en deux volets : le GPIE étendu à l'ensemble des ministères impliqués et le GPIE restreint à quelques uns seulement et traitant alors des sujets les plus sensibles. Dès sa nomination, le HRIE a immédiatement réuni l'ensemble des administrations en janvier 2004. Le rythme des réunions était d'abord bimensuel puis est devenu mensuel au printemps 2007.

309 C'est par ce biais qu'a été élaborée la liste des secteurs stratégiques.

« *L'organisation en matière d'intelligence économique continuera à reposer sur un haut responsable chargé de l'intelligence économique, placé auprès du SGDSN, disposant de correspondants dans les principaux ministères, en particulier les ministères chargés de l'Économie, de la Défense, de l'Intérieur, des Affaires étrangères et européennes, et de l'Écologie, de l'Énergie, du Développement du territoire et de l'Aménagement du territoire.* » (p. 260).

Même si la forme de la structure a quelque peu évolué peu de temps après pour devenir la D2IE, la politique publique d'intelligence économique était ainsi confirmée. Après plus de deux années d'existence, Alain Juillet dressait un premier bilan[310] de l'action de sa mission :

« *À l'aune de notre bilan, nous pouvons affirmer qu'un travail important a été mené pour accomplir le second objectif relatif à la sensibilisation du public. Ainsi, les Français d'une manière générale et les journalistes en particulier commencent à savoir ce qu'est l'intelligence économique, notamment grâce à des programmes de formation. Nous avons même réussi à «* tordre le cou *» à cet amalgame entre intelligence économique et espionnage industriel.* […] *S'agissant de l'identification des failles de l'État, bien que toujours en cours, elle a fait de considérables progrès. Nous avons notamment recherché les raisons pour lesquelles nous perdions nos entreprises, en examinant les lacunes de nos textes et en les comparant avec ceux des autres pays.* […] *Ainsi, le bilan de notre action nous indique que la première étape fixée il y a trois ans sera atteinte dès la fin de cette année. En revanche, nous ne nous sommes pas encore penchés sur la partie offensive de cette démarche, c'est-à-dire*

[310] Op. cité. Sénat, session ordinaire. Rapport d'information n° 347 relatif à la « *mission commune d'information sur la notion de centre de décision économique et les conséquences qui s'attachent, en ce domaine, à l'attractivité du territoire national* », enregistré à la présidence du Sénat le 22 juin 2007, Tome II, Annexes « Auditions et études », audition d'Alain Juillet le 21 septembre 2006, p. 19-31.

l'accompagnement de nos entreprises à l'étranger. Nous avons en effet préféré commencer par construire le socle de notre action sur le plan intérieur avant de soutenir, à l'instar des autres grands pays, nos entreprises à l'extérieur. Il s'agira donc d'une seconde étape. » (Juillet, 2006).

Ce bilan intermédiaire a été consolidé par la suite puisque la mission a alors été poursuivie pendant près de trois années, avant le départ du Haut responsable[311]. Après cinq années d'existence, la mission du HRIE a produit des résultats particulièrement intéressants, notamment dans la diffusion du savoir et des pratiques liées à l'intelligence économique. Le pilier « défensif » a été plus spécifiquement développé. En réponse à une question parlementaire[312], le Premier ministre faisait ce constat et donnait une nouvelle orientation :

« *En cinq ans, le HRIE et son équipe ont construit un dispositif adapté aux objectifs assignés initialement mais dont l'expérience a montré la nécessité de renforcer le caractère interministériel et les moyens dans un environnement et un contexte plus matures. Désormais, il s'agit de sortir du strict domaine de la protection et de la défense que le positionnement du HRIE auprès du SGDN pouvait laisser entendre, pour investir le champ de la stratégie globale.* » (Fillon, 2010).

Par cette déclaration, le Premier ministre reconnaissait le travail accompli en matière de sécurité mais souhaitait que la structure interministérielle évolue davantage vers les autres champs de l'intelligence économique.

---

[311] Décret du 27 mai 2009 portant cessation de fonctions du haut responsable chargé de l'intelligence économique - M. JUILLET (Alain).

[312] JO du 02 mars 2010, p. 2421.

5.3.2 - Le comité directeur élyséen (2009-2013)

Ce comité directeur était en quelque sorte le « conseil d'administration » de la D2IE (Buquen, 2010).

Le décret portant création de la délégation interministérielle à l'intelligence économique rattachait explicitement la D2IE à la présidence de la République par le biais du comité directeur :

> « *Un comité directeur de l'intelligence économique, placé auprès de la présidence de la République, fixe les orientations du délégué interministériel à l'intelligence économique.*
> *Le délégué interministériel à l'intelligence économique rend compte de son action auprès du comité directeur de l'intelligence économique.*
> *Le comité directeur de l'intelligence économique est composé de représentants du Président de la République, du Premier ministre, des ministres chargés de l'intérieur, des affaires étrangères, de la défense, de l'économie et du budget. Le représentant du Président de la République en assure la présidence. En tant que de besoin, des représentants d'autres départements ministériels participent aux travaux du comité directeur.* » (Art. 2).

Lors de la mise en œuvre de ce comité directeur, le secrétaire général de l'Élysée[313] d'alors assura les fonctions de représentant de la présidence. Aucun texte ne prévoyait, ni n'interdisait, que cette fonction de représentation (ne) puisse (pas) être assurée par le coordonnateur national du renseignement. En fait, ce coordonnateur n'a pas été impliqué dans le dispositif IE, il déployait ainsi son énergie exclusivement pour les questions de défense et de sécurité nationale plus « classiques » (conflits, terrorisme...). Néanmoins, la composition

[313] M. Claude Guéant. L'intelligence économique était particulièrement suivie par ce haut fonctionnaire. Alors qu'il était en poste en tant que préfet de région en Franche-Comté, en 1998, il a donné l'impulsion, de sa propre initiative, à une politique régionale d'intelligence économique. Il fait partie de ces quelques hauts fonctionnaires qui, bien avant l'affaire Gemplus et les rapports du député Carayon, avait compris tout l'intérêt et le potentiel de développement économique que pouvait représenter l'intelligence économique territoriale.

du comité directeur était connue[314]. Il était « *présidé par le secrétaire général de la présidence de la République, et composé des directeurs de cabinets du Premier ministre et des sept principaux ministres intéressés par notre sujet, à savoir, Intérieur, Affaires étrangères, MEEDDM, Défense, Enseignement supérieur et recherche, Économie et budget.* » (Buquen, 2010).

Si ce comité a disparu lors de la réforme de la délégation par le décret du 22 août 2013, la présidence de la République reste impliquée puisque « *un représentant de la présidence de la République* [est prévu] *pour participer à la définition de la stratégie d'intelligence économique* » (art. 2).

5.3.3 - La délégation interministérielle à l'intelligence économique (D2IE)

La structure de coordination interministérielle a évolué en 2009 afin de pallier les difficultés rencontrées par le HRIE et mieux la faire correspondre aux objectifs de la puissance publique. Ceux-ci ont été précisés dans la même déclaration du Premier ministre :

> « *L'ambition de cette nouvelle structure est de rapprocher encore plus étroitement le dispositif public d'intelligence économique des entreprises, en développant et faisant vivre une véritable communauté de l'intelligence économique, associant entreprises, administrations de l'État, collectivités locales, syndicats professionnels, universités et écoles, laboratoires et cabinets d'intelligence économique. Les grandes lignes du plan d'action ont été fixées par le décret : grâce à un dispositif de veille plus performant, il conviendra de diffuser des informations économiques fiables aux autorités gouvernementales et aux responsables d'entreprises, soutenir ces dernières, notamment dans leur développement international, contribuer à la protection de nos intérêts économiques, améliorer la capacité d'influence de la France dans le*

[314] A plusieurs reprises, le D2IE a présenté le dispositif. Cf. également la présentation effectuée à l'Union de la normalisation de la mécanique, le 29 juin 2010 par Thierry Lange, adjoint d'Olivier Buquen.

monde et, enfin, amplifier les actions de formation et de sensibilisation. » (Fillon, 2010).

La nouvelle structure remplaçant le HRIE a pris la forme d'une délégation interministérielle[315] dirigée par Olivier Buquen[316] Poursuivant le travail accompli précédemment par le HRIE, le nouveau délégué a vu ses missions précisées par le décret. Parmi les principales, il :

- élabore et propose la politique publique d'intelligence économique. Il l'anime, la coordonne et en évalue l'efficacité (art. 2) ;
- intervient dans le traitement du renseignement économique (risques et menaces) dans le but d'alerter les autorités (art. 3) ;
- propose des mesures de financement sous certaines conditions (art. 4) ;
- coordonne la mise en place des mesures de protection des entreprises sensibles et tient à jour la liste des secteurs stratégiques (art. 4) ;
- prend en compte les évolutions de la normalisation et mène au besoin des actions d'influence (art. 5) ;
- prend part à la formation des administrations (art. 7) ;
- préside un groupe interministériel (art. 9).

Ces dispositions sont de nature à créer un ensemble cohérent et complet où toutes les phases de la politique publique d'intelligence économique sont envisagées. Pour ce faire, « *la délégation est organisée en six pôles :*

- *organisation, formation, communication et action territoriale ;*
- *sécurité économique et affaires intérieures ;*
- *international ;*
- *recherche ;*
- *industries de défense, aéronautique et spatiale ;*
- *industries et services.* » (Buquen, 2010).

---

[315] Décret 2009-1122 du 17 septembre 2009.
[316] Décret EC EP 0922159 D du 1er octobre 2009.

La délégation interministérielle à l'intelligence économique bénéficie de collaborateurs supplémentaires, chacun ayant un domaine d'attribution particulier en fonction de ses compétences et de son ministère de provenance[317]. La délégation fonctionne davantage par groupes de travail.

Enfin, et conformément au décret, la délégation se fixe un programme d'action et rend compte de son développement au comité directeur. Le délégué à lui-même dévoilé quelques uns de ces chantiers[318] :

- développement d'outils de sensibilisation/formation et d'auto-évaluation de la vulnérabilité des entreprises ;
- révision de la liste des secteurs stratégiques ;
- réflexion sur la création d'une classification de protection de type « confidentiel entreprise » pour les entreprises et instauration d'une nouvelle incrimination pénale d'atteinte au secret des affaires ;
- soutien de l'État aux grands contrats à l'export ;
- élaboration d'un guide de bonnes pratiques en intelligence économique à destination des établissements de recherche ;
- création de la première chaire d'intelligence économique à l'université Paris Dauphine...

Après plus d'une année d'existence, le délégué interministériel a formalisé la politique publique d'intelligence économique, véritable stratégie de l'État en la matière. Elle s'articule autour de trois axes :

- veille stratégique : l'État exerce un rôle de vigie sur le court et le long terme et peut aider à la prise de décision. L'État veille pour son propre compte, en complément des veilles réalisées par les entreprises ;

---

[317] « *un sous-préfet, un ancien de la DCRI, une diplomate du Quai d'Orsay et de Bruxelles qui a passé 25 ans à l'étranger, une ingénieure de recherche du CNRS, un ingénieur de la direction générale de l'Armement et un expert de la direction du Trésor passé par le secteur banques/assurances. Viennent ensuite les chargés de mission, qui sont des analystes, des veilleurs* ». Source : BUQUEN, O. Article « *Vu d'en haut* », le nouvel économiste, 1er juin 2010.

[318] Certains autres dossiers sont protégés par une classification de défense et ne peuvent non plus être évoqués dans ces lignes.

- soutien à la compétitivité des entreprises et établissements de recherche : cette action est déclinée en trois volets :
    - valorisation de la recherche publique à destination des entreprises : elle vise à améliorer la compétitivité par l'innovation. L'État vise une certaine forme de « retour sur investissement »[319] en termes de performance des entreprises et d'emploi, pas nécessairement d'un point de vue financier direct ;
    - influence : les organismes normatifs internationaux sont visés. Cette influence doit s'exercer dans l'acception anglo-saxonne du lobbying, c'est-à-dire dans la transparence et la légalité[320] ;
    - soutien à l'exportation où des organismes tels Ubifrance jouent un rôle prépondérant.
- sécurité économique : les actions des services régaliens spécialisés sont nombreuses[321], en particulier les actions de sensibilisation et cet effort est appelé à se développer[322]. (Buquen, 2011).

Cette politique publique d'intelligence économique a été présentée au Conseil des Ministres, pour la première fois, le 8 décembre 2010. De plus, pour assurer sa mise en œuvre, le Premier ministre a adressé une circulaire interministérielle sur l'action de l'État en matière d'IE aux membres du gouvernement le 15 septembre 2011.

---

[319] Les dispositifs tels que le crédit impôt-recherche puis le CICE, le grand emprunt ou encore les accords de partenariats entre les laboratoires et les entreprises y contribuent.

[320] Il est vrai que l'approche française de cette notion la conçoit encore comme teintée de zones d'ombre, d'immoralité voire d'illégalité. Le délégué soulignait que cette culture devait évoluer pour aborder les défis à venir dans les mêmes dispositions que les concurrents.

[321] En 2010, 70.000 personnes ont bénéficié des interventions de la DCRI, de la gendarmerie nationale et de la DPSD lors de conférences de sensibilisation à la sécurité économique.

[322] Parmi les premiers chantiers de la délégation figure ce renforcement de la sécurité économique. Les différents services, mais également des organismes consulaires et professionnels avaient élaboré différents questionnaires de sécurité. Un groupe de travail a été constitué, piloté par la D2IE, et chargé de mettre en œuvre un questionnaire commun d'auto-évaluation de la sécurité dans les entreprises.

Le délégué a précisé que l'État n'avait pas vocation à se substituer aux entreprises en matière d'IE, de même que la délégation ne gérait pas toute l'IE pour le compte de l'État. La délégation n'est pas responsable de toute l'IE en France, le secteur privé tout comme les administrations conservant leurs prérogatives.

Enfin, une évolution de la D2IE est à signaler. Il s'agit de la nomination de Claude Revel comme nouvelle déléguée interministérielle à l'intelligence économique en remplacement d'Olivier Buquen. Ce changement a été officialisé lors du Conseil des ministres du 29 mai 2013. De même, la nouvelle D2IE est instituée auprès du Premier ministre et non plus placée auprès du secrétaire général chargé de l'économie. Ce positionnement indique clairement la vocation interministérielle de cette délégation.

Dès son installation, la nouvelle déléguée a précisé ses axes de travail, au nombre de quatre :

> « - *un volet pédagogique, permettant de sensibiliser les acteurs concernés sur les objectifs et les méthodes de l'intelligence économique ;*
> *- un volet anticipation et accompagnement des évolutions, notamment par la veille stratégique, afin de permettre à ces acteurs de prendre les meilleures décisions ;*
> *- un volet sécurité économique, à travers la prévention des risques, notamment immatériels (savoir-faire, réputation, etc.) ;*
> *- un volet travail d'influence de long terme sur l'environnement économique, comme par exemple les régulations internationales de toutes natures, techniques ou de gouvernance, afin de créer un environnement favorable aux orientations choisies.* »[323]

Les observateurs de la politique publique d'intelligence économique auront certainement remarqué qu'après dix-huit mois de travail, les résultats de la nouvelle délégation semblent moins visibles que ceux des équipes précédentes. Deux raisons à cela. Vu du grand public, le travail du HRIE et du premier délégué a été de mettre en œuvre des outils. A force de conférences, colloques, de mise en œuvre de formations universitaires et outils numériques pour diffuser les

---

[323] Source : http://www.intelligence-economique.gouv.fr/, consulté le 07/09/2013.

fondamentaux de l'IE, la visibilité de cette action n'en a été que plus forte. Ce n'est plus l'objet essentiel de la nouvelle délégation. Certes le volet pédagogique est rappelé, mais la mission de la nouvelle déléguée s'apparente davantage à une action opérationnelle au profit des entreprises. L'influence, jusque là peu abordée ou développée, devrait connaître un développement significatif, s'agissant d'ailleurs d'un des thèmes de prédilection de Madame Revel. Il est logique que ces actions soient moins visibles, par absence de publicité.

Ainsi, en s'inspirant notamment des exemples des politiques publiques d'intelligence économique étrangères, la France s'est dotée d'un outil stratégique de coordination interministérielle. Mais cet outil serait inefficace si d'autres services ne mettaient en œuvre les choix arrêtés.

Chapitre 6 : Rôle des ministères et services

Les structures de coordination ont permis à chacun de mieux connaître les autres administrations et d'identifier ainsi les besoins en information des uns et des autres. L'échange d'informations a ainsi pu prendre corps progressivement.

Mais pour autant, les ministères et services n'ont pas découvert l'intelligence économique au milieu des années 2000. Sans en prendre l'appellation ou cherchant à s'inscrire spécifiquement dans cette dynamique, bon nombre menaient déjà des actions en la matière visant tantôt la compétitivité, tantôt la sécurité économique des entreprises publiques ou privées.

Section 6.1 - Les ministères et services « offensifs »

Certaines administrations ou services parapublics ont vocation à accompagner les entreprises dans leur conquête de nouveaux marchés et renforcer leur position face à la concurrence, notamment internationale. Pour autant, cette politique n'est pas dirigée au profit exclusif des grands groupes et multinationales, elle s'adresse aussi aux PME et en particulier à celles disposant d'un fort potentiel technologique.

6.1.1 - Le ministère de l'économie

Quels que soient la dénomination de ce ministère et le périmètre de son action au gré des remaniements ministériels[324], sa vocation reste inchangée en matière d'intelligence économique.

En termes de structure, le ministère de l'économie a connu un développement difficile. En effet, certaines directions ont toujours eu une action que l'ont pourrait qualifier rétrospectivement[325] d'IE.

---

[324] Ministère de l'économie et des finances et de l'industrie (Minéfi), ministère de l'économie, des finances et de l'emploi (Minéfe), Ministère de l'économie, de l'industrie et de l'emploi (MEIE)...

[325] Les domaines d'intervention du ministère en la matière concernent la politique industrielle, la régulation des marchés, l'encouragement à l'innovation

Cependant, l'absence de coordination n'a pas permis la meilleure efficacité du système, tant bien même les informations détenues par les différents services sont abondantes et précieuses.

Jusqu'à l'été 2006, la gestion de l'intelligence économique au sein de ce ministère[326] était réalisée par deux structures distinctes : le Haut fonctionnaire de défense et de sécurité (HFDS) et la délégation à l'intelligence économique. Afin d'harmoniser le travail entre ces deux entités, a été créé le poste de « coordonnateur ministériel à l'intelligence économique » (CMIE). En sus de son travail relationnel entre les services du ministère, le coordonnateur a deux autres priorités :

- assurer le meilleur fonctionnement possible du réseau des chargés de mission de défense économique en région. Ils sont placés près les trésoriers payeurs généraux (TPG). Ils sont notamment chargés dans les régions d'informer et sensibiliser les PME-PMI à l'intelligence économique[327]. Ces chargés de mission doivent particulièrement suivre le développement des pôles de compétitivité ;
- suivre, sur la scène internationale, les développements économiques qui pourraient offrir des opportunités aux entreprises françaises, notamment dans les pays émergents.

Après quelques mois de pratique de ce nouveau dispositif, une circulaire a entériné l'organisation et la gestion de la fonction I.E au sein de ce ministère[328]. Ce texte précise le concept de la politique publique d'intelligence économique vu par Bercy en ces termes :

---

technologique, sa participation aux grandes négociations économiques internationales ou encore l'accompagnement des entreprises sur les marchés étrangers.

[326] Le Budget faisait alors partie du Minéfi et l'Emploi n'y était pas rattaché.

[327] Par exemple, ce ministère a édité le « *guide des bonnes pratiques en matière d'intelligence économique* » en février 2009, puis a activé son site Internet (http://www.ie.bercy.gouv.fr) deux mois plus tard pour contribuer à cette sensibilisation.

[328] Circulaire relative au dispositif d'intelligence économique mis en œuvre au sein des services du ministère de l'économie, des finances et de l'industrie en date du 21 mars 2007 (publiée au JORF n°108 du 10 mai 2007 page 8265). Les préfets de régions et les TPG sont destinataires de cette circulaire.

« *Conçue comme un instrument de compétitivité et de maîtrise des risques, la politique d'intelligence économique est un facteur de soutien à l'innovation, qu'elle s'efforce par ailleurs de protéger des risques de prédation.* » (p. 2).

Cette formulation indique clairement le positionnement du ministère des finances sur la dimension offensive, sans occulter pour autant une certaine sensibilité défensive[329]. Le texte précise par ailleurs que l'action du ministère des finances s'inscrit dans un cadre interministériel et coopératif et désigne également la cible privilégiée de l'action des agents de Bercy : les PME.

Un cas concret illustre la dynamique de ce ministère : l'élaboration de la réglementation relative au contrôle des investissements étrangers[330]. Alors que la doctrine européenne veut favoriser la libre circulation des capitaux, il peut paraître contradictoire de vouloir limiter des investissements étrangers en France. Cette réglementation n'a pu voir le jour qu'après d'âpres discussions et négociations avec la Commission Européenne[331], en argumentant sur le volet défensif.

---

[329] Le ministère des finances dispose d'un service défensif : les douanes.

[330] La loi n° 2004-1343 du 9 décembre 2004 (article 30) de simplification du droit et liens vers les décrets a formulé l'article L.151-3 du code monétaire et financier en indiquant les activités considérées comme sensibles pour lesquelles la puissance publique devait autoriser les investissements étrangers :
« - *activités de nature à porter atteinte à l'ordre public, à la sécurité publique ou aux intérêts de la défense nationale ;*
- *activités de recherche, de production ou de commercialisation d'armes, de munitions, de poudres et substances explosives.* »
Le décret d'application n° 2005-1739 du 30 décembre 2005, dit « *décret des investissements étrangers* » et publié au JORF le 31 décembre 2005, décrit toute la procédure de contrôle et d'autorisation préalable de ces investissements.

[331] La Commission s'est montrée particulièrement vigilante lors de l'élaboration de ce texte afin qu'il soit conforme aux dispositions du Traité sur le fonctionnement de l'union européenne (TFUE). La formulation du texte français s'inscrit dans l'axe défini par le Traité qui spécifie que la libre circulation des capitaux peut connaître des exceptions lorsqu'elle s'applique à des domaines expressément déterminés : la défense nationale (art. III 436 TFUE, ex-296 TCE), l'ordre public et la sécurité publique (art. 65.1.b TFUE, ex-58 TCE). Toutefois, l'exigence de proportionnalité posée par la jurisprudence de la CJCE (mais également la jurisprudence constitutionnelle française) doit être strictement observée pour ne pas restreindre des libertés sous des prétextes fallacieux. C'est en ce sens qu'est rédigé le décret du 30 décembre 2005, les notions d'ordre et de sécurité publics pouvant avoir des contours flous.

Le ministère des finances dispose également d'un réseau territorial développé.

6.1.2 - Le ministère des affaires étrangères et services internationaux

Dans une économie mondialisée à tendance libérale, le ministère des affaires étrangères tient une place importante dans le dispositif français d'intelligence économique. Second réseau diplomatique mondial après les États-Unis, le dispositif français[332] est constitué de 156 ambassades, 17 représentations et 98 postes consulaires[333].

L'ambassadeur bénéfice de plusieurs adjoints en fonction de leurs compétences, en provenance d'autres ministères[334]. Parmi eux, le chef de la mission économique est le véritable fer de lance de la politique économique à l'étranger.

Statutairement, la mission économique d'un poste diplomatique est une antenne de la Direction générale du Trésor et de la politique économique (DGTPE) du ministère des finances[335]. Ces services sont parfois appelés « poste d'expansion économique ». Toutefois, ce dispositif est bien antérieur à la politique publique d'intelligence économique initiée depuis 2003. Depuis plus d'un siècle, des

---

[332] Source : http://www.diplomatie.gouv.fr/fr/ministere_817/ambassades-consulats_814/index.html, consulté le 18/09/2010.

[333] Les différentes dénominations correspondent à la variété des missions et l'importance des prérogatives qui y sont rattachées : représentation officielle d'un État dans un pays tiers (ambassade), auprès d'une organisation internationale (représentation), ou mission liée à l'état civil (naissance, élections, décès...) des ressortissants nationaux à l'étranger (consulat). Un pays hôte peut accueillir une ambassade et un ou plusieurs consulats.

[334] Attachés de la sécurité intérieure du ministère de l'intérieur, attachés de défense du ministère de la défense, conseiller culturel, scientifique et de coopération et tout autre conseiller dont l'expertise peut être utile à l'ambassadeur dans sa mission, en fonction de la configuration du pays d'implantation (agriculture, douanes...).

[335] Il peut également être fait mention de l'activité à l'international d'une autre direction de Bercy : la direction générale du Trésor qui mène de nombreuses opérations de coopération pour le développement. L'action du Comité d'aide au développement (CAD) peut ainsi devenir un vecteur d'influence et contribuer à positionner favorablement les multinationales françaises dans les appels d'offres internationaux (assainissement, transports, énergie...).

personnels spécifiquement chargés de développer les liens commerciaux entre les entreprises françaises et les marchés étrangers sont en poste dans les ambassades[336].

En fait, plusieurs entités du ministère des affaires étrangères (mais également du ministère des finances), étaient en charge de ces questions économiques et commerciales et de leur développement à l'étranger depuis de nombreuses années. La politique publique d'intelligence économique a permis une meilleure coordination entre ces structures. D'ailleurs, le ministère des affaires étrangères s'est adapté aux nouveaux enjeux en créant une direction générale de la mondialisation, du développement et des partenariats (DGM)[337], comprenant une direction des entreprises et de l'économie internationale[338]. L'article 6 de son décret constitutif expose ses missions et ses objectifs dans les termes suivants :

> *La direction générale de la mondialisation, du développement et des partenariats définit et met en œuvre, en liaison avec les administrations concernées, l'action de la France dans les domaines économiques et sociétaux à l'égard des organisations internationales et des organisations intergouvernementales à vocation mondiale. Elle participe à l'élaboration et à la mise en œuvre de la coopération internationale dans le secteur de la gouvernance.*

---

[336] Une des premières expériences en la matière se situe en 1720 lorsque le nouvel ambassadeur français en Espagne s'est vu adjoindre un « financier marchand pour les affaires de commerce ». Mais c'est surtout sous la IIIème République, alors que la première mondialisation produit ses effets, que seront créés les postes d'attachés commerciaux en 1906.

[337] Décret n° 2009-291 du 16 mars 2009 portant organisation de l'administration centrale du ministère des affaires étrangères et européennes, publié au JORF le 17 mars 2009. Il s'agit en fait de l'adaptation d'un dispositif déjà existant. En effet, cette nouvelle direction reprend peu ou prou les attributions de l'ancienne Direction générale de la coopération internationale et du développement avec des moyens remaniés. Cette DGM « *définit et met en œuvre, en liaison avec les administrations concernées, l'action de la France dans les domaines économiques et sociétaux à l'égard des organisations internationales et des organisations intergouvernementales à vocation mondiale.* » (Source : www.diplomatie.gouv.fr).

[338] Créée le 1er mars 2013, cette direction a vocation à devenir le point de contact des entreprises du ministère des affaires étrangères, quelle que soit leur taille.

Elle suit les questions économiques et financières internationales. Elle contribue, pour le compte du ministre des affaires étrangères, à la définition des politiques relatives aux biens publics mondiaux. Elle participe à la politique d'attractivité du territoire français et contribue aux politiques de soutien des entreprises françaises à l'étranger ainsi qu'au développement de la coopération universitaire et scientifique, et notamment de la promotion de la venue des étudiants et des chercheurs étrangers en France. Elle développe l'action culturelle et artistique extérieure, ainsi que l'enseignement du français à l'étranger. A ce titre, elle assure la tutelle de l'Agence pour l'enseignement français à l'étranger. Elle concourt à la définition et à la mise en œuvre des actions de coopération conduites par le Gouvernement en matière de francophonie. Elle mobilise les réseaux de l'État à l'étranger sur les enjeux globaux.
[…] *Elle exerce, pour le compte du ministre des affaires étrangères, la tutelle sur les opérateurs de la coopération internationale française et élabore les politiques et stratégies des opérateurs de l'aide publique au développement, en particulier l'Agence française de développement.*
[...] *Elle soutient l'action des collectivités territoriales dans le cadre de la coopération décentralisée.* [...] »[339].

Toutefois, le ministère des affaires étrangères n'est pas seulement une administration en charge uniquement de la représentation de l'État à l'étranger où du traitement des dossiers relatifs aux ressortissants nationaux, il est également un facilitateur dans la constitution des réseaux économiques. A titre d'exemple, le dispositif « Quai d'Orsay / entreprises » est une initiative intéressante. Créé en 2006, ce programme a pour objet de délivrer des bourses d'étude co-financées

[339] Le ministère des affaires étrangères s'est donc fixé deux des trois axes d'action dans le cadre de la politique publique d'intelligence économique en privilégiant l'influence auprès des organismes internationaux et aidant les entreprises à devenir plus compétitives sur les marchés internationaux en leur facilitant notamment l'accès à ces mêmes marchés par des actions de conseil.

par le ministère et des entreprises françaises[340] à des étudiants étrangers[341].

Les actions du ministère sont donc essentielles à la compréhension des acteurs et la pénétration des marchés internationaux. Mais d'autres organismes publics œuvrent à l'étranger pour soutenir et accompagner les entreprises françaises :

- Ubifrance[342], l'agence française pour le développement international des entreprises est certainement un des organismes les plus connus des exportateurs français. Cette agence aide les entreprises (et les pouvoirs publics) dans leur analyse des marchés internationaux et les accompagne dans leurs démarches d'exportation, voire d'implantation à l'étranger. C'est un organisme essentiel pour les entreprises françaises, en particulier les PME peu familières des législations et procédures étrangères ;
- le ministère du commerce extérieur, dépendant du ministère des finances, accompagne les entreprises dans leurs démarches à l'exportation. Cette administration développe ses actions conjointement avec Ubifrance ;
- l'Assemblée des chambres françaises de commerce et d'industrie (ACFCI) : une disposition législative précise le rôle

[340] Thalès (financement d'étudiants originaires du Brésil, de Chine, d'Inde et de Russie), Orange (étudiants originaires d'Inde), DCNS (étudiants originaires d'Inde également), Alten (étudiants originaires d'Inde), Crédit agricole (étudiants originaires de Grèce, de Hong Kong, d'Italie, du Japon, de Serbie et de Singapour) et Air liquide (étudiants originaires de Côte d'Ivoire, d'Inde, de Madagascar, du Maroc, de Russie) ont été les premières entreprises à participer à ce programme entre 2006 et 2011. Source : http://www.diplomatie.gouv.fr, consulté le 20/09/2010. On ne peut qu'observer que la nationalité des étudiants financés ne soit pas complètement étrangère aux préoccupations commerciales de ces entreprises.

[341] Ces bourses permettent donc d'établir des liens avec les étudiants repérés parmi l'élite internationale et de développer chez eux une sensibilité plus forte envers les industries françaises.

[342] Décret n° 2004-103 du 30 janvier 2004 relatif à UBIFRANCE, Agence française pour le développement international des entreprises. Il s'agit d'un établissement public industriel et commercial placé sous la tutelle de la DGTPE du ministère des finances.

du réseau consulaire dans l'accompagnement des entreprises[343]. L'ACFCI, à la tête de ce réseau est plus particulièrement positionnée pour défendre les intérêts des entreprises auprès des pouvoirs publics. Ce réseau (CCI et CRCI) *« contribue au développement économique des territoires, des entreprises et de leurs associations en remplissant en faveur des acteurs économiques,* [...], *des missions de service public, des missions d'intérêt général et, à son initiative, des missions d'intérêt collectif. Les établissements qui le composent ont, dans le respect de leurs compétences respectives, auprès des pouvoirs publics, une fonction de représentation des intérêts de l'industrie, du commerce et des services,* [...]. »[344]

Ce rôle de représentation est confirmé au niveau national, rôle tenu par l'ACFCI :

« *L'assemblée des chambres françaises de commerce et d'industrie représente, auprès de l'État et de l'Union européenne ainsi qu'au plan international, les intérêts nationaux de l'industrie, du commerce et des services.*
A ce titre, elle donne des avis, soit à la demande des pouvoirs publics, soit de sa propre initiative, sur toutes les questions relatives à l'industrie, au commerce, aux services, au développement économique, à la formation professionnelle, à l'aménagement du territoire et à l'environnement. » (art. L.711-11 du code de commerce).

A l'instar des chambres de commerce et d'industrie qui « peuvent également créer et assurer directement d'autres dispositifs de conseil et d'assistance aux entreprises » (art. L.711-3 du code de commerce), l'ACFCI « apporte au réseau son appui dans les domaines technique, juridique et financier. » (art. 711-12, 2° du code de commerce).

En sus de ce rôle de conseil, l'ACFCI est active à l'étranger grâce à sa direction des relations internationales qui lui permet de coordonner « *les actions du réseau avec celles des chambres de commerce et*

---

343 Loi n° 2005-882 du 2 août 2005 en faveur des petites et moyennes entreprises, dite « *Loi Dutreil* ».

344 L'article 62 de cette loi a été inséré comme article L.710-1 du code de commerce.

d'industrie françaises à l'étranger. » (art. L.711-12, 4° du code de commerce). Elle dispose également d'une direction des affaires européennes. Enfin, l'ACFCI a développé une mission « intelligence économique » à travers sa direction de l'innovation et de l'intelligence économique[345].

L'analyse des prérogatives et des missions de ces trois services fait apparaître l'existence de possibles redondances. Dès lors, une bonne coordination entre ces trois acteurs était susceptible de clarifier et améliorer l'offre de services à destination des entreprises. Un accord[346] a été conclu en ce sens, permettant de mieux définir le rôle de chacun :

- les CCI sont chargées d'identifier les exportateurs potentiels sur le territoire national ;
- Ubifrance analyse les dossiers et propose des solutions pour faciliter le développement international de ces entreprises ;
- les missions économiques aident les entreprises à s'installer à l'étranger ;
- les CCI françaises à l'étranger, une fois l'installation effectuée, aident ces entreprises à se développer sur les marchés locaux[347].

Dans le cadre de la politique publique d'intelligence économique, la puissance publique a donc organisé son dispositif de manière plus cohérente dans l'accompagnement des entreprises dans leur développement à l'international.

En sus de ces principaux organismes[348], de multiples sociétés privées de service (conseils, accompagnement, voire assurance telle la

---

345 Philippe Clerc, un des fondateurs de l'intelligence économique en France, en est le directeur.

346 Partenariat signé le 23 avril 2008 entre Ubifrance, l'ACFCI et l'Union des chambres de commerce et d'industrie françaises à l'étranger (UCCIFE) et la DGTPE.

347 Source : http://www.exporter.gouv.fr/exporter/Pages.aspx?iddoc=1508&pex=1-2-13-3-1508, consulté le 26/09/2010.

348 Aux côtés desquels il ne faut pas omettre l'Institut national de la propriété industrielle (INPI). En effet, cet institut propose plusieurs services. Il n'est pas qu'une simple chambre d'enregistrement de la propriété industrielle. Avant tout dépôt, il procède à des recherches afin de déterminer si un produit équivalent ne bénéficie pas déjà d'une protection, et éviter ainsi des déboires aux prétendants,

Coface[349] qui bénéficie toutefois d'une mission pour le compte de l'État), se sont développées parallèlement au mouvement de la mondialisation, bien que leur création soit parfois bien antérieure aux années 1990.

6.1.3 - Le ministère de l'enseignement supérieur et de la recherche

Ce ministère tient une place à part dans la politique publique d'intelligence économique. Il n'est pas directement associé à la performance des entreprises, mais son rôle n'en est pas moins important. En effet, la recherche effectuée aujourd'hui est, certes, source de progrès dans le quotidien de tout un chacun, mais génère surtout les conditions de la compétitivité et de la prospérité des entreprises dans un avenir proche[350], notamment par la protection juridique des inventions conférée par le droit de la propriété intellectuelle. La recherche est souvent considérée comme un investissement à long terme[351].

S'il est entendu que les entreprises ayant une politique de R&D recherchent bien évidemment les découvertes susceptibles de bénéficier d'une protection au titre de la propriété intellectuelle afin de rentabiliser ses recherches et gagner un avantage concurrentiel, l'opinion de considérer souvent que la recherche publique ne semble porter d'intérêt qu'à la recherche « fondamentale » au prétexte qu'elle

---

toujours sources de dépenses d'énergie, de coûts financiers, voire de soucis juridiques (plainte pour contrefaçon). Les conseils prodigués avant un dépôt peuvent éviter de placer l'entreprise dans une fâcheuse posture.

[349] Depuis sa création en 1946, la Coface est une compagnie d'assurance spécialisée dans la couverture des risques liés à l'exportation. Elle garantit également, pour le compte de l'État, des contrats à l'exportation (ainsi que des assurances sur les dettes publiques des États) qui ne peuvent pas être pris en compte par des compagnies privées d'assurance. Depuis les années 2000 elle développe des activités dans l'information économique, l'affacturage, le recouvrement de créances, la notation... Elle offre en particulier des prestations d'assurance dans les contrats internationaux (contrat de Swap pour protéger les entreprises contre les fluctuations des taux de change des monnaies ou de variation des taux d'intérêt, assurance contre les risques politiques...).

[350] Aussi, les experts s'accordent à penser que l'effort d'investissement dans la recherche ne doit pas faiblir. Cf. ASKENAZY, P. « *Les décennies aveugles. Emploi et croissance en France, 1970-2010* ». Éditions du Seuil (2011).

[351] La durée maximale de protection qu'offre un brevet est de 20 ans à compter de la date de son dépôt (article L.611-2, 1° du code de la propriété intellectuelle).

donne ses lettres de noblesse à la recherche académique reste tenace[352]. Pourtant, la recherche publique, et à travers elle le ministère de l'enseignement supérieur et de la recherche qui exerce la tutelle sur un certain nombre d'organismes, n'est pas inactif en matière de recherche à applications industrielles. En effet, les organismes de recherche publique[353] déposent très régulièrement des brevets[354], et parfois en s'associant et les partageant avec des entreprises (Bergman, 2009)[355], ou d'autres organismes publics[356]. Toutefois, la part des contrats de recherche avec une entreprise dans le budget de la recherche publique reste faible en France en comparaison avec certains autres pays européens[357]. La mise en œuvre de ces dispositifs a eu un premier effet bénéfique, tant pour la recherche fondamentale qu'appliquée (Lach et Schankerman, 2003)[358]. Mais progressivement,

---

352 Le débat entre la recherche « fondamentale » et la recherche « appliquée » a toujours ses partisans et ses détracteurs.

353 Le ministère de l'enseignement supérieur et de la recherche exerce une tutelle pleine ou conjointe sur plusieurs organismes d'envergure : CNRS, INSERM, INRA, INRIA, CIRAD, INRETS, Institut Pasteur, Institut Curie...

354 En 2013, le CNRS a déposé 408 brevets en son nom propre, se situant alors au 7° rang national des déposants de brevets. Le premier organisme public était le CEA, à la 3° place pour 625 brevets.
(Source : http://www.inpi.fr/fileadmin/mediatheque/pdf/Actualites/INPI_CP_palmares_deposants_2013.pdf, consulté le 27/04/14). Toutefois, les recettes générées par ces brevets dans le budget de la recherche publique restent faibles : 1 % en France contre 4 % aux États-Unis (source : rapport IGF/IGAENR, janvier 2007).

355 L'auteur évoque le « Marshallian paradox » ou encore le paradoxe européen soulignant les difficultés de la recherche académique à transférer ses connaissances et le produit de ses recherches vers l'industrie.

356 71 % des brevets issus de la recherche publique sont détenus en copropriété entre plusieurs organismes (source : étude BETA, 2008, cité par le ministère de l'enseignement supérieur et de la recherche à l'occasion du déplacement de Valérie Pécresse, sur le site de Bretagne Valorisation, 28 janvier 2010). Cette situation générant des difficultés auprès des entreprises pour connaître notamment le bon interlocuteur, le décret n° 2009-645 du 9 juin 2009 relatif à la gestion entre personnes publiques de la propriété industrielle des résultats issus de travaux de recherche réalisés par des fonctionnaires ou des agents publics a clarifié la situation en disposant que ces brevets ne seront valorisés que par un mandataire unique à partir du 1er juillet 2009 (modification de l'article R.611-13 du code de la propriété intellectuelle).

357 4,6 % pour la France, 8,2 % au Royaume-Uni et 11,8 % en Allemagne. Source : OCDE (2005).

358 Source : http://www.nber.org/papers/w9727.pdf?new_window=1, consulté le 02/03/2013.

certains enseignants se sont tournés vers l'industrie (Baldini, 2008, p. 289s) et il est constaté, notamment aux États-Unis, une stagnation dans le nombre de dépôts de brevets en provenance des universités (Leydesdorff et Meyer, 2009, p. 355s).

Le second levier d'action du ministère de l'enseignement supérieur et de la recherche est celui des universitaires eux-mêmes. La réforme Allègre a permis de développer une culture du brevet chez les universitaires. Ainsi, sur la période 2003-2005, les universités françaises ont contribué à hauteur de 4,4 % dans les dépôts de brevets en France, alors que la moyenne mondiale est à 4% sur la même période.

Ces chiffres sont à relativiser car tous les brevets déposés par des universitaires ne sont pas nécessairement enregistrés par les universités (CAE, 2010, p. 25).

Toutefois, la réforme des universités[359] a pour objectif d'accroître cette tendance. En effet, l'autonomie financière accordée aux universités leur permet de percevoir des recettes d'origines diverses, dont les droits de propriété intellectuelle (art. L.719-4 du code de l'éducation). Parallèlement, les universités les plus prestigieuses, ou cherchant à être reconnues comme telles[360], doivent disposer de ressources financières importantes, notamment pour attirer les meilleurs enseignants, espérant dans un second temps attirer les meilleurs élèves dont les ressources financières leur permettent également de s'engager dans une formation onéreuse[361]. Ainsi, l'université française dispose depuis 2007 d'une plus grande autonomie, notamment financière[362], et une université ambitieuse doit trouver de nouvelles recettes pour financer son développement. Les retombées des brevets déposés peuvent y contribuer. Ainsi, les établissements ayant la possibilité de

[359] Loi n° 2007-1199 du 10 août 2007 relative aux libertés et responsabilités des universités.

[360] Les plus grandes universités du monde se livrent à une concurrence féroce en espérant figurer en bonne place dans les palmarès internationaux, et en particulier dans le fameux classement de Shanghaï existant depuis 2003.

[361] Plus un établissement est réputé, plus il est accepté que les frais d'inscription soient élevés. Ils peuvent atteindre plusieurs dizaines de milliers d'euros par an pour certains établissements de renommée mondiale.

[362] La réforme des universités prévoit également un volet d'autonomie dans le mode de gestion de l'établissement.

développer des recherches brevetables à terme pourraient trouver là des sources recherchées à leur financement.

Enfin, le troisième volet de l'action IE du ministère est celui de l'influence par l'accueil des étudiants étrangers[363], et inversement, l'envoi d'étudiants français à l'étranger. Les liens ainsi tissés permettront ultérieurement de favoriser les contacts auprès des personnalités qui accéderont demain à de hautes responsabilités politiques ou managériales dans les systèmes ou entreprises de leur pays d'origine.

Ainsi, il apparaît clairement que l'action du ministère de la recherche est une action offensive à long terme[364]. C'est pourquoi son action peut paraître ne pas s'inscrire dans la politique publique d'intelligence économique, alors que la situation économique et l'opinion publique exigent le plus souvent des réponses immédiates. Toutefois, son action est déterminante tant dans l'orientation de la recherche à travers la tutelle qu'il exerce sur un certain nombre de laboratoires que la formation et l'influence des futures élites[365]. L'intelligence économique est traitée par deux services au sein du MESR : le HFDS et la direction générale de la recherche et de l'innovation.

Section 6.2 - Le ministère « défensif » par excellence : le ministère de l'intérieur

Ce ministère, impliqué depuis de nombreuses années dans la protection du patrimoine économique, a connu d'importantes évolutions en la matière depuis 2003. De récentes réorganisations lui ont donné sa physionomie actuelle en créant ou s'appuyant sur des structures déjà existantes pour coordonner son activité dans le cadre de l'intelligence économique défensive.

---

[363] Pour l'année scolaire 2012-2013, ils étaient 289 274 inscrits dans l'enseignement supérieur français.
Source : http://cache.media.enseignementsup-recherche.gouv.fr/file/2014/58/8/NI_MESR_14_01_303588.pdf, consulté le 27/04/2014.

[364] Son action est également territoriale par la mise en réseau des compétences à travers les réseaux thématiques de recherche avancée (RTRA).

[365] Y compris les dirigeants français et leurs collaborateurs, les établissements supérieurs proposant également des formations complémentaires courtes.

6.2.1 - La police nationale

En premier lieu, c'est la direction générale de la sécurité intérieure[366] (DGSI) qui constitue le service dédié à l'intelligence économique défensive. Bien que cette direction soit récente, elle est impliquée depuis de nombreuses années dans la protection du patrimoine économique. Evolution de la direction centrale du renseignement intérieur[367] (DCRI), elle-même née de la fusion entre la Direction de la surveillance du territoire[368] (DST) et d'une partie des renseignements généraux[369] (RG), elle a hérité des missions de ces deux directions qui pratiquaient, sous un angle différent, la protection économique. Les textes prévoyant les missions de la DCRI sont toujours applicables à la DGSI. La DST, en charge de la contre-ingérence, avait développé un volet économique et pratiquait donc le contre-espionnage économique, tandis que les renseignements généraux s'intéressaient davantage à l'aspect social des entreprises et des conflits qui en perturbaient le bon fonctionnement.

Cet héritage a conditionné le mode de fonctionnement de la DGSI. Celle-ci a poursuivi son effort auprès des grandes entreprises stratégiques ou les grands groupes industriels, *a fortiori* lorsque leurs activités concernent un domaine de la souveraineté nationale, sans préjudice de l'action d'autres services[370]. A ce titre, la mission de coordination du HRIE a été déterminante pour faire évoluer conjointement les différents services publics en charge des questions de sécurité économique.

---

[366] Décret n° 2014-445 du 30 avril 2014 relatif aux missions et à l'organisation de la direction générale de la sécurité intérieure.
Décret n° 2014-454 du 6 mai 2014 modifiant le décret n° 2013-728 du 12 août 2013 portant organisation de l'administration centrale du ministère de l'intérieur et du ministère des outre-mer.

[367] Décret n° 2008-609 du 27 juin 2008 relatif aux missions et à l'organisation de la direction centrale du renseignement intérieur.

[368] Le décret n° 82-1100 en date du 22 décembre 1982 fixait les attributions de la DST.

[369] Apparus en 1911, les renseignements généraux étaient une structure d'information des autorités qui s'inspirait déjà des dispositifs en vigueur au cours du XIXème siècle, chargés de suivre les mouvements d'opinion, en particulier politique. La dernière réforme des renseignements généraux datait de 1995 (décret n° 95-44 du 16 janvier 1995 et arrêtés du 30 mars 1995 et 12 octobre 1995).

[370] En particulier la DPSD chargée du suivi des industries de défense.

Par ailleurs, le texte véritablement initiateur[371] de la politique publique d'intelligence économique a reconnu la prépondérance de cette direction dans cette mission en lui confiant le rôle d'expertise parmi les services de sécurité :

> « *Fortement adossée à l'international, la Direction de la surveillance du territoire – service compétent du ministère de l'intérieur en matière de protection du patrimoine économique et scientifique – constitue une source d'expertise privilégiée.* » (p. 5).

La réorganisation de la DST en DCRI au 1er juillet 2008, renforcée d'effectifs transfuges des anciens renseignements généraux, va accroître ses prérogatives et plusieurs autres textes vont confirmer ce positionnement. Une première circulaire[372] précise le mode de fonctionnement de la nouvelle direction, notamment ses relations avec les autorités préfectorales. Cette circulaire rappelle que la protection du patrimoine et la sécurité économique sont une de ses quatre principales missions. Aussitôt après, une autre circulaire[373] a précisé les orientations de la DCRI en matière d'intelligence économique en indiquant que la sécurité économique est une des priorités de cette direction :

> « *Spécialisée dans le contre-espionnage, la contre-ingérence économique et la contre-prolifération, la DCRI reste le service opérationnel et d'analyse de référence en matière de sécurité économique.* » (p. 2).

Les mois qui suivirent l'installation de la DCRI ont été particulièrement riches en échanges entre les différentes directions du ministère de l'intérieur pour délimiter le champ d'action des parties prenantes. La priorité des autorités a été de vouloir éviter les

---

[371] Circulaire INT A 05 00085 C du 13 septembre 2005 relative à l'intelligence économique appliquée aux territoires.

[372] Circulaire INT K 08 00139 C du 21 juillet 2008 relative à la réorganisation des services de renseignement du ministère de l'intérieur ; mise en place de l'organisation territoriale.

[373] Circulaire INT K 08 00149 C du 13 août 2008 relative à l'action du ministère de l'intérieur, de l'outremer et des collectivités territoriales en matière d'intelligence économique.

doublons, sources d'une possible compétition malsaine entre les services, tout en occupant les éventuels espaces laissés en déshérence. Parallèlement, la création de la D2IE a nécessité que les rôles de chacun soient bien définis dans la nouvelle organisation[374]. Finalement, tenant compte de la restructuration interne du ministère de l'intérieur et la création de la D2IE, le dispositif IE de ce ministère a été stabilisé par la circulaire du 1er juin 2010[375]. Le rôle de la DCRI y était confirmé :

> « *Ainsi, la DCRI est notamment investie d'une mission de protection de la composante économique des intérêts fondamentaux de la nation face aux menaces étrangères. Les compétences de cette direction en matière de lutte contre la prolifération des armes de destruction massive s'inscrivent dans le cadre de cet engagement auprès du tissu économique, scientifique et industriel national. Elle mène à cette fin des actions de renseignement et de contre-ingérence. Service spécialisé du ministère...* […]. » (p. 2).

Ainsi, l'évolution de la DCRI n'a pas modifié ses modes d'action de service de renseignement ayant également une capacité juridique à mener des enquêtes judiciaires pour traduire les contrevenants des

---

[374] A ce titre, la réunion qui s'est tenue le 30 septembre 2009 (soit quelques jours après la création de la D2IE), sous la direction de M. Bart, alors directeur de cabinet du Ministre de l'intérieur, a permis de préciser les contours de la nouvelle organisation du ministère. Un temps envisagée, l'implication de la Délégation à la prospective et à la stratégie (DPS) dans la PPIE a finalement été écartée lors de cette réunion.

[375] Circulaire NOR IOC K 10 14218 J du 1er juin 2010 relative à l'information sur le dispositif de la politique publique d'intelligence économique après la mise en place du délégué interministériel à l'intelligence économique. Ce texte est source également d'une avancée conceptuelle et doctrinale puisque l'action des services est mieux définie. Il distingue deux volets dans la sécurité économique : la contre-ingérence et la sécurité des biens et des personnes appliquée à l'entreprise. Jusqu'à présent il n'était question que de sécurité économique pour définir l'action IE du ministère de l'intérieur, tout en reconnaissant à la DCRI un rôle d'expertise. La Direction centrale de la sécurité publique (DCSP) et la gendarmerie nationale ne bénéficiait pas d'une telle définition, l'imprécision dans la définition de leurs champs d'action étant susceptible de générer des superpositions dans leurs activités respectives. Par ce biais, la SDIG, dépendante de la DCSP, est revenue sur le plan doctrinal dans la sphère IE du ministère, alors que cette sous-direction s'intéressait déjà aux entreprises par le volet social.

infractions les plus graves devant les tribunaux[376]. De même, les précisions réglementaires n'ont pas détourné cette direction de sa mission de sécurité économique. Ces textes ont surtout permis de confirmer son rôle tout en précisant des espaces d'intervention des autres services.

La réforme du renseignement du 1er juillet 2008 au sein de la police nationale a également eu d'autres conséquences. La direction centrale des renseignements généraux (DCRG) a été remplacée par la sous-direction de l'information générale (SDIG). En raison du transfert d'une partie des effectifs des ex-RG vers la nouvelle DCRI, les missions de la SDIG ont été redéfinies et son périmètre plus restreint[377]. Avant cette date, les renseignements généraux entretenaient des contacts avec le monde de l'entreprise, plus particulièrement sous l'angle social. Or, la réforme du 1er juillet 2008 a concentré l'activité IE du ministère vers la DCRI. La nouvelle SDIG n'a pas été en mesure de s'engager davantage dans cette mission. Elle a poursuivi néanmoins le suivi des entreprises par le volet social.

Toutefois, ce nouveau positionnement a laissé un vide. Si la DGSI suit toujours les grandes entreprises et les entités stratégiques sur l'ensemble du territoire, l'activité sécuritaire de proximité fait l'objet d'un découpage entre les deux grandes forces de police en France (police et gendarmerie nationales). En zone de police nationale, les grandes entreprises non stratégiques et les PME bénéficiaient d'un suivi plus distendu, contrairement aux mêmes entreprises implantées en zone de gendarmerie nationale. La circulaire du 1er juin 2010 avait pour ambition de combler ce vide. Cependant, il a été constaté en pratique que les services de la SDIG étaient « *quasiment absents du dispositif régional* » (Laurens-Bernard, 2013, p. 9). Toutefois, la

---

[376] Autant les résultats de cette activité sont connus en matière de lutte contre le terrorisme, autant la jurisprudence est quasi-inexistante en matière d'intelligence économique, à défaut d'un *corpus juris* adapté. Les contentieux en la matière sont principalement civils. Le contentieux pénal existe bien en matière d'intelligence économique, mais en visant des infractions autres (usurpation d'identité...).

[377] Arrêté IOC C 08 15022 A du 27 juin 2008 relatif aux missions et à l'organisation de la direction centrale de la sécurité publique. Cette direction comprend plusieurs sous-directions, dont la SDIG, elle-même composée d'une division de l'information économique et sociale.

nouvelle configuration du SCRT comprend toujours une « division de l'information économique et sociale »[378].

6.2.2 - La gendarmerie nationale

En raison de sa nature, elle est également positionnée sur le second volet de la sécurité. De plus, son maillage territorial lui autorise des actions au contact direct des entreprises. Toutefois, cette administration est un cas particulier : malgré ses implantations territoriales, l'intelligence économique n'était pas, jusqu'à très récemment, inscrite en tant que telle dans son action. Toutefois, ses missions traditionnelles de surveillance générale, de contact avec la population et les entreprises ainsi que de police judiciaire lui conféraient un socle réglementaire et empirique pour s'approprier cette nouvelle mission sans rencontrer de difficultés insurmontables.

Mais c'est véritablement à la suite du rapport Carayon de 2003 que la gendarmerie nationale a pris en compte cette nouvelle politique publique et a adapté ses modes de fonctionnement à ces nouveaux enjeux. A la suite du colloque du 1er décembre 2003[379], le cabinet de la DGGN a désigné un officier[380] pour proposer des modes d'action conformes à la doctrine et qui pourraient contribuer à cette politique publique. Après plus d'une année de réflexion et de consultation, la doctrine IE de la gendarmerie nationale a été publiée[381], et quelques mois plus tard, les premiers référents étaient formés[382]. La

---

[378] Les nouveaux textes prévoyant les missions du SCRT et de la DGSI sont trop récents pour en mesurer déjà les effets. S'il peut légitiment être supposé, au regard des expériences passées, que la DGSI poursuivra sa mission de sécurité économique, il est prématuré de déterminer si le SCRT aura les moyens d'investir davantage le champ de l'intelligence économique au-delà de la sphère sociale des entreprises. Cette question est néanmoins prise en compte puisque une équipe est chargée de concevoir la faisabilité et les éventuelles modalités de développement de l'IE au sein du SCRT. Ce n'est pas tant sur le terrain doctrinal que celui des moyens (humains et financiers) que l'arbitrage pourrait fort bien se situer, à l'heure de la réduction des dépenses publiques.

[379] Organisé par le député Carayon, ce colloque fut la première ouverture au grand public (bien que composé de nombreux spécialistes, mais également de journalistes) à la suite de son rapport. Il s'est tenu à l'école militaire à Paris.

[380] Lettre n° 0070 DEF/GEND/CAB en date du 07 janvier 2004.

[381] Note d'orientation n° 1060 DEF/GEND/CAB en date du 8 mars 2005.

[382] Le premier stage de formation des référents régionaux s'est tenu en novembre 2005.

gendarmerie nationale a alors pu déployer ses actions d'intelligence économique territoriale à partir de 2006. Elle a intégré le GPIE en avril 2007.

Cette doctrine qui conditionne les modes d'action n'est pas uniquement une affaire interne à la gendarmerie nationale. En effet, depuis 2002, cette administration à statut militaire est placée pour emploi auprès du ministère de l'intérieur[383] et son action s'inscrit dans un cadre interministériel, notamment au niveau territorial sous l'autorité des préfets. C'est pourquoi les textes réglementaires du ministère de l'intérieur lui sont applicables[384].

Ainsi, la circulaire du 13 septembre 2005, à l'adresse des préfets, dispose que :

> « *La gendarmerie nationale bénéficie également d'un maillage exceptionnel du territoire qui fait d'elle une source de renseignements de premier ordre ainsi qu'un vecteur de sensibilisation qu'il conviendra d'impliquer pleinement dans votre politique locale d'intelligence économique.* » (p. 5).

D'emblée, la gendarmerie nationale est positionnée en tant qu'acteur de proximité des entreprises. La circulaire du 13 août 2008 précise son champ d'action :

> « *Vous devez mettre à profit le maillage territorial de la gendarmerie nationale pour couvrir non seulement les grandes entreprises des secteurs non stratégiques mais également le vaste réseau des petites et moyennes entreprises implantées sur le territoire.* » (p. 3).

Pour éviter les doublons avec la DCRI alors que les modes d'action sont différents, ce texte confirme la pratique qui s'était instaurée depuis plus de deux années : la DCRI prend en charge les entreprises les plus sensibles, y compris en zone de compétence de la gendarmerie

---

383 Décret n° 2002-889 du 15 mai 2002 relatif aux attributions du ministre de l'intérieur, de la sécurité intérieure et des libertés locales.

384 Ce transfert a été renforcé par la loi n° 2009-971 du 3 août 2009 relative à la gendarmerie nationale.

nationale tandis que celle-ci concentre son effort sur les entreprises non stratégiques, et en particulier les PME de son secteur. Enfin, cette réorganisation s'achève par la circulaire du 1er juin 2010 qui apporte quelques précisions par rapport à la nouvelle doctrine du ministère :

> « *En complément de la contre-ingérence, la sécurité des personnes et des biens appliquée à l'entreprise constitue un second volet de l'intelligence économique défensive.*
> *Les autres services de la police nationale, notamment ceux de la sécurité publique en charge de l'information générale, et la gendarmerie nationale, au travers de leurs réseaux territoriaux respectifs et des contacts qu'ils entretiennent avec les entreprises et leurs partenaires, disposent d'une capacité importante de collecte d'informations sur la vie interne et l'environnement des entreprises dans leurs zones de compétences. Leur maillage permet d'évaluer les vulnérabilités de ces entreprises et de sensibiliser et d'alerter les opérateurs afin de préserver notre patrimoine et d'améliorer la résilience de notre tissu économique.* » (p. 2).

Ainsi, ces profondes réformes ont permis de créer une fonction d'intelligence économique défensive équilibrée entre les différents services du ministère de l'intérieur. En raison des limites de l'intervention de tel ou tel service définies à deux degrés (sensibilité et territorialité de l'entreprise), le risque de doublons n'était pas nul. Après plusieurs années de pratique, il s'avère que ce découpage fait surtout l'objet d'un consensus au niveau territorial entre les différents services du ministère et les difficultés rencontrées initialement[385] ont progressivement été gommées.

---

[385] Ces difficultés ont toutefois été réelles lors du lancement des comités de pilotage régionaux (CPR) où il a été parfois difficile d'obtenir notamment, dans certaines régions, les listes des entreprises suivies préalablement par certains services à la création des CPR. Les cas observés démontrent qu'il s'agissait surtout d'un positionnement personnel de tel ou tel agent, et non une volonté organisée d'une administration ou d'une autre.

6.2.3 - La coordination ministérielle

Si les services opérationnels du ministère ont progressivement pu développer des actions complémentaires et non concurrentes par une meilleure connaissance mutuelle, une structure de coordination a fait défaut au sein du ministère lors de l'établissement de la politique publique d'intelligence économique. Initialement, le cabinet du ministère a assuré cette fonction, en centralisant certaines informations mais sans véritable coordination.

Toutefois, cette lacune va être rapidement comblée. Le Livre blanc (2008) va poser les fondements de cette structure de coordination, tout en lui envisageant un rôle étendu. A travers la fonction « *connaissance et anticipation* », les autorités de l'État ont bien conscience de la valeur de l'information lorsqu'elle permet de se préparer à affronter les défis de demain, alors qu'elle constitue « *la première ligne de défense d'un pays,* [...], [elle] *est érigée pour la première fois en fonction stratégique à part entière.* » (p. 133) :

> « *Face aux incertitudes qui pèsent sur les quinze ans à venir, la fonction de connaissance et anticipation vient au premier plan. Les citoyens attendent de l'État qu'il soit en mesure de comprendre les évolutions internationales, de préparer et d'orienter les moyens de la défense et de la sécurité intérieure et, autant que nécessaire, d'aider la société française à s'y adapter. Les capacités correspondant à la fonction connaissance et anticipation sont utiles à toutes les missions, tant des armées que du dispositif de sécurité intérieure et de sécurité civile.* » (p. 65).

Pour anticiper les crises et se préparer à affronter les défis à venir, les autorités ont créé ou adapté différentes structures[386]. L'intelligence économique, devenue une politique publique, largement fondée sur le traitement du renseignement économique, n'a pas échappé à ce

[386] Ainsi, le comité interministériel du renseignement (CIR), placé près le SGDN, a été remplacé par le comité national du renseignement (CNR), placé directement auprès de la présidence de la République.

mouvement[387]. Pour le ministère de l'intérieur, la prise en compte de cette dimension « connaissance et anticipation » s'est traduite par la création de la DPSN[388]. Son texte réglementaire constitutif dispose notamment que « *La direction de la planification de sécurité nationale* [...] *anime le dispositif territorial d'intelligence et de sécurité économique. Pour l'ensemble de ses missions, elle s'appuie sur les préfets de zone de défense.* » (art. 5).

Au mois d'août 2010[389], le ministère a fusionné la délégation à la prospective et à la stratégie (DPS) avec la direction de la planification de sécurité nationale (DPSN) pour créer la direction de la prospective et de la planification de sécurité nationale (DPPSN). Cette nouvelle structure permet de regrouper en une seule entité les deux visions (long et moyen/court terme) de l'anticipation. La mission consistant à animer le dispositif territorial d'intelligence et de sécurité économique a été maintenue dans cette nouvelle structure.

En apparence, le dispositif IE du ministère de l'intérieur semblait bien établi :

- la DPPSN assure la coordination entre les services du ministère, chacun ayant son propre espace d'intervention ;
- la DCRI s'intéresse aux grands groupes, à certaines PME stratégiques et aux grands programmes stratégiques civils sur l'ensemble du territoire national ;
- la SDIG porte son effort sur les PME situées en zone de police nationale ;
- la gendarmerie nationale procède de même pour les PME situées en zone de gendarmerie nationale.

---

[387] Si le Livre blanc (2008) prévoyait que « *l'organisation en matière d'intelligence économique continuera à reposer sur le haut responsable chargé de l'intelligence économique, placé auprès du SGDSN* » (p. 260) l'avenir a démontré que cette structure avait évolué pour devenir la D2IE, un an plus tard.

[388] Décret n° 2008-682 du 9 juillet 2008 modifiant le décret n° 85-1057 du 2 octobre 1985 relatif à l'organisation de l'administration centrale du ministère de l'intérieur et de la décentralisation.

[389] Décret n° 2010-973 du 27 août 2010 modifiant le décret n° 85-1057 du 2 octobre 1985 modifié relatif à l'organisation de l'administration centrale du ministère de l'intérieur et de la décentralisation. JORF n° 0199 du 28 août 2010.

Toutefois, la réalité est quelque peu divergente. Le rôle de la DPPSN était sensiblement différent. Elle n'était pas une structure de coordination au niveau central, elle était un des services qui adressait des instructions d'orientation aux autorités préfectorales, à charge pour elles de les faire appliquer territorialement par l'ensemble des services. Aussi, au niveau central, la DPPSN n'était pas hiérarchiquement supérieure aux trois services cités *supra*, mais ses orientations leurs étaient applicables indirectement par l'intermédiaire des préfets.

Sans doute ce schéma n'a-t-il pas donné entièrement satisfaction puisque l'animation du réseau des préfectures en matière d'intelligence économique à l'échelon central est assurée depuis 2011 par les services du HFDS du ministère de l'intérieur[390] (alors que la DPPSN fusionnait avec la Direction de la sécurité civile[391]). Un comité ministériel d'animation de l'intelligence économique est constitué au sein de ces services, chargé de mettre en cohérence et d'animer[392] les activités d'intelligence et de sécurité économiques des différentes entités du ministère. Cet organe assure ainsi les fonctions de coordination au niveau central, rôle envisagé précédemment pour la DPPSN.

Enfin, il est à noter une dernière évolution qui démontre bien la prise en compte toujours croissante de l'intelligence économique par le ministère de l'intérieur. Il s'agit de la réforme des services de renseignements. En effet, par l'instruction du 21 mars 2014[393], la DCRI est devenue direction générale de la sécurité intérieure (DGSI)[394] et que la SDIG a été transformée en service central du

[390] Décret n° 2011-988 du 23 août 2011 modifiant le décret n° 85-1057 du 2 octobre 1985 modifié relatif à l'organisation de l'administration centrale du ministère de l'intérieur et de la décentralisation, art. 4.

[391] Décret n° 2011-988 du 23 août 2011 modifiant le décret n° 85-1057 du 2 octobre 1985 modifié relatif à l'organisation de l'administration centrale du ministère de l'intérieur et de la décentralisation.

[392] Décret n° 2013-728 du 12 août 2013 portant organisation de l'administration centrale du ministère de l'intérieur et du ministère des outre-mer.

[393] Instruction K 14 00694 C du 21 mars 2014, relative à la réforme du renseignement territorial.

[394] Décret n° 2014-445 du 30 avril 2014 relatif aux missions et à l'organisation de la direction générale de la sécurité intérieure.

renseignement territorial (SCRT)[395]. Ces évolutions ne modifient pas substantiellement les attributions de ces services, chacun ayant déjà une approche des entreprises selon des modalités qui se veulent complémentaires les unes des autres. Mais surtout, cette « montée en gamme » administrative des services traitant de l'intelligence économique au ministère de l'intérieur est bien le signe que cette préoccupation y reste particulièrement prégnante, même si ce sujet n'est pas le seul traité par ces services. Elle est la traduction structurelle de la priorité affichée dans le Livre blanc (2008) et relative à la fonction de connaissance/anticipation.

Au-delà des textes réglementaires, l'efficacité de ce système repose en grande partie sur la bonne volonté des acteurs à vouloir collaborer dans le but de rendre l'action publique bénéfique aux entreprises.

Section 6.3 - Les ministères à double vocation

Enfin, certains ministères, en raison de leurs missions, mènent à la fois des actions offensives et défensives en matière d'intelligence économique.

6.3.1 - Le ministère de la défense

Ce ministère dispose de plusieurs directions, chacune ayant une manière propre de traiter le renseignement économique[396]. Cependant, l'intelligence économique est traitée directement par le cabinet du ministre de la défense.

En premier lieu, la direction de la protection et de sécurité de la défense (DPSD) exerce cette mission au profit des industries liées à la défense nationale, secteur stratégique s'il en est. Fondée en 1872, sa

---

[395] Décret n° 2014-466 du 9 mai 2014 modifiant le décret no 2008-633 du 27 juin 2008 modifié relatif à l'organisation déconcentrée de la direction centrale de la sécurité publique.
Arrêté INT C 14 08824 A du 9 mai 2014 modifiant l'arrêté du 1er février 2011 modifié relatif aux missions et à l'organisation de la direction centrale de la sécurité publique.

[396] Il est fait abstraction ici de la direction du renseignement militaire qui ne traite pas d'intelligence économique.

mission est d'assurer la sécurité du personnel, des informations, des matériels et des installations sensibles. Son action est essentiellement préventive, au profit du ministre, des états-majors, des directions et des services de la défense, ainsi qu'envers les entreprises relevant du ministère de la défense, ou titulaires de marchés intéressant celle-ci.

Au cours des dernières décennies, la DPSD a connu plusieurs évolutions. C'est au début des années 1980 qu'elle prend sa forme actuelle[397]. Sa mission défensive est clairement indiquée puisque la DPSD est chargée de « *prévenir et rechercher les atteintes à la défense nationale.* » (art. 3). Bien que ce texte ait été modifié par la suite[398], apportant des évolutions notables[399], l'esprit de la mission est demeuré inchangé.

En second lieu, la direction générale de la sécurité extérieure (DGSE) est la seconde direction du ministère de la défense impliquée dans l'intelligence économique. La réforme de 1982[400] a été l'occasion de redéfinir ses missions à un moment charnière de la Vème République :

> « *La direction générale de la sécurité extérieure a pour mission, au profit du Gouvernement et en collaboration étroite avec les autres organismes concernés, de rechercher et d'exploiter les renseignements intéressant la sécurité de la France, ainsi que de détecter et d'entraver, hors du territoire national, les activités d'espionnage*

[397] Décret n° 81-1041 en date du 20 novembre 1981.

[398] - Décret n° 2001-1126 du 29 novembre 2001 fixant les attributions de la direction de la protection et de la sécurité de la défense.
- Décret n°2007-151 du 5 février 2007 modifiant le décret n° 2001-1126 du 29 novembre 2001 fixant les attributions de la direction de la protection et de la sécurité de la défense ;
- Décret n° 2008-1219 du 25 novembre 2008 relatif aux dispositions réglementaires de la troisième partie du code de la défense (Décrets en Conseil d'État et décrets simples), art. D.3126-5 et suivants.

[399] Le décret n° 2001-1126 a précisé quelques missions de la DPSD. Bien que toujours positionnée sur le volet de la sécurité, elle a vu son spectre missionnel s'élargir à la contre-ingérence, au terrorisme, à l'espionnage, à la subversion, au sabotage et au crime organisé dans les affaires militaires (les affaires civiles relevant de la DCRI).

[400] Décret n° 82-306 du 2 avril 1982 portant création et fixant les attributions de la direction générale de la sécurité extérieure.

dirigées contre les intérêts français afin d'en prévenir les conséquences. » (art. 2).

A première vue, cet intitulé laisserait à penser que sa mission est défensive. Toutefois, il est clairement indiqué que ce service peut entraver les activités dirigées contre les intérêts français. De même, il n'est pas fait spécifiquement mention d'une interdiction de mener des actions liées aux intérêts économiques de la France, notamment commerciaux, touchant plus particulièrement les industries sensibles liées à la souveraineté nationale[401].

La vocation de la DGSE est de mener des actions défensives à l'extérieur du territoire national. Ces dispositions ont été transposées dans le code de la défense[402] et la communication réalisée par le site officiel de cette direction l'indique clairement. Il s'agit bien de protéger les intérêts français, et pourquoi pas économiques, à l'étranger. La protection des ressortissants et la prévention des enlèvements, la lutte contre la piraterie, contre la prolifération d'armes de destruction massive et bien sur contre le terrorisme, constituent ses axes d'effort. Pour autant, ce service a recours à des opérations d'entrave, pour reprendre le vocable employé par son décret et sa communication officielle[403], mais en restant dans les limites définies par les règlements. De fait, la DGSE annonce ne pas pratiquer l'intelligence économique offensive[404], mais s'attache à former à la sécurité les personnels des entreprises françaises amenés à travailler

---

[401] Si l'imaginaire populaire alimenté par les productions cinématographiques ou de romanciers à succès s'autorise cette hypothèse, ces informations (à condition d'être avérées) seraient de toute façon protégées par le secret défense et ne pourraient être exposées ici.

[402] Op. cité. Décret n° 2008-1219 du 25 novembre 2008 relatif à certaines dispositions réglementaires de la troisième partie du code de la défense (Décrets en Conseil d'État et décrets simples), art. D.3126-1 et suivants.

[403] Par exemple, concernant la contre-prolifération, le site officiel indique : « *Dans ce contexte, la DGSE assure une mission de recueil de renseignements et d'**entrave** des actions de prolifération dans les domaines nucléaire, balistique, chimique et biologique.* » Source : http://www.defense.gouv.fr/dgse/tout-le-site/la-contre-proliferation, consulté le 27/04/2014.

[404] A l'occasion des cycles de sensibilisation à l'intelligence économique dispensés par l'IHEDN depuis plusieurs années, un intervenant de la DGSE expose la mission de cette direction en ce sens.

en territoires étrangers parfois hostiles. Elle s'est ainsi dotée en décembre 2012 d'un service de sécurité économique[405].

En dernier lieu, la délégation générale de l'armement (DGA) a une position particulière dans la politique d'intelligence économique du ministère de la défense. Cet organisme, a également connu une longue évolution mais le texte officiel qui fixe son organisation actuelle est récent[406].

La DGA « *apporte son conseil pour les actions participant à la politique interministérielle de recherche* » et est chargée de suivre les travaux d'équipement des forces armées, de contrôler les organismes ou entreprises soumis à un régime spécial et d'assurer la tutelle de certains organismes. Enfin, il est indiqué que la DGA « *mène les actions de son ressort relatives à l'intelligence économique.* » (art. 1).

En tant qu'organisme fortement impliqué dans la recherche, la DGA mène des actions d'intelligence économique offensive en procédant notamment à des veilles technologiques pour maintenir son niveau de performance. Son implication dans différentes structures (CEA, ONERA...) procède de la même logique. Enfin, en matière d'intelligence économique défensive, elle dispose d'une formation particulière en complément de son dispositif interne : la gendarmerie de l'armement[407] qui assure cette mission parallèlement à ses missions traditionnelles de sécurité des installations de la DGA et ses prérogatives judiciaires[408].

---

405 Arrêté DEF D 12 43577 A du 21 décembre 2012 portant organisation de la direction générale de la sécurité extérieure, abrogeant le décret de 1982. Néanmoins, l'esprit des missions définies précédemment demeure dans cette nouvelle organisation.

406 Décret n° 2009-1180 du 5 octobre 2009 fixant les attributions et l'organisation de la direction générale de l'armement, abrogeant le décret n° 2005-72 du 31 janvier 2005.

407 A la suite du décret du 5 octobre 2009 portant sur l'organisation de la DGA, l'arrêté du 25 janvier 2010 portant organisation de la gendarmerie de l'armement précise les missions de cette formation spécialisée.

408 La gendarmerie de l'armement est chargée en particulier de relever les infractions aux manquements du respect des procédures relatives aux documents classifiées et mener toutes enquêtes judiciaires au sein de la DGA lors de la commission d'infractions pénales. L'article 4 de l'arrêté du 25 janvier 2010 dispose que « *la gendarmerie de l'armement est chargée d'exécuter les missions de police*

6.3.2 - Le ministère de l'environnement

Au gré des remaniements ministériels, ce ministère est plus ou moins volumineux en fonction de l'importance que souhaite lui accorder le pouvoir exécutif. De simple ministère de l'environnement il y a une dizaine d'années, il a fortement évolué[409] pour devenir un ministère chargé de nombreux domaines : ressources naturelles, mer et littoral, climat, énergie, transports, logement et urbanisme, pollution et déchets, technologies vertes...

Ce ministère mène des actions d'intelligence économique à la fois offensive dans la recherche d'informations, en particulier dans les domaines liés aux nouvelles technologies environnementales, et défensive par la protection de ses structures. En effet, le ministère de l'environnement exerce sa (co-)tutelle sur un certain nombre d'agences[410] et collabore avec plusieurs laboratoires[411]. Ces structures sont le bras armé de la politique industrielle du ministère.

Ce ministère participe aux travaux de la délégation interministérielle à l'intelligence économique et est membre du comité directeur.

---

administrative, judiciaire et militaire dans tous les sites relevant du délégué général pour l'armement. »

[409] - Décret n° 2007-995 du 31 mai 2007 relatif aux attributions du ministre d'État, ministre de l'écologie, du développement et de l'aménagement durables ;
- Décret n° 2008-680 du 9 juillet 2008 portant organisation de l'administration centrale du ministère de l'écologie, de l'énergie, du développement durable et de l'aménagement du territoire ;
- Décret n° 2009-895 du 24 juillet 2009 modifiant le décret n° 2007-995 du 31 mai 2007 relatif aux attributions du ministre d'État, ministre de l'écologie, du développement et de l'aménagement durables ;
- Décret n° 2010-1443 du 25 novembre 2010 relatif aux attributions du ministre de l'écologie, du développement durable, des transports et du logement.

[410] Agence de l'environnement et de la maîtrise de l'énergie (ADEME), Bureau de recherches géologiques et minières (BRGM), Centre scientifique et technique du bâtiment (CSTB), Institut national de l'environnement industriel et des risques (INERIS)...

[411] Notamment le CNRS, par exemple à travers le « programme interdisciplinaire de recherche ville et environnement » (PIRVE).

6.3.3 - Le ministère de l'agriculture

En matière de politique publique d'intelligence économique, le ministère de l'agriculture est organisé et mène des actions similaires au ministère de l'environnement. Au niveau central, l'intelligence économique est traitée par les services du HFDS. Ce ministère exerce également une tutelle exclusive ou co-tutelle sur plusieurs établissements fortement impliqués dans la protection du patrimoine scientifique. Ces derniers mènent de nombreuses recherches dans le domaine des sciences du vivant[412] ou des technologies liées à l'agriculture et l'environnement, tels :

- l'institut national de la recherche agronomique (INRA), qui mène des recherches sur les espèces animales et végétales ;
- le centre national du machinisme agricole, du génie rural, des eaux et forêts (CEMAGREF) qui dispose d'un institut de recherche pour l'ingénierie de l'agriculture et de l'environnement ;
- FranceAgriMer, qui produit de l'information économique ;
- l'Office de développement de l'économie agricole outremer (ODEADOM).

De fait, ce ministère est également bien engagé en matière d'intelligence économique, tant offensive que défensive.

---

[412] Le Centre de coopération internationale en recherche agronomique pour le développement (CIRAD), ne dépend pas du ministère de l'agriculture mais est placé sous la tutelle conjointe du ministère des affaires étrangères et du ministère de l'enseignement supérieur et de la recherche. Ce centre mène des recherches agronomiques sur des produits plus spécifiques aux pays du sud (café, cacao, riz, banane...).

Titre 3 : L'application territoriale de la politique publique d'intelligence économique : entre jacobinisme et pragmatisme

La dernière étape est constituée par l'application de cette politique au profit des entreprises.

En effet, la puissance publique a décliné cette politique publique en impliquant son administration déconcentrée (Chap. 7). Cette politique est également menée sur les territoires en impliquant notamment les échelons décentralisés (Chap. 8). Enfin, le point de rencontre entre cette politique, l'administration, les échelons territoriaux et les entreprises se situe dans les différents pôles économiques (Chap. 9).

Chapitre 7 : L'action déconcentrée d'un État centralisateur

Si la PPIE se décide au niveau central, elle s'applique dans les territoires. Et l'Etat dispose de moyens et de structures pour la développer à tous les échelons. C'est généralement à ce niveau qu'a lieu la rencontre entre les administrations et les entreprises.

Section 7.1 - Le rôle politique de l'Etat dans les territoires

Le pouvoir central dispose de relais territoriaux pour mettre en œuvre et faire appliquer sa politique nationale sur l'ensemble du pays. L'État devient alors « stratège » dans sa politique économique et « partenaire » des entreprises (Pautrat, 2005). Chaque administration dispose de fonctionnaires, principalement aux niveaux régional et départemental, ceux-ci devant rendre des comptes au représentant du gouvernement dans les départements et régions : les préfets[413]. Ils endossent ainsi le rôle de « premier ministre » départemental ou régional.

7.1.1 - Le préfet de région

Face à « *l'épaisseur institutionnelle* » (Amin et Thrift, 1993, p. 413s)[414] qu'induit le nombre d'administrations dans un territoire, et autant de décisions possibles, le rôle du préfet est d'une importance croissante dans une société des réseaux car il assure la coordination entre les différentes administrations. Il permet ainsi l'adaptation locale de la politique publique d'intelligence économique où la connaissance mutuelle des divers acteurs doit permettre d'éviter les redondances dans leurs actions au profit des entreprises, ou *a contrario*, éviter qu'une entreprise méritant un suivi particulier au titre de l'IE ne soit oubliée dans le dispositif.

---

[413] Dans certaines collectivités d'outremer, ils ont conservé l'appellation de « Haut-commissaire de la République ».

[414] Les auteurs définissent l'épaisseur institutionnelle comme étant « *le concept qui mesure la variété des acteurs et des institutions et l'importance de leurs interactions.* »

La politique publique d'intelligence économique en France se voulant d'abord territoriale, le pouvoir central a retenu la région comme échelon d'application de cette politique déconcentrée. A la suite du premier rapport Carayon et alors que les contrats de plan État-régions 2000-2006 évoquaient pour la plupart un commencement de prise en compte de l'intelligence économique, l'État a pris acte de certaines propositions formulées[415] et d'initiatives locales antérieures[416] en engageant un programme expérimental d'intelligence économique appliquée aux territoires. Le mode de fonctionnement de ces expérimentations, véritables dispositifs « *d'économie connectée* » (De Kerckhove, 1997, p. 213s) a permis de tirer des enseignements fructueux, sans nécessairement sombrer dans une « dictature du partenariat » (Damon, 2002, p. 27s), chaque service et administration conservant ses fonctionnalités propres.

Sous la direction du ministère de l'intérieur[417], et travers lui, celle des préfets de région, cinq régions dans un premier temps (Alsace, Aquitaine, Île-de-France, Midi- Pyrénées, Provence-Alpes-Côte d'Azur) puis quatre autres (Centre, Franche-Comté, Basse-Normandie et Poitou-Charentes), ont expérimenté ce dispositif d'intelligence économique appliquée aux territoires entre décembre 2003 et 2005. Ce dispositif s'articule autour de quatre axes majeurs :

- sensibilisation des acteurs publics et privés autour de l'IE ;
- défense et sécurité économique ; identifier, repérer les entreprises clés des secteurs stratégiques dont la Défense et suivre leur évolution capitalistique ;
- mise en place de pôles de compétitivité afin de créer une dynamique sur les territoires pour maintenir l'emploi et lutter contre la désindustrialisation ;

[415] La proposition n° 30 du rapport Carayon (2003) : « *Développer le partage et la circulation de l'information entre administrations centrales et services déconcentrés et entre services déconcentrés.* » (p. 87).

[416] En tant que préfet de région de Basse-Normandie (1996-99), le préfet Pautrat avait conçu un schéma régional d'intelligence économique puis, en tant que préfet de la région Nord-pas-de-Calais (1999-2002) un comité de développement de l'intelligence économique et stratégique.

[417] Le secrétaire général du ministère a été chargé de mettre en œuvre cette expérimentation.

- sensibilisation des PME à l'IE afin de leur faire prendre conscience de son utilité et leur permettre d'avoir accès à des actions de formation pour rechercher l'information ouverte.

Face aux perspectives intéressantes démontrées par ces expérimentations, le ministère de l'intérieur a alors décidé de généraliser le dispositif et de l'appliquer à l'ensemble des régions. Cette décision a été actée par la circulaire du 13 septembre 2005. Elle précise certains points :

- le niveau régional est reconnu comme étant l'échelon de conception et de pilotage de l'intelligence économique territoriale. Sont institués les comités de pilotage régionaux[418] où les différentes administrations régionales se rencontrent, partagent des informations relatives à l'accompagnement des entreprises implantées sur la région et coordonnent leurs actions sous l'égide du préfet ;
- le dispositif est piloté au niveau central par le département « intelligence économique » de l'INHES ;
- les pôles de compétitivité font l'objet d'un suivi attentif, en tant que « *catalyseurs des démarches régionales d'intelligence territoriale* » (Canépa, 2006) ;
- le rôle et l'importance de la formation sont soulignés, le référentiel des formations aux différents métiers de l'intelligence économique présenté par les services du HRIE en 2005 constituant le fondement à ces actions de formation.

Par ailleurs, les évolutions doctrinales apportées par le Livre blanc de 2008 ne modifieront en rien le dispositif mis en œuvre par cette circulaire, la nouvelle doctrine de sécurité nationale précisant que « *le ministère de l'Intérieur animera, pour sa part, le dispositif territorial placé sous la responsabilité des préfets.* » (p. 260).

---

[418] Ces comités fonctionnent généralement à plusieurs niveaux dans chaque région. Il existe des comités restreints, rassemblant les services régaliens spécialisés et des représentants des administrations déconcentrées. Ce comité se réunit régulièrement et ses membres sont en contact direct en tant que de besoin au quotidien. Parallèlement, il existe un second comité, le comité « élargi » qui réunit tout ce que la région compte d'acteurs économiques publics et privés importants (collectivités territoriales, fédérations professionnelles, représentants des pôles...).

Enfin, la circulaire du 13 septembre 2005 indique clairement que les PME/PMI doivent faire l'objet d'une attention particulière dans le cadre de la politique publique d'intelligence économique territoriale, ce type d'entreprises étant souvent peu coutumières de ces questions alors qu'elles sont les plus grandes pourvoyeuses d'emploi et développent à l'occasion des procédés innovants souvent peu protégés.

Après quelques années de pratique, il est apparu qu'il n'était pas inutile de « dupliquer » ce dispositif régional à l'échelon départemental[419].

7.1.2 - Les administrations

Pour qui méconnaît le fonctionnement des administrations en France, il peut sembler évident que chacun œuvre dans l'esprit du service public et que la recherche du bien commun engendre *de facto* la coopération interministérielle. Si cette coopération se vérifie au quotidien au niveau central où l'élaboration des normes administratives implique la concertation des différents services concernés par le texte en préparation, elle est bien moins évidente au niveau territorial où chacun s'affaire dans le cadre de ses prérogatives à gérer ses dossiers quotidiens (Laurens-Bernard, 2013, pp. 23-24). La coopération interministérielle territoriale, bien qu'existante mais à des degrés variables, est moins développée qu'à l'échelon central, la nature des missions de chaque administration n'offrant parfois que peu d'occasion de l'exprimer.

Un des premiers défis des comités de pilotage régionaux a été de surmonter ces méconnaissances mutuelles et de créer des passerelles, un réseau entre les administrations régionales sur un sujet que bon nombre avaient développé en interne de façon autonome. En effet, les différentes administrations ont créé[420] à l'occasion de cette politique

---

[419] Circulaire IOC K 12 07280 C du 24 avril 2012 relative à l'implication de l'échelon départemental dans la politique publique d'intelligence économique.

[420] Par exemple, la gendarmerie nationale a formé ses premiers référents régionaux en intelligence économique en novembre 2005. De son côté, le ministère de l'économie a mis en place les siens, les chargés de mission régionaux en intelligence économique (CRIE) par la circulaire du 21 mars 2007. Depuis 2010, ils sont placés auprès des directions régionales des entreprises, de la concurrence, de la consommation, du travail et de l'emploi (DIRECCTE).

publique, ou disposaient déjà[421], de référents en intelligence économique au niveau régional, sans que la coordination régionale entre les services soit organisée.

Malgré la variabilité du degré de maturité du traitement de l'intelligence économique territoriale à l'échelon régional des administrations, ces mises en relation furent bénéfiques. Elles permirent à chaque administration de découvrir le dispositif de chaque service partenaire et d'échanger des renseignements utiles. Ces échanges ont permis également de dresser des listes d'entreprises à suivre par les différents services. Les difficultés engendrées par l'établissement de ces listes, ce sujet se révélant parfois d'une particulière sensibilité, n'ont pas toujours été aisées à résorber[422]. Progressivement, ces difficultés se sont estompées quand les référents régionaux des diverses administrations ont mesuré tout le bienfait qu'apportait un fonctionnement en réseau si l'esprit de la coopération l'emportait sur celui de la concurrence.

La seconde difficulté qui s'est présentée aux administrations a été d'intégrer le changement de paradigme consistant pour celles-ci à ne plus seulement se considérer comme le bras armé de la puissance publique dans sa fonction régalienne de contrôle, mais d'admettre que « *l'État est au service des entreprises* [...] *cela implique de la part des administrations une véritable révolution culturelle.* » (Canépa, 2006). Cette révolution culturelle a été accentuée par la composition même des comités de pilotage régionaux où, dans leur version élargie, ils intègrent autant les chambres consulaires que des représentants de

---

421 La DST et les RG, devenus DCRI en juillet 2008, disposaient depuis plusieurs décennies de correspondants régionaux chargés de suivre les affaires économiques locales sous l'angle de l'intelligence économique défensive.

422 La mutation simultanée du préfet de région et de son secrétaire général à l'administration régionale (SGAR) a bloqué le fonctionnement du comité de pilotage pendant plusieurs mois dans une région. A plusieurs reprises, il a été constaté un réticence flagrante de la part de certains services à communiquer les listes des entreprises sensibles qu'ils suivaient préalablement, en particulier face à des services « nouveaux venus » particulièrement énergiques ou considérés comme intrusifs, dans le paysage de l'IET. Ces dysfonctionnements ont parfois retardé de près de deux années le fonctionnement correct de ce comité de pilotage régional. Le dispositif a fonctionné conformément à l'esprit de la circulaire du 13 septembre 2005 dans l'ensemble des régions à compter de la mi-2007.

fédérations d'entreprises. Cette proximité, sinon cette connivence, « public-privé » ne semblait effectivement pas aller de soi à l'origine. Encore une fois, c'est par la connaissance mutuelle que les barrières se lèvent progressivement.

Si la constitution progressive de liens entre les administrations dans le cadre des comités de pilotage régionaux a permis un meilleur échange des informations et une meilleure coordination des actions de chacun, ce dispositif n'était pourtant pas si novateur dans son approche interministérielle.

7.1.3 - La DATAR

Ce service interministériel est déjà ancien. Créée en 1963[423], sous l'appellation de Délégation à l'aménagement du territoire et à l'action régionale, sa vocation est de développer et dynamiser l'économie en prenant comme espace territorial de référence le niveau régional. Pour autant, le centre décisionnaire et d'impulsion politique reste l'État central. La DATAR est en effet directement rattachée au Premier ministre. Ce sont les préfets qui étaient chargés, avant la décentralisation, de mettre en œuvre « *la politique du Gouvernement concernant* [...] *l'aménagement de leur circonscription.* »[424]

La DATAR devient la délégation interministérielle à l'aménagement et à la compétitivité des territoires (DIACT) en 2005[425]. Ses missions sont redéfinies en tenant compte des évolutions intervenues en matière de développement économique territorial depuis 1963 (décentralisation, création des pôles économiques, émergence du concept de développement durable...) tout en conservant sa philosophie :

> « *A ce titre, elle prépare les actions et programmes destinés à renforcer l'attractivité économique et la compétitivité des territoires, à accompagner les mutations*

[423] Décret n° 63-112 du 14 février 1963.

[424] Décret n° 64-251 du 14 mars 1964 relatif à l'organisation des services de l'État dans les circonscriptions d'action régionale (art. 2, abrogé par le décret n° 82-390 du 11 mai 1982).

[425] Décret n° 2005-1791 du 31 décembre 2005 créant une délégation interministérielle à l'aménagement et à la compétitivité des territoires.

économiques, à améliorer l'accessibilité et à promouvoir un aménagement équilibré des territoires ruraux et urbains. » (art. 1).

En 2009, la DIACT reprend son ancienne appellation de DATAR, bien que l'intitulé en soit légèrement modifié, devenant la délégation interministérielle à l'aménagement du territoire et à l'attractivité régionale[426]. Ses missions antérieures sont confirmées et quelque peu étendues aux réseaux (réseaux territoriaux de l'innovation, infrastructures du très haut débit).

La DATAR a une action tout à fait déterminante dans la politique publique d'intelligence économique puisqu'une de ses missions, à travers le comité interministériel d'aménagement et de compétitivité du territoire[427] (CIACT) qui gère certains fonds publics d'aide et de soutien économique territorial, est d'attribuer le label (ou le retirer) aux pôles de compétitivité[428] et d'en suivre le développement.

La DATAR n'est pas un organe concurrent des comités de pilotage régionaux dirigés par les préfets. Bien au contraire, elle est le bras armé de cette politique nationale dans les territoires dont les préfets sont chargés de coordonner les actions entre les différents acteurs publics.

Section 7.2 - Le lien public-privé

La politique publique d'intelligence économique s'adresse principalement aux entreprises, c'est-à-dire aux acteurs économiques généralement de droit privé. Aussi déterminées soient les administrations, leur action serait vaine si les entreprises ne bénéficiaient pas de cette dynamique. A tous les niveaux, ce lien entre les administrations et les entreprises s'est renforcé ces dernières

---

[426] Décret n° 2009-1549 du 14 décembre 2009 créant la délégation interministérielle à l'aménagement du territoire et à l'attractivité régionale.

[427] Décret n° 2005-1270 du 12 octobre 2005 relatif à la création du comité interministériel d'aménagement et de compétitivité du territoire.

[428] Dans une moindre mesure et par certains aspects technologiques et innovants, les pôles d'excellence rurale sont également un des éléments de cette politique.

années. L'enjeu est d'importance car « *la capacité à bâtir des visions stratégiques partagées par tous les acteurs du développement local- État, collectivités locales, entreprises, organismes consulaires, laboratoires de recherche – est fondamentale.* » (Canépa, 2006). C'est par ces réseaux que l'information économique circule, enrichie par la plus-value de chacun des intervenants.

7.2.1 - La formation

La formation des futurs cadres et experts en intelligence économique n'est pas une idée récente. Les instituts publics ont largement initié ces formations depuis de nombreuses années. Bien que peu connues du grand public, elles ont permis néanmoins de former un nombre important d'acteurs économiques par le biais d'un large panel de programmes (de quelques jours pour les cycles courts jusqu'à deux années maintenant pour les masters). Mais il est vrai que c'est encore une fois le rapport Carayon de 2003 qui va amplifier le mouvement. Si certaines universités avaient déjà mis en œuvre des formations diplômantes dédiées, plusieurs autres établissements supérieurs ont alors créé leur cursus.

Ce sont donc les instituts qui ont, dans un premier temps, contribué à diffuser plus largement les enseignements de l'intelligence économique et commencé à sortir cette matière de la confidentialité :

- l'Institut des hautes études de défense nationale (IHEDN) : créé en 1936, ce collège a pour mission de former les hauts fonctionnaires des différents ministères ayant à traiter des questions de défense nationale. Les formations sont dispensées généralement sous forme de conférences[429]. La réflexion issue de ce collège ainsi que l'expérience de la seconde guerre mondiale ont montré que la défense d'une nation devait être

[429] Le programme de formation comportait une description de l'appareil militaire, une formation à la stratégie et aux opérations. Les études portaient également sur l'impact politique, économique et moral des problèmes de défense. Un certain lieutenant-colonel De Gaulle assurait une conférence avant la seconde guerre mondiale. Ce conflit a d'ailleurs bien démontré que la problématique de la défense n'était pas uniquement liée à l'engagement militaire, mais nécessitait l'effort de toute une nation et de ses composantes.

globale[430]. Diffuser cet esprit de la défense dans la société civile devient une mission du Collège, qui prend l'appellation d'Institut[431]. Plusieurs évolutions juridiques[432] ont confirmé la place essentielle de l'IHEDN dans la culture française de la défense, s'adressant aussi bien aux personnels militaires que civils[433]. Les missions de l'IHEDN ont été révisées par le décret du 5 septembre 1997[434]. Cet institut est donc un outil particulier. Loin d'être un instrument réservé aux seuls militaires, il s'est largement ouvert à la société civile qui lui fait bénéficier en retour de son expérience et de son analyse. Cette ouverture s'est accentuée puisque au-delà de la session nationale, l'institut a progressivement ouvert de nouvelles sessions[435]. Mais surtout, il a développé récemment de nouveaux cycles[436], et certains

---

[430] Cette approche globale de la défense a été particulièrement formulée dans l'ordonnance n° 59-147 en date du 7 janvier 1959.

[431] La première session nationale a ouvert ses portes à l'automne 1948.

[432] Par le décret n° 79-179 en date du 06 mars 1979, l'IHEDN est placé sous l'autorité du Premier ministre. Le décret n° 97-817 en date du 5 septembre 1997 modifie son statut et l'IHEDN devient un établissement public administratif.

[433] Cette dichotomie se retrouve également dans le fonctionnement même de l'institut puisque celui-ci est dirigé par un militaire du corps des officiers généraux tandis que son adjoint est issu de la haute fonction publique. L'encadrement est également mixte et composé d'experts dans leur domaine respectif (diplomatie, économie, science et technique…).

[434] - donner à des hauts fonctionnaires, des officiers supérieurs des armées et des cadres de tous les secteurs d'activité de la nation une connaissance approfondie en matière de défense globale ;

- apporter un concours à la promotion des enseignements universitaires de défense ;
- soutenir la poursuite des activités des anciens auditeurs ;
- conduire et susciter des études concernant la défense.

[435] Les sessions régionales en 1954. Les collectivités d'outremer y sont associées et peuvent bénéficier de ces enseignements. En 1980, l'IHEDN a inauguré les sessions internationales : le Forum de l'IHEDN sur le Continent Africain (FICA) ; le séminaire trilatéral Allemagne, Grande-Bretagne et France pour un public d'Europe centrale et orientale ; la session euro-méditérranée rassemblant des auditeurs des deux rives de la mer fermée ; la session Asie - Moyen-Orient.

[436] Les séminaires IHEDN – jeunes qui accueille les 20-30 ans depuis 1996 et divers séminaires spécialisés organisés au profit des élus locaux, des élèves de l'école nationale de la magistrature, des préfets, des étudiants des grandes écoles et universités.

spécifiques à l'intelligence économique[437]. Les cycles d'intelligence économique et stratégique[438] ont été créés en 1995. Ces séminaires de sensibilisation permettent aux responsables de sociétés privées et aux cadres des administrations ayant à traiter d'intelligence économique dans leurs fonctions d'avoir une première vision globale des problématiques liées à cette matière. Ce public est utile à sensibiliser car il s'agit le plus souvent des personnes ayant un pouvoir décisionnaire dans leur organisation. Ce séminaire de sensibilisation peut être complété par une session d'approfondissement[439].

- l'Institut d'études et de recherche pour la sécurité des entreprises (IERSE) : pendant plus d'une décennie[440] (1997-2009), cet institut, enregistré en tant qu'organisme de formation[441], a formé plusieurs centaines de cadres et praticiens, civils et militaires. Cet institut était un cas particulier[442]. L'IERSE, dont le format ne lui permettait pas d'être considéré à l'égal des deux grands instituts nationaux (IHEDN et

---

437 Les cycles de formation à l'intelligence économique et stratégique ; les journées défense, compétitivité et sécurité économique ; les stages d'information sur les menaces d'investigations étrangères.

438 Ces cycles comprennent environ 25 conférences suivies d'un débat entre les auditeurs et l'intervenant. Ce dernier, à partir de son expertise et son expérience illustre une problématique particulière liée à l'I.E. Ces conférences sont réparties d'après les thématiques suivantes : l'information économique et stratégique dans les entreprises et les collectivités ; les dispositifs internationaux, nationaux et régionaux d'IES ; la maîtrise du risque informationnel ; les nouveaux réseaux informatiques au service de la collecte d'informations ; la sécurisation des systèmes informatiques ; les dangers des nouvelles technologies de l'information et de la communication ; l'intelligence sociale et l'intelligence juridique ; la stratégie à l'exportation et l'approche spécifique des marchés dans le processus de mondialisation ; le lobbying.

439 D'une durée de deux jours, l'IHEDN propose un perfectionnement autour des thèmes suivants : gestion de crise, outils de veille, knowledge management.

440 Déclaration à la préfecture de police de Paris le 22 avril 1997 et publication au Journal Officiel le 10 mai 1997.

441 Enregistrement le 30 mai 1997 auprès du ministère du travail, de la solidarité et de la formation professionnelle.

442 Sa forme juridique était celle d'une association loi 1901. La gendarmerie nationale a contribué à la création et au fonctionnement de cet institut puisqu'il était hébergé dans les locaux du centre d'enseignement supérieur de la gendarmerie nationale à l'école militaire et elle y détachait plusieurs personnels à temps plein.

INHES[J]), n'en était pas moins reconnu pour la qualité de sa formation[443]. La conclusion d'un accord tripartite de formation à l'intelligence économique[444], auquel il était partie prenante, lui conférait la légitimité que son expérience et la qualité de son enseignement lui autorisaient. L'IERSE poursuivait plusieurs objectifs :

1. délivrer aux responsables et futurs responsables (risk manager) des entreprises une formation technique, juridique et sociologique pour appréhender dans leur globalité les risques et menaces susceptibles d'atteindre l'entreprise ;
2. promouvoir les savoirs théoriques et pratiques sur la sécurité des entreprises en menant des actions de sensibilisation et de formation (conférences, salons et forums spécialisés) ;
3. d'effectuer toutes études et travaux de recherche afin d'améliorer la sécurité des entreprises.

Par ailleurs l'IERSE a participé à plusieurs groupes de travail du HRIE.

- l'Institut national des hautes études de sécurité (INHES) : de constitution récente[445], cet établissement public à caractère administratif remplaçait l'Institut des hautes études de sécurité intérieure (IHESI)[446]. Il comprenait trois organes : l'observatoire national de la délinquance, le département de la formation, des études et de la recherche et le département sécurité économique et gestion de crise. Cet institut formait notamment le corps préfectoral à la gestion de crise et sensibilisait ces hauts fonctionnaires à l'intelligence économique.
- l'Institut national des hautes études de la sécurité et de la justice (INHESJ) : les deux précédents instituts, brièvement évoqués au passé, n'ont plus d'existence sous la forme décrite ci-dessus, mais l'IERSE et l'INHES ont fusionné en 2010 pour

---

[443] L'institut organisait une session annuelle en partenariat avec l'université Paris I – Sorbonne dans le cadre de la délivrance d'un Master professionnel de gestion globale des risques et des crises.

[444] La convention de partenariat conclue entre l'IHEDN, l'INHES et l'IERSE le 21 décembre 2005 portait sur la mise en œuvre d'opérations communes de formation en intelligence économique.

[445] Décret n° 2004-750 en date du 27 juillet 2004.

[446] L'IHESI avait été créé en 1989 et réorganisé par le décret n° 91-903 en date du 10 septembre 1991.

donner naissance à l'INHESJ[447]. Toutefois, cette fusion a permis le regroupement des activités de formation, qui ont été maintenues, en un seul établissement. L'INHESJ est abordé ici pour son rôle dans la formation des cadres de haut niveau. Ce n'est pas la seule attribution de cet institut, loin s'en faut. Ces missions sont multiples[448]. Parallèlement à la formation[449], l'institut conduit des missions de recherche ou apporte son concours dans ses domaines d'attribution (auprès du ministère de l'enseignement supérieur et de la recherche, contribution au Livre Blanc...). Les autres départements ont été conservés au sein de l'INHESJ après la fusion de 2010 où ont été créés[450]. De

---

[447] Décret n° 2009-1321 du 28 octobre 2009 relatif à l'Institut national des hautes études de la sécurité et de la justice avec prise d'effet au 1er janvier 2010.

[448] Les principales missions de l'INHESJ sont :

- réunir des responsables de haut niveau, magistrats et cadres appartenant à la fonction publique civile et militaire ainsi qu'aux différents secteurs d'activité de la Nation, des États membres de l'Union européenne ou d'autres États, en vue d'approfondir en commun leurs connaissances des questions de sécurité ;
- préparer à l'exercice de responsabilité des cadres supérieurs, français et étrangers exerçant leur activité dans les domaines de recherche couverts par l'Institut ;
- promouvoir et diffuser toutes connaissances utiles en matière de sécurité intérieure, sanitaire, environnementale, économique et de justice. Il coopère avec les autres organismes chargés de la diffusion des savoirs en matière de sécurité nationale, de défense et de justice. (Source : http://www.inhesj.fr).

[449] L'INHESJ organise annuellement plusieurs sessions de formation :

- une session nationale *Sécurité et Justice*,
- une session nationale *Management stratégique de la crise,*
- une session nationale spécialisée *Protection des entreprises et Intelligence économique*,
- des sessions régionales "Jeunes",
- des formations spécialisées dans les domaines de la gestion de crise, de la cyber-criminalité et de la sécurité privée.

[450] A ce jour, l'INHESJ est organisé comme suit :

- L'ONDRP (observatoire de la délinquance et de la réponse pénale) analyse les statistiques nationales des faits délictueux et l'évolution des phénomènes criminelles ;
- le pôle « affaire européennes et internationales » ;
- le pôle « formation » ;
- le département « sécurité » ;
- le département « risques et crises » ;
- le département « sécurité économique » ;
- le département « justice et droit ».

même, l'implication de cet institut a été partiellement abordée dans ces lignes de façon éparse[451].

En dépit des évolutions structurelles de ces instituts, il convient de retenir que la puissance publique a organisé, depuis près de deux décennies, plusieurs types de formation s'adressant aux décideurs actuellement en fonction. Les formations proposées sont organisées sous plusieurs formats afin de pouvoir satisfaire aux demandes et besoins d'un public hétéroclite (hauts fonctionnaires, militaires, chefs d'entreprises, chercheurs....).

Dans la sphère de la formation à l'intelligence économique, il existe depuis quelques années un foisonnement de formations universitaires de haut niveau[452]. Si certaines de ces formations sont accessibles en formation continue pour les cadres déjà entrés dans la vie active, les étudiants en formation initiale en constituent le plus gros contingent. Si les instituts forment les cadres d'aujourd'hui, les universités[453] forment davantage les cadres de demain. C'est pour cette raison que la culture IE sera généralisée chez les décideurs « *dans une génération, le temps que les étudiants en IE d'aujourd'hui accèdent aux postes à responsabilités.* » (Juillet, 2007)[454]. Il y a donc en ces premiers temps de la généralisation de l'intelligence économique dans la société

---

451 Pour mémoire, rappelons que l'institut a été, lors du lancement de la PPIE par la circulaire du 13 septembre 2005, l'organisme de référence pour accompagner les premières démarches. En effet, il s'agissait du seul organisme disposant déjà d'une culture IE et de compétences pour mener cette mission. Il a notamment, dans un premier temps, accompagné la mise en œuvre des pôles de compétitivité.

452 Parfois au niveau licence, très souvent au niveau master.

453 Parmi les principales formations supérieures à l'IE, citons les universités et établissements suivants : ICOMTEC (IAE Poitiers), l'école de guerre économique Paris, université Marne-la-vallée, ESC et université Toulouse, université technologique Troyes, Business school La Défense, IUT Sénart-Fontainebleau, IAE Orléans, IAE St Etienne, IAE Bordeaux, université Rennes, université Aix-Marseille, université Lyon, université Lille, Sciences Po Aix, université Toulon, université Nice Sophia-Antipolis, université Nancy, université Angers, université Strasbourg. De même, certaines écoles d'ingénieurs intègrent progressivement des formations IE dans leurs cursus.

454 Déclaration lors de la présentation des Outils communs de diffusion de l'intelligence économique (OCDIE). Ces outils, élaborés par la mission du HRIE, ont justement vocation à insuffler d'ores et déjà la culture IE auprès des décideurs actuels avant que les étudiants ayant reçu des formations spécifiques en la matière n'accèdent justement à ces postes à responsabilités.

française un différentiel important entre le volume de jeunes cadres formés et le volume d'emplois proposés correspondants, les chefs d'entreprises actuellement en poste n'ayant pas tous la culture (ou les moyens pour les petites entreprises) pour recruter un employé à temps complet sur cette matière. Cette inadéquation alimente l'opinion de la « fabrique à chômeurs » que seraient les formations à l'intelligence économique.

Néanmoins, si la culture de l'intelligence économique n'est pas encore une notion familière chez tous les chefs d'entreprises, ces formations à destination des cadres et des élèves universitaires en formation initiale vont permettre progressivement de l'insuffler auprès des sphères dirigeantes des entreprises. Si la formation est le premier lien qui permet le rapprochement entre les secteurs public et privé, il n'est pas le seul.

7.2.2 - Les agences, où le bras armé de la puissance publique

Parmi les différentes approches qui peuvent être effectuées pour définir l'intelligence économique, celle de la méthode est intéressante car elle se révèle pragmatique. Elle met en œuvre des outils. Les personnels formés seront les mieux à même de pratiquer l'intelligence économique dans leur entreprise. Et dans le fonctionnement quotidien de celles-ci, elles ont la possibilité d'avoir recours à certaines agences publiques pour les guider et les aider dans leur action. Ces services s'inscrivent généralement dans le premier axe de l'intelligence économique qu'est la compétitivité.

Il s'agit bien d'une nouvelle forme d'organisation de l'État bien que les premières agences soient déjà anciennes[455]. La plupart des pays développés et émergents adopte cette forme de gestion du service public. Elle est moins fréquente dans le pays en développement (Talbot et *al.*, 2000). Pourtant, il a été constaté que la qualité du service public rendu est généralement supérieure dans les pays[456] qui y ont recours (Banque mondiale, 2002).

---

[455] Elles sont apparues en Suède au XVIème siècle et en Allemagne dès la création de l'État fédéral en 1870.

[456] Par exemple, les autorités de Tanzanie (agence créée en 1996 pour améliorer le recouvrement des impôts, hausse de 30% des rentrées fiscales) ou du Pérou ont obtenu de bons résultats à la suite de la création de telles agences, avant parfois

En abordant un tel sujet et afin de bien comprendre le rôle joué par les agences dans le paysage public, encore est-il nécessaire de bien définir au préalable cette entité.

Le Conseil d'État s'est emparé de ce thème pour en faire le sujet de son étude annuelle 2012. Il y est affirmé que cette pratique n'est pas si nouvelle en France non plus, « *les agences s'inscrivent en réalité dans une tradition française assez ancienne qui est celle des offices.* [...] *S'il n'est donc pas neuf, le phénomène des agences connaît cependant une indéniable accélération tout au long du XX*^{ème} *siècle et jusqu'aux années récentes.* » (Conseil d'État, 2012, p. 11). Une approche comparative par pays ne peut donner entière satisfaction à la définition d'une agence, les périmètres d'action accordés étant bien différents d'un pays à l'autre.

Toutefois, une première approche peut être opérée *a contrario*, c'est-à-dire par opposition aux autres types de structures publiques auxquelles les agences se différencient. Ainsi,

> « *Les agences se distinguent d'administrations de mission comme les délégations, les missions ou les comités interministériels, voués à la coordination et généralement dépourvus de personnalité juridique. Les agences se distinguent aussi des autorités administratives indépendantes créées dans les années 1980 pour assurer la régulation de secteurs économiques.* » (Benamouzig et Besancon, 2008, p. 286).

Ce n'est pas davantage la catégorie juridique d'une agence qui permet de mieux la définir : elles peuvent revêtir des formes juridiques différentes, même si celle de l'établissement public administratif est le statut le plus fréquemment adopté (mais également des EPIC, des GIP, des sociétés publiques locales[457] ou parfois associations ou sociétés).

d'être démantelées, le ministère des finances du pays cherchant le plus souvent à « reprendre la main » sur la fiscalité (Ghana, Ouganda également).

[457] Loi n° 2010-559 du 28 mai 2010 pour le développement des sociétés publiques locales. Cette loi modifie le code général des collectivités territoriales (Art. L.1531-1). « Ces sociétés sont compétentes pour réaliser des opérations d'aménagement au sens de l'article L. 300-1 du code de l'urbanisme, des

En fait, « *l'agence se définit* [...] *par ces deux critères cumulatifs : l'autonomie et l'exercice d'une responsabilité structurante dans la mise en œuvre d'une politique publique nationale.* » (Conseil d'État, 2012, p. 57).

Par ailleurs, la création d'une agence n'est pas un acte anodin dans le fonctionnement de l'administration car elle modifie en profondeur les rapports entre les administrés et l'administration ainsi que la gouvernance des questions publiques (budget, responsabilité politique, perte de pouvoir...) (Laking, 2002)[458]. La difficulté de cette transition peut être analysée comme suit :

> « *La transformation en agence est un processus de changement complexe, qui prend beaucoup de temps. On ne devient pas une agence du jour au lendemain. Les organisations qui ont déjà fait une partie du chemin en ayant introduit dans leur gestion des éléments axés sur les résultats peuvent réussir cette transformation en deux ou trois ans. Les organisations qui sont moins avancées devront parfois passer par une période de transition qui prendra quelques années de plus. Il est important de ne pas précipiter les changements si l'on veut que la culture de l'organisation évolue véritablement.* » (Oosteroom, 2002, p. 117s).

L'augmentation du nombre d'agences semble répondre à un besoin. Cette tendance consiste à centrer les administrations sur la mission de conception de la politique et des programmes et les agences sont chargées de leur réalisation. Cette stratégie s'accentue depuis les années 1980-90 (Schick, 2002, p. 7s).

Par ailleurs, l'observation réalisée au sein de l'OCDE (2002) démontre que la gestion des politiques publiques par des agences dédiées n'a pas entraîné un délitement de la puissance publique, bien que cette

---

opérations de construction ou pour exploiter des services publics à caractère industriel ou commercial ou toutes autres activités d'intérêt général. »

[458] Cité par la revue de l'OCDE sur la gestion budgétaire (2002).

critique soit régulièrement formulée[459]. Le plus souvent, ces agences ont permis d'améliorer la qualité du service public (James, 2001, p. 253s).

En 2008, le centre d'analyse stratégique interprétait également ce mouvement de la façon suivante :

> « *On assiste depuis deux décennies à une multiplication du nombre des agences à côté des administrations traditionnelles Ce mouvement, qui s'inscrit dans le cadre de la réforme de l'État, renvoie à différentes réalités à travers le monde. Au-delà des différences, il tend cependant à séparer conception des politiques publiques et fonctions opérationnelles.* [...] *le recours aux agences oscille entre autonomisation de ces parcelles de puissance publique et tendance de cette dernière à renforcer son contrôle.* » (CAS, 2008).

Toutefois, la dichotomie « conception/réalisation » n'est plus pertinente aujourd'hui « *pour saisir et différencier les rôles respectifs de l'administration centrale et des agences.* » (Conseil d'État, 2012, p. 115). En effet, forte de leur expérience et de leur connaissance des territoires, les agences développent parfois ce volet de la conception politique, notamment à travers leur rôle de proposition.

Pour autant, cette évolution ne doit pas occulter la nécessaire coordination qui doit accompagner ce mouvement, au risque de voir apparaître des structures redondantes ou concurrentes au détriment de la cohérence de l'action de l'État (Conseil d'État, 2012, p. 85 et p. 88). L'expérience enseigne qu'il est possible de fusionner plusieurs agences et organismes entre eux pour une meilleure efficacité. A cet égard, le Conseil d'État préconise de se référer à des lignes conductrices pour définir un « *bon recours aux agences :*

> *- l'utilité de la spécialisation dans des tâches de gestion à grande échelle (critère de l'efficience) ;*

---

[459] Perte de contrôle du service public par l'État, suppression de la responsabilité politique, contournements des règles du budget, risque de clientélisme et de corruption sont les critiques les plus souvent avancées.

- la nécessité d'une expertise distincte de celle habituellement rencontrée dans les services de l'État (critère de l'expertise) ;
- le caractère prépondérant des partenariats avec les collectivités territoriales ou avec des acteurs de la société civile pour la mise en œuvre de la politique publique (critère du partenariat) ;
- la nécessité d'éviter l'intervention du pouvoir politique dans les processus récurrents de la décision (critère de la neutralité). » (Conseil d'État, 2012, p. 120).

A travers ces agences, la puissance publique met au profit des entreprises ses méthodes, réseaux et moyens pour qu'elles puissent développer leurs projets. C'est ainsi que plusieurs outils ont été créés récemment :

- agence de l'innovation industrielle (AII) : la courte existence de cette agence (2005-2007) n'en diminue pas pour autant l'importance. Il s'agissait d'un établissement public de l'État à caractère industriel et commercial (EPIC), créé en application de la loi pour la confiance et la modernisation de l'économie[460] (art. 5) et proposé dans le rapport Beffa (2005). Un décret[461] précisait son statut. Placée sous la tutelle conjointe du ministre chargé de l'économie et du ministre chargé de l'industrie, l'A.I.I avait pour mission de promouvoir et de soutenir les grands programmes d'innovation industrielle (sélection des projets, participation au financement par subventions ou avances remboursables[462] , contrôle et évaluation) essentiellement axés sur la recherche et le développement[463]. En novembre 2007[464], l'agence a intégré OSEO-Innovation (branche d'OSEO) qui a poursuivi les travaux précédemment engagés par l'A.I.I ;
- agence nationale de la valorisation de la recherche (ANVAR) : cette agence était également un EPIC dont le fonctionnement

[460] Loi n° 2005-842 du 26 juillet 2005.
[461] Décret n° 2005-1021 du 25 août 2005.
[462] Dans son document C(2006)3219 final en date du 19 juillet 2006, la commission européenne rappelait les modalités de mise en œuvre de ces financements.
[463] Moteur de recherche sur Internet, électronique, bio-plasturgie, téléphonie, énergie...
[464] Décret n° 2007-1629 du 19 novembre 2007.

était proche de celui de l'A.I.I (soutien à l'innovation, financement, réseau national et implication des collectivités territoriales...). En 2005, l'agence a fusionné avec deux autres établissements pour créer OSEO.

La nécessité de rationaliser les moyens publics (Blin, 2007) a conduit à la création d'une agence unique aux compétences élargies. L'objectif avoué de la présidence de la République est de constituer un guichet unique pour les entreprises sur les questions de soutien à l'innovation (Sarkozy, 2008).

- OSEO : sous statut d'EPIC lors de sa création en 2005[465], OSEO est une holding regroupant trois entités constituées en sociétés anonymes : OSEO-innovation[466], OSEO-financement[467] et OSEO-garantie[468]. Les métiers exercés par les différentes entités ayant constitué ce groupe lors des fusions successives expliquent l'orientation actuelle d'OSEO : financement, garantie et soutien à l'innovation. Pour autant, la puissance publique est largement impliquée dans cette structure (État, conseils régionaux et généraux)[469] ;
- agence nationale de la recherche[470] (ANR) : sous tutelle du ministère de l'enseignement supérieur et de la recherche, l'ANR est devenu un établissement public de l'État à caractère administratif[471]. A l'instar de la DFG[472] en Allemagne ou de la

[465] Ordonnance n° 2005-722 du 29 juin 2005 et décret n° 2005-766 du 8 juillet 2005. Cette création par fusion regroupe désormais l'ancienne banque de développement des PME (BDPME), elle même issue d'une fusion entre le Crédit d'équipement des PME et la société d'assurance SOFARIS en 1996 et l'ANVAR. Jusqu'au 1er janvier 2007, OSEO-innovation était dénommé OSEO-ANVAR.

[466] Elle regroupe l'ancienne AII et l'ancienne ANVAR.

[467] Cette entité est fondée sur l'activité bancaire de l'ex-BDPME.

[468] Activité dans le domaine des assurances, s'appuyant sur l'expérience de l'ex-SOFARIS.

[469] Des représentants des collectivités siègent au directoire (OSEO-financement) ou conseil d'administration (OSEO-garantie) selon la forme juridique de la société. Les collectivités et l'État apportent également des moyens financiers, aux côtés de la caisse des dépôts et consignations, des banques, des assureurs.

[470] Cf. Chap. IX, art. L.329-1 et suivants du code de la recherche.

[471] Décret n° 2006-963 du 1er août 2006. Sa nouvelle organisation est entrée en vigueur le 1er janvier 2007.

[472] Deutsche Forschungsgemeinschaft.

NSF[473] aux États-Unis, l'ANR a pour mission de « *financer et de promouvoir le développement des recherches fondamentales, appliquées et finalisées, l'innovation et le transfert technologiques et le partenariat entre le secteur public et le secteur privé* » (art. 2). Ces projets s'articulent principalement autour des thématiques suivantes : santé, énergie durable et environnement, technologie de l'information et de la communication. A la différence d'OSEO, l'ANR ne prend aucune part dans le financement de projets industriels, son action se situant en amont de la phase industrielle ;

- agence de diffusion de l'information technologique (ADIT) : créée par l'État en 1992 sous la forme juridique d'un EPIC, devenue société anonyme en 2003, cette agence a été autorisée par décret à procéder à une ouverture minoritaire du capital en 2006[474]. Elle propose ses prestations tant aux entreprises qu'aux organismes publiques (administrations, collectivités territoriales...) dans des domaines aussi variés que la veille, le conseil, l'expertise ;
- institut national de la propriété industrielle (INPI) : la protection de la propriété intellectuelle n'est pas un phénomène récent, un des dispositifs les plus anciens du monde moderne[475] est sans conteste celui de la république vénitienne qui, dès le XVème siècle, a créé un droit de la propriété intellectuelle. Plusieurs décennies plus tard, le diplomate anglais Sir Thomas Smith déclarait : « *à Venise, m'a-t-on dit, et en de nombreuses places de l'autre côté de la mer, ils récompensent et affectionnent l'homme qui introduit toute nouvelle méthode ou tout secret de fabrication permettant de faire travailler les gens.* »[476] (Smith, 1549)[477]. Ce droit s'est développé dans le

---

473 National Science Foundation.

474 Décret n° 2006-524 du 9 mai 2006 autorisant l'ouverture minoritaire du capital de l'Agence pour la diffusion de l'information technologique. Puis, en décembre 2010, 66 % du capital de l'ADIT a été cédé au fonds Butler Capital Partners.

475 Certaines traces sont pourtant bien plus anciennes. Dans l'Antiquité, le roi Assurbanipal, souverain de Ninive entre 668 et 626 av. J.C., avait ordonné que le savoir-faire scientifique et technique soit gravé sur des tablettes d'argile pour en conserver la mémoire. Sans élever cette pratique au rang de protection juridique, la conservation de ce savoir était déjà une préoccupation.

476 Cette préoccupation de l'acquisition des méthodes de fabrication s'est accompagnée également d'une protection commerciale par le jeu des monopoles et des patentes de *privilegi.* L'ancien régime, dans les pays les plus avancés, a été

monde entier (bien que de « vigueur » différente selon les pays), donnant lieu à la création d'organisme internationaux (OMPI)[478] ou régionaux (OEB)[479]. L'INPI est l'organisme national français. Cet institut reçoit les dépôts de brevets et de créations (logos, dessins, marques, nom commercial...) qui confèrent une protection juridique à leurs légitimes propriétaires ;
- institut national du développement local[480] (INDL) : davantage orientée vers l'action territoriale, cette agence a constitué une banque d'expériences et réunit des experts de divers horizons (universitaires, chercheurs, élus locaux..). Elle conseille les porteurs de projets en développement territorial, sur les volets économique et social. Elle a noué des partenariats avec les organismes de formation de la fonction publique territoriale.

Ces principales agences étatiques[481] ont pour mission d'accompagner les entreprises, que ce soit lors des phases de développement de projets industriels, l'octroi de financements ou la fourniture d'informations. Ce dispositif peut paraître complexe au point parfois de désorienter les chefs d'entreprises peu coutumiers du

---

une période où le droit s'est considérablement développé et établi. La Grande-Bretagne mettra en œuvre sa législation sur les monopoles en 1624.

477 Cité par McLEOD, C. « *Inventing the industrial revolution. The english patent system, 1660-1800* ». Université de Cambridge (1988), p. 11.

478 L'organisation mondiale de la propriété intellectuelle a été créée en 1967 sous l'égide de l'ONU et est installée à Genève. Elle a pour mission d'élaborer la législation et les normes internationales relatives à la propriété intellectuelle.

479 L'office européen des brevets a été créé par la convention sur la délivrance de brevets européens du 5 octobre 1973 (dite également « convention de Munich », ville de résidence principale désormais de cet office) et entré en vigueur le 7 octobre 1977.

480 A la suite de l'étude de la DATAR « *Quelle France rurale en 2020 ? Contribution à une nouvelle politique de développement rural durable* » présentée au CIADT le 3 septembre 2003 et en préparation à la loi n° 2005-157 du 23 février 2005 relative au développement des territoires ruraux, l'institut a été officiellement constitué en 2006, sous la forme d'un groupement d'intérêt public.

481 Il existe effectivement plusieurs structures nationales mais indépendantes de l'État (ex : l'agence pour la création d'entreprises (APCE) : bien que portant le nom d'agence, elle revêt la forme juridique d'une association Loi 1901. Elle est toutefois financée majoritairement par l'État. Cette agence a pour mission d'accompagner les entreprises dans leurs démarches de développement (ou de transmission). Elle fournit essentiellement des conseils.

fonctionnement de l'administration, d'autant plus que d'autres organisations tiennent parfois le même rôle.

7.2.3 - Les chambres de commerce et d'industrie et les fédérations professionnelles

Bien qu'étant partiellement rattachées à la puissance publique, ces deux types d'organisations entretiennent des liens avec les pouvoirs publics et, à ce titre, tiennent un rôle d'acteur et/ou de conseil dans la politique publique d'intelligence économique.

En premier lieu, les chambres consulaires font office de lien entre la puissance publique et les entreprises. Par leurs financements et la délégation de service public dont elles font l'objet, les chambres sont, à l'instar des agences publiques, un des fers de lance de l'action publique dans les territoires en matière d'intelligence économique. En effet, leur rôle est important et l'éventail de leurs missions est suffisamment large pour les considérer comme des acteurs de la politique publique d'intelligence économique à part entière. La loi prévoit les domaines d'intervention des CCI (art. L.710-1 du code de commerce) :

> *1° [...] ;*
> *2° Les missions d'appui, d'accompagnement, de mise en relation et de conseil auprès des créateurs et repreneurs d'entreprises et des entreprises, dans le respect des dispositions législatives et réglementaires en vigueur en matière de droit de la concurrence ;*
> *3° Une mission d'appui et de conseil pour le développement international des entreprises et l'exportation de leur production, en partenariat avec l'Agence française pour le développement international des entreprises ;*
> *4° [...] ;*
> *5° [...] ;*
> *6° [...] ;*
> *7° Toute mission d'expertise, de consultation ou toute étude demandée par les pouvoirs publics sur une question relevant de l'industrie, du commerce, des services, du développement économique, de la formation professionnelle ou de*

l'aménagement du territoire, sans préjudice des travaux dont il ou elle pourrait prendre l'initiative.

Parmi les différentes missions des chambres de commerce et d'industrie qui les conduisent à accompagner les entreprises à plusieurs niveaux, il est à remarquer que ces alinéas n° 2, 3 et 7 renvoient aux techniques de l'intelligence économique (conseil, mise en relation...). Elles permettent ainsi au réseau consulaire de prendre part à cette politique publique, notamment au niveau territorial. A cet effet, les CRCI sont le plus souvent parties prenantes dans les comités de pilotage régionaux animés par le préfet de région. De même, au niveau central, l'ACFCI participe à certains groupes de travail interministériels.

En second lieu, les fédérations professionnelles (et les entreprises elles-mêmes) assurent également un rôle souvent méconnu mais non négligeable. Nombre d'associations et de groupements professionnels participent à cette politique publique. Les contacts qu'ils entretiennent avec les pouvoirs publics leur permettent de mener plusieurs actions :

- influence auprès des décideurs publics pour la sauvegarde des intérêts de leur corporation, notamment au niveau européen ;
- contribution à la réflexion intellectuelle par l'organisation de colloques, parfois de niveau international[482], ainsi que de nombreuses publications[483] ;
- participation à l'élaboration de la norme[484].

Ainsi, ce lien public-privé dans le cadre de la politique publique d'intelligence économique est une réalité. Qu'il s'agisse de formation, de conseil, d'intégration aux réseaux, d'accompagnement dans la R&D et le développement de projets novateurs ou encore de participation à

---

[482] Par exemple, le CDSE organise une fois par an un colloque à l'OCDE.

[483] Parmi les plus réputées en France, citons les publications « *sécurité et stratégie* » (du CDSE), la « *revue internationale d'intelligence économique* » dirigée par le professeur Ludovic FRANCOIS, les ouvrages de l'IFIE et le magazine « Regards sur l'IE ».

[484] Pendant la préparation des articles consacrés aux professionnels de l'intelligence économique proposés dans la LOPPSI II, des représentants de syndicats professionnels de la sécurité ont participé à certains travaux qui se sont tenus au ministère de l'intérieur.

l'élaboration de la norme, les entreprises ou leurs représentations ont de multiples possibilités d'être en contact avec les organismes publics et para-publics pour obtenir leur soutien.

Néanmoins, si l'intelligence économique utilise l'information comme ressort pour aider les entreprises à se développer, il ne peut être fait abstraction du volet financier qui demeure indispensable lors de la concrétisation des projets.

Section 7.3 - Les financements

Il s'agit véritablement du « nerf de la guerre » car tout projet, aussi novateur soit-il, nécessite des investissements pour être mené à terme. Si dans une économie à tendance libérale il revient au secteur privé de prendre en charge ce volet, la puissance publique n'est pas pour autant exclue du jeu financier. Bien au contraire, elle intervient à plusieurs niveaux.

Face aux questions financières, l'État adopte une double position. Il est tantôt l'arbitre qui va ériger les règles et en contrôler l'application[485], tantôt se comporter comme un investisseur privé soutenant financièrement des entreprises.

7.3.1 - La régulation financière internationale

Disposant du pouvoir régalien de faire la Loi, la puissance publique peut réglementer les circuits financiers et établir les règles en la matière. Toutefois, la crise économique de 2008 a démontré qu'un État seul était relativement peu armé pour réglementer le jeu financier international et que cet objectif ne pourrait être atteint qu'en coordination (et avec la bonne volonté) de tous les acteurs internationaux.

Le 16 octobre 2008, en pleine tempête financière, l'Union Européenne a émis l'idée d'un sommet qui réunirait les principales économies de la planète pour élaborer un nouveau système financier international, un

---

[485] A ce titre, voir le décret n° 2005-1739 du 30 décembre 2005 réglementant les relations financières avec l'étranger.

temps nommé « Bretton Woods II ». Face à certains blocages[486], il est vite apparu qu'un tel objectif apparaissait bien ambitieux dans l'immédiat. En effet, la monnaie reste un symbole fort de la puissance et de l'identité d'un État. La monnaie européenne a pourtant démontré que plusieurs pays pouvaient renoncer à leur monnaie nationale pour créer une monnaie commune et lier davantage ainsi leur destin. Les observateurs n'ont pas manqué de souligner le rôle de l'Euro pendant la crise économique de 2008, où il « *s'est révélé être un formidable amortisseur de la crise financière la plus grave du siècle.* » (Jouyet, 2010). Le FMI lui-même dispose d'une « monnaie » internationale. Il s'agit un fait d'une monnaie scripturale utilisée uniquement pour les calculs financiers, dénommée « unité de compte » ou « droit de tirage spécial » (DTS). Néanmoins, ce système permet d'effectuer des opérations comptables au niveau du FMI en amenuisant les effets de change[487].

L'idée d'une monnaie unique internationale n'est pourtant pas récente puisqu'il y a « *un avantage manifeste à détenir des richesses dans le même étalon que celui dans lequel pourront échoir des engagements futurs et dans lesquels on pense que le coût de la vie restera relativement stable.* » (Keynes, 1936, p. 84). Le célèbre économiste britannique considérait depuis plusieurs années que « *l'étalon-or est déjà une relique barbare.* » (Keynes, 1923, p. 104). Aussi, lors des discussions préparatoires à Bretton Woods, Keynes proposa-t-il, en vain, la création d'une monnaie mondiale unique, le Bancor, la référence étant revenue à l'étalon-or. Régulièrement, des économistes appellent de leurs vœux la création de cette monnaie unique internationale qui

486 En provenance en particulier de certains États puissants désireux de conserver l'indépendance de leur monnaie. De même, et si noble puisse paraître cette idée, elle s'est heurtée à la souveraineté des États. Un temps évoquée, la lutte contre les paradis fiscaux a buté contre la réalité. Sans la volonté délibérée des dirigeants de ces États souverains à la fiscalité avantageuse de modifier leurs propres règles internes, aucune réglementation internationale ne pourra les y contraindre.

487 La valeur du DTS est fixée quotidiennement. Il est constitué de valeurs de référence d'un panier de devises (dollar, euro, yen et livre). Dès lors, les variations des taux de change sont réelles, mais amoindries par la pondération constituée par ce panier.

« *constituerait un formidable outil de promotion du commerce mondial dans un climat d'ouverture et de transparence. Il n'y aurait plus de crise de change, ni de ces opérations d'arbitrage de quelque 20 à 30 billions de dollars sur les produits dérivés circulant actuellement dans le monde — des fonds d'arbitrage cherchant à réduire l'inefficacité créée par un système de change absurde.* » (Mundell, 2001, p. 8).

Toutefois, nombre de penseurs et commentateurs ont redécouvert la pensée de Keynes à l'occasion de la crise économique de 2008 et le FMI prône, sinon l'instauration d'une réelle monnaie unique mondiale dans l'immédiat, du moins un rééquilibrage des monnaies en mettant en exergue le rôle du DTS (FMI, 2010, p. 22)[488].

Par ailleurs, la réunion du G20 du 2 avril 2009 à Londres, a permis des avancées intéressantes[489], mais des dossiers politiquement sensibles n'ont pu aboutir[490]. Le président français confirmait que « *la surveillance prudentielle des banques, la réglementation des hedges funds, les règles comptables, les modes de rémunération* » (Sarkozy, 2009) restaient les principales pistes de réflexion. Cette position a été confirmée lors de son discours au forum économique mondial de Davos, le 27 janvier 2010, relançant à l'occasion l'idée du Bretton Woods II.

Si ces considérations peuvent paraître quelque peu éloignées de la politique publique d'intelligence économique, cette distanciation n'est

[488] Sans évoquer explicitement que ce rééquilibrage ne pourrait se faire qu'au détriment du dollar, au regard de la détérioration des finances publiques des États-Unis alors qu'ils sont les premiers contributeurs du FMI, les pistes évoquées constituent pourtant un amoindrissement de l'importance du dollar dans les échanges internationaux (diversification et abaissement du niveau des réserves par les États, alternative au dollar U.S ?...).

[489] A défaut de réglementer la finance internationale, les participants partageaient au moins l'opinion de la nécessité de mieux surveiller les établissements bancaires. A ce titre, de nouvelles règles ont été adoptées dans plusieurs pays (agences de protection du consommateur aux États-Unis, autorités de surveillance des banques...).

[490] Réglementation des hedges funds et levée du secret bancaire restent les deux principales pierres d'achoppement. De même, la rémunération des traders restent un sujet aux applications très variables selon les pays.

qu'un leurre. En effet, les règles économiques et financières qui seront en vigueur à l'avenir peuvent conditionner très fortement les modalités du jeu économique (normes comptables[491], facilité de crédit pour les entreprises, soutien public à l'innovation, subventions...). Les enjeux de pouvoirs sont considérables et les parties prenantes à l'élaboration des futures normes se livreront sans conteste à des jeux d'influence particulièrement actifs.

7.3.2 - Fondements et structures du financement public

En attendant une plus grande régulation internationale, l'État français dispose déjà d'une réglementation financière qui s'inscrit dans la doctrine des règles communautaires. Le droit européen n'interdit pas le soutien financier aux structures privées mais impose toutefois quelques limites[492] : vérification de la nature de l'organisme[493], absence d'entente entre entreprises de nature à fausser la libre concurrence (art. 101 du TCE), prohibition de la position dominante (art. 102 du TCE). Ces grandes orientations ont été déclinées dans la réglementation nationale et les textes récents s'inscrivent dans cette logique. De même, la loi TEPA[494] contient diverses dispositions, dont certaines profitent directement aux entreprises[495] en leur permettant de réduire la pression fiscale et d'avoir recours à un financement novateur.

Une seconde piste a été de créer des dispositions qui s'inspireraient directement du « small business act » (SBA) adopté aux États-Unis en

[491] Le cas des normes IFRS, évoqué *supra*, est particulièrement explicite à ce sujet.

[492] Art. 106 TCE. Toutefois certains monopoles d'État peuvent être conservés à la condition que la mise en concurrence de leur secteur d'activité constituerait un « *échec à l'accomplissement en droit ou en fait de la mission particulière qui leur a été impartie.* »

[493] Sous la forme juridique d'une association à but non lucratif mais exerçant une activité économique d'intérêt général, une telle organisation est qualifiée d'« entreprise » par le droit communautaire. En droit français, la circulaire du 18 janvier 2010 relative aux « *relations entre les pouvoirs publics et les associations : conventions d'objectifs et simplification des démarches relatives aux procédures d'agrément* » encadre le financement public de ces organismes.

[494] Loi n° 2007-1223 du 21 août 2007 en faveur du travail, de l'emploi et du pouvoir d'achat.

[495] Ces dispositions sont essentiellement d'ordre fiscal : exonération des heures supplémentaires, déduction pour les investissements dans les PME par les contribuables assujettis à l'ISF.

1953[496] afin de soutenir les PME (simplification des démarches, facilité d'accès à la commande publique...), sans contrevenir aux règles internationales et européennes du commerce. En effet, en l'état actuel de la réglementation communautaire, il n'est pas possible de privilégier un type d'entreprise plutôt qu'un autre face à la commande publique. Toutefois, aborder ce sujet n'est pas un tabou puisque « *l'accès effectif des PME aux marchés publics revêt une importance cruciale.* » (Conseil des ministres européen, février 2007). La Commission européenne a annoncé à l'occasion d'une consultation qui s'en est suivie que « *l'importance cruciale des PME et des entrepreneurs pour la compétitivité de l'Europe est désormais bien reconnue. En mettant en œuvre le "Small Business Act", nous cherchons à valoriser pleinement leur immense potentiel. Mais, pour y parvenir, nous devons être informés de tous les problèmes qui se posent et de toutes les opportunités qui s'offrent.* » (Verheugen, 2008). A la suite de cette consultation, la Commission a produit une communication qui ouvre plusieurs pistes[497].

Dans cette logique, le législateur français a promulgué une loi, à peine plus d'un mois après cette déclaration. La loi de modernisation de l'économie[498] modifie sensiblement le fonctionnement des entreprises, en particulier celui des PME[499]. Afin que ses dispositions puissent s'appliquer aux entreprises, celles-ci doivent être définies comme étant

---

[496] Ce dispositif est articulé autour de quatre axes : la défense des PME ; la formation, le conseil et l'assistance ; les aides au financement ; l'accès aux marchés publics (23 % de ces marchés leurs sont réservés).

[497] Il ne s'agit pas de décisions mais d'orientations pour faciliter la participation des PME aux marchés publics : « *aider les PME à profiter davantage des potentialités du marché unique, permettre aux PME de transformer les défis environnementaux en opportunités, encourager et aider les PME à tirer parti de la croissance des marchés...* ». Ces déclarations d'ordre général ne constituent pas, dans l'immédiat, une série de mesures pragmatiques susceptibles d'aider les PME.

[498] Loi n° 2008-776 du 4 août 2008 de modernisation de l'économie.

[499] Ces dispositions ont pour objet d'alléger le fonctionnement de ces sociétés : apports en industrie (le savoir-faire) reconnu dorénavant pour les SA et SAS, suppression du seuil de capital (toujours pour les SAS) ainsi qu'un allègement du recours aux commissaires aux comptes, limitation des délais de paiement, protection du patrimoine des entrepreneurs individuels...

des PME, au sens de la législation française[500], elle-même en application des règles communautaires[501].

Dans ce « SBA à la française », la discrimination positive à l'égard des PME innovantes est instituée à titre expérimental pour une durée de cinq années. Elle comporte néanmoins certaines limitations. Ne peuvent bénéficier de cet accès facilité que les PME intervenant sur les marchés de haute technologie, pour un montant inférieur aux seuils des procédures formalisées[502], pour un pourcentage de part de marchés inférieur à 15 %.

Une fois le cadre juridique formalisé, la puissance publique intervient donc au profit des entreprises sous plusieurs formes. Que ce soit pour sortir de la crise ou d'envisager un avenir à plus long terme, « *le financement des entreprises est devenu notre urgence.* » (De Romanet, 2010). Le plus souvent, ce soutien est réalisé au moyen d'agences dédiées ou de structures interministérielles :

- OSEO ;
- la Caisse des dépôts et consignations (CDC) est un groupe public créé en 1816. Ses missions n'ont cessé d'évoluer depuis deux siècles[503] et la CDC soutient aujourd'hui activement les entreprises par son activité bancaire à travers ses filiales « Investissement et Capital investissement » ;
- la Banque publique d'investissement (BPI)[504] : associant l'État, la CDC et les régions, cet établissement a pour finalité de

[500] Décret n° 2009-245 du 2 mars 2009 relatif à la définition des petites et moyennes entreprises dans la réglementation applicable à la commande publique.

[501] Recommandation n° 2003/361/CE de la Commission européenne du 6 mai 2003 concernant la définition des micro, petites et moyennes entreprises.

[502] C'est-à-dire 206 000 euros pour les marchés de fournitures et services des collectivités territoriales, 133 000 euros pour les marchés de fournitures et de services de l'État et 5 150 000 euros pour les marchés de travaux.

[503] Gestion de l'épargne (1837), création des caisses de retraite (1850), de l'assurance-vie (1868), financement du logement social (1905), reconstruction (1945), équipement (1954), création de la caisse nationale de prévoyance (1959), aide aux collectivités locales (1966), développement local (1983), programme PME innovation (1994), création du fonds stratégique d'investissement (2008).

[504] Présenté par le ministre de l'économie le 17 octobre 2012, la procédure législative s'est déroulée immédiatement après (votes à l'assemblée nationale le 29 novembre 2012 et au Sénat le 19 décembre 2012) pour aboutir à l'entrée en vigueur de la loi le 1er janvier 2013. La BPI est détenue à parité par l'État et la

soutenir le développement des PME et ETI, notamment dans l'innovation et l'export. Implantée dans les régions, son action est menée en suivant les schémas régionaux de développement économique ;
- l'agence des participations de l'État[505] gère le patrimoine de l'État actionnaire. Cette agence peut donc prendre des participations dans les entreprises cotées ;
- le Comité interministériel de restructuration industrielle (CIRI) intervient auprès de plusieurs dizaines d'entreprises[506] chaque année, concernant plusieurs dizaines de milliers de salariés[507]. Son action est celui d'un coordonnateur entre les différentes parties gravitant autour d'une grande entreprise momentanément en difficulté (banques, clients, fournisseurs, administrateurs...) ;
- la Société de prise de participation de l'Etat (SPPE)[508], détenue à 100 % par l'État, a pour objet de préserver la stabilité

CDC. Elle rassemble les activités du FSI, d'Oséo et de CDC entreprises. La forme juridique initiale devait être celle d'une holding pour finalement aboutir à une fusion de ces entités afin de créer un établissement sur le modèle de la banque publique allemande KfW. A sa création, l'établissement bénéficie d'un budget de 42 milliards d'euros (20 milliards en prêt, 12 milliards en capacité de garanties, 10 milliards de capacité d'investissement en fonds propres) et a mis en place des outils particuliers (crédit impôt recherche et prêt pour l'innovation mis en place le 13 février 2013). Son premier conseil d'administration s'est tenu le 21 février 2013. La BPI ambitionne de devenir le guichet unique du financement public des entreprises dans chaque région.

[505] Décret n° 2004-963 du 9 septembre 2004 portant création du service à compétence nationale « *Agence des participations de l'État* ».

[506] Le CIRI intervient auprès des entreprises de 400 salariés et plus. En deçà de ce seuil, ce sont les comités départementaux d'examen des problèmes de financement des entreprises (CODEFI), placés sous l'autorité des préfets, qui sont compétents.

[507] 44 entreprises (55.000 salariés) en 2007, 50 entreprises (80.000 salariés) en 2008, 46 entreprises (53.000 salariés) en 2009, 45 entreprises (62.000 salariés) en 2010, 42 entreprises (50.000 salariés) en 2011. En raison d'une modification de la structure (création des commissaires au redressement productif au 1er juillet 2012, à la suite de la création du ministère du même nom par la nouvelle majorité politique), les nouvelles statistiques se prêtent moins à la comparaison sur le nombre d'entreprises traitées. Néanmoins, le rapport annuel 2012 des commissaires au redressement productif fait état de 48.116 emplois préservés (Source : http://www.redressement-productif.gouv.fr/files/rapport-annuel-2012-commissaires-redressement-productif.pdf, consulté le 26/08/2013.

[508] Loi n° 2008-1061 du 16 octobre 2008 de finances rectificative pour le financement de l'économie. L'article 6.III dispose qu'« *afin de garantir la stabilité du système financier français, la garantie de l'État peut être accordée*

financière et soutenir le financement de l'économie par le soutien aux établissements bancaires (achat de titres émis par ces établissements pour augmenter leurs fonds propres) ;
- la Société de financement de l'économie française[509] (SFEF) est également un organisme d'État qui lui permet de financer des banques afin que celles-ci puissent disposer de liquidités et assurer à leur tour le financement des entreprises.

L'État apporte donc son soutien financier au fonctionnement de l'économie (banques et entreprises) par l'intermédiaire de divers organismes, chacun étant spécialisé dans un domaine spécifique. Toutefois ce soutien fait l'objet d'une attention toute particulière d'instances nationales ou supra-nationales. Ces dispositifs sont contrôlés avant leur mise en œuvre (nécessité d'obtenir l'accord préalable des autorités européennes) ou *a posteriori*. Ces dernières vérifications portent le plus souvent sur la réalité des remboursements des aides avancées auquel cas des sanctions pour subventions déguisées peuvent être prononcées[510].

7.3.3 - Les outils du financement public

Les aides publiques de financement des entreprises sont généralement réalisées par deux moyens qui peuvent être complémentaires[511] :

---

aux financements levés par une société dont l'État est l'unique actionnaire, ayant pour objet de souscrire à des titres émis par des organismes financiers et qui constituent des fonds propres réglementaires. » La SPPE et la SFEF s'inscrivent dans ce cadre.

509 Société créée en pleine tempête financière en 2008 pour octroyer des prêts aux établissements bancaires exposés au risque de défaut des liquidités et à ne plus pouvoir prêter malgré un bon niveau de fonds propres.

510 Dans son verdict préliminaire de septembre 2010, l'OMC a noté que les quelque 24 milliards de dollars reçus par l'avionneur Boeing de la part du gouvernement américain ces dernières années violaient certains principes du commerce international. Le rapport final de l'OMC, en date du 31 janvier 2011 confirme cette position. En juin 2010, c'est l'avionneur concurrent Airbus qui avait été épinglé dans un autre rapport, toujours élaboré par l'OMC. L'affaire est toujours en cours d'étude car les différentes aides doivent être analysées précisément afin de déterminer celles qui relèveraient de la subvention déguisée plutôt que du soutien à l'innovation.

511 De façon plus indirecte, les aides sous forme de garanties ne sont pas négligeables pour autant. L'État (articles L.2251-1, L.3231-1 et L.4211-1 du CGCT) et les collectivités territoriales (articles L.2252-1, L.3231-4, L.4253-1 et

- les apports financiers directs : prêts, avances remboursables, montée dans le capital... Ces financements peuvent être d'origine nationale ou européenne[512] ;
- les déductions fiscales : des dispositifs permettent ces déductions si l'entreprise consent des investissements particuliers (crédit d'impôt recherche[513], dispositif « jeune entreprise innovante »[514], CICE[515]...).

Toutefois, les entreprises doivent remplir certaines conditions pour pouvoir bénéficier de ces aides. Celles-ci sont gérées dans le cadre de fonds qui leurs sont spécialement dédiés. La création des pôles de compétitivité en 2005 et la crise économique de 2008 ont permis d'identifier des besoins nouveaux en financement de projets et d'entreprises. S'il est admis que « *la faiblesse des fonds d'amorçage et du capital risque constitue aujourd'hui le plus gros handicap du système français* » (François-Noyer et Droma, 2005), l'État cherche à surmonter progressivement cette difficulté en créant ses propres fonds, totalement publics ou en y associant des investisseurs privés.

L.5111-4 du CGCT en matière de garanties directes et les articles L.2253-7, L.3231-7, L.4253-3 et L.4211-1 10° pour les participations en capital et les subventions aux sociétés de garanties) peuvent apporter leur aide sous certaines conditions.

[512] Le Fonds européen de développement régional (FEDER), le Fonds pour le développement rural ainsi que le fonds social européen peuvent participer au financement d'entreprises.

[513] Cf. Art. 244 quater B du code général des impôts. Ce crédit permet une déduction fiscale en fonction du montant investi par l'entreprise dans la R&D (jusqu'à 30 % de déductions du montant du budget R&D de l'entreprise, dans la limite de 100 millions d'euros, puis 5% au-delà, sans limitation).

[514] Créé par la loi de finances 2004, ce dispositif permet aux jeunes PME innovantes (de haute ou moyennement haute technologie selon le vocable de l'OCDE) de bénéficier d'allègements d'impôts et de charges sociales sur les emplois dédiés aux activités de recherche. Il s'agit principalement de PME appartenant au secteur des services aux entreprises (informatique, R&D en sciences physiques et naturelles...).

[515] Entré en vigueur en janvier 2013, le crédit d'impôt pour la compétitivité et l'emploi permet aux entreprises employant des salariés de bénéficier d'une réduction d'impôts basée sur le montant des rémunérations brutes (4% en 2013, 6% en 2014). Le CICE équivaut à une baisse des cotisations sociales en raison de son mode de calcul.

Parmi les fonds existants[516], quelques uns sont mieux connus par les entreprises :

- le fonds de compétitivité des entreprises (FCE) : créé en février 2006, ce fonds a pour objet de financer des projets de R&D des pôles de compétitivité ;
- le fonds unique interministériel (FUI) : géré par OSEO, ce fonds est une subdivision de FCE. Il a vocation à soutenir les entreprises déjà bien avancées dans leur R&D et qui sont susceptibles de mettre sur le marché des produits innovants à court ou moyen terme ;
- le fonds stratégique d'investissement (FSI)[517] : lors du discours de lancement officiel de ce fonds, le 30 octobre 2008, le Président déclarait que le pays devait pouvoir continuer à « *construire des bateaux, des voitures et des avions* » et que ce fonds se présentait comme « le fonds souverain à la française » (Sarkozy, 2008). Il a intégré le dispositif « France investissement »[518], créé en 2006 pour renforcer le capital des entreprises, et en particulier celui des PME. Ce dispositif intervient à plusieurs étapes du développement d'une entreprise. Les interventions de « FSI-France investissement » sont réalisées tant en capital-risque qu'en capital-développement à travers plusieurs fonds internes[519]. Toutefois, les contributions

---

[516] Les fonds sont nombreux et parfois anciens, à l'image du Fonds de développement économique et social (FDES), créé en 1955 (remplaçant le fonds de modernisation et d'équipement créé en 1948 pour faciliter la reconstruction d'après-guerre).

[517] Le FSI prévoit des investissements à moyen terme (5 à 7 ans). Si la rentabilité est recherchée, il n'est pas exigé un retour sur investissement à la hauteur des prétentions d'un LBO. La participation du fonds se monte à 20 % maximum du montant total de l'investissement, nécessitant de fait le recours pour l'entreprise soutenue à d'autres partenaires. Le FSI est détenu à 51% par la CDC et 49 % par l'État français.

[518] Les financements proviennent de la CDC, du FSI et des partenaires institutionnels privés. Lors de son lancement, 3 milliards d'euros devraient être investis par ce dispositif sur la période 2008-2012. Le rapport d'activité 2012 du FSI fait état en fait d'un investissement cumulé de 5,5 milliards d'euros sur cette période.
Source : http://www.bpifrance.fr/content/download/127759/2185960/file/Rapport%20d%27activit%C3%A9%202012%20PDF.pdf, consulté le 26/08/2013.

[519] - le fonds de consolidation et de développement des entreprises (FCDE) s'adresse aux entreprises fragilisées par la crise ;

des compagnies privées devraient ostensiblement diminuer au cours des années 2010 en raison de l'application de nouvelles normes[520].

D'autres fonds sont plus spécialement dédiés à l'aménagement du territoire et sont attribués aux collectivités territoriales et entreprises mettant en œuvre un projet de développement local :

- le fonds national d'aménagement et développement du territoire[521] (FNADT), créé rétrospectivement au 1er janvier 1995[522], ce fonds intervient en complément des investissements privés ou publics locaux ;
- le fonds national de revitalisation des territoires[523] (FNRT) permet aux territoires les plus touchés par les restructurations économiques de bénéficier de financements pour soutenir ou

---

- le fonds de modernisation des équipementiers automobiles (FMEA) ;
- le fonds Innobio est à destination des entreprises du domaine de la santé ;
- le fonds Bois dédié à la filière du même nom ;
- OC+ permet de renforcer les entreprises, qui ne souhaitent pas ouvrir leur capital, par des obligations convertibles.

520 La directive « Solvency 2 » adoptée par le parlement européen en avril 2009 et les normes « Bâle 3 » du 16 décembre 2010 vont conduire respectivement les compagnies d'assurance et les banques à adopter des règles prudentielles plus strictes, limitant de fait leurs investissements.

521 L'aménagement du territoire est une préoccupation permanente des pouvoirs publics, tant nationaux que locaux. Des dispositifs réglementaires définissent le rôle de chacun : État, collectivités territoriales, entreprises, population et cohésion sociale, prise en compte du développement durable. Cf. Loi n° 95-115 du 4 février 1995 d'orientation pour l'aménagement et le développement du territoire, modifiée par la loi n° 99-533 du 25 juin 1999. Toute la philosophie de l'aménagement du territoire est résumée à l'article 1er de cette loi de 1995 qui dispose dans son alinéa deuxième qu'« *Au sein d'un ensemble européen cohérent et solidaire, la politique nationale d'aménagement et de développement durable du territoire permet un développement équilibré de l'ensemble du territoire national alliant le progrès social, l'efficacité économique et la protection de l'environnement. Elle tend à créer les conditions favorables au développement de l'emploi et de la richesse nationale, notamment en renforçant la solidarité des entreprises avec leur territoire d'implantation, et à réduire les inégalités territoriales tout en préservant pour les générations futures les ressources disponibles ainsi que la qualité et la diversité des milieux naturels.* »

522 Art. 33 de la loi n° 95-115 du 4 février 1995.

523 Fonds créé en 2009. Les dossiers qui y sont déposés sont examinés par la DATAR. Le financement provient du ministère de l'économie et de la CDC. OSEO prend en charge la gestion administrative des dossiers.

aider les entreprises de 10 à 500 salariés à s'implanter ou se maintenir ;
- les primes d'aménagement du territoire (PAT) permettent aux entreprises industrielles ou de services[524] de recevoir une aide financière si elles sont implantées dans des zones d'aides à finalité régionale ou si elles poursuivent un programme de R&D[525], quel que soit leur lieu d'implantation.

De façon plus circonstancielle, l'État peut également débloquer une enveloppe pour soutenir un secteur momentanément en difficulté[526], ou financer une politique déjà décidée (grand emprunt). Dans le cadre du plan de relance à la suite de la crise de 2008, les pouvoirs publics ont instauré cinq régimes provisoires d'aides publiques aux entreprises[527].

---

[524] Décret n° 2007-809 du 11 mai 2007 relatif à la prime d'aménagement du territoire pour l'industrie et les services.

[525] Décret n° 2007-1029 du 15 juin 2007 relatif à la prime d'aménagement du territoire pour la recherche, le développement et l'innovation.

[526] Par exemple, le secteur automobile a particulièrement souffert en 2008-2009. Il représente 10 % de l'emploi en France. La majorité des véhicules est financée par le crédit des filiales bancaires des constructeurs automobiles. Or, ces filiales ne disposent pas de dépôts bancaires et ont eu besoin de fonds propres pour financer les achats de leurs clients. Les constructeurs eux-mêmes ont créé un fonds de soutien au secteur automobile, abondé en partie par le FSI.

[527] Les aides compatibles d'un montant limité (dispositif approuvé par la Commission européenne le 19 janvier 2009), les aides temporaires sous forme de prêts bonifiés (approbation CE le 4 février 2009), prêts bonifiés pour les « produits verts » (approbation CE le 3 février 2009), aides temporaires sous forme de garantie (approbation CE le 27 février 2009), aides temporaires en capital-investissement (approbation CE 30 juin 2009).

Chapitre 8 : La territorialisation de l'intelligence économique

La PPIE se développe dans les territoires. Mais force est de constater que tous les territoires ne sont pas d'importance ni de force égales. Les outils de l'intelligence économique peuvent s'avérer être particulièrement utiles pour le développement territorial lui-même.

Section 8.1 - Territoires et développement économique

L'aménagement du territoire est indissociable de sa composante économique puisqu'elle en est un des principaux piliers et l'intelligence économique est un de ces outils qui peut contribuer à son développement :

> « *L'intelligence économique se prolonge nécessairement dans un dispositif opérationnel d'intelligence territoriale. En effet, la prospérité de nos entreprises ne désigne pas seulement celle des grands groupes mais aussi celle des PME/PMI, qui forment la plus grande part du tissu économique de la France. L'intelligence économique a donc pour ambition et vocation première de favoriser le développement local : ce qui fonde définitivement la pertinence de l'intelligence territoriale.* » (Pautrat, 2005).

Cependant, tous les territoires ne sont pas de valeur égale (surface, population, activités...) et sont pourtant tous soumis aux mêmes impératifs de service public. Il est dès lors constaté une certaine compétition entre les territoires où l'intelligence économique peut devenir une arme pour prendre l'avantage.

8.1.1 - Concurrence des territoires

Les collectivités territoriales développent elles-mêmes une forme de compétitivité pour l'attractivité de leur territoire. Cette concurrence est bien réelle et il est possible de la mesurer d'une certaine manière par le niveau d'engagement d'une collectivité territoriale dans le développement de son économie. Ce n'est pas simplement affaire de subventions pour attirer les entreprises, c'est avant tout une démarche d'aménagement du territoire visant à offrir un niveau de services plus avantageux qu'autrui pour les entreprises et les salariés résidents. Les études relatives à la concurrence entre collectivités territoriales démontrent que celles-ci sont des producteurs de biens collectifs et, comme les États, poursuivent les mêmes objectifs (Veltz, 2000). A l'instar des entreprises, les collectivités territoriales subissent des contraintes budgétaires générées par la nécessité de satisfaire les besoins publics. La Loi leur interdisant un budget déficitaire[528], les collectivités territoriales sont soumises aux mêmes impératifs financiers qu'une entreprise (stratégie de développement, arbitrage entre les différentes options, retour sur investissement...).

Certaines stratégies de développement peuvent avoir un effet pervers : cherchant à attirer entreprises et population, une collectivité territoriale pourrait être tentée d'offrir des prestations moins coûteuses qu'une collectivité concurrente, au risque finalement d'offrir des prestations de qualité moindre... et de favoriser à terme l'implantation des entreprises et de la population recherchées chez la collectivité concurrente qui saura offrir un meilleur niveau de prestations par des investissements plus soutenus. Afin de ne pas tomber dans ce travers, la collectivité n'a d'autres choix que d'offrir une quantité de biens collectifs moindres (Gilbert, 2004, p. 41s). Ce cercle vicieux (baisse des recettes fiscales – baisse du niveau de services publics – moindre attractivité), bien qu'inspiré légitimement par la recherche de l'attractivité, pénalise en fait le potentiel de croissance des collectivités territoriales (Brueckner, 2000, p. 505s). Les avantages escomptés à court terme risquent le plus souvent de devenir de sérieux handicaps à plus longue échéance, même s'ils sont difficilement quantifiables (Aghion et Howitt, 1998, p. 236s). Toutefois, la concurrence fiscale entre collectivités territoriales ne présente d'intérêt que lorsque des conditions très limitatives sont réunies[529]. Pour autant, le faible niveau

---

528 Article L.1612-4 de CGCT. Plus précisément, le budget des sections « fonctionnement » et « investissement » doit être voté en équilibre réel, les recettes et les dépenses devant être évaluées de « façon sincère ».

529 Par exemple, dans les années 1990, la plupart des loueurs automobiles étaient enregistrés et leurs véhicules immatriculés dans le département de la Marne, en raison du plus faible coût de la vignette fiscale automobile. Les recettes fiscales du département, générées par le vignoble champenois et le niveau d'offres de services publics étant moindre en raison du volume de population, la collectivité territoriale disposait des ressources nécessaires pour mener cette politique.

de la fiscalité locale ne suffit pas à déplacer les populations et dès lors la concurrence entre collectivités territoriales n'a pas lieu d'être surestimée (Gilbert, 2004, p. 41s). Si la concurrence entre collectivités territoriales produit de bons résultats en termes d'efficacité de l'action publique par la recherche de l'efficience, les limitations budgétaires imposent des choix stratégiques qui ont abouti à une certaine forme de spécialisation des collectivités dans une activité délimitée (l'aéronautique en région Midi-Pyrénées, la chimie en Rhône-Alpes, la Silicon Valley en Californie...). Cette recherche de l'attractivité par la compétitivité qui attire les talents n'est pas seulement locale ou nationale, elle est également internationale[530] (Florida et Tinagli, 2004, p. 12).

En revanche, si l'abaissement des ressources par la fiscalité peut s'avérer dangereux pour l'équilibre budgétaire de la collectivité, les dépenses d'investissement dans des infrastructures par définition pérennes (voies de circulation, aménagements portuaires...) sont souvent de bons arguments pour attirer les entreprises (et dans leur sillage la population salariée). A défaut de n'avoir les ressources suffisantes pour des investissements conséquents, des dépenses d'investissement plus légères restent possibles, notamment des dispositifs d'innovation et de soutien au démarrage (district, incubateur...). Sans obérer lourdement les finances publiques locales, ces dispositifs sont de nature à générer un cercle vertueux de la croissance par la compétitivité.

Mais le développement économique d'un territoire n'est pas seulement le fait d'une volonté politique ou d'investissements financiers, il repose avant tout sur le capital humain qui joue à ce titre un « *rôle essentiel dans le développement régional.* » (Gertler et Wolfe, 2004, p. 45s).

8.1.2 - De l'intelligence économique territoriale...

Il est parfois opéré un raccourci rapide définissant l'intelligence économique territoriale (IET) comme étant l'intelligence économique appliquée aux territoires. Si l'explication semble phonétiquement satisfaisante, elle n'en est pas moins approximative.

---

[530] De nombreux ingénieurs informaticiens et infographistes français sont implantés et appréciés dans l'industrie du cinéma d'animation à Hollywood.

Une première approche de ce concept exclut d'emblée les entreprises, malgré leur rôle incontournable dans le dynamisme d'un territoire. En effet, s'agissant d'un concept appliqué à un territoire, seule la puissance publique dispose par nature des prérogatives pour l'appliquer, l'aménagement du territoire étant une de ses caractéristiques exclusives. Une entreprise n'a ni vocation, ni les moyens (en particulier réglementaires) d'aménager un territoire. Toutefois, une entreprise peut orienter les décisions politiques locales prises en ce sens[531].
En second lieu et comme évoqué précédemment, il n'existe pas à ce jour et au sens étymologique de l'expression de politique publique d'intelligence économique territoriale. Il existe certes une politique publique d'intelligence économique qui relève du niveau de l'État et des actions d'aménagement du territoire et du développement économique locales utilisant les outils de l'intelligence économique au niveau territorial. La césure est encore visible entre l'action de l'État et celle des collectivités territoriales en matière d'intelligence économique territoriale. Pour autant, ces deux entités ont développé deux voies parallèles. Cependant, la doctrine de l'IET est conçue différemment. Pour l'État, il s'agit de favoriser l'émergence de territoires disposant d'une compétence économique spécifique pour en faire des leaders nationaux, sinon mondiaux, en utilisant les trois ressorts de l'intelligence économique (compétitivité, sécurité, influence). Les collectivités territoriales considèrent davantage que l'information économique est un levier à la prise de décision favorisant le développement économique[532]. Malgré cette divergence de conception, la méthode employée est similaire puisqu'il s'agit d'utiliser à bon escient l'information économique pour atteindre le but visé. De même, les outils employés sont parfois identiques (notamment le financement et le recours à l'influence), même s'ils sont de portée différente. Et en dernier lieu, si l'État s'attache plus particulièrement à

[531] Cette hypothèse s'est particulièrement vérifiée à propos de la construction de grandes infrastructures (ports, autoroutes, aéroports...) permettant à de grandes entreprises ou des centres industriels importants de se développer. La puissance publique intervient sous plusieurs formes pour réaliser ces aménagements (expropriation foncière, financements...).

[532] Art. L.1511-1 du CGCT : « *La région coordonne sur son territoire les actions de développement économique des collectivités territoriales et de leurs groupements, sous réserve des missions incombant à l'État.* »

mener des actions de sécurité économique, les collectivités territoriales sont bien peu présentes sur ce segment.

Il existe donc une forme de parallélisme entre la conception et l'action menées en termes d'IET, mais celles-ci divergent en certains points selon qu'elles sont envisagées par l'État ou les collectivités territoriales.

L'intelligence territoriale peut être comprise à double sens :

> « [...] *celui issu de l'intelligence économique comprise comme une démarche, des méthodes et des outils propres au monde des entreprises, que l'on «* adapterait *» au besoin du développement économique d'un territoire. Il serait plus précis de parler «* d'intelligence économique territoriale *». Celui plus large, qui comprendrait le contenu des savoirs et des compétences constitutifs d'un territoire, notion même d'intelligence collective, qui porterait l'avenir du territoire selon la démarche plus classique de développement local mais en lui apportant une culture de veille et de stratégie qui lui ont trop souvent fait défaut.* » (Demazière et Faugouin, 2005, p. 387s).

En résumé, l'intelligence territoriale représenterait « *la capacité d'adaptation, la maîtrise du renseignement économique et technique et l'utilisation des réseaux d'influence et d'actions au profit d'un projet d'une collectivité locale par les élus et des cadres territoriaux.* » (Bruneau, 2007)[533].
Il devient dès lors difficile d'affirmer qu'il existe une intelligence économique territoriale qui serait une simple duplication au niveau local de l'action de l'État en la matière. La divergence est encore plus profonde si est évoquée une politique publique d'intelligence économique territoriale. Pourtant, elle serait une réalité si celle-ci était le prolongement de l'action de l'État dans les territoires en matière

---

[533] Cité par MALLOWAN, M. et MARCON, C. « Intelligence économique et territoriale au service d'une stratégie de développement régional : la délicate question de la formation des acteurs ». Revue CJRS, vol. 33, numéro spécial (2010), pp. 149-162. Source : http://www.cjrs-rcsr.org/V33/15-CJRS-33-ARTICLE-10-MALLOWAN-MARCON.pdf, consulté le 15/03/2013.

d'intelligence économique et ne serait pas constituée de ces deux voies parallèles qui se rencontrent parfois par la méthode employée.

Néanmoins, les réflexions récentes[534] aboutissent à une nouvelle conception de l'intelligence territoriale considérée dans un ensemble où la sphère économique n'en devient qu'un pilier puisque « *le risque économique, par son incidence sur l'emploi qu'il représente, est inclus* de facto *dans une réflexion d'anticipation territoriale.* » (Bertacchini, 2007). Il n'en constitue pas pour autant un modèle de transposition.

8.1.3 - ...vers l'intelligence territoriale économique

La réflexion est relativement récente à propos du concept d'intelligence territoriale. Néanmoins, son contour commence à être affiné. Il en existe déjà certaines approches. Dans la mentalité anglo-saxonne il existe la notion de développement communautaire qui « *œuvre dans divers champs d'activités, sur le territoire donné et dont la mission est d'assurer la participation active du mouvement populaire et communautaire au développement socio-économique du milieu.* »[535] Toutefois, cette notion est davantage fondée sur les relations sociales entre les membres d'un même groupe, généralement identifiés dans une aire spatiale restreinte (le quartier, la commune). Ce concept place l'être humain et les relations sociales au centre du dispositif[536].

Si le développement communautaire n'est pas l'intelligence territoriale, il peut en constituer cependant le pilier social et les méthodes utilisées par les Corporations de développement

---

[534] Plusieurs ouvrages abordent ce thème (« Intelligence territoriale, repères théoriques » de Philippe HERBAUX, [2007], « Intelligence territoriale : l'intelligence économique appliquée au territoire » de Ludovic FRANCOIS, [2008], « Benchmark européen des pratiques en intelligence économique » (Dir. Pierre LARRAT), partie 4 : « Intelligence territoriale [2008]...). D'un point de vue applicatif, il n'est qu'à considérer les travaux du Réseau européen d'intelligence territoriale (REIT) pour saisir l'intérêt suscité par ce concept émergent.

[535] Définition donnée par la corporation du développement communautaire KRTB au Québec, Canada.

[536] Les différents organismes impliqués dans les questions sociales s'unissent localement au sein d'une corporation.

communautaire outre-Atlantique sont transposables à une action d'intelligence territoriale[537].

En revenant aux sources de l'intelligence, son étymologie oriente bien cette fonction vers la connaissance. Dès lors, l'intelligence territoriale est davantage une méthode permettant à une personne de comprendre le fonctionnement d'un territoire selon plusieurs paramètres (population, bassin d'emploi, infrastructures, voies de communication, pénétration des hautes technologies...). Le volet économique, certes important, n'est pas unique[538]. Plusieurs définitions permettent d'en saisir le sens et la portée :

> « *L'intelligence territoriale est un moyen pour les chercheurs, pour les acteurs et pour la communauté territoriale d'acquérir une meilleure connaissance du territoire, mais également de mieux maîtriser son développement. L'appropriation des technologies de l'information et de la communication, et de l'information elle-même, est une étape indispensable pour que les acteurs entrent dans un processus d'apprentissage qui leur permettra d'agir de façon pertinente et efficiente. L'intelligence territoriale est notamment utile pour aider les acteurs territoriaux à projeter, définir, animer et évaluer les politiques et les actions de développement territorial durable.* » (ENTI, 1999)[539]

---

537 Concertation, information, représentation, formation, consolidation des liens, promotion et recherche sont quelques unes pistes exploitées par ces communautés.

538 Le premier rapport Carayon de 2003 évoquait bien dans son titre la cohésion sociale. En effet, il n'est de société que constituée d'êtres humains dont les activités ne se résument pas à la seule production économique.

539 ENTI : European Network of Territorial Intelligence. Cité par GIRARDOT, J-J. (3-5 mai 2000). « Principes, Méthodes et Outils d'Intelligence Territoriale. Évaluation participative et Observation coopérative », *in* « Conhecer melhor para agir melhor ». Actes du séminaire européen de la Direction Générale de l'Action Sociale, Evora (Portugal).

Ce réseau européen d'intelligence territoriale est constitué de chercheurs de plusieurs universités européennes (Belgique, France, Espagne, Italie, Hongrie, Roumanie, Slovénie) ainsi que Taïwan. Dans un premier temps ce réseau a procédé à des expérimentations d'outils (par exemple « Catalyse » en Franche-Comté de 1989 à 1993, puis dans divers territoires européens à partir de 1994) et des partages d'expérience. Depuis 2002, il développe des activités de recherche.

Cette première définition, qui dépasse largement le cadre du développement communautaire, envisage l'action d'intelligence territoriale en combinant plusieurs sciences : géographie, économie, information et communication. L'utilisation des méthodes du *knowledge management* permet la représentation, notamment cartographique, des résultats obtenus. Pour des raisons tenant davantage du courant de pensée que de la rentabilité économique à court terme, mais aussi de la Loi[540], cette première approche accorde une large part au développement durable. Elle peut être résumée dans la formule suivante :

> « *L'intelligence territoriale désigne l'ensemble des connaissances pluridisciplinaires qui, d'une part, contribue à la compréhension des structures et des dynamiques territoriales et, de l'autre, ambitionne d'être un instrument au service des acteurs du développement durable des territoires.* » (Girardot, 2002)[541].

Ses programmes de recherche sont financés en partie par l'Union Européenne. Ce réseau attire maintenant de nouveaux partenaires en Asie, Afrique et Amérique latine.

540 Loi n° 99-533 du 25 juin 1999 d'orientation pour l'aménagement et le développement durable du territoire et portant modification de la loi no 95-115 du 4 février 1995 d'orientation pour l'aménagement et le développement du territoire.

541 Cité par WIEBER, J-C, « *Mélanges* », annales littéraires de l'université de Franche-Comté (2002) et SOULIER, E., LEGRAND, J., BUGEAUD, F. ROUSSEAUX, F., NEFFATI, H. et SAUREL P. « Agencement participatif des territoires : analyse du cas de la vallée scientifique de la Bièvre en tant que réseau multidimensionnel », p. 2.
Source : http://www.participation-et-democratie.fr/sites/default/files/atelier_4-2_soulier_et_al.pdf, consulté le 02/03/2013.
L'économiste GIRARDOT avait proposé deux ans auparavant une formule plus développée : « *L'intelligence territoriale est un moyen pour les chercheurs, pour les acteurs et pour la communauté territoriale d'acquérir une meilleure connaissance du territoire, mais également de mieux maîtriser son développement. L'appropriation des technologies de l'information et de la communication, et de l'information elle-même, est une étape indispensable pour que les acteurs entrent dans un processus d'apprentissage qui leur permettra d'agir de façon pertinente et efficiente. L'intelligence territoriale est notamment utile pour aider les acteurs territoriaux à projeter, définir, animer et évaluer les politiques et les actions de développement territorial durable* ». Op. cité. GIRARDOT, J-J « Principes, Méthodes et Outils d'Intelligence Territoriale. Évaluation participative et Observation coopérative », *in* Conhecer melhor para

Plus généralement, « *l'intelligence territoriale joue sur le rapprochement entre l'intelligence comme processus cognitif et d'organisation de l'information, et le territoire comme espace de relations signifiantes.* » (Dumas, 2004, p. 2). Elle « *peut être comparée à la territorialité qui résulte du phénomène d'appropriation des ressources d'un territoire puis consiste dans des transferts de compétences entre des catégories d'acteurs locaux de culture différente.* » (Bertacchini, 2004, p. 2). En effet, « *le territoire n'est plus perçu comme un cadre naturel plus ou moins contraignant, doté d'un héritage historique plus ou moins important, mais comme une construction des acteurs.* » (Daumas, 2002).

Ainsi, le concept émergent d'intelligence territoriale peine à s'imposer de lui-même. Il aura fallu que l'intelligence économique connaisse son essor depuis une décennie pour que l'intelligence territoriale fasse l'objet à son tour d'études approfondies. Profitant de cet effet de levier et en raison de la transposition des méthodes de l'une vers l'autre, le champ d'application de l'intelligence territoriale s'est parfois confondu avec celui de l'intelligence économique : dans sa déclinaison économique, « *l'intelligence territoriale* [permet], *par la mise à disposition des PME de toutes les informations* [de] *les rendre plus compétitives sur le marché mondial.* » (Juillet, 2004). En effet, « *l'ampleur des mutations sociales et techniques, l'urgence de l'emploi ont placé la démarche d'IE au centre de toute action régionale.* » (Knauf, 2010, p. 16).

Après quelques années de pratique de l'intelligence économique dans les territoires, ces deux concepts sont maintenant bien identifiés et il apparaît aujourd'hui clairement que la gestion des affaires économiques locales par les méthodes de l'intelligence économique sur un territoire ne constitue qu'un des volets de l'intelligence territoriale. L'intelligence économique territoriale est un concept devenu tronqué puisqu'il ne s'agit plus aujourd'hui de comprendre un territoire par les méthodes de l'intelligence économique, mais de considérer celle-ci comme une simple composante de l'intelligence territoriale dont la vocation est globale, en tout cas dépasse le simple spectre économique. Celle-ci vise à garantir une cohérence territoriale

---

agir melhor, Actes du séminaire européen de la Direction Générale de l'Action Sociale du Portugal, EVORA (Portugal), 3-5 mai 2000.

par un jeu subtil d'équilibre entre ressources et besoins. Cet équilibre est d'autant plus difficile à obtenir pour les décideurs locaux que les choix à opérer ne sont pas situés sur le même plan et ne se prêtent donc pas aisément à la comparaison[542].

Section 8.2 - Les outils de l'intelligence économique au service du territoire

Néanmoins, les outils de l'intelligence économique peuvent s'avérer utiles à cette démarche. En effet, puisqu'ils permettent de comprendre un phénomène économique et d'envisager des solutions pour l'améliorer, la transposition de ces outils à l'intelligence territoriale devrait participer, par analogie, à la même dynamique.

8.2.1 - La planification

Malgré la disparition du Commissariat général du Plan[543], cet outil n'est pas inintéressant. Il permet, considérant les projections à moyen

---

[542] Les choix sont parfois cornéliens pour les décideurs territoriaux. Supposons qu'une collectivité dispose d'un budget limité pour développer son territoire. Quels critères vont permettre d'orienter la décision : faire venir de nouvelles familles ou de nouvelles entreprises ? Aider financièrement les entreprises existantes ou construire une nouvelle école pour les nouvelles familles ? Élargir la route desservant la zone industrielle, financer la construction d'une nouvelle salle des fêtes pour créer du lien social au sein de la communauté ou financer un nouveau système de traitement des déchets ménagers plus écologique ? L'intelligence économique seule, fut-elle territoriale, ne peut répondre à ces questions aux fondements différents (économie, social, développement durable, culture...). Seule l'intelligence territoriale permet d'avoir cette vision globale d'un territoire.

[543] Apparue en 1946 à l'initiative de Jean Monet, la planification à la française se distinguait du système soviétique. En France, elle servait surtout à fixer des objectifs définis avec les partenaires sociaux, prioriser les actions de développement économique alors que s'amorçait la reconstruction (relancer la production, notamment l'industrie lourde dans un premier temps, consolider les circuits des denrées alimentaires...). Les plans successifs, quinquennaux, ont été orientés vers d'autres domaines : enseignement, santé, autoroutes... Toutefois, certains phénomènes (guerre d'Algérie, Mai 68, chocs pétroliers) ont modifié le contexte et les plans n'ont pas toujours pu atteindre leurs objectifs. Au cours du 8ème plan (1981-1985), les références à des objectifs chiffrés ont été supprimées. En raison des lois de décentralisation, l'élaboration du Plan intègre les collectivités locales à partir de 1982 par les contrats de plan État-régions. A

terme, d'orienter la décision[544]. En effet, « *le Plan détermine les choix stratégiques et les objectifs à moyen terme du développement économique, social et culturel de la nation ainsi que les moyens nécessaires pour les atteindre.* »[545] Si le libéralisme économique a rendu quelque peu obsolète la conception de la planification de l'économie au niveau central, les décideurs politiques ont néanmoins besoin d'être éclairés pour opérer leur choix[546]. C'est la fonction du Centre d'analyse stratégique (CAS)[547] se substituant au Commissariat général du Plan en 2006. Cet organisme a été remplacé par le commissariat général à la stratégie et la prospective en 2013[548].

Cette planification élaborée au niveau central connaîtra une autre « décentralisation » par la naissance de la planification régionale : « *le plan de la région détermine les objectifs à moyen terme du développement économique, social et culturel de la région pour la période d'application du plan de la nation.* »[549] Pour autant, la loi de décentralisation n'a pas opéré une césure complète entre un État qui serait chargé de la vision nationale en considérant les seules données macro-économiques et géopolitiques tandis que les collectivités resteraient en charge du développement de leur territoire. L'État reste impliqué dans le développement économique des territoires[550] et cet

---

partir de 1992, le Plan perd progressivement de sa vigueur et la politique économique fera l'objet désormais de lois quinquennales. Les contrats de plan État-régions sont toutefois maintenus.

[544] En Corée du sud, les plans quinquennaux conditionnent la politique des clusters. Le « Cluster Act » du 30 décembre 2002 définit la politique publique liée aux clusters (favoriser la concentration d'entreprises, le rapprochement géographique et la constitution de réseaux ; aides à l'installation des usines ; réorganisation de la réglementation).

[545] Art. 1 de la loi n° 82-653 du 29 juillet 1982 portant réforme de la planification.

[546] Jean-François Dehecq, vice-président de la conférence nationale de l'industrie déclarait que « *pour bâtir une politique industrielle en France* […] *il y a un vrai travail de planification à réaliser.* » Cf. la lettre de la fondation Prométheus, mars 2011, p. 5.

[547] Décret n° 2006-260 du 6 mars 2006.

[548] Décret n° 2013-333 du 22 avril 2013 portant création du Commissariat général à la stratégie et à la prospective.

[549] Cf. Titre II de la loi n° 82-653 du 29 juillet 1982, titre abrogé par la loi n° 96-142 du 21 février 1996 relative à la partie législative du code général des collectivités territoriales.

[550] Les Plans d'action stratégique de l'État en région (PASER), sont une autre illustration de l'intérêt porté par l'État aux régions.

intérêt se manifeste par les contrats de plan État-régions (CPER)[551], devenus contrat de projets État-régions en 2007.

Si ces contrats se sont concentrés dans un premier temps à poursuivre le cap défini précédemment par la planification nationale (transports, industrie, infrastructures...), ils ont progressivement été réorientés vers d'autres secteurs en fonction de la conjoncture (reconversion industrielle) ou des besoins à venir (plan Universités 2000 pour maintenir un haut niveau d'enseignement supérieur).

La 4ème génération de contrat (2000-2006) coïncide avec l'initialisation de la politique publique d'intelligence économique et confirme le constat de la nécessité de porter l'effort sur l'emploi. Ces plans sont également orientés vers le développement durable et la solidarité, autrement dit, la cohésion sociale.

Lors des travaux préparatoires aux CPER 2000-2006, un texte ministériel[552] précisait les priorités de l'État[553] dans ce cadre en reconnaissant aux PME-PMI de tous secteurs (industrie, commerce et artisanat) leur forte implication dans les marchés locaux de l'emploi. Enfin, le quatrième volet des CPER de 4ème génération porte sur les fonctions de l'intelligence (formation, conseil, R&D, TIC...). Cette orientation confère un rôle important à la recherche, l'enseignement supérieur et son organisation en réseau par le biais des grands organismes (CNRS, INRA...).

A cette génération a succédé une nouvelle vague de contrats, les CPER 2007-2013 qui confortent les orientations précédemment prises, visant plus particulièrement la compétitivité et l'attractivité des territoires, le développement durable ainsi que la cohésion sociale et territoriale. L'enseignement supérieur et la recherche demeurent parmi les priorités. En cela, ces contrats se rapprochent de la politique

---

[551] Progressivement, les CPER vont supplanter les plans de région qui seront supprimés en 1994. Bien que figurant toujours dans le CGCT, ce sont dorénavant les Schémas régionaux d'aménagement et de développement du territoire (SRADT) qui font office de plans de région.

[552] Circulaire du ministère de l'emploi en date du 7 août 1998.

[553] Insertion professionnelle des jeunes, prévention et lutte contre les exclusions des adultes demandeurs d'emploi, adaptation des entreprises et des travailleurs, développement de l'activité.

publique d'intelligence économique déclinée au niveau territorial en ce que les objectifs suivis sont similaires en certains points.

Parallèlement aux contrats de projets État-régions, de nouveaux outils de planification ont été mis en œuvre afin d'orienter l'action des collectivités territoriales, et en particulier celle des régions. Il s'agit des schémas directeurs :

- le schéma régional d'aménagement et de développement du territoire (SRADT)[554] fixe les orientations à moyen terme du développement durable du territoire régional. Il définit notamment les objectifs de localisation des grands équipements, des infrastructures et des services d'intérêt général de la région et veille à la cohérence des projets d'équipement avec les politiques de l'État et des autres collectivités ;
- le schéma régional de développement économique (SRDE)[555] a pour objet de promouvoir un développement économique équilibré de la région et l'attractivité de son territoire. Il est élaboré avec les départements, les communes et leurs groupements afin de coordonner les différentes actions ;
- le schéma régional d'intelligence économique (SRIE), s'inspirant des deux schémas précédents, les régions élaborent progressivement ces schémas[556]. Ils ont la même vocation, à savoir planifier à moyen terme les actions d'intelligence économique à développer sur le territoire considéré ;
- le schéma régional de l'innovation (SRI) est un outil répondant notamment aux exigences de la Commission européenne dans la

---

[554] Schéma créé par la loi n° 95-115 du 4 février 1995 d'orientation pour l'aménagement et le développement du territoire, révisée par la loi n° 99-533 du 25 juin 1999 d'orientation pour l'aménagement et le développement durable du territoire.

[555] Loi n° 2004-809 du 13 août 2004 relative aux libertés et responsabilités locales.

[556] Le SRIE présenté en Île-de-France en septembre 2008 précise par ailleurs que ce schéma « *s'inscrit en complémentarité et en cohérence avec le contrat de projet État-Région 2007-2013 et le SRDE.* » Il existe également un SRIE en Basse-Normandie pour la période 2007-2013, le premier plan ayant été initié en France en 1997 par le préfet Pautrat. Toutefois, le faible nombre de SRIE établit pour la période 2013-2015 (3 : Île-de-France, Centre et Auvergne. Cf. Rapport LAURENS-BERNARD, p. 13) montre bien que cette politique ne constitue pas vraiment une priorité d'action de l'État dans les territoires.

planification des fonds FEDER lorsque ceux-ci sont dédiés à l'innovation dans les régions.

Une fois les objectifs et les actions à conduire déterminés à travers ces différents schémas[557], les régions mettent alors en œuvre des outils pour conduire cette politique.

8.2.2 - Les structures de réalisation

L'intelligence économique territoriale est principalement développée par les régions, bien que les autres collectivités aient des actions en la matière, mais dans une moindre mesure. Dans le cadre de leurs attributions, elles mènent des actions d'intelligence économique selon les trois axes, mais à des degrés très variables.

Les collectivités territoriales ne conduisent guère d'actions sur le volet de la sécurité. En raison de son attribut régalien, ce sont essentiellement certains services déconcentrés de l'État qui agissent sur ce volet[558]. Toutefois, ces services collaborent avec les collectivités territoriales, notamment dans la recherche d'informations.

Bien que moins visible par essence, le troisième axe de l'influence n'est pas ignoré des collectivités territoriales. Certaines savent se montrer particulièrement actives pour obtenir des décisions en leur faveur, notamment lorsqu'il s'agit de projets de grandes infrastructures pilotés par l'État. Sous couvert de développement économique et d'aménagement du territoire, les outils de l'intelligence économique peuvent contribuer à favoriser la position de telle ou telle collectivité. De même, certaines ont créé des bureaux ou des maisons à l'étranger

---

557 Il peut également être cité un nouvel outil annoncé le 28 février 2013 par la ministre du commerce extérieur : les plans régionaux pour l'internationalisation des entreprises (PRIE). Moins d'une année après cette annonce, un bilan ne peut en être dressé à l'heure de la rédaction de ces lignes.

558 Pour mémoire, la protection et la sensibilisation à la sécurité économique des entreprises a fait l'objet d'une répartition théorique entre la DGSI (secteurs stratégiques et grandes entreprises civiles), la DPSD (les industries de défense), le SCRT (PME non stratégiques en zone de police nationale) et la gendarmerie nationale (PME non suivies par les autres services en zone de gendarmerie nationale). En pratique, de légères divergences peuvent apparaître par rapport au principe, mais la désignation du « service référent » fait l'objet d'un consensus local entre ces différents services.

pour favoriser les échanges avec d'autres collectivités étrangères de même niveau. Ces implantations permettent de faire connaître une région française à l'étranger, mais également de nouer des liens et créer des réseaux. Ces maisons sont les vitrines de ces collectivités à l'étranger[559].

En fait, les collectivités territoriales sont plus actives sur le premier axe de l'intelligence économique qu'est la compétitivité. Ce dynamisme s'exprime par deux modes d'action :

- les financements : les collectivités territoriales ont la possibilité de soutenir des entreprises en accordant des aides à différentes étapes de leur existence (création d'entreprise, projet innovant...)[560]. Toutefois, les aides accordées doivent respecter certaines obligations[561] ;
- les agences : les agences régionales de développement (ARD) sont une émanation des conseils régionaux. Ces agences intègrent également différents partenaires locaux (CRCI, CCI...). Les ARD ont parfois des représentations à l'étranger[562].

Cette simple évocation illustre le parallélisme existant entre la politique publique d'intelligence économique menée par L'État et sa déclinaison au niveau territorial. D'ailleurs, c'est en région le plus souvent que des initiatives particulières ont contribué à initier cette politique, avant que l'administration centrale l'expérimente à son tour et la diffuse. Les outils de l'intelligence économique devant favoriser le dynamisme économique, ils sont donc utilisés à tous les niveaux.

---

559 Par exemple, la région Languedoc-Roussillon a ouvert des maisons du Languedoc en Chine, Belgique, États-Unis et Angleterre. La Bourgogne a ouvert une maison à Mayence (Allemagne) et à Prague (Tchéquie)...

560 Art. L.1511-1 et suivants du CGCT.

561 Ces aides ne doivent pas porter atteinte à l'équilibre économique de la région et doivent être en conformité avec les prescriptions de l'Union européenne. Elles visent la création ou l'extension d'activités économiques. Elles peuvent revêtir plusieurs formes (prestations de services, subventions, bonifications d'intérêts, prêts et avances remboursables à taux nul ou avantageux). Il peut s'agir aussi d'aides en nature (vente ou location de terrains et bâtiments à un prix inférieur à celui du marché).

562 Par exemple, l'ARD d'Île-de-France a deux représentations internationales, à Shanghaï et San Francisco.

8.2.3 - Les réseaux de l'intelligence économique en France

En matière d'intelligence économique, de nombreux réseaux se sont créés et développés ces dernières années. Enjeu de pouvoir, leur lisibilité est recherchée car elle confère la notoriété. Aussi ces réseaux se croisent-ils, se superposent, créent souvent de nouveaux liens utiles, mais sont parfois redondants et en compétition. A l'instar des sphères administratives et de leurs prérogatives respectives qui peuvent paraître absconses au néophyte, aborder les réseaux de l'intelligence économique peut produire les mêmes effets en raison de leur multiplication.

A l'heure de cette connectivité généralisée, il devient nécessaire d'opérer des simplifications du circuit de l'information en recherchant le réseau homogène. Cette manœuvre implique soit une augmentation du nombre de nœuds entre réseaux au risque de le complexifier davantage, soit la création d'un point d'entrée unique. La politique publique d'intelligence économique sera alors constituée en un réseau intelligent, c'est-à-dire un méta-réseau à la connectivité généralisée et directe. Pour cela, il convient de placer l'information au cœur du dispositif en insérant au centre du méta-réseau un système unique d'information que chacun, selon ses droits et besoins d'en connaître, pourra consulter et alimenter. C'est cette observation de la rationalisation du circuit de l'information qui conduit à avancée la proposition de la constitution d'une agence publique unique regroupant tous les acteurs (Cf. Chap. 10).

En l'état actuel, le réseau de l'intelligence économique publique en France se présente comme suit :

Fig. 6 : Cartographie des acteurs français de l'intelligence économique

Echelons	Réseau régalien	Réseau décentralisé	Réseau consulaire	Réseau professionnel	Connexions nodales
national	Ministères		ACFCI	Fédérations nationales	Définition de la politique, réglementation
régional	Services régionaux déconcentrés	Conseils régionaux	CRCI	Fédérations régionales	Pôles de compétitivité, CPR
départemental	Services départementaux déconcentrés	Conseils généraux	CCI	Fédérations départementales	Liens entreprises / administrations
local	Services locaux déconcentrés	Communes et communautés		Entreprises	Autres pôles lien entreprises / administrations

Une double lecture peut être faite de cette cartographie :

- l'approche verticale : chaque service est érigé selon un modèle pyramidal qui correspond à une double réalité. Il reflète à la fois la hiérarchie du pouvoir décisionnel et son niveau territorial d'application ;
- l'approche horizontale : à un même niveau, les acteurs du réseau sont connectés entre eux.

Cette simple représentation graphique met en exergue la principale difficulté de ce réseau, à savoir la complexité du circuit de l'information, au risque de nuire à son efficacité (encore faut-il être prudent ici sur la notion de réseau, tous ces acteurs économiques en capacité d'activer une démarche d'intelligence économique ne l'ont pas nécessairement engagée). Cette efficacité sera atteinte lorsqu'un membre du réseau pourra accéder rapidement et sans distorsion à une information détenue par une autre entité du réseau qui ne s'inscrit pas directement dans sa sphère de relations[563]. Si la connectivité est

[563] Si la transmission de l'information dans les réseaux verticaux, notamment au sein des administrations, n'est pas réellement un souci en raison des liens hiérarchiques, elle est déjà plus délicate dans les réseaux horizontaux où, en l'absence de contraintes réglementaires, cette circulation de l'information repose sur la seule bonne volonté des membres.

généralisée dans le réseau public de l'intelligence économique, elle n'en demeure pas moins indirecte entre les membres ou structures éloignés de plusieurs degrés.
En complément de cette cartographie, il est nécessaire de préciser l'existence de deux autres réseaux du niveau territorial de la région et qui jouent un rôle important dans la politique publique d'intelligence :

- les agences régionales d'information stratégique et technologique (ARIST) : émanations des CRCI, ces agences apportent une aide par l'analyse et le conseil dans la conduite des projets des entreprises. Ils sont les interlocuteurs privilégiés des entreprises en matière d'intelligence économique, d'innovation et de propriété industrielle ;
- les centres régionaux d'innovation et de transfert de technologie (CRITT) : créés à la fin des années 1980 à l'initiative du ministère de la recherche, les CRITT opèrent le lien entre les établissements de recherche et les entreprises. Prenant la forme juridique d'une association ou plus récemment d'un groupement d'intérêt public[564], ses membres sont issus des différents horizons autour d'un même métier (établissements de l'enseignement supérieur, collectivités territoriales, fédérations d'entreprises ou entreprises privées, cabinets privés d'expertise et de conseil...)[565]. Ce sont généralement des structures légères armées par quelques employés hautement qualifiés.

Ces deux réseaux d'intelligence économique territoriale sont particulièrement intéressants en raison de leur utilité à l'entreprise. A travers ces structures, le chef d'entreprise pourra obtenir des conseils par des personnes à l'expertise diversifiée. L'accumulation de ces points de vue et leur mise en corrélation favorise la connaissance utile à la prise de décision. Ces deux réseaux sont véritablement des outils d'une politique publique d'IET.

---

[564] art. L.341-1 et suivants du code de la recherche, Titre IV « *Les structures de coopération* ».

[565] Parfois, les CRITT sont membres eux-mêmes d'un groupement d'intérêt public plus important. Ex : le GIP « plate-forme technologique PROTO-CENTRE » (Cf. avis relatif à un arrêté portant approbation de la convention constitutive d'un groupement d'intérêt public transfert de technologie, publié au JORF n°147 du 27 juin 2006 page 9658, texte n° 120).

Ainsi, les outils de l'intelligence économique (planification, structures et réseaux) peuvent servir l'intelligence territoriale car ils permettent aux décideurs territoriaux d'avoir une meilleure connaissance situationnelle et choisir parmi les options possibles celles paraissant les plus utiles en fonction de leurs priorités.

Section 8.3 - Rôle des collectivités territoriales

Comme évoqué précédemment, l'intelligence économique territoriale ne revêt qu'un aspect de la réalité qu'elle est censée recouvrir. Il s'agit davantage de l'action de l'État dans les territoires en la matière alors que les collectivités territoriales utilisent les outils de l'intelligence économique (systèmes d'information, intelligence financière, traitement de l'information) pour mener des actions de développement économique (Février et Raymond, 2010). Il conviendrait davantage de dénommer ce processus « intelligence territoriale économique ».

La politique publique d'intelligence économique développée dans les territoires suit la double logique administrative de la déconcentration et de la décentralisation. Ces deux lignes parallèles suivent une même trajectoire, mais indépendamment l'une de l'autre même si des connexions nodales existent.

Au-delà de la simple réflexion sémantique, ce concept de l'intelligence économique appliqué aux territoires revêt des réalités bien différentes suivant qu'il est abordé par la chaîne déconcentrée ou les collectivités territoriales.

8.3.1 - La région

En matière économique, la région est l'échelon d'application. Ont été évoqués précédemment les prérogatives et les outils dont disposent ces collectivités pour permettre leurs interventions dans l'économie locale. A titre de rappel, mentionnons :

- la compétence d'attribution : conférée et confirmée par la loi et inscrite à l'article L.1511-1 du CGCT, la région « *coordonne sur son territoire les actions de développement économique des collectivités territoriales et de leurs groupements, sous réserve des missions incombant à l'État* » ;

- la planification : plusieurs schémas sont conçus par les régions :
    - le schéma régional d'aménagement et de développement du territoire,
    - le schéma régional de développement économique,
    - le schéma régional d'intelligence économique,
    - le schéma régional de l'innovation ;
- la contractualisation : les contrats de projets État-régions ;
- les structures de réalisation : les agences régionales. La région est également l'échelon décentralisé impliqué dans la recherche et le développement technologique. Dans ce cadre, elles peuvent créer des pôles technologiques régionaux[566] ;
- les financements : aides accordées aux entreprises sous différentes formes[567].

Cet inventaire montre que les régions sont impliquées dans la préparation et l'exécution de leur politique de développement économique. Toutefois, le dernier volet à toute action, le contrôle, semble moins développé. Il ne s'agit pas d'un contrôle de légalité pour vérifier si les deniers distribués ont été correctement employés, auquel cas l'affaire relèverait du contentieux, mais plutôt un contrôle de la qualité des investissements consentis par l'évaluation du retour sur investissement[568].

---

[566] L'article L.4252-1 du CGCT, dans son troisième alinéa, expose clairement la position de la région à cet égard : « *Elle veille en particulier à la diffusion et au développement des nouvelles technologies, de la formation et de l'information scientifiques et techniques, à l'amélioration des technologies existantes, au décloisonnement de la recherche et à son intégration dans le développement économique, social et culturel de la région.* »

[567] Les financements ne sont pas uniquement territoriaux ou nationaux. Dans le cadre de la stratégie de Lisbonne, l'UE incite les régions à mettre en œuvre des stratégies régionales d'innovation (SRI), financées par les Fonds européens de développement économique régional (FEDER). La DATAR est chargée d'accompagner ces projets. Cf. lettre de la DATAR « *Territoires en mouvement* » n° 2, automne 2010.

[568] Il est toutefois délicat d'évaluer un *R.O.I* en matière d'investissement public car les retombées ne sont pas nécessairement quantifiables financièrement. Les bénéfices peuvent se mesurer en augmentation du niveau de qualité de vie, de développement des services publics locaux...

8.3.2 - Le département

En matière de développement économique local, l'échelon départemental est moins apparent. Pourtant il mène également des actions significatives à ce sujet. En effet, le département n'est pas seulement en charge des questions sociales, des transports scolaires et des services d'incendie et de secours. Son implication dans l'économie est réelle même si l'intelligence économique territoriale y semble moins développée.

A l'instar des régions, les départements peuvent accorder des aides économiques aux entreprises dans les mêmes conditions[569], à condition d'obtenir l'accord de la région, dans le cadre d'une convention passée avec elle (art. L.1511-2 du CGCT). Les collectivités territoriales peuvent également verser des subventions à des organismes aidant à la création ou la reprise d'entreprises[570].

De même, les départements ont la possibilité de créer des sociétés d'économie mixte (SEM), en partenariat avec d'autres collectivités ou des personnes morales de droit privé, pour procéder à la gestion de certains services publics (art. L.1521-1 du CGCT). Prenant la forme d'un établissement public industriel et commercial, elles ont vocation à gérer toute activité satisfaisant l'intérêt général. Les travaux d'infrastructures et d'aménagement du territoire peuvent entrer dans ce cadre.

Certains départements s'engagent plus en avant dans la démarche de développement économique, en utilisant parfois des outils de l'intelligence économique. Certains ont ainsi créé des agences qui remplissent les mêmes fonctions que celles évoquées *supra* ou des sites Internet d'information[571].

---

[569] Art. L.3231-1 et suivant du CGCT. Il peut donc s'agir de subventions, de rabais sur le prix de vente, de location ou de location-vente de terrains nus ou aménagés ou de bâtiments neufs ou rénovés.

[570] Art. L.1511-7 du CGCT, art. 238 bis du code général des impôts et art. L.511-6 du code monétaire et financier.

[571] Quelques exemples :
- le conseil général des Hautes-Alpes a créé l'agence « Hautes-Alpes développement » qui accompagne les entreprises dans leurs démarches (recherche de terrains, de locaux, de subventions, mise en relation avec les acteurs locaux où les différents les pôles...) ;

Au niveau des départements, le contrôle des aides accordées (retour sur investissement) n'est pas non plus un critère prioritaire d'attribution. Les collectivités ne recherchent pas une rentabilité financière, *a fortiori* à court terme, en accordant ces aides, mais plutôt le maintien d'une activité économique sur un territoire. Ce sont les effets induits par ces investissements qui présentent un plus grand intérêt (maintien ou accroissement d'une population sur un secteur, développement de l'économie locale [écoles, commerces, services publics...], aménagement du territoire et qualité des infrastructures...). L'objectif recherché par l'attribution de ces aides consenties par les conseils généraux est davantage de maintenir un territoire vivant. En cela, cette démarche est une démarche d'intelligence territoriale.

8.3.3 - Communes et coopération intercommunale

Dernier échelon décentralisé, la commune est un acteur clé dans le développement économique, bien que totalement occulté de la politique publique d'intelligence économique. En effet, les entreprises sont avant tout implantées sur ce ressort géographique de proximité (pour lequel il convient d'évoquer également les regroupements de communes)[572], avant d'évoquer celui du département ou de la région.

- le conseil général de l'Essonne a créé quant à lui l'agence pour l'économie en Essonne, fédérée avec la CCI du département pour créer une structure commune : Essonne développement ;
- le conseil général du Tarn-et-Garonne a créé un site Internet dédié au développement économique local (investir-tarn-garonne.com), ainsi qu'une agence regroupant la CCI, la chambre des métiers et des chefs d'entreprises (ADE 82)...

[572] Ces regroupements peuvent revêtir plusieurs formes en fonction du but recherché :

- syndicats de communes : établissement public de coopération intercommunale associant des communes pour satisfaire un intérêt intercommunal (art. L.5212-1 CGCT) ;
- communautés de communes : association d'un ensemble de communes d'un seul tenant pour élaborer un projet commun de développement et d'aménagement de l'espace (art. L.5214-1 CGCT) ;
- communautés d'agglomérations : identique à la communauté de communes avec un volume de population résidente d'au moins 50 000 habitants (art. L.5216-1 CGCT);
- communautés urbaines : identique à la communauté de communes, population résidente supérieure à 450 000 habitants (art. L.5215-1 CGCT) ;
- métropoles : Regroupement de communes formant un seul espace et regroupant plus de 500 000 habitants en vue de « *conduire ensemble un projet*

Néanmoins, cet « oubli » est compréhensible en raison de la faiblesse des moyens dont disposent les communes pour développer une intelligence économique territoriale, alors que les plus défavorisées ne sont même pas en capacité d'engager en premier lieu des actions de développement d'infrastructures de leur territoire. Ces dernières sont toutefois limitées par la loi. Les communes ne peuvent prendre des participations dans une entreprise ou un EPIC (art. L.2253-2 du CGCT) à but lucratif qu'à la condition que celle-ci ait pour objet d'exploiter des services communaux ou des activités d'intérêt général (art. L.2253-1 du CGCT).

C'est pour pallier la faiblesse des capacités d'investissement d'une commune que la loi a prévu la possibilité de créer des entités fédérées visant à mettre en commun leur ressources et répartir les charges. Toutefois, leurs possibilités d'intervention sont limitées aux mêmes cas que ceux des communes.

La territorialisation de l'intelligence économique est une réalité. Les outils de l'intelligence économique sont utilisés par les collectivités territoriales car ils sont un levier de la compréhension d'un territoire par ses décideurs publics locaux et une aide à leur décision. Ils sont *« finalement l'un des éléments de la politique économique tout court. »* (Buquen, 2010). Maîtrisés et bien utilisés, ils peuvent s'avérer utiles dans le cadre du développement territorial.

---

d'aménagement et de développement économique, écologique, éducatif, culturel et social de leur territoire afin d'en améliorer la compétitivité et la cohésion. » (Art. L.5217-1 CGCT).

Chapitre 9 : La territorialisation de la politique publique d'intelligence économique

Enfin, le point de rencontre entre les méthodes, les réseaux et les acteurs économiques se situe dans les entreprises. L'Etat a mis en œuvre depuis quelques décennies des systèmes, les pôles économiques, qui ont vocation justement à favoriser le dynamisme économique. La proximité des acteurs devraient faciliter l'échange d'informations et contribuer à la performance des entreprises.

Section 9.1 - Principes de fonctionnement d'un cluster

Plusieurs pays (États-Unis, Italie, Espagne, Allemagne...) ont déjà mis en œuvre des dispositifs territoriaux inspirés par les préceptes de l'intelligence économique (compétitivité, sécurité, influence) à des degrés divers. Souvent regroupés sous le terme générique de « cluster », ils recouvrent des réalités bien différentes et leur géométrie est pour le moins variable dès que l'on se prête à l'exercice de la comparaison. Néanmoins, ces exemples ont inspiré en certains points le dispositif français.

9.1.1 - Présentation générale

Un pôle est le regroupement d'acteurs autour d'un secteur d'activité, d'une gamme de produits ou d'un produit, chacun contribuant à son niveau à apporter une plus-value. L'objectif recherché à travers ces synergies est de permettre l'innovation pour gagner en compétitivité. Un pôle est composé d'une série d'éléments aisément identifiables.

Une des premières caractéristiques d'un cluster est la concentration géographique d'entreprises travaillant dans un même secteur d'activité. Cet état n'est pas propre à la mondialisation actuelle :

> « *Généralement l'agrégation d'un grand nombre de petits ateliers, comme la création de quelques grandes usines, permet d'atteindre les avantages de production à grande échelle.* [...] *Il est possible de couper le processus de production en plusieurs segments, chacun pouvant être*

réalisé avec le maximum d'économies dans un petit établissement formant ainsi un district composé d'un nombre important de petits établissements semblables spécialisés pour réaliser une étape particulière du processus de production. » (Marshall, 1890)[573].

Ce même constat a été opéré ultérieurement par plusieurs chercheurs tout en développant les éléments[574] permettent d'identifier un cluster et non une simple concentration d'entreprises impliquées dans le même secteur. Généralement, il est considéré qu'un cluster est une « entité socio-territoriale » (Becattini, 1992, p. 159) où les membres de cette communauté partagent des valeurs relativement homogènes.

In fine, les éléments permettant d'identifier un cluster font consensus :

> « *une concentration géographique d'entreprises liées entre elles, de fournisseurs spécialisés, de prestataires de services, de firmes d'industries connexes et d'institutions associées (universités, agences de normalisation ou organisations professionnelles, par exemple) dans un domaine particulier, qui s'affrontent et coopèrent.* » (Porter, 1986)[575].

Ce professeur a identifié les quatre fonctions caractérisant un cluster :

- les ressources ;
- l'environnement politique, législatif et économique ;
- le marché local ;
- le réseau local des fournisseurs.

A la suite de ces précurseurs, la réflexion sur les clusters s'est enrichie de plusieurs apports :

---

573 Cité par BECATTINI, G. *in « Mercato e forze locali : il distretto industriale »* (1987). Éditions Il Mulino, p. 131.

574 Il s'agit des éléments informels (l'ancrage historique, l'état des relations entre les acteurs) et formels (modes de financement).

575 Source : http://www.iau-idf.fr/fileadmin/Etudes/etude_444/ClustersMondiaux. pdf, p. 10, consulté le 23/02/2013.

« *un cluster sectoriel dont les entreprises bénéficient d'une proximité géographique.* » (Enright, 1996, p. 191) ;

« *une masse critique d'entreprises (suffisante pour attirer des services, des ressources et des fournisseurs spécialisés) ayant des relations systémiques fondées sur des complémentarités et des similarités, sur une étendue géographique limitée.* » (Rosenfeld, 2002)[576] ;

« *la concentration géographique d'acteurs technologiques unis par des chaînes de valeur économique, évoluant dans un environnement bénéficiant d'infrastructures de soutien, partageant une stratégie commune et visant à attaquer un même marché* » (Cooke et Huggins, 2003)[577].

Si ces définitions s'accordent sur la relation existante entre les acteurs d'un même secteur, la pratique démontre que la perception de l'aire géographique de proximité recouvre des réalités différentes selon les pays où la notion de proximité n'a pas la même échelle. Selon les pays, un cluster peut être concentré en une partie restreinte du territoire (districts industriels italiens, clusters catalans en Espagne, réseaux de compétences « Kompetenzenetze » en Allemagne...) ou être beaucoup plus étendu[578].

Quoiqu'il en soit, il est apparu que la concentration des entreprises favorisait leur compétitivité en raison de trois facteurs (Marshall, 1890) :

- un bassin d'emploi qualifié : la main d'œuvre implantée dans un cluster se spécialise progressivement et en cas de défaillance d'une entreprise, ces salariés peuvent espérer trouver un emploi similaire à proximité ;
- la spécialisation des fournisseurs : pour la même raison, les fournisseurs peuvent trouver des débouchés locaux à leurs produits ;

[576] *Ibid.*
[577] *Ibid.*
[578] Un cluster peut être l'instrument associant tous les acteurs d'un même secteur à l'échelle d'un pays entier.

- la proximité géographique permet l'échange des connaissances et l'enrichissement des savoir-faire. Elle contribue à améliorer la performance de l'entreprise.

Toutes ces caractéristiques sont évoquées dans la formule suivante :

> « *L'économie d'échelle réalisée avec le regroupement de la «* chaîne de valeurs *» dans une proximité géographique joue sur les coûts et constitue un point d'appui important de l'avantage concurrentiel obtenu. La main-d'œuvre qualifiée locale, par son regroupement et son existence, dilue moins les compétences requises ; cette qualité permet au cluster de franchir les sauts technologiques plus aisément. En favorisant la création de nouvelles entités sous-traitantes qui trouveront tout naturellement à s'insérer dans la chaîne existante, le cluster est facteur d'une dynamique de création d'entreprises à moindre contrainte.* » (Herbaux, 2007, p. 124).

Enfin, il ne faut pas sous-estimer l'importance des relations humaines et personnelles dans tout système et les clusters n'échappent pas à cette règle. Si les TIC permettent de fluidifier les échanges d'informations, les relations *intuitu personae* restent indispensables à la consolidation de ces relations[579]. La confiance entre les individus est un élément clé de la réussite d'un cluster :

> « *La valeur d'un cluster réside ainsi souvent dans les synergies qui se créent grâce aux réseaux et aux relations personnelles entre les acteurs. Elles constituent réellement un actif à la fois intangible et spécifique au cluster donc intransférable.* [...] *La propension individuelle à coopérer*

[579] Même si un exemple ne constitue une règle, un fait divers en permet l'illustration *a contrario*. Début 2011, une jeune femme a annoncé sur un des plus grands réseaux sociaux Internet du monde son intention de mettre fin à ses jours. Elle comptait plusieurs centaines « d'amis » sur son compte. Personne n'a répondu à son appel. Elle n'avait pas non plus beaucoup « d'amis » présents le jour de ses obsèques.
Dans un deuxième cas similaire, certains amis inquiétés ont alerté les forces de l'ordre du lieu de résidence de la personne aux intentions suicidaires et qui était effectivement passée à l'acte. Toutefois, l'alerte donnée a permis de déclencher les secours qui sont arrivés à temps pour la sauver.

et à se coordonner est comme la confiance, le produit d'un background commun aux individus qui interagissent : histoire ou culture commune. Dans cette perspective, la confiance est un produit de l'enracinement des relations économiques quotidiennes dans le champ plus large des institutions sociales et politiques, des normes et des règles tacites dont dépend la reproduction de la collectivité. Cette confiance est déterminante pour le bon fonctionnement d'un cluster et son efficacité économique. » (Marciano, 2005, glos.).

Si les relations interpersonnelles sont effectivement importantes dans un cluster, il n'en demeure pas moins que cette concentration géographique d'entreprises, si elle peut faire naître des opportunités, est également de nature à exacerber la concurrence. La coopération entre acteurs, tant vantée et condition *sine qua none* de la réussite d'un cluster, n'est pas nécessairement une orientation naturelle chez un décideur (Développement & Emploi, 2002).

Dans l'ensemble, plusieurs critères définissent un cluster[580] :

- activité autour d'une thématique, un secteur d'activité ;
- concentration d'établissements dans un secteur géographique restreint ;
- réseau organisé des acteurs, intervenant à tous les niveaux (recherche, conception, expérimentation, production, commercialisation). Travail collaboratif induisant un fort pouvoir d'innovation et de création de valeur ajoutée ;
- pérennité du réseau et des relations personnelles.

Ainsi, les différentes études ont permis d'identifier les relations entre acteurs au sein d'un cluster, qui peuvent être schématiquement représentées comme suit[581] :

[580] A noter également le programme européen INNOVA qui a créé un observatoire européen des clusters en 2007 à la suite du programme « *Cluster mapping* ». Ce programme s'appuie sur un outil cartographique directement inspiré des travaux de Porter au sein de l'Institute for strategy and competitiveness (ISC) qu'il dirige.
[581] Source : étude « *Clusters mondiaux : regards croisés sur la théorie et la réalité des clusters. Identification et cartographie des principaux clusters*

Fig. 7 : Schéma général d'un cluster

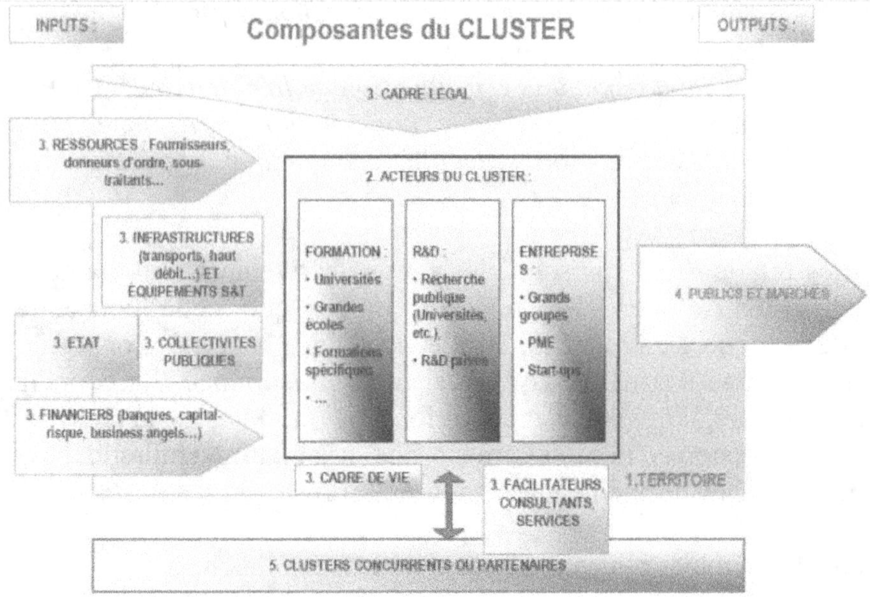

Par ailleurs, le système japonais des clusters ressemble sensiblement au schéma ci-dessus, mais a développé des pistes complémentaires, notamment les « transfer licensing organization » (TLO) qui constitue le cœur du système. Il s'agit d'organismes centralisant les résultats de la recherche sous forme de brevets gérés à travers des joint-ventures pour leur exploitation industrielle et commerciale[582].

internationaux », réalisée par l'institut d'aménagement et d'urbanisme de la région Île-de-France, janvier 2008.

[582] Source : « *les clusters au Japon et en Corée du sud : enseignements, perspectives et opportunités* ». Cabinet de consulting JITEX, pour le MINEFI, avril 2007, p. 25.

Fig. 8 : Modèle japonais du cluster

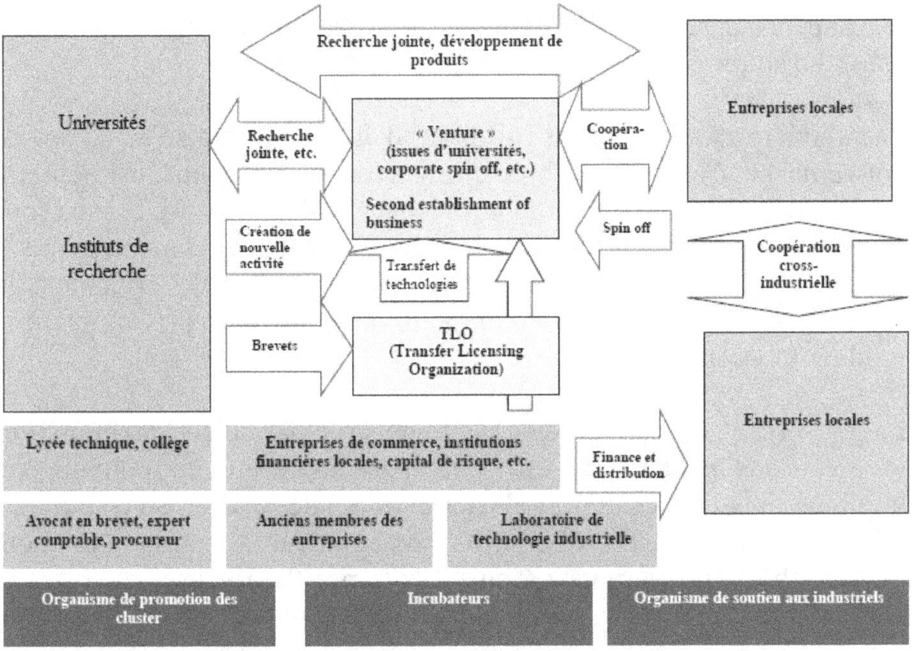

Un cluster doit donc remplir certaines conditions, tant dans son organisation que son fonctionnement.

9.1.2 - Structures juridiques et gouvernance

Les clusters ne sont pas seulement une organisation en réseau des acteurs économiques dans un espace géographique déterminé, ils sont titulaires de la personnalité morale que leur confère leur statut juridique.

En France, les clusters sont constitués sous la forme de l'association[583] et le plus souvent ils abritent des formations en collège où chacun rassemble les acteurs de même origine (entreprises, collectivités

[583] Au Japon, les structures de gouvernance sont plus variées. Il peut s'agir d'une chambre de commerce, d'une société privée, d'une association professionnelle, d'une fondation à but non lucratif.... Les clusters innovants sont rattachés à la région.
En Corée du sud, les clusters sont gérés par un organisme central, le Korea Industrial Complex Corporation (KICOX), disposant de bureaux régionaux.

publiques, organismes de formation et de recherche pour les pôles de compétitivité). Ainsi, le directeur d'un cluster important est souvent épaulé par plusieurs comités[584]. Les clusters de taille plus modeste regroupent l'ensemble des activités de direction au sein d'un unique conseil d'administration.

La première caractéristique juridique d'un cluster est sa structure de gouvernance. Cet élément, bien que souvent peu examiné, est pourtant essentiel car de la structure de gouvernance dépendent les orientations du pôle. En effet, l'identité du « porteur » n'est pas forcément neutre[585] selon qu'il s'agisse d'une collectivité territoriale (technopôle régionale), de l'État (pôle de compétitivité) ou d'entreprises (système productif local).

La gouvernance n'est pas seulement une structure de coordination. Par les décisions prises, elle est également un acteur de pouvoir qui implique tous les acteurs du cluster et alimente des actifs relationnels forts (Storper, 1997, p. 567)[586]. Il s'y crée, plus qu'une simple relation, de véritables partenariats (Klein, 1992, p. 491s) érigés en réseaux territoriaux, qu'il s'agisse des systèmes régionaux d'innovation (Braczyk et *al.*, 1998), des systèmes productifs locaux (Guillaume, 2005) ou des clusters à plus grande échelle (Porter, 1986, p. 168).

Lorsque la gouvernance fonctionne correctement, les enjeux stratégiques sont alors mieux appréhendés (Hamilton et *al.*, 2004, p. 147s). Les objectifs opérationnels deviennent dès lors plus aisément compréhensibles par les différents acteurs du pôle. Véritable nœud de réseau, la structure de gouvernance a notamment pour fonction de fluidifier les échanges entre ses membres. Toutefois, toutes les gouvernances ne sont pas identiques, elles s'adaptent *« au capital*

---

[584] Ces comités prennent des appellations différentes selon les clusters, mais le plus souvent il s'agit d'un comité de programme chargé de définir la stratégie, un comité scientifique qui arrête les choix en la matière, un comité d'expertise pouvant faire appel à des compétences extérieures...

[585] Le Japon distingue deux types de clusters : le cluster industriel, dépendant du ministère de l'économie, du commerce et de l'industrie (le fameux METI), et le cluster innovant, dépendant du ministère de l'éducation, des sciences et de la technologie.

[586] Cité par SUIRE, M. « Cluster « créatif » et proximité relationnelle : Performance des territoires dans une économie de la connaissance », pp. 557-575. Source : http://www.cjrs-rcsr.org/archives/28-3/7-Suire.pdf, consulté le 23/02/2013.

social local et à l'épaisseur institutionnelle de la région » (Svensson et Östhol, 2002)[587].

9.1.3 - Moyens techniques et outils financiers

Puisqu'un cluster est un réseau, ce mode d'organisation et de fonctionnement peut jouer contre le réseau lui-même.

Un des premiers dangers du fonctionnement en cluster est que les actions de certains de ses membres puissent aller à l'encontre des intérêts des collectivités territoriales (Dupuy et Burmeistrer, 2003, p. 11) surtout lorsqu'il est question de grandes entreprises (Demers et Hafsi, 1993, p. 48s). En effet, les TIC permettent à chaque entreprise du cluster de se connecter à des réseaux extérieurs, notamment pour trouver de nouvelles sources d'approvisionnements, et parfois au détriment du fournisseur de proximité. L'entreprise voit à travers le cluster un levier de sa compétitivité (débouché local assuré tout en obtenant ailleurs des approvisionnements à moindre coût), sans tenir compte des objectifs de la collectivité publique sur le ressort de laquelle elle est implantée (favoriser l'emploi local) et qui par ailleurs finance en partie les infrastructures publiques utilisées par cette même entreprise.

En second lieu, il est à considérer le rapport entre les acteurs du cluster à leur environnement. Si l'étendue d'un territoire pour définir l'espace d'un cluster est sujette à discussion, il reste une réalité intangible au concept même de cluster. Plus qu'une simple aire géographique il est un « espace-territoire » (Gay et Picard, 2001, p. 679s) dont les ressortissants partagent une identité et un sentiment d'appartenance communs. Cette « *intégration devient un élément stratégique de la compétitivité des entreprises* » (Kirat et Lung, 1995, p. 60). Le territoire, devenant une référence commune, enrichi du fonctionnement en réseau au sein du cluster, est de nature à « *transformer la proximité physique en proximité relationnelle* » (Tremblay et *al.*, 2003, p. 835s).

---

587 Cité par PRAGER, J-C. « L'impératif stratégique des régions en Europe : la doctrine et les pratiques de référence », p. 11.
Source : http://www.millenaire3.com/fileadmin/user_upload/rapports/Strat_region_resume.pdf, consulté le 23/02/2013.

De fait, les rapports évoluent entre les membres d'un cluster, qu'il s'agisse des collectivités territoriales à l'égard des entreprises, ou entre les entreprises elles-mêmes notamment ceux reliant les donneurs d'ordres à leurs sous-traitants. D'une situation de dépendance, ce lien évolue progressivement vers une relation de collaboration (Alcouffe et Corrégé, 1999, p. 27s), de confiance réciproque (Julien et *al.*, 2003, p. 103).

Fort de ce constat et pour éviter que le fonctionnement en réseau ne soit contre-productif, les collectivités territoriales (s')investissent dans ces réseaux locaux en cherchant à y devenir incontournables (aide, appui et conseils aux entreprises, notamment auprès des TPE qui n'ont pas les moyens de traiter en autonomie les questions d'intelligence économique). Sans nécessairement chercher à créer un lien de vassalité vis-à-vis des entreprises, les collectivités territoriales peuvent devenir de véritables nœuds au sein des clusters (Fontan et *al.*, 2005, p. 35).

Pour ces différentes raisons, les clusters développent des outils collaboratifs où la coopération s'accroît (pour autant, la concurrence n'est pas éradiquée). Ces outils peuvent prendre plusieurs formes, qu'il s'agisse de créer d'abord des relations humaines privilégiées (salons, séminaires et conférence sous l'égide des collectivités publiques locales notamment), ou des relations informationnelles pour faciliter l'activité des entreprises (recherche de débouchés, sous-traitance...). Dans ce cas, les plates-formes collaboratives informatiques sont le support technique de ces relations. Chaque cluster dispose généralement de son propre site Internet grand public où un espace plus restreint est réservé aux seuls adhérents.

Cet outil n'est pas seulement intéressant pour les clusters nationaux. La Commission européenne a soutenu la création d'un tel outil au niveau européen : l'European Cluster Collaboration Plateform[588]. Cet outil est un complément à l'observatoire européen des clusters[589], ainsi qu'au club européen des dirigeants de clusters[590].

---

[588] Cf. http://www.clustercollaboration.eu/. Site inauguré le 29 septembre 2010.

[589] Cf. http://www.clusterobservatory.eu/

[590] Cf. http://www.clustermanagersclub.eu/. Ce club a été inauguré le même jour que la plate-forme collaborative.

Dernier volet mais non le moindre, un cluster ne pourrait se développer sans un volet financier auquel les administrations, tant centrales que territoriales selon le type de clusters, contribuent.

Au niveau de l'État, diverses propositions de réglementation ont été formulées, parfois depuis plusieurs années[591], afin de faciliter le financement des entreprises. De même, l'État a lancé différents programmes ces dernières années, bénéficiant d'un financement important.

Mais il est surtout intéressant de constater, dans une approche territoriale, que les collectivités (régions, départements, agglomérations) se sont fortement impliquées dans cette démarche. La contribution au développement économique de leur territoire est même antérieure à la politique publique d'intelligence économique, les dispositifs existant bien avant 2003, qu'il s'agisse d'aide et d'accompagnement à la création des entreprises innovantes, d'équipements et d'infrastructures[592].

Les collectivités territoriales sont autonomes dans leur politique économique. Les engagements financiers des collectivités ne sont pas imposés par l'État et les deux chaînes de la déconcentration et de la décentralisation restent indépendantes à ce sujet. C'est pourquoi les modes d'intervention varient fortement d'une collectivité à l'autre en fonction des choix politiques locaux. Néanmoins, le financement d'incubateurs ou de technopôles par les collectivités territoriales a démontré qu'il contribuait à créer un « *effet de levier sur la R&D privée* » (Lefebvre, 2009). C'est pourquoi les collectivités territoriales participent au financement des clusters, en partie et sous ou une forme

---

[591] Il est à noter par exemple la proposition de loi n° 254 (Sénat, 9 mars 1999) tendant à favoriser la création et le développement des entreprises. Bien qu'antérieurs à la politique publique d'intelligence économique, les outils proposés dans ce texte s'inscrivent particulièrement bien dans cette optique (développement économique territorial, financement des entreprises par les collectivités, projet d'un pôle d'incubation territorial pour favoriser le démarrage des nouvelles entreprises, allotissement des marchés publics et part réservés aux PME).

[592] Le premier technopôle a été créé en 1969 à Sophia Antipolis. De même, certains clusters existent à l'initiative des collectivités territoriales, comme les pôles régionaux d'innovation et de développement économique solidaire (PRIDES).

ou une autre[593]. Si ces financements profitent aux clusters initiés localement, ces mêmes collectivités participent au financement des clusters pilotés par l'État[594].

Enfin, les instances communautaires ont prévu des mécanismes de financement[595] des clusters, par l'intermédiaire de plusieurs agences européennes[596] et coordonnés au niveau national par OSEO. Ces subsides permettent de financer des projets visant à favoriser :

- la coopération internationale entre clusters ;
- leur communication et leur visibilité ;
- la convergence des mécanismes de financement de la R&D...

Le volet financier est fondamental pour le développement des clusters. Ce constat est général dans tous les pays qui ont mis en œuvre une telle organisation. Le développement des clusters ne pourrait avoir lieu sans une contribution financière et ce volet est présent à tous les stades de leur développement :

- constat de l'existence d'une communauté d'intérêts dans un secteur d'activité et géographique donné ;
- renforcement du réseau local des chefs d'entreprises par l'intervention de la puissance publique ;

593 L'intérêt des collectivités territoriales pour les clusters ne se limite pas aux seules structures locales. Elles sont également impliquées dans les structures de niveau national. Par exemple, le comité de pilotage de l'observatoire des pôles de compétitivité compte plusieurs membres issus de l'association des régions de France.

594 Le financement des pôles de compétitivité l'illustre. Alors que ces clusters sont pilotés au niveau central, les collectivités territoriales participent à leur financement à hauteur de 300 millions d'euros (l'État a apporté de son côté 1,5 milliards d'euros sur le programme tri-annuel 2009-2011). Les subsides territoriaux financent en priorité (40 %) l'animation des pôles par l'équipe des permanents (contribution financière, mise à disposition de personnels, hébergement de la structure de gouvernance...).

595 Plusieurs programmes concourent à cet objectif, qu'il s'agisse d'investir directement pour la compétitivité des entreprises (programme-cadre pour l'innovation et la compétitivité, programme Eurostars bénéficiant aux PME de haute technologie) ou dans la recherche (programme européen pour la recherche et le développement technologique).

596 Agence exécutive du Conseil européen de la recherche, agence exécutive pour la compétitivité et l'innovation, agence exécutive pour la recherche...

- mise en œuvre de programmes de développement (identification des sujets, financement, cadencement, brevets). Ils peuvent être attachés à un seul cluster où à plusieurs dans le cadre de la coopération internationale ;
- commercialisation des produits de la recherche ;
- recherche de l'autonomie financière[597].

Ces différents outils caractérisant un cluster se retrouvent bien évidemment dans la politique publique d'intelligence économique, et plus particulièrement dans leur volet d'application territoriale que sont prioritairement les pôles de compétitivité.

Section 9.2 - Les pôles de compétitivité

Structures emblématiques de l'application de l'intelligence économique dans les territoires, les pôles de compétitivité sont souvent présentés comme étant la réponse aux défis de la valorisation de la recherche appliquée dans les entreprises reliées en réseau. Dans la continuité des études réalisées à propos des clusters (DATAR [2004] ; Blanc [2004]), de nombreuses réflexions relatives aux pôles de compétitivité sont apparues ces dernières années. Une première définition permet d'en cerner le contour :

> « *Un pôle de compétitivité est une combinaison, sur un espace géographique donné, d'entreprises, de centres de formation et d'unités de recherche publiques ou privées engagés dans une synergie autour de projets communs au caractère innovant. Ce partenariat s'organise autour d'un marché et d'un domaine technologique et scientifique qui lui est attaché, et doit rechercher une masse critique pour atteindre une compétitivité et une visibilité internationale.* » (Jacquet et Damon, 2005, p. 64).

[597] Si la puissance publique désire dans un premier temps fournir un effort pour enclencher une nouvelle dynamique, elle n'a pas toujours les moyens d'investir continuellement « à fonds perdus », si les résultats ne sont pas au rendez-vous. Par exemple, le Japon entame la phase 3 de son plan de croissance autonome (2011-2020) visant à l'autonomie financière des clusters.

De même, les enseignements tirés des expériences étrangères ont incité les pouvoirs publics à adapter ce système de cluster sur le territoire national.

9.2.1 - Mise en œuvre des pôles de compétitivité

Par le traité de Lisbonne, l'Union européenne s'est fixée comme objectif en une décennie, de « *devenir l'économie de la connaissance la plus compétitive et la plus dynamique du monde, capable d'une croissance économique durable accompagnée d'une amélioration quantitative et qualitative de l'emploi et d'une plus grande cohésion sociale.* » (Jacquet et Damon, 2005, p. 23).

Cette volonté a été formalisée en France par un Comité interministériel de l'aménagement et du développement du territoire (CIADT), le 14 septembre 2004. A cette occasion, le Premier ministre précisait que cette politique avait pour objet de

> « *renforcer le potentiel industriel de la France, créer les conditions favorables à l'émergence de nouvelles activités à forte visibilité internationale et ainsi améliorer l'attractivité des territoires et lutter contre les délocalisations* [afin] *d'accroître la compétitivité de l'économie nationale en mobilisant les trois acteurs clés de l'innovation - entreprises, centres de recherche publics et privés et organismes de formation - autour d'une stratégie commune de développement et de projets collaboratifs à fort contenu en valeur ajoutée et en innovation.* » (De Villepin, 2004).

En pratique, les candidats à la création d'un pôle de compétitivité ont déposé des dossiers en réponse à un appel à projets. Le 12 juillet 2005, 67 pôles ont été labellisés par le CIADT selon plusieurs critères :

- stratégie de développement, importance accordée à l'innovation ;
- présentation de projets concrets ;
- coordination du projet avec d'autres thématiques sur le plan local, régional et européen.

Ce premier dispositif mis en place a été rapidement examiné et de nouveaux pôles sont apparus, soit par fusion de pôles précédemment constitués, soit par création simple[598], pour aboutir à la labellisation de 71 pôles[599].

En termes de gouvernance, les pôles de compétitivité fonctionnent avec des structures légères. Le principe de gestion est celui de la gouvernance par une entité juridique autonome[600] indépendante des entités intégrées dans le pôle. Après deux années d'existence, le nombre de postes consacrés aux gouvernances était de 3,8 équivalents temps plein (ETP). Diverses expérimentations[601] et études (Knauf, 2007) plaident en faveur d'un renforcement de ces structures.

Sur le plan financier, l'État est le plus gros contributeur des pôles de compétitivité. Il a financé directement ces pôles à hauteur de 1,5 milliards d'euros sur la première période de trois ans (2006-2008). Les financements indirects (organismes de recherche, déductions fiscales...) sont également élevés. Les sources de financement sont diverses[602].

En juillet 2007, en cumulé, les appels à projets successifs de la première vague ont porté sur plus de 300 projets collaboratifs totalisant près de 3 milliards d'euros de dépenses R&D, mobilisant

---

598 CIADT des 6 mars 2006 et 5 juillet 2007.

599 Ils ont été répartis en trois catégories : 7 pôles mondiaux, 10 pôles à vocation mondiale et 54 pôles nationaux.

600 Le plus souvent, il s'agit d'une structure associative.

601 Ainsi, l'État a prévu un correspondant en sécurité économique (COSECO), membre de la structure de gouvernance. Une première expérimentation a été lancée à l'automne 2006, sous l'égide de l'INHES, où la société « France intelligence innovation » (F2I) a remporté l'appel d'offres pour la formation de ces personnels. 5 pôles ont bénéficié dans un premier temps de ce programme COSECO. Soucieuse de ne pas créer de déséquilibre entre les 17 pôles mondiaux ou à vocation mondiale et les 54 pôles nationaux, un second programme a été lancé quelques mois plus tard. En juillet 2007, 10 nouveaux pôles ont bénéficié de ce programme.

602 Entre 2005 et 2011, la puissance publique, à travers ses différentes structures (FUI [État et collectivités territoriales], ANR, OSEO, CDC...) a financé les pôles de compétitivité à hauteur de 4,3 milliards d'euros auxquels il convient d'ajouter les financements des partenaires privés. Bien qu'en baisse constante, les financements publics restent importants (799 millions d'euros en 2007, 562 millions d'euros en 2011).

9.000 chercheurs pour un financement public de 930 millions d'euros dont 520 par l'État.

9.2.2 - Premiers enseignements et rénovation du système

Une première évaluation du dispositif a été réalisée indépendamment et concluait : « *prometteurs, mais des défauts de jeunesse à corriger.* » (KPMG, 2006). Procédant d'abord à certains réajustements après ces conclusions lors de la révision du CIADT de juillet 2007, l'État a souhaité évaluer ce premier dispositif, une fois consolidé, en faisant réaliser un audit par deux cabinets externes (CMI et BCG, 2008) puis par le conseil économique et social (2008). Enfin, les parlementaires ont également observé le développement des pôles de compétitivité (Sénat, 2009). Ce dispositif fait l'objet d'un suivi attentif en raison de l'importance que revêt l'industrie dans l'économie française. En effet, « *plus d'un salarié de l'industrie sur dix travaille au sein d'un pôle de compétitivité.* » (Lezec et Riedinger, 2007).

En raison des bons résultats observés, le dispositif a été prolongé pour trois nouvelles années (2009-2011). L'État s'était engagé à poursuivre son effort financier en direction des pôles dans la même mesure (1,5 milliards d'euros) pour ce nouveau programme tri-annuel. Néanmoins, des ajustements restaient nécessaires (Lefevbre, 2009) :

- veiller à une meilleure définition de la stratégie du pôle. Les structures de gouvernance mériteraient d'être davantage développées[603] ;
- la perception du potentiel des PME[604] : bien souvent, les PME sont perçues (ou se perçoivent) comme de simples sous-traitants de proximité alors qu'elles développent parfois des processus originaux et novateurs. Être tantôt concurrents, tantôt partenaires

[603] Dans la plupart des cas, les permanents d'un pôle sont au nombre de 4 ou 5. Le volume de personnels le plus important est de 12, ce qui peut sembler faible au regard de l'ambition affichée, notamment pour les pôles mondiaux. Pourtant Christian ESTROSI, alors ministre de l'industrie, indiquait en 2009 que la part de l'État dans le financement des structures d'animation des pôles devrait passer sous la barre des 50 % (80 % en 2008).

[604] Cf. Ernst and Young. Étude relative à *« l'implication des PME et des SPL dans les pôles de compétitivité »*, 18 janvier 2006.

de son voisin est un exercice délicat. Des problèmes de propriété intellectuelle ont été relevés par l'observatoire[605] ;
- améliorer l'implication de l'enseignement supérieur et de la formation[606] ;
- prise en compte tardive du concept de développement durable.

Parallèlement, une étude[607] réalisée par le Comité Richelieu[608] sous l'égide du ministère de l'économie et d'OSEO démontre la plus faible implication des PME dans les pôles mondiaux[609]. En fait, il apparaît que l'alchimie nécessaire au bon fonctionnement d'un pôle de compétitivité n'est pas aisée à trouver en raison de la divergence des intérêts des différentes parties prenantes :

- pour les grands groupes, le pôle est une aide à la R&D, en partie subventionnée par les fonds publics, pour les aider à développer leur technologie et s'imposer sur les marchés mondiaux ;
- pour les PME, l'adhésion à un pôle est une opportunité en termes de marché, local ou international. Cette adhésion peut être perçue comme un gage de qualité ou de label marketing ;
- pour le monde académique, la participation à un pôle de compétitivité est un outil de rayonnement.

Ces différentes approches ne sont pas une difficulté en soi puisqu'aucune ne permet d'assurer l'hégémonie sur les autres

---

[605] Le rapport du conseil économique et social de juillet 2008 soulignait également la difficulté pour les PME à participer aux projets collaboratifs.

[606] Le rapport sénatorial n° 40 du 14 octobre 2009 indique clairement à ce sujet que « *le volet formation constitue aujourd'hui l'aspect le plus perfectible du dispositif* » (p.33). Ce constat avait également été opéré par le rapport du Boston consulting group.

[607] Cf. communiqué de presse du 9 novembre 2007. Source : http://www.comite-richelieu.org, consulté le 26/04/2011.

[608] Le comité Richelieu se présente comme « l'association française des PME innovantes ». Il avait émis quelques critiques aux conclusions de l'audit du BCG. Cf. communiqué de presse du comité en date du 18 juin 2008.

[609] 75 % des entreprises des pôles mondiaux sont des PME mais elles ne représentent que 25 % du pouvoir de décision de la structure de gouvernance. Dans l'économie nationale, les PME représentent 58 % de l'emploi, mais seulement 19 % dans ces pôles. La domination des grands groupes y est encore flagrante. En revanche, certains pôles nationaux sont constitués quasi exclusivement de PME.

partenaires. Cette configuration en réseau est bien de nature à favoriser les plus-values par la complémentarité que chacun apporte. En revanche, il est vrai que les pôles de compétitivité se sont constitués sur les bases des implantations existantes et de fait, plusieurs pôles exercent dans la même branche d'activité[610]. La concurrence entre pôles pourrait devenir une réalité.

Le second plan tri-annuel imposait aux pôles de poursuivre la R&D et l'innovation ainsi que d'établir une feuille de route, de définir une stratégie. Certains de ces éléments n'étant pas assez prégnants, l'État a remis en cause plusieurs pôles de compétitivité. L'évaluation réalisée en 2008 faisait apparaître des insuffisances au sein de 13 pôles. Le CIADT du 10 mai 2010 a pris acte des efforts fournis par 7 d'entre eux en renouvelant leur label. En revanche, 6 n'ont pas été reconduits[611] et ont fait l'objet d'un accompagnement vers une structure plus adaptée[612]. Enfin, six nouveaux pôles dédiés aux éco-technologies ont été labellisés. A l'issue de ce comité, il restait donc 71 pôles labellisés. Ce comité a également convenu de procéder à une évaluation des pôles à l'issue de cette deuxième phase. Sous l'égide de la DATAR et la DGCIS cette évaluation a été réalisée entre décembre 2011 et juin 2012[613].

---

610 Par exemple, le secteur automobile est particulièrement représenté au travers des pôles suivants : I-Trans à Lille, Mov'éo à Rouen, Véhicule du futur à Montbeliard, Urban Truck&Bus à Lyon, IdforCAR à Nantes.

611 Il s'agit des pôles suivants : pôle enfants, génie civil, sportatltec, innoviandes, prod'innov et MTA. Leur délabellisation est la conséquence soit de projets R&D insuffisants, soit que la formule du pôle de compétitivité n'était pas adaptée à ces structures. Source : http://www.lenouveleconomiste.fr/les-lecons-des-six-delabellisations-5155/, consulté le 26/08/2013.

612 A l'issue du comité, le Premier ministre a évoqué les pistes possibles de reconversion : rapprochement avec d'autres pôles ou probable transformation en SPL.

613 Étude réalisée par les cabinets BearingPoint, Erdyn et Technopolis. Ce bilan de la seconde période (2008-2011) démontre la poursuite de la dynamique en phase de consolidation : 2508 projets, dont 1037 ont donné lieu à une innovation de produits ; 977 brevets déposés ; 6349 publications scientifiques ; 93 créations de start-up. En conclusion, cette étude préconise la reconduction de la politique des pôles de compétitivité selon une périodicité et une planification non plus tri-annuelles, mais sur 8 ans (2013-2020) pour couvrir la prochaine période de programmation des fonds structurels européens (2014-2020).

L'évolution des pôles de compétitivité se poursuit avec la mise en œuvre d'une troisième phase du développement qui couvre la période 2013-2018. C'est un des volets (décision n° 10) du pacte national pour la croissance, la compétitivité et l'emploi, annoncé par les services du Premier ministre. Si le budget global n'a pas été dévoilé[614], les orientations de ce nouveau plan ont été clairement affichées lors de la communication du Conseil des ministres du 9 janvier 2013. Les idées avancées lors de cette communication ont été précisées. « *Pour atteindre cet objectif :*

> *- les pôles de compétitivité doivent devenir des «* usines à produits d'avenir *» qui transforment les efforts collaboratifs des travaux de R&D en produits, procédés et services innovants mis sur le marché ;*
> *- la communication ajoute que les investissements d'avenir seront mobilisés pour soutenir l'industrialisation des projets des pôles ;*
> *- l'accompagnement des PME par les pôles de compétitivité «* sera renforcé dans quatre domaines principaux en lien avec les régions : l'accès au financement privé, l'internationalisation, l'accompagnement des PME et l'anticipation des besoins en compétences *» ;*
> *- l'offre de services collectifs et individuels proposée par les pôles à leurs adhérents devra s'inscrire en complémentarité avec celles mises en œuvre par d'autres acteurs sur le territoire ;*
> *- les pôles de compétitivité veilleront à une meilleure implication des acteurs de la formation ;*
> *- les pôles contribueront aussi au renforcement des relations entre les PME et les grands groupes, en portant notamment une attention particulière au domaine des achats ;*

---

[614] Une première mesure a toutefois été annoncée : la mise en place d'une aide à l'industrialisation d'un montant de 110 millions d'euros pour soutenir le passage à la phase industrielle de projets de R&D labellisés par les pôles de compétitivité. Ce montant est prélevé sur l'enveloppe du programme d'investissement d'avenir (PIA) disposant au début 2013 d'une capacité d'investissement non encore programmée de 2,2 milliards d'euros. D'autres montants prélevés sur ce budget entrent également dans la philosophie de l'intelligence économique offensive pour développer la compétitivité des entreprises : 600 millions d'euros pour le soutien à l'innovation de rupture, 250 millions d'euros pour l'accompagnement des PME des filières émergentes...

- pour les six années à venir, les objectifs de chaque pôle seront précisés dans un contrat de performance individualisé. Celui-ci détaillera les défis technologiques et d'innovation ainsi que les marchés-cibles associés que le pôle souhaite viser. »[615]

9.2.3 - La difficulté de l'évaluation

Cette première réorganisation met en évidence une difficulté rencontrée par les analystes des clusters : la méthode d'évaluation.

En effet, les configurations sont bien différentes d'un pôle à un autre. L'hétérogénéité des critères (étendue géographique, nombres d'entreprise, nombre de salariés, chiffre d'affaires, part des exportations, degré d'implication de la puissance publique...) ne facilite pas la constitution d'une grille de lecture homogène, d'autant plus que les recherches en la matière prennent insuffisamment en compte cette diversité des configurations (Eisingerich et *al.*, 2010, p. 239s) où les pôles sont souvent désignés sous le terme générique de cluster. Néanmoins, des tentatives de classification existent (Fromhold-Eisebith et Eisebith, 2005, p. 1250s) selon tel ou tel critère : nature des ressources mobilisées (Colgan et Baker, 2003, p. 352s), cluster à vocation industrielle ou technologique (CES, 2008, p. II-12), etc...

L'évaluation d'un pôle sous-entend la mesure de sa performance. De là, plusieurs mesures peuvent être opérées :

- la performance individuelle des entreprises membres (hausse du CA, évolution du nombre de brevets...) ;
- la performance collective (nombre de projets initiés, résultats constatés, visibilité internationale...) ;
- la relation entre performance des clusters et développement des territoires (emploi, croissance, innovation) (Porter, 2000, p. 15s) sachant que la relation de cause à effet entre le développement

---

615 Source : http://competitivite.gouv.fr/politique-des-poles/le-lancement-de-la-nouvelle-phase-de-la-politique-des-poles-de-competitivite-949.html, consulté le 26/08/2013.

territorial et le développement d'un pôle n'est pas aisée à déterminer (Plunket, 2009).

D'ores et déjà, il parait prématuré de considérer le nombre d'emplois créés comme un indicateur valable de la performance des pôles en raison de leur jeunesse[616]. La plupart sont encore en phase de recherche et seule la commercialisation des produits permettra de mesurer effectivement les bienfaits des pôles de compétitivité en termes de création d'emplois. L'impact de la R&D sur l'emploi ne sera « *perceptible qu'au bout de deux ou trois ans* » (Bloch, 2009, p. 16)[617]. Encore sera-t-il difficile de l'évaluer correctement car les pôles de compétitivité ont été initiés à partir de structures déjà existantes[618] où les emplois étaient déjà créés. Néanmoins, des exemples concrets constatés par ces différentes études font état de création d'emplois.

Le professeur Christian Ketels de la Harvard Business School résume les difficultés de l'évaluation des clusters de la façon suivante[619] :

- la nécessité de bien les identifier. Il préconise l'utilisation du « Cluster mapping project » élaboré par Porter ;
- évaluer le potentiel de croissance de chaque cluster en tenant compte de l'environnement économique local qui permet, de façon plus ou moins forte, aux entreprises d'atteindre un haut niveau de productivité et d'innovation. Cette donnée est particulièrement difficile à évaluer ;
- évaluer la politique des clusters par des indicateurs plus « classiques » (nombre de salariés, croissance...). Ce sont généralement des indicateurs à court terme, influencés par un certain nombre de facteurs externes. Il devient dès lors délicat

---

616 L'étude du BCG, ainsi que l'association pour l'emploi des cadres (APEC) en 2008 également, soulignait cette impossibilité immédiate.

617 BLOCH, G. Directeur général de la recherche et de l'innovation du ministère de l'enseignement supérieur et de la recherche. Cf. op. cité rapport sénatorial n° 40 « *Pôles de compétitivité : bilan et perspectives d'une politique industrielle et d'aménagement du territoire* » (2009).

618 C'est le cas du pôle Minalogic à Grenoble, ou encore le pôle System@tic, le pôle Arôme à Grasse...

619 Article « *How to evaluate clusters* », consulté le 17/03/2011. Source : http://www.larevueparlementaire.fr/pages/DS_juill05/DSpole_cketels.htm.

d'attribuer systématiquement les bons résultats d'un pôle à sa seule politique.

Il conclut son analyse de la mesure de la performance en émettant l'idée que la performance opérationnelle est la résultante de la qualité de la politique menée au sein du cluster, plutôt qu'un objectif politique en soi. A ce jour, ce débat n'est pas clos et de nombreuses études et recherches sont menées pour définir une grille d'analyse et de lecture qui permettrait d'opérer des comparaisons et des évaluations fiables entre les clusters.

Mais en France, et quel que soit le devenir des pôles de compétitivité et des méthodes d'évaluation, il ne s'agit pas des seuls clusters. D'autres systèmes coexistent et sont même parfois antérieurs. Ils ont parfois servi de base à la création de certains pôles de compétitivité.

Ces systèmes territoriaux (pôles de compétitivité mais également systèmes productifs locaux, pôles de l'innovation et pôles d'excellence rurale) permettent, aux moyens des agences et des fonds dédiés, de développer différents projets, quelle que soient leur taille, leur ambition et leur implantation. Chaque projet de regroupement d'industriels peut donc trouver la formule adaptée à son cas. L'ensemble de ce dispositif a pour objet de renforcer la compétitivité des entreprises à travers la stabilisation économique des territoires, notamment par le biais de leur attractivité. Même si les pôles économiques n'ont pas démontré être la solution ultime au développement et à la compétitivité économiques[620], force est de constater qu'ils y contribuent de manière progressive. Ces équilibres économiques devraient naturellement engendrer les équilibres sociaux qui en sont le corollaire.

---

[620] Cf. article « *Les districts italiens en voie d'atomisation* ». Magazine Challenges n° 254 du 28 avril 2011, repris de l'article « *Clusters flustered* », The Economist, 14 avril 2011.
Source : http://www.economist.com/node/18560669?story_id=18560669, consulté le 23/02/2013.

Section 9.3 - Autres pôles à décision centralisée

L'État avait déjà perçu ces liens locaux entre entreprises géographiquement proches à la communauté d'intérêts apparente. Qu'ils en soient la source d'inspiration où la conséquence, ces autres clusters s'apparentent en certains points aux pôles de compétitivité.

9.3.1 - Les systèmes productifs locaux et grappes d'entreprises

En France, les systèmes productifs locaux (SPL) ont été les précurseurs des pôles de compétitivité[621], certains ayant même fait la transition à l'apparition de ces derniers pour les intégrer[622], ou en participant simultanément aux deux systèmes[623]. Un SPL est défini[624] comme suit :

> « *Une organisation productive particulière localisée sur un territoire correspondant généralement à un bassin d'emploi. Cette organisation fonctionne comme un réseau d'interdépendances constituées d'unités productives ayant*

---

621 Cf. Comité interministériel d'aménagement et de compétitivité des territoires, en date du 15 décembre 1997. Lancée en 1997, la politique nationale, mise en place par la DATAR, s'est traduite par un appel à projets et une labellisation proposée aux systèmes productifs existants *de facto*. Le rôle des pouvoirs publics fut d'identifier les grappes de PME travaillant dans le même secteur d'activité, d'en sélectionner une centaine, entre 1998 et 2000, de favoriser la mise en place d'infrastructures, des centres de formation, d'encourager les connexions à l'international et d'appuyer financièrement les animateurs de SPL (chambres consulaires, agences de développement économique, structures de formation, intercommunalité). Depuis 2001, la politique française d'appui aux SPL s'est concrétisée au travers de la création d'une commission nationale interministérielle des SPL et de l'attribution de budgets (le montant médian de la subvention accordée aux SPL s'élève à 38 000 euros. Les aides s'échelonnent de 10 000 à 75 000 €). L'appui comprend également les actions de partenariat international, de participation aux programmes européens, de soutien à la formation des salariés et à la gestion des ressources humaines, et enfin, l'organisation de colloques et événements de promotion. Labellisés par l'État, les SPL bénéficient du soutien financier des collectivités territoriales et de leurs partenaires.

622 Par exemple, la Cosmetic Valley était un SPL puis est devenue un pôle de compétitivité. Une dizaine de SPL a suivi cette démarche.

623 Par exemple, Systém@tic et OpticsValley en Île-de-France.

624 Source : http://www.franceclusters.fr/dossier.php?idpage=23, consulté le 23/02/2013.

des activités similaires ou complémentaires qui se divisent le travail (entreprises de production ou de services, centres de recherche, organismes de formation, centres de transfert et de veille technologique, etc.). » (DATAR, 2002).

Si la reconnaissance d'un SPL relève d'une procédure diligentée par l'État, ils ne sont que la reconnaissance d'une situation générée initialement par les acteurs locaux :

« *Les PME ont certes bénéficié de diverses dispositions de soutien, des politiques locales ont financé des centres de services, des municipalités ont équipé des zones industrielles, etc. Mais au final, les soutiens publics, même s'ils n'ont pas été négligeables, n'ont jamais joué un rôle primordial dans l'émergence des districts et dans leur vie quotidienne. Aussi, un gouvernement peut toujours décider d'encourager la création de tels systèmes, mais s'il n'y a pas d'impulsion venue d'en bas, cela ne servira pas à grand chose.* » (Balestri, 2000).

Le système de SPL décliné en France s'inspire directement des districts italiens. Une de leurs caractéristiques est celle de la spécialisation flexible (Piore et Sabel, 1989). Ce constat a progressivement évolué au fur et à mesure du développement de ce type de clusters en raison de changement de forme, de la déterritorialisation de certains acteurs avec le développement des TIC, de l'externalisation de certaines fonctions et de l'accroissement de la sous-traitance (Capecchi et Pecqueur, 1992). Les variétés de clusters ne permettant plus une classification aisée par type, c'est le critère de la territorialité qui permet encore de les caractériser (Capecchi et Pecqueur, 1992). Les PME en constituent la plus grande force.

Malgré ces évolutions, les éléments d'identification d'un cluster sont intangibles et évidemment apparents dans un SPL. Ils sont principalement au nombre de cinq[625] :

- une concentration de PME ;

[625] Colloque « *Les systèmes productifs locaux* », Toulouse-Labège, 21 juin 1999.

- appartenance au même secteur d'activité ou marché ;
- relations fortes entre les entreprises ;
- accès à un ensemble de services auxquels il est plus intéressant d'avoir recours en commun plutôt qu'individuellement ;
- culture commune.

En une décennie, plusieurs vagues d'études de dossiers ont permis de labelliser plus d'une centaine de SPL en France. Par ailleurs, la création des pôles de compétitivité a permis de créer une dynamique de rapprochement et des avancées ont été remarquées dans ce domaine (rapprochement entre SPL ou avec des pôles de compétitivité, prise en compte de la dimension internationale et/ou frontalière, création d'une structure fédératrice[626]...). Les SPL peuvent développer leur propre volet de recherche par la stimulation de l'innovation (DATAR, 2006, p. 6), moins prégnant à l'origine, et dépasser ainsi la simple fonction de sous-traitants spécialisés et territorialisés que l'acronyme SPL évoque en première lecture. Les SPL se rapprochent progressivement du mode de fonctionnement des pôles de compétitivité, si ce n'est leur poids économique et leur dimension qui les prédisposent au réseau entre petites structures.

Depuis peu[627], existe également la dénomination de « grappes d'entreprises » pour désigner ces réseaux locaux de TPE-PME.

9.3.2 - Les pôles de l'innovation

Dispositif peu connu du grand public, les pôles de l'innovation sont constitués essentiellement autour de l'artisanat. Ils sont animés par l'Institut supérieur des métiers (ISM) de l'école nationale supérieure d'arts et métiers[628] qui propose des formations de haut niveau[629].

---

626 Le club des districts industriels français (CDIF) a été créé en juillet 1997, soit quelque mois avant le lancement officiel de cette politique par le gouvernement. Cette fédération des SPL permet des échanges principalement entre PME /TPE, mais dorénavant avec les pôles de compétitivité également. URL : http://www.franceclusters.fr

627 Le 29 septembre 2009, le ministre de l'espace rural et de l'aménagement du territoire annonçait une nouvelle politique de soutien aux réseaux d'entreprises, dotée d'une enveloppe initialement budgétisée à 20 millions d'euros pour la période 2010-2011. 126 grappes ont été retenues (42 lors de la première vague d'appel à projets en 2009 et 84 lors de la seconde vague de 2010).

628 Établissement rattaché au ministère de l'industrie (DGCIS).

Loin d'une image parfois désuète que peut parfois évoquer cette activité, ces réseaux ont vocation à créer des liens entre les établissements de formation et les entreprises à fort potentiel technologique, ou entre les entreprises elles-mêmes, en vue de les accompagner dans leur développement par la technologie et l'innovation. Ces pôles sont virtuels car ils fonctionnent en réseau où les établissements d'une même branche sont disséminés sur tout le territoire national. Néanmoins, ces « pôles » rassemblent plusieurs dizaines de milliers d'entreprises.

Il existe 22 pôles de l'innovation regroupés en six catégories :

- habitat et développement durable[630] ;
- arts et patrimoine[631] ;
- alimentation et nutrition[632] ;
- santé, sécurité et autonomie[633] ;
- processus de production et organisation[634] ;
- nouvelles technologies et communication[635].

---

629 Plusieurs masters spécialisés sont proposés : « management stratégique du changement par l'innovation », « sûreté nucléaire », « intégration des systèmes de management qualité, hygiène, sécurité et environnement » ainsi que le master « construction et habitat durable ». Les questions environnementales sont parmi les premières préoccupations de ces réseaux.

630 Cette rubrique regroupe les pôles suivants : Centre d'Innovation et de Recherche du Bâti Tropical (CIRBAT), Institut Supérieur de Recherche et de Formation aux Métiers de la Pierre (ISRFMP), Centre National d'Innovation pour le Développement durable et l'Environnement dans les Petites entreprises (CNIDEP), Association des professionnels de l'énergie (COPROTEC).

631 Institut de Formation et de Recherche pour les Artisanats des Métaux (IFRAM), Institut Technologique Européen des Métiers de la Musique (ITEMM), Centre Européen de Recherches et de Formation aux Arts Verriers (CERFAV), Institut Universitaire des Métiers et du Patrimoine (IUMP).

632 Institut de Recherches Appliquées au Contrôle de la Qualité (INRACQ), Institut National de la Boulangerie Pâtisserie (INBP), Association de Recherche, Développement et Assistance Technologique pour les métiers de la viande (ARDAT'mv), Centre Technique des Métiers de la Pâtisserie (CTMP), Centre de Formation des Professionnels de la Charcuterie (CEPROC).

633 Centre National d'Innovation et de Formation des Prothésistes Dentaires (CNIFDP), Institut de Recherche et d'Innovation sur la Santé et la Sécurité au Travail (IRIS-ST), Centre National d'Innovation Santé, Autonomie et Métiers (CNISAM).

634 Centre de Ressources de Techniques Avancées (CRTA), Centre de Formation aux Métiers et à l'Innovation (CFMI), Picardie Découpe.

Même si tous ces pôles ne semblent pas directement concernés par la politique publique d'intelligence économique, leur rôle méconnu mériterait néanmoins une attention plus soutenue. En effet, ils utilisent les outils de l'intelligence économique pour accompagner les TPE artisanales qui se révèlent être un acteur important en terme d'emploi, ce qui est de notoriété publique, mais également au plan technologique. Bien que la recherche appliquée à l'artisanat jouit d'une notoriété en devenir, les perspectives de ces secteurs dans lesquels sont impliqués les artisans sont prometteuses (développement durable, énergie, métallurgie, industrie du verre, technologies numériques...).

Constatant que la recherche bénéficiait principalement aux grands groupes puis dans un deuxième temps au PME et très exceptionnellement aux artisans, l'ISM a proposé en 2002 la création du réseau Artisanat-Université afin d'en faire bénéficier également cette branche. Ce réseau permet de créer des liens entre artisans, universitaires, organisations professionnelles et chambres des métiers[636]. Les artisans sont les premiers bénéficiaires de ce réseau qui leur ouvre les portes de la connaissance sur le management des entreprises. A l'inverse, les universitaires disposent ainsi d'une vision plus concrète du marché et des besoins en formation technologique ou managériale[637].

Par ailleurs, l'ISM joue un rôle centralisateur et diffuseur de l'information où ses publications permettent d'orienter l'artisan dans certaines de ses démarches (création, reprise et transmission d'entreprise, exportation, financement...) ou pour comprendre certains phénomènes (moyens d'action économique de l'intercommunalité, dispositif public de soutien à l'innovation pour les TPE...) et de

---

[635] Centre Technique d'Application et d'Innovation de l'Artisanat (CTAI), Association des Métiers et Industries Graphiques pour la Formation professionnelle (AMIGRAF), Centre Artisanat et Technologies Numériques (Pôle ATEN).

[636] Le réseau fonctionne sous forme de clubs : le club des dirigeants étudient les problématiques transversales au niveau régional et les clubs sectoriels étudient les questions relatives à un secteur d'activité au plan national.

[637] A titre d'exemple, les quatrièmes rencontres nationales Artisanat-Université qui ont eu lieu le 6 mai 2009 à Bercy ont abordé des sujets connexes à ces deux entités : état des lieux et perspective de la recherche universitaire en entrepreneuriat ; la relation artisanat-université : connaissance et reconnaissance...

s'adapter en conséquence. Les nombreuses études thématiques (innovation, données et conjoncture économiques...) ou par métier (ameublement, bâtiment, textile...) à disposition des artisans sont également sources d'éclairage.

Ainsi, il apparaît que l'artisanat, à travers les pôles de l'innovation, fait partie d'un système d'intelligence économique où l'Institut supérieur des métiers, en tant que coordonnateur du réseau, joue un rôle clé dans la diffusion d'informations utiles aux artisans. Ils peuvent bénéficier à travers ces pôles des avancées en termes de recherches universitaires, ou plus communément, recueillir des avis et conseils par le partage et le retour d'expérience que permet le réseau.

9.3.3 - Les pôles d'excellence rurale

Contrairement aux pôles de compétitivité dont ils s'inspirent, les pôles d'excellence rurale n'ont pas prioritairement une vocation économique, ils sont essentiellement conditionnés par l'aménagement du territoire d'après son identité culturelle. Pour autant, ce principe n'est pas un frein au développement économique, il peut en être la conséquence. Face aux mutations sociales et à la désertification rurale relatives à certaines activités, la nécessité de redynamiser les territoires ruraux a été prise en compte par les pouvoirs publics, tant par la loi[638] que par le lancement officiel du programme des pôles d'excellence rurale[639] (PER).

L'enjeu qu'ils représentent, en termes d'emploi et de développement durable, mérite de ne pas être négligé[640]. Le rôle des pouvoirs publics est de soutenir les initiatives locales susceptibles de créer des emplois dans le cadre d'un partenariat entre les secteurs public (collectivités

---

[638] Loi n° 2005-157 en date du 23 février 2005 relative au développement des territoires ruraux.

[639] CIACT du 14 octobre 2005 et décret n° 2006-429 du 12 avril 2006 relatif aux pôles d'excellence rurale.

[640] Néanmoins, ce dispositif est parfois critiqué car il se superpose à des structures existantes proches, notamment les « pays » gérés par les groupes d'actions locales (GAL), les projets Leader+ (Liaison entre actions de développement de l'économie rurale de l'Union européenne) ou parfois le volet territorial des contrats de projets État-région.

locales, établissements publics de coopération intercommunale, établissements publics) et privé (entreprises, associations).

Les pôles d'excellence rurale de première génération sont regroupés en cinq catégories : patrimoine et tourisme, bio-ressources, services et accueil, technologies, mixtes[641]. Si la plupart ont une vocation très marquée sur le champ culturel, de l'aménagement du territoire ou du service à la personne, quelques dizaines de PER ont une vocation plus économique et comportent des volets technologiques intéressants[642]. Ces derniers mériteraient d'avoir une meilleure visibilité dans le cadre de la politique publique d'intelligence économique[643].

Plusieurs vagues d'appels à projets ont permis de labelliser plusieurs centaines de PER : 176 labels en août 2006[644] puis 200 labels en décembre 2006[645]. L'État a financé cette première génération à hauteur de 235 millions d'euros par divers financements (FNADT, ministères, agences, fonds européens).

Le bilan final[646] de cette première génération de PER s'avère largement positif, malgré quelques critiques[647]. En mai 2009, le secrétaire d'État chargé de l'aménagement du territoire a commenté[648]

---

641 Ces catégories seront redéfinies ultérieurement : énergie, industries et technologies, mixte, patrimoine, services et accueil.

642 Par exemple, un projet est orienté vers la recherche et des applications industrielles de matériaux d'origine naturelle (acoustique des véhicules...).

643 Les référents régionaux « intelligence économique » de la gendarmerie nationale ont reçu pour instruction, en 2007, d'approcher les PER technologiques. Les premiers contacts ont démontré qu'il s'agissait de la seule administration impliquée dans la politique publique d'intelligence économique à s'être intéressée jusqu'alors à ces pôles.

644 Décret n° 2006-994 du 10 août 2006 attribuant le label de pôle d'excellence rurale.

645 Annonce officialisée deux mois plus tard par le décret n° 2007-256 du 27 février 2007 attribuant le label de pôle d'excellence rurale.

646 Ministère de l'agriculture et de la pèche. Bilan final de l'appel à projets relatif aux pôles d'excellence rurale, décembre 2008.

647 Visiblement, certaines collectivités territoriales (conseils généraux et régionaux) n'ont pas apprécié cette politique dans l'élaboration de laquelle ils n'ont pas été associés et ne prenant pas en compte les schémas régionaux d'aménagement du territoire.

648 Il a été souligné à cette occasion la « *remarquable réussite* » de la filière « *bois* », tant dans l'éco-construction que le développement des énergies renouvelables. 10 PER ont été labellisés après les deux premières vagues et 6 ont été abandonnés.

les résultats de cette première vague et face à ce succès et aux attentes des élus territoriaux, il a été décidé le lancement des PER de 2ème génération. 114 nouveaux labels ont été attribués en décembre 2010[649] (1ère vague) répartis en deux catégories : les services et la valorisation économique, puis 149 en août 2011[650] (2ème vague).

C'est pourquoi les différents bilans évoquent 379 PER pour la première génération.

649 Décret n° 2010-1684 du 29 décembre 2010 attribuant le label de pôle d'excellence rurale.

650 Décret n° 2011-1019 du 25 août 2011 attribuant le label de pôle d'excellence rurale.

Titre 4 : Evolutions de la PPIE : de nouveaux outils ?

Malgré tous les efforts déployés en France depuis une vingtaine d'années pour mettre en œuvre une politique publique d'intelligence économique, le dispositif ne semble pas achevé pour autant. Quelques propositions sont avancées maintenant, avec l'ambition d'améliorer ou perfectionner le système existant.

Chapitre 10 : Quelques propositions

Parmi les différentes pistes qui pourraient être abordées pour améliorer le dispositif en vigueur, trois dossiers paraissent plus particulièrement importants, considérant leurs implications.

Section 10.1 - La protection juridique de l'information confidentielle

Puisque l'information constitue bien la matière première de l'intelligence, sa valeur est indéniable. Or, comme toute chose de valeur, il est nécessaire d'en assurer la protection pour éviter qu'elle ne soit possédée et exploitée par des personnes n'ayant pas lieu de les détenir.

S'agissant d'un bien immatériel, c'est bien sur le terrain du droit que cette protection doit être envisagée, d'autant plus que le principe de légalité est admis par tous les praticiens de l'intelligence économique. Si des outils juridiques existent déjà, ils n'ont pas été élaborés spécifiquement dans le cadre de la politique publique d'intelligence économique, mais certaines incriminations peuvent être retenues dans ce cadre. Toutefois, le dispositif n'est pas complet. Il est nécessaire d'envisager un dispositif juridique dont la formulation suffisamment généraliste permettrait de couvrir l'intégralité du champ des pratiques illégales d'intelligence économique.

En effet, le constat de la nécessité d'une protection juridique renforcée de l'information est aujourd'hui clairement établi. Les tentatives récentes de réglementation, que ce soit par l'auto-régulation dans le cadre de la FéPIE où de la proposition de loi du député Carayon, n'ont pas connu l'issue attendue, même si la procédure législative reste à ce jour active, en principe.

Pourtant, les outils juridiques constituent un volet incontournable d'une politique publique d'intelligence économique, le droit étant « *l'arme de l'intelligence économique* » (Manoir de Juaye, 2004). Toutefois, les nombreux débats récents n'ont pas manqué de focaliser sur le périmètre de cette protection juridique. Cette réflexion n'est pourtant pas nouvelle puisqu'une étude juridique du statut de l'information précise qu'il s'agit « d'*une notion aux contours imprécis dont la nature est incertaine* » (Catala, 1984, p. 97s)[651].

Dès lors, une nouvelle proposition est avancée ici avec l'ambition de gommer ces difficultés. En effet, à l'exception de certains dispositifs particuliers, l'information en tant que telle est peu protégée par le droit français. Une loi forte serait un outil complémentaire indispensable à la politique publique d'intelligence économique[652].

10.1.1 - Un vide juridique à combler : la protection pénale de l'information

Il est nécessaire de déterminer tout d'abord les critères qui conditionneraient cette loi. Quelques réflexions préliminaires permettront d'en cerner les contours.

L'intelligence économique est admise comme une activité légale, elle est le signe d'une saine compétitivité entre les entreprises. Les informations recueillies et traitées sont dites « ouvertes », c'est-à-dire accessibles à tous à partir de n'importe quel type de médias ou de supports publics. *A contrario*, l'espionnage économique doit être compris comme étant la captation, le détournement, l'utilisation ou la diffusion d'une information sensible (ou protégée au sens légal) par une personne non habilitée. Toutefois, il apparaît nécessaire de considérer un degré de responsabilisation des chefs d'entreprises, lesquels doivent prendre au préalable des mesures de protection, dans l'esprit du traité ADPIC. II en ressort plusieurs points à déterminer.

Certaines informations ne sont pas juridiquement protégées, mais leur caractère les rend particulièrement précieuses. On parlera alors d'information sensible, confidentielle ou stratégique. Par exemple, le secret des affaires mais aussi un savoir-faire spécifique entrent dans cette catégorie. Afin d'éviter le risque d'écarter du cadre de la loi des comportements marginaux en étant trop précis dans la description de ces infractions, une rédaction généraliste permettrait de les englober toutes.

---

[651] Voir également l'article de GALLOUX, J-C (1994). « *Ébauche d'une définition juridique de l'information* ». Dalloz, chronique, pp. 229-234.

[652] A titre de comparaison, les États-Unis disposent de ce socle répressif depuis l'«*Economic espionage act* » de 1996, dit également « *Cohen Act* ».

La seconde réflexion concerne les personnes pouvant se rendre coupables de ces agissements. Le délinquant est-il employé par la société victime, ou s'agit-il d'un tiers, directement employé par une société concurrente, ou encore un intervenant extérieur ? Tous seraient responsables à partir du moment où le critère moral de l'intentionnalité est établi, encore la juridiction devrait-elle déterminer le degré de culpabilité de chacun. Il semble justifié de retenir la complicité, au sens pénal, notamment pour les commanditaires. L'élément moral de l'intention coupable est déterminant.

En troisième lieu, il est concevable que l'obtention des informations puisse parfois n'être réalisée qu'en raison d'une infraction déjà prévue par le code pénal (vol, dégradations, violences,...). Comment tenir compte de ces infractions dans ce nouveau dispositif ? Le principe des circonstances aggravantes semble opportun pour les infractions en concours les plus légères. De même, certaines infractions peuvent avoir lieu par la captation d'informations confidentielles enregistrées dans un système de traitement automatisé de données. II n'y a pas de redondance avec le chapitre 3 du livre troisième du code pénal traitant de ce sujet. Ce chapitre conserve toute sa pertinence. II convient également de prévoir cette hypothèse en tant que circonstance aggravante. L'optique envisagée ici correspond à la conception traditionnelle du concours d'infractions (art. 132-2 du code pénal) et non celle de la circonstance aggravante. Par ailleurs, l'article 132-3 du code pénal dispose que

> « *Lorsque, à l'occasion d'une même procédure, la personne poursuivie est reconnue coupable de plusieurs infractions en concours, chacune des peines encourues peut être prononcée. Toutefois, lorsque plusieurs peines de même nature sont encourues, il ne peut être prononcé qu'une seule peine de cette nature dans la limite du maximum légal le plus élevé.*
> *Chaque peine prononcée est réputée commune aux infractions en concours dans la limite du maximum légal applicable à chacune d'entre elles.* »

De fait, se cantonner à la notion de concours d'infractions fixe la réponse pénale dans la limite du maximum du quantum le plus élevé parmi ces infractions. Même si le juge dispose de la possibilité de faire varier les peines en-deçà de cette limite, et par conséquent de définir une graduation des peines selon les circonstances, la peine la plus élevée resterait au niveau du délit simple. Le système des circonstances aggravantes envisagé dans la proposition suivante permettrait d'augmenter significativement l'échelle de la réponse pénale. Toutefois, et en raison de cette position ne correspondant pas aujourd'hui au concept défini dans le code pénal, un aménagement de l'article 132-2 de ce code deviendrait nécessaire. Il pourrait prendre la forme suivante en précisant au début de l'article : « *En dehors des cas expressément prévus par la loi considérant la pluralité d'infractions commises comme circonstances aggravantes, il y a concours d'infractions lorsqu'une infraction est commise par une personne avant que celle-ci ait été définitivement condamnée pour une autre infraction.* » Le concours d'infractions resterait le régime général et l'assimilation de ces infractions comme circonstances aggravantes un régime dérogatoire[653].

Enfin, en cas d'échec de la manœuvre, la victime ne subit pas de préjudice. Seule la tentative est constituée. S'agissant de délits économiques sans préjudice, il ne semble pas nécessaire de réprimer la simple tentative, qui resterait d'ailleurs difficile à prouver en méconnaissant les motivations réelles de l'auteur. En revanche, le juge aura toujours la possibilité de poursuivre les infractions connexes (tentative de vol, dégradation, intrusion dans un système de traitement automatisé de données, violation de domicile…). Retenir la tentative pourrait ouvrir la voie à des comportements déviants pouvant générer une véritable paranoïa dans les entreprises[654].

En fait, les modalités de cette loi seraient simples. Considérant le postulat qu'une information confidentielle est un bien immatériel appartenant à la personne morale (entreprise, sous-traitant...), son

---

653 Il ne s'agit là que d'une proposition. Si celle-ci devait effectivement être analysée par les autorités habilitées dans une perspective législative, le débat juridique ne manquerait pas d'être animé tant ces conceptions divergent de la position actuelle du droit pénal. Les précédentes propositions du député Carayon, d'un niveau répressif moins élevé, ont provoqué des débats intéressants. Et encore, il n'était pas question de faire évoluer une conception de fond du dispositif pénal tel que proposé ici.

654 Dès qu'une personne fait une photocopie ou envoie un mail, il deviendrait impossible de maintenir un bon climat social dans les entreprises si chacun de ces actes devait être suspecté de tentative d'espionnage économique.

traitement est similaire à celui des biens matériels (vol, complicité, recel, usage frauduleux…). La proposition formulée ci-après est une transposition/adaptation à l'information de ces délits concernant habituellement les biens matériels. Seules l'absence de tentative et la responsabilisation du propriétaire de l'information seraient des différences notables.

Un dernier éclairage semble utile. Chaque règles ayant ses exceptions, il paraît légitime que le secret des affaires puisse en connaître également quelques unes. Aussi, ce principe, tel qu'il est proposé par le député Urvoas, est repris ici *in extenso*, à l'article 12 ci-dessous. En effet, cette formulation est suffisamment large pour laisser aux juges tout leur pouvoir d'appréciation au cas par cas, sans enfermer ces principes dans une liste trop contraignante au risque de ne pas avoir prévu un cas qui aurait mérité de l'être.

La proposition ci-dessous est principalement axée le volet pénal. Pour autant, le volet civil n'est pas à négliger et peut constituer une seconde forme de la réponse juridique.

10.1.2 - Proposition de loi

I – Dispositions générales.

Article 1. L'espionnage économique a pour objet l'obtention, la diffusion ou l'utilisation d'une information confidentielle à caractère professionnel appartenant à autrui, quels que soient les moyens et les supports utilisés. L'utilisation de cette information est de nature à donner à la personne, physique ou morale, qui en fait usage directement ou par l'intermédiaire d'un tiers, un avantage concurrentiel qu'elle n'aurait pas eu sans cette information.

Article 2. Toute information est un bien immatériel, propriété de l'organisation dont elle est issue, ou d'un établissement tiers auquel le propriétaire a librement consenti à la communiquer et dont l'utilisation est réglementée par une convention entre les deux parties. Est une information confidentielle à caractère professionnel tout secret des affaires concernant une entreprise, qu'il s'agisse d'une information industrielle, technique (que le secret de fabrique soit déposé ou non, ou un savoir-faire particulier), financière, ou commerciale.

Article 3. Le détournement frauduleux est le fait, par une personne ayant accès à une information confidentielle dans une organisation, de la capter, de la transmettre, ou de la diffuser volontairement, dans un but autre que celui pour lequel elle y a accès dans le cadre de ses fonctions ou de sa mission.

Article 4. La captation frauduleuse est le fait par une personne qui n'a pas accès à une information confidentielle dans une organisation, de la capter, de la transmettre ou de la diffuser, quel que soit le statut de cette personne vis-à-vis de l'organisation.

Article 5. L'usage frauduleux d'information confidentielle à caractère professionnel est le fait, pour toute personne physique ou morale, d'utiliser cette information, sachant qu'elle a été obtenue illégalement. L'infraction est également constituée si l'appréhension est fortuite à défaut d'une négligence initiale de son légitime propriétaire.

Article 6. La victime ne peut avoir recours aux juridictions répressives si elle n'avait pas au préalable pris des dispositions pour protéger ses informations. Ces protections peuvent être matérielles, ou faire l'objet d'un avertissement auprès des personnels ayant accès aux informations confidentielles.

De même, le propriétaire ou le dépositaire de l'information confidentielle ne pourra engager de procédure judiciaire à l'encontre d'un tiers qui aurait bénéficié de la divulgation de cette information s'il a lui-même, volontairement ou non, révélé cette information. La révélation du fait de son propriétaire ou de son dépositaire fait perdre le caractère confidentiel de l'information.

II - Complicité - Recel.

Article 7. Est responsable toute personne physique ou moral qui a commandité le détournement ou la captation illégale d'une ou plusieurs informations confidentielles à caractère professionnel, dans le but d'en faire elle-même un usage frauduleux ou de la transmettre à une tierce personne.

Article 8. Est également responsable toute personne, physique ou morale, qui a, ou qui a eu en sa possession une information confidentielle à caractère professionnel dont elle n'est, ou n'était pas, destinatrice, et sachant que cette information a été obtenue illégalement, que ce recel lui ait procuré ou non un bénéfice.

III - Dispositions complémentaires

Article 9. La présente loi n'abroge pas les précédentes dispositions du code pénal relatives à toute forme d'accès illégal à une information protégée. A l'exception des infractions citées exhaustivement à l'article 10 de la présente loi, toute autre infraction commise dans le but de réaliser de l'espionnage économique, sera jugée en concours d'infractions par la juridiction pénale.

Article 10. Lorsque l'espionnage économique est réalisé par la commission d'une ou plusieurs infractions suivantes, ces dernières constituent une circonstance aggravante et non une infraction connexe :

- atteintes aux systèmes de traitement automatisé des données (art. 323-1 et suivants du code pénal) ;
- atteinte à l'intimité de la vie privée (art. 226-1 du code pénal) ;
- atteinte au secret des correspondances (art.226-15 du code pénal) ;
- violences légères (art. R.624-1 du code pénal) ;
- destructions, dégradations, détériorations légères (art. R.635-1 du code pénal) ;
- usurpation de signes réservés à l'autorité publique (art. 433-14, 433-15 et R.643-1 du code pénal) ;
- usurpation de titres (art.433-17 du code pénal) ;
- usage du nom d'un tiers (art. 434-23 du code pénal) ;
- menaces (art. 222-17 et R.623-1 du code pénal).

Constitue également une circonstance aggravante :

- le fait de commettre une intrusion dans un local professionnel recelant l'information confidentielle recherchée, en dehors des horaires habituels d'activité au sein de ce local.
- l'intrusion dans le domicile d'une personne physique, propriétaire ou dépositaire de l'information recherchée.

Article 11. Les personnes morales responsables d'espionnage économique sont punissables des peines prévues à l'article 131-39 du code pénal.

IV – Dérogations

Article 12. Les dispositions de la présente loi ne sont pas applicables :
1° Dans les cas où la loi impose ou autorise la révélation du secret ;
2° À celui qui informe ou signale aux autorités compétentes des faits susceptibles de constituer des infractions aux lois et règlements en vigueur dont il a eu connaissance ;
3° Sous réserve des dispositions de la loi n° 68-678 du 26 juillet 1968, aux autorités juridictionnelles ou administratives compétentes dans l'exercice de leur mission de contrôle, de surveillance ou de sanction.

****

Ainsi, cette loi permettrait de donner une réponse pénale aux divers modes d'acquisition et d'utilisation frauduleuses d'une information confidentielle :

- vol pour son propre compte ou à la demande d'un tiers ;
- détournement, altération (manipulation, désinformation).

Elle permettrait également de viser toute personne impliquée dans cette manœuvre illégale qu'elles soient commanditaires (concurrents indélicats...) ou bassement besogneuses (intermédiaires, certains prétendus « professionnels » de l'IE, stagiaires...). Elle présente surtout l'avantage d'avoir recours aux peines pénales complémentaires (interdiction d'exercice d'une activité…) qui peuvent être bien plus dissuasives que les simples dommages et intérêts, bien que les montants puissent être élevés, qui sont l'apanage des juridictions civiles.

10.1.3 - Retranscription dans le code pénal

La transcription de cette loi dans le code pénal pourrait se faire sous la forme suivante :

LIVRE TROISIEME
DES CRIMES ET DELITS CONTRE LES BIENS
TITRE II - Des autres atteintes aux biens
CHAPITRE 5 - DES ATTEINTES AUX BIENS IMMATERIELS
Section 1 - De l'espionnage économique

Article 325-1

Fait, par quiconque, de capter, de transmettre, de diffuser volontairement, par quelque moyen que ce soit, sur quelque support que ce soit, une information confidentielle à caractère professionnel, qu'il s'agisse d'un secret des affaires, un secret de fabrique déposé ou non, un secret professionnel ou l'objet d'une clause de confidentialité, et d'en faire un usage autre que celui pour lequel elle y a normalement accès, dans le cadre de ses fonctions ou de sa mission, en dehors de toute convention passée entre les parties ou de négociations commerciales en cours au moment du détournement frauduleux.

Article 325-2

Le détournement d'information confidentielle à caractère professionnel est puni d'un an d'emprisonnement et de 7500 € d'amende.
La peine est portée à trois ans d'emprisonnement et 45.000 € d’amende si la commission de l'infraction est accompagnée d'une circonstance aggravante.
Elle est portée à cinq ans d'emprisonnement et 75.000 € d’amende si la commission de l'infraction est accompagnée de deux circonstances aggravantes.
Elle est portée à sept ans d'emprisonnement et 100.000 € d’amende si la commission de l'infraction est accompagnée de trois circonstances aggravantes ou plus.

Article 325-3

Fait, par quiconque, de capter, de transmettre, de diffuser volontairement, par quelque moyen que ce soit, sur quelque support que ce soit, une information confidentielle à caractère professionnel, qu'il s'agisse d'un secret des affaires, un secret de fabrique déposé ou non, un secret professionnel ou l'objet d'une clause de confidentialité, alors que cette personne n'y a pas normalement accès dans le cadre de ses fonctions ou de sa mission.

Article 325-4

Le recel d'information confidentielle est le fait, pour toute personne physique ou morale, de dissimuler, détenir ou transmettre une information protégée à caractère professionnel, sachant que cette information a été obtenue illégalement, ou que les conditions d'acquisition par ce tiers sont telles qu'elles laissent supposer le caractère frauduleux de l'acquisition initiale.

Article 325-5

La captation frauduleuse et le recel d'information confidentielle à caractère professionnel sont punis de trois ans d'emprisonnement et d'une amende de 45.000 €.
La peine est portée à cinq ans d'emprisonnement et 75.000 € d'amende si la commission de l'infraction est accompagnée d'une circonstance aggravante.
Elle est portée à sept ans d'emprisonnement et 100.000 € d'amende si la commission de l'infraction est accompagnée de deux circonstances aggravantes.
Elle est portée à dix ans d'emprisonnement et 150.000 € d'amende si la commission de l'infraction est accompagnée de trois circonstances aggravantes ou plus.

Article 325-6

L'usage frauduleux d'information confidentielle à caractère professionnel est le fait, pour toute personne physique ou morale, d'utiliser une information protégée à caractère professionnel dont elle n'a pas à avoir accès de part sa fonction ou sa mission, sachant que cette information a été obtenue illégalement, ou que les conditions d'acquisition par cet utilisateur sont telles qu'elles laissent supposer le caractère frauduleux de l'acquisition initiale.

Article 325-7

L'utilisation frauduleuse d'information confidentielle à caractère professionnel et la complicité d'espionnage économique sont punis de cinq années d'emprisonnement et d'une peine d'amende d'un montant double au préjudice subi.

Article 325-8

Les infractions suivantes constituent les circonstances aggravantes relatives à l'espionnage économique :

- atteintes aux systèmes de traitement automatisé des données (art. 323-1 et suivants du code pénal) ;
- atteinte à l'intimité de la vie privée (art. 226-1 du code pénal) ;
- atteinte au secret des correspondances (art.226-15 du code pénal) ;
- violences légères (art. R.624-1 du code pénal) ;
- destructions, dégradations, détériorations légères (art. R.635-1 du code pénal) ;
- usurpation de signes réservés à l'autorité publique (art. 433-14, 433-15 et R.643-1 du code pénal) ;
- usurpation de titres (art.433-17 du code pénal) ;
- usage du nom d'un tiers (art. 434-23 du code pénal) ;
- menaces (art. 222-17 et R.623-1 du code pénal).

Constituent également une circonstance aggravante :

- le fait de commettre une intrusion dans un local professionnel recelant l'information confidentielle recherchée, en dehors des horaires habituels d'activité au sein de ce local.
- l'intrusion dans le domicile d'une personne physique, propriétaire ou dépositaire de l'information recherchée.

Article 325-9

Les infractions décrites à la présente section sont également constituées si l'appréhension est fortuite. En revanche, l'action pénale devient irrecevable à défaut de précautions prises par la victime pour protéger ses informations, ou que leur diffusion résulte d'une maladresse ou d'une négligence de sa part.

Section 2 - Peines applicables aux personnes physiques et responsabilité des personnes morales.

Article 325-10

Les personnes physiques coupables de l'un des délits prévus à la section une du présent chapitre encourent également les peines complémentaires suivantes :

- l'interdiction des droits civiques, civils et de famille, suivant les modalités prévues par l'article 131-26 ;
- l'interdiction, suivant les modalités prévues par l'article 131-27, d'exercer une fonction publique ou d'exercer l'activité professionnelle ou sociale dans l'exercice ou à l'occasion de l'exercice de laquelle l'infraction a été commise, pour une durée de cinq ans au plus ;
- la fermeture, pour une durée de cinq ans au plus, des établissements ou de l'un ou de plusieurs des établissements de l'entreprise ayant servi à commettre les faits incriminés ;
- l'exclusion des marchés publics pour une durée de cinq ans au plus ;
- l'interdiction, pour une durée de cinq ans au plus, d'émettre des chèques autres que ceux qui permettent le retrait de fonds par le tireur auprès du tiré ou ceux qui sont certifiés ;
- la confiscation de la chose qui a servi ou était destinée à commettre l'infraction ou de la chose qui en est le produit, à l'exception des objets susceptibles de restitution ;
- l'affichage ou la diffusion de la décision prononcée dans les conditions prévues par l'article 131-35.

Article 325-11

Les personnes morales peuvent être déclarées responsables pénalement, dans les conditions prévues par l'article 121-2 des infractions définies à la section une du présent chapitre.

Les peines encourues par les personnes morales sont :

- l'amende, suivant les modalités prévues par l'article 131-38 ;
- les peines mentionnées à l'article 131-39 ;

L'interdiction mentionnée au 2° de l'article 131-39 porte sur l'activité dans l'exercice ou à l'occasion de l'exercice duquel l'infraction a été commise.

Section 10.2 - La réorganisation des agences

Les agences sont nombreuses et leurs prérogatives s'étendent généralement à un domaine défini dans leur objet. En première lecture, il peut apparaître que certains domaines se recouvrent, en particulier entre les agences relevant de l'échelon central et celles dépendantes des collectivités territoriales. Enfin, il ne faut pas omettre le rôle des chambres de commerces et d'industrie qui constituent un acteur supplémentaire, également proche des acteurs territoriaux.

Face à cette profusion, il n'est pas illégitime de penser qu'une rationalisation de l'ensemble de ces acteurs permettrait des gains d'efficacité.

10.2.1 - Principes

Si les agences ont été créées pour répondre à un besoin particulier, leur accroissement peut les amener à venir véritablement en concurrence les unes des autres. C'est le principe même de l'intérêt commun qui est susceptible de pâtir de cette situation[655].

[655] Ne serait-ce qu'au niveau financier, chaque agence est dotée d'un budget propre. S'agissant de structures publiques ou para-publiques, une large part, si ce n'est l'intégralité de leur financement, est assurée par la fiscalité. La rationalisation des

A la différence des entreprises où les situations concurrentielles les amènent à faire preuve d'innovation, d'inventivité et de performance pour assurer leur survie, la concurrence entre agences publiques produit des effets contrastés. Certes elles peuvent s'impliquer davantage qu'en situation monopolistique, même si leur fonctionnement étant assuré *de facto*. Néanmoins, les effets négatifs semblent l'emporter.

En effet, la superposition des structures publiques, *a fortiori* en situation concurrentielle, n'incite pas à la coordination et au partage de l'information. Il en ressort une dépense d'énergie, d'investissement et de coûts financiers qui pourraient être amoindris.

Deux difficultés apparaissent :

- comment assurer la coordination entre des structures de nature et à vocation différente, bien qu'agissant sur un même domaine de compétence (il s'agit ici du développement économique) ?
- comment impliquer des structures relevant de niveaux politiques différents ou concernant plusieurs acteurs de même niveau (ex : pôle de compétitivité implanté sur plusieurs régions ?).

Un tel niveau de complexité et le croisement partiel des compétences entre des acteurs si différents impliquent une solution plus radicale que la simple coordination qui dépend du bon vouloir de chacun, volonté difficile à maintenir dans la durée entre des structures parfois concurrentielles. Seule la fusion de ces structures en une seule agence serait de nature à gommer ces difficultés.

Il s'agirait alors de l'agence nationale de développement économique (ANDE).

---

structures devrait également permettre d'amoindrir la participation du contribuable.

10.2.2 - Le guichet unique des entreprises

Le guichet unique est cette idée qui permet justement de fusionner des acteurs aux domaines de compétences contigus, voire superposés, permettant ainsi une meilleure coordination des actions, des échanges d'informations optimisés et une réduction des coûts de fonctionnement par la suppression des redondances.

En première lecture, le système semble prometteur. Pour autant, cette idée du guichet unique des entreprises n'est pas une idée nouvelle (Le Figaro, 1996), y compris dans le domaine de l'accompagnement économique des entreprises.

Toutefois, les expériences récentes en la matière ont démontré qu'une fusion n'était pas simplement la mutualisation des compétences. La gestion des cultures d'entreprises s'avère le plus souvent délicate, chacun craignant de perdre son identité et son influence au profit du partenaire. Si la stratégie « gagnant-gagnant » motive les fusions, ces mêmes exemples illustrent bien ce travers ou certains espèrent être tout de même davantage gagnant que le nouveau partenaire.

Cette dimension « psychologique » de l'organisation est un élément fondamental qui peut influer grandement sur l'établissement des grilles de la tendance prédéterminée.

Dès lors, quelle proposition peut être avancée pour aboutir à ce guichet unique des entreprises ? La création de l'agence nationale de développement économique pourrait fort bien s'appuyer sur les structures et compétences existantes en les absorbant toutes, quel que soit le niveau politique de ces structures.

10.2.3 - Fonctionnement de l'ANDE

L'agence nationale de développement économique nécessite un mouvement d'ampleur rompant radicalement avec les modes de fonctionnement existants.

En premier lieu, sa structure physique devrait être parfaitement identifiée. Il pourrait s'agir de la fusion des différentes chambres consulaires (chambres d'agriculture, chambres des métiers et de l'artisanat, chambres de commerce et d'industrie) pour créer sur un ressort territorial restreint une chambre consulaire des entreprises (CCE). Afin d'assurer un niveau de proximité suffisant et avoir simultanément le volume nécessaire à sa viabilité sans générer des coûts de fonctionnement supplémentaires, le niveau administratif de l'arrondissement pourrait constituer une base territoriale intéressante. Il serait ainsi constitué environ 400 CCE en France[656].

Le rapprochement des agents et des compétences au sein d'une même structure serait de nature à favoriser la qualité du service public[657]. Dans un autre registre, des doublons pourraient être supprimés[658].

Les CCE conserveraient par ailleurs leurs attributions classiques : formalités liées aux entreprises, gestion des infrastructures portuaires ou aéroportuaires, des établissements d'enseignement supérieur... mais en sus, elles constitueraient les infrastructures de l'ANDE en abritant en un lieu unique toutes les compétences liées à l'accompagnement des entreprises :

- regroupement des différentes agences existantes, de niveau national ou territorial (DATAR, ARIST, ARD...)[659] ;

---

[656] En 2012, le nombre de chambres départementales d'agriculture s'élevait à 94, 111 chambres des métiers et de l'artisanat, 155 CCI, soit un total de 360 chambres. Il ne s'agit ici que des chambres territoriales de niveau départemental, n'incluant pas les chambres régionales ni les structures nationales.

[657] En effet, un agent ayant une meilleure connaissance de sa filière professionnelle pourrait au moins rediriger le demandeur vers le service idoine, à défaut de pouvoir répondre lui-même à la sollicitation. La qualité du service n'en serait que meilleure lorsque ce second interlocuteur est situé dans la même infrastructure, et non pas distant de plusieurs kilomètres ou dizaines de kilomètres. De même, une filière locale peut « dépendre » de plusieurs chambres à la fois, notamment dans le secteur alimentaire : de la production de l'alimentation (chambre d'agriculture) aux industries de transformation (qui nécessite des artisans aux compétences techniques spécifiques pour la maintenance des machines), aux distributeurs (commerçants) et autres industriels (produits phytosanitaires) et prestataires de services (CCI).

[658] Un agent sachant traiter un dossier dans une chambre des métiers et de l'artisanat serait très certainement à même d'instruire un dossier de même nature dans une autre chambre consulaire, moyennant une légère formation. Cette approche peut être étendue à plusieurs domaines : formalités d'enregistrement d'une entreprise, attribution de subventions...

[659] Le cas spécifique de l'INPI mériterait une analyse plus approfondie en raison de la spécificité de cette mission. Mais l'implantation de bureaux de l'INPI dans les

- conseil et avis d'expertise (développement économique, brevets, sécurité informationnelle...) ;
- formalités administratives autres (URSSAF...) ;
- aides financières (l'ensemble des subventions publiques serait traité en un seul lieu...) ;
- l'inclusion des dispositifs associatifs ou de l'économie solidaire pourrait être envisagée (réseaux Initiative France, France active, Entreprendre).

Les CCE seraient ainsi le véritable guichet unique des entreprises, lesquelles proposeraient l'intégralité des prestations pouvant leur être fournies.

Section 10.3 - La réorganisation des pôles économiques

Au fil des ans, des crises et de l'identification des besoins, les catégories de pôles ont connu une croissance importante. Or, la multiplication et la multiplicité des dispositifs, des organismes et des modes de fonctionnement des pôles à décision centralisée peuvent donner l'impression d'une certaine profusion, voire de confusion, dans le dispositif public aux yeux des entrepreneurs privés, d'autant plus que les collectivités territoriales ont la possibilité de créer leur propre système. Le dispositif gagnerait en lisibilité en harmonisant l'ensemble de ces structures. Plusieurs se sont élevés pour réclamer une diminution du nombre de pôles de compétitivité afin de concentrer l'effort sur ceux présentant les meilleurs atouts de développement[660], en mettant fin notamment au « saupoudrage » (Cordoba et Lucazeau, 2012, p. 26). Même si certains pôles ont conclu

---

CCE pourrait très certainement favoriser l'augmentation du nombre de dépôts de brevets, et ainsi, une meilleure protection juridique des actifs immatériels des TPE-PME-ETI.

660 - LE FIGARO. « Le nombre de pôles de compétitivité doit être réduit ». 05 déc. 2012.
Source : www.lefigaro.fr/conjoncture/2012/12/05/20002-20121205ARTFIG00476-le-nombre-de-poles-de-competitivite-doit-etre-reduit.php, consulté le 03/04/2013.
- LE MONDE. « Les pôles de compétitivité français sont trop nombreux et pas assez innovants ». 05 déc. 2012. Source : www.lemonde.fr/economie/article/2012/12/04/les-poles-de-competitivite-francais-sont-trop-nombreux-et-pas-assez-innovants_1799637_3234.html, consulté le 03/04/2013.

des accords de coopération entre eux[661], l'idée de redondance ne peut être complètement exclue.

La comparaison effectuée avec d'autres pays développés démontre que le système français des pôles de compétitivité présente une spécificité singulière : leur nombre et (le plus souvent) l'absence de visibilité internationale. Pour les seuls pôles de compétitivité, les autres pays au niveau de développement comparable affichent un nombre de pôles bien moins élevé et différentes études ont démontré par ailleurs que les pôles de ces pays étaient plus performants qu'en France (bénéficiant toutefois pour beaucoup d'une expérience plus longue) :

- Allemagne : 15
- Finlande : 6
- Royaume Uni : 7
- États-Unis : 74
- France : 71

La réorganisation des pôles, ne serait-ce qu'en raison des sommes engagées, mériterait d'être envisagée. Toutefois, l'exercice pourrait trouver rapidement ses limites du fait de la clause de compétence générale des collectivités territoriales.

Une seconde limitation tient au fait que cette réorganisation doit s'inscrire dans un schéma directeur qui serait la planification d'une politique industrielle. Or, cette vision politique n'existe plus en France depuis quelques années.

---

[661] - charte de coopération signée dans le domaine des énergies renouvelables par les pôles Capenergies, Derbi, Tenerrdis et S2E2 en juin 2008 ;
- convention de partenariat signée entre les pôles Elopsys, Optitec et Route des lasers dans le domaine de l'optique-photonique, le 25 juin 2009.

Conclusion

Ainsi, l'intelligence économique en France s'est développée progressivement. D'une préoccupation intéressant d'abord le secteur privé avant les années 1990 (la veille), la puissance publique s'est progressivement emparée du sujet à la suite du rapport Martre. Néanmoins, les réalités qu'elle recouvre n'étaient finalement pas si éloignée des décideurs publics puisque la notion de défense économique était déjà bien présente à leur esprit depuis plusieurs décennies, même si elle ne recouvrait pas l'ensemble du spectre que l'intelligence économique évoque aujourd'hui.

De fait, le développement de la recherche sur le sujet a contribué à une multiplication des concepts (défense économique, sécurité économique, sécurité nationale…), des axes (compétitivité, sécurité, influence) et des modes opératoires, induisant une tout aussi grande diversité de définitions. En fait, l'intelligence économique recouvre des domaines et utilise des techniques qui sont souvent différentes et divergentes d'un praticien à un autre. Aussi, est-il difficile de donner une définition développée qui puisse satisfaire chacun.

Mais au-delà des concepts et des définitions, il est admis que l'information constitue le cœur de l'intelligence économique, *a fortiori* lorsqu'elle s'avère « utile » ou « stratégique », c'est-à-dire l'information qui va permettre au décideur d'opérer des choix qui conditionnent l'orientation générale de son organisation.

Une fois ce précepte admis, encore était-il nécessaire que la puissance publique développe une politique en ce sens pour favoriser l'emploi. En effet, l'emploi est un des indicateurs le plus expressifs de l'état de santé d'une économie nationale. En s'appuyant sur des exemples étrangers ou d'autres politiques publiques nationales ainsi que sur les ressources propres de l'administration dont de nombreux services s'intéressaient déjà à l'intelligence économique sous une forme ou sous une autre, l'Etat a finalement défini un cadre de son action. Les structures administratives sont évolutives (voire volatiles) et il n'est pas toujours aisé de bien saisir, à travers les attributions définies dans les décrets, les prérogatives de tel ou tel service au sein des ministères. Parfois, des enjeux de pouvoir interne conditionnent leur périmètre d'action. Au-delà des mots, des définitions et des attributions, des épisodes concurrentiels peuvent encore exister sporadiquement.

Mais il est surtout intéressant de noter qu'après plus de dix années après le premier rapport Carayon et différentes formes de coopération interministérielle et de réajustements internes au sein des ministères, le dispositif public d'intelligence économique, au niveau central, semble avoir trouvé maintenant une véritable cohérence qui rende le dispositif efficace, notamment dans le soutien financier des entreprises en difficulté et l'échange de certaines informations. C'est tout aussi vrai au niveau territorial.

En revanche, les éventuelles réussites de manœuvres d'influence, en raison même de leur nature qui les rend imperceptible aux yeux du grand public, ne font pas l'objet d'une particulière publicité et il est alors bien difficile de les mesurer ou de pouvoir les retranscrire ici.

Malgré toutes ces avancées, la politique publique d'intelligence économique n'est pas achevée pour autant. La délégation interministérielle a bien des dossiers sur ses bureaux. Si certains viennent d'aboutir tout dernièrement (auto-diagnostic de sécurité économique), d'autres sont toujours en cours d'élaboration (normes juridiques…). D'ailleurs, quelques propositions sont avancées dans ces lignes.

Mais ce schéma n'est pas idyllique.

Ont été présentés ici les dispositifs techniques, administratifs et juridiques liés à la politique publique d'intelligence économique (c'est-à-dire la théorie de la PPIE en France). La pratique n'a été que très peu abordée bien que le dispositif de l'action de l'État dans les territoires en matière de déploiement de la PPIE semble bien établi. Malgré des modalités de fonctionnement différentes d'une région à l'autre, sa réalisation s'avère plus complexe. La conclusion du rapport rédigé par le préfet Laurens-Bernard (2013) est explicite :

> « *En résumé, malgré la grande bonne volonté de petites équipes locales, un réel travail dans le domaine de la sécurité économique quoique trop circonscrit et la mise en place au fil des ans de plusieurs initiatives remarquables*

dans les champs de la veille, compétitivité et influence, la politique publique d'intelligence économique en régions (PPIET), dans sa globalité, ne présente pas les caractéristiques d'une politique prioritaire de l'État : pas de programme d'actions précis, insuffisance de moyens humains et financiers, faible cohésion dans le pilotage, manque d'implication des décideurs locaux, aucune formation des cadres et pas d'évaluation des résultats. » (p. 37).

Loin des schémas, des plans d'action et des nombreuses circulaires donnant corps à la PPIE, la réalité butte sur certaines faiblesses et carences que les seules bonnes volontés individuelles ne suffisent pas à résorber. Les échecs internationaux récents de grands groupes français mondiaux suffisent à illustrer que la PPIE n'a pas pour l'heure permis le redressement économique de la France. C'est pourquoi il n'est pas rare d'entendre certains experts qualifier la PPIE d'échec à ce jour en France.

Ce constat peut paraître sévère alors qu'il n'est pas rare de rencontrer des acteurs de la PPIE particulièrement motivés et dévoués, tant au niveau central que territorial.

Mais ce semi-échec n'est pas définitif. Plusieurs modifications majeures sont intervenues récemment, laissant à penser que la volonté politique est désormais mieux affirmée à travers les structures, même si les discours officiels évoquent peu le sujet.

Notons qu'avec la nouvelle majorité présidentielle (2012) a été créé un ministère du redressement productif, fonction confirmée lors du remaniement de 2014. Enfin, la déclaration du nouveau Premier ministre, le 16 avril 2014, fait état d'un revirement de la politique économique de la France, l'engageant davantage sur la voie d'une politique de l'offre. A travers elle, c'est la compétitivité des entreprises qui est mise en avant pour redresser l'économie nationale, notamment par la mise en œuvre du pacte de responsabilité et de solidarité :

« *[...] c'est le moyen de mettre en mouvement notre économie : de baisser le coût du travail, de redonner du souffle à nos entreprises, nos PME-PMI, à nos TPE, à nos entrepreneurs, à nos artisans, à nos commerçants. Dans le même temps, nous devons aussi simplifier leurs démarches administratives. […]. En somme, nous devons redonner à notre tissu économique la capacité de mieux affronter la concurrence, pour développer davantage ses activités et se remettre à recruter.* » (Valls, 2014).

Dans ce cadre et à travers l'utilité des outils qu'elle propose, la politique publique d'intelligence économique devrait trouver toute sa place. En cette année 2015, plusieurs chantiers sont en cours d'élaboration sous l'égide de la D2IE. De nouvelles orientations devraient voir le jour prochainement, notamment en termes de coordination régionale. Le temps de l'action coordonnée est arrivé.

Bibliographie

1. Références juridiques

Traité instituant la communauté européenne.

Conférence sur la dignité humaine et l'exclusion sociale à Helsinki, mai 1998.

Résolution n° 1999/26 de la Commission des droits de l'homme des Nations unies sur les droits de l'homme et l'extrême pauvreté.

Convention de sauvegarde des droits de l'homme et des libertés fondamentales (Rome, 1950).

Convention de Paris du 20 mars 1883 pour la protection de la propriété industrielle, révisée à Bruxelles le 14 décembre 1900, à Washington le 2 juin 1911, à La Haye le 6 novembre 1925, à Londres le 2 juin 1934, à Lisbonne le 31 octobre 1958 et à Stockholm le 14 juillet 1967, et modifiée le 28 septembre 1979.

Recommandation n° 2003/361/CE de la Commission européenne du 6 mai 2003 concernant la définition des micro, petites et moyennes entreprises.

Recommandation n° R (2000) 3 du comité des ministres aux États membres sur le droit à la satisfaction des besoins matériels élémentaires des personnes en situation d'extrême précarité (adoptée par le comité des ministres le 19 janvier 2000).

Recommandation n° 1196 (1992) de l'assemblée parlementaire du Conseil de l'Europe relative à « *l'extrême pauvreté et à l'exclusion sociale : vers des ressources minimales garanties* ».

Livre blanc sur la défense et la sécurité nationale. Avril 2013.

Livre blanc sur la défense et la sécurité nationale. Juin 2008.

Code de la défense, créé par l'ordonnance n° 2004-1374 du 20 décembre 2004, ratifiée par la loi n° 2005-1550 du 12 décembre 2005.

Code général des collectivités territoriales.
Code de la propriété intellectuelle (Deuxième partie : la propriété industrielle)

Loi constitutionnelle n° 2003-276 du 28 mars 2003 relative à l'organisation décentralisée de la République.

Loi n° 2012-1559 du 31 décembre 2012 relative à la création de la Banque publique d'investissement.
Loi n° 2010-788 du 12 juillet 2010 portant engagement national pour l'environnement (dite loi Grenelle II).
Loi n° 2010-559 du 28 mai 2010 pour le développement des sociétés publiques locales.
Loi n° 2009-971 du 3 août 2009 relative à la gendarmerie nationale.
Loi n° 2009-967 du 3 août 2009 de programmation relative à la mise en œuvre du Grenelle de l'environnement (dite loi Grenelle I).
Loi n° 2008-1061 du 16 octobre 2008 de finances rectificative pour le financement de l'économie.
Loi n° 2008-776 du 4 août 2008 de modernisation de l'économie.
Loi n° 2007-1786 du 9 octobre 2007 portant création d'une délégation parlementaire au renseignement.
Loi n° 2007-1223 du 21 août 2007 en faveur du travail, de l'emploi et du pouvoir d'achat.
Loi n° 2007-1199 du 10 août 2007 relative aux libertés et responsabilités des universités.
Loi n° 2005-882 du 2 août 2005 en faveur des petites et moyennes entreprises.
Loi n° 2005-842 du 26 juillet 2005 pour la confiance et la modernisation de l'économie et liens vers les décrets d'application.
Loi n° 2005-157 du 23 février 2005 relative au développement des territoires ruraux.
Loi n° 2004-809 du 13 août 2004 relative aux libertés et responsabilités locales.
Loi n° 2004-575 du 21 juin 2004 pour la confiance dans l'économie numérique.
Loi n° 2003-706 du 1er août 2003 de sécurité financière.
Loi n° 2003-239 du 18 mars 2003 pour la sécurité intérieure.
Loi n° 2002-1094 du 29 août 2002 d'orientation et de programmation pour la sécurité intérieure.

Loi n° 2001-420 du 15 mai 2001 relative aux nouvelles régulations économiques.
Loi n° 99-587 du 12 juillet 1999 sur l'innovation et la recherche.
Loi n° 99-586 du 12 juillet 1999 relative au renforcement et à la simplification de la coopération intercommunale.
Loi n° 99-533 du 25 juin 1999 d'orientation pour l'aménagement et le développement durable du territoire et portant modification de la loi n° 95-115 du 4 février 1995 d'orientation pour l'aménagement et le développement du territoire.
Loi n° 95-115 du 4 février 1995 d'orientation pour l'aménagement et le développement du territoire.
Loi n° 95-73 du 21 janvier 1995 d'orientation et de programmation relative à la sécurité.
Loi n° 94-102 du 5 février 1994 relative à la répression de la contrefaçon et modifiant certaines dispositions du code de la propriété intellectuelle.
Loi n° 92-597 du 1er juillet 1992 relative au code de la propriété intellectuelle.
Loi n° 92-125 du 6 février 1992 relative à l'administration territoriale de la République.
Loi n° 88-19 du 5 janvier 1988 sur la fraude informatique.
Loi n° 83-8 du 7 janvier 1983 relative à la répartition de compétences entre les communes, les départements, les régions et L'État.
Loi n° 82-653 du 29 juillet 1982 portant réforme de la planification.
Loi n° 82-213, du 2 mars 1982, relative aux droits et libertés des communes, des départements et des régions.
Loi n° 68-678 du 26 juillet 1968 relative à la communication des documents et renseignements d'ordre économique, commercial, industriel, financier ou technique à des personnes physiques ou morales étrangères.
Loi du 11 juillet 1938 et décret du 28 novembre 1938, portant sur l'organisation générale de la nation pour le temps de guerre.

Ordonnance n° 2008-1161 du 13 novembre 2008 portant modernisation de la régulation de la concurrence.
Ordonnance n° 2005-722 du 29 juin 2005 relative à la création de l'établissement public OSEO et de la société anonyme OSEO.
Ordonnance n° 2004-1173 du 4 novembre 2004 portant adaptation de certaines dispositions du code de commerce au droit communautaire de la concurrence.

Ordonnance n° 59-147 du 7 janvier 1959 portant organisation générale de la défense.

Décret n° 2014-479 du 14 mai 2014 relatif aux investissements étrangers soumis à autorisation préalable.

Décret n° 2014-466 du 9 mai 2014 modifiant le décret no 2008-633 du 27 juin 2008 modifié relatif à l'organisation déconcentrée de la direction centrale de la sécurité publique.

Décret n° 2014-454 du 6 mai 2014 modifiant le décret n° 2013-728 du 12 août 2013 portant organisation de l'administration centrale du ministère de l'intérieur et du ministère des outre-mer.

Décret n° 2014-445 du 30 avril 2014 relatif aux missions et à l'organisation de la direction générale de la sécurité intérieure.

Décret n° 2013-759 du 22 août 2013 relatif au délégué interministériel à l'intelligence économique.

Décret n° 2013-728 du 12 août 2013 portant organisation de l'administration centrale du ministère de l'intérieur et du ministère des outre-mer.

Décret PR MX 1313824 D du 30 mai 2013 portant nomination de la déléguée interministérielle à l'intelligence économique - Mme REVEL (Claude).

Décret n° 2013-333 du 22 avril 2013 portant création du Commissariat général à la stratégie et à la prospective.

Décret n° 2011-1019 du 25 août 2011 attribuant le label de pôle d'excellence rurale.

Décret n° 2011-988 du 23 août 2011 modifiant le décret n° 85-1057 du 2 octobre 1985 modifié relatif à l'organisation de l'administration centrale du ministère de l'intérieur et de la décentralisation.

Décret n° 2011-100 du 24 janvier 2011 portant création du comité pour les métaux stratégiques

Décret n° 2010-1684 du 29 décembre 2010 attribuant le label de pôle d'excellence rurale.

Décret n° 2010-1443 du 25 novembre 2010 relatif aux attributions du ministre de l'écologie, du développement durable, des transports et du logement

Décret n° 2010-973 du 27 août 2010 modifiant le décret n° 85-1057 du 2 octobre 1985 modifié relatif à l'organisation de l'administration centrale du ministère de l'intérieur et de la décentralisation.

Décret n° 2010-596 du 3 juin 2010 relatif à la conférence nationale de l'industrie.

Décret n° 2009-1549 du 14 décembre 2009 créant la délégation interministérielle à l'aménagement du territoire et à l'attractivité régionale.

Décret n° 2009-1321 du 28 octobre 2009 relatif à l'Institut national des hautes études de la sécurité et de la justice.

Décret n° 2009-1180 du 5 octobre 2009 fixant les attributions et l'organisation de la direction générale de l'armement.

Décret EC EP 0922159 D du 1er octobre 2009 portant nomination du délégué interministériel à l'intelligence économique - M. Buquen (Olivier)

Décret n° 2009-1122 du 17 septembre 2009 relatif au délégué interministériel à l'intelligence économique.

Décret n° 2009-895 du 24 juillet 2009 modifiant le décret n° 2007-995 du 31 mai 2007 relatif aux attributions du ministre d'État, ministre de l'écologie, du développement et de l'aménagement durables.

Décret n° 2009-834 du 7 juillet 2009 portant création d'un service à compétence nationale dénommé « Agence nationale de la sécurité des systèmes d'information ».

Décret PR MD 0909733 D du 27 mai 2009 portant cessation de fonctions du haut responsable chargé de l'intelligence économique - M. JUILLET (Alain).

Décret n° 2009-291 du 16 mars 2009 portant organisation de l'administration centrale du ministère des affaires étrangères et européennes.

Décret n° 2009-245 du 2 mars 2009 relatif à la définition des petites et moyennes entreprises dans la réglementation applicable à la commande publique.

Décret n° 2009-142 du 10 février 2009 pris en application de l'article L.463-4 du code de commerce et relatif à la protection du secret des affaires devant l'Autorité de la concurrence.

Décret n° 2008-1219 du 25 novembre 2008 relatif aux dispositions réglementaires de la troisième partie du code de la défense (Décrets en Conseil d'État et décrets simples).

Décret n° 2008-682 du 9 juillet 2008 modifiant le décret n° 85-1057 du 2 octobre 1985 relatif à l'organisation de l'administration centrale du ministère de l'intérieur et de la décentralisation.

Décret n° 2008-680 du 9 juillet 2008 portant organisation de l'administration centrale du ministère de l'écologie, de l'énergie, du développement durable et de l'aménagement du territoire.

Décret n° 2008-633 du 27 juin 2008 relatif à l'organisation déconcentrée de la direction centrale de la sécurité publique.

Décret n° 2008-609 du 27 juin 2008 relatif aux missions et à l'organisation de la direction centrale du renseignement intérieur.

Décret n° 2007-1629 du 19 novembre 2007 relatif à l'apport des biens, droits et obligations de l'Agence de l'innovation industrielle à l'établissement public industriel et commercial OSEO et à la société anonyme OSEO Innovation.

Décret n° 2007-1387 du 27 septembre 2007 portant code de déontologie des professionnels de l'expertise comptable.

Décret n° 2007-1029 du 15 juin 2007 relatif à la prime d'aménagement du territoire pour la recherche, le développement et l'innovation.

Décret n° 2007-997 du 31 mai 2007 relatif aux attributions du ministre de l'Intérieur, de l'outre-mer et des collectivités locales.

Décret n° 2007-995 du 31 mai 2007 relatif aux attributions du ministre d'État, ministre de l'écologie, du développement et de l'aménagement durables.

Décret n° 2007-809 du 11 mai 2007 relatif à la prime d'aménagement du territoire pour l'industrie et les services.

Décret n° 2007-256 du 27 février 2007 attribuant le label de pôle d'excellence rurale.

Décret n° 2007-207 du 19 février 2007 relatif aux attributions des hauts fonctionnaires de défense et de sécurité.

Décret n° 2007-151 du 5 février 2007 modifiant le décret n° 2001-1126 du 29 novembre 2001 fixant les attributions de la direction de la protection et de la sécurité de la défense.

Décret n° 2006-994 du 10 août 2006 attribuant le label de pôle d'excellence rurale.

Décret n° 2006-963 du 1er août 2006 portant organisation et fonctionnement de l'Agence nationale de la recherche.

Décret n° 2006-524 du 9 mai 2006 autorisant l'ouverture minoritaire du capital de l'Agence pour la diffusion de l'information technologique.

Décret n° 2006-429 du 12 avril 2006 relatif aux pôles d'excellence rurale.

Décret n° 2006-260 du 6 mars 2006 portant création du Centre d'analyse stratégique.

Décret n° 2006-212 du 31 décembre 2006, relatif à la sécurité des activités d'importance vitale.

Décret n° 2005-1791 du 31 décembre 2005 créant une délégation interministérielle à l'aménagement et à la compétitivité des territoires.

Décret n° 2005-1739 du 30 décembre 2005 réglementant les relations financières avec l'étranger et portant application de l'article L. 151-3 du code monétaire et financier.

Décret n° 2005-1412 du 16 novembre 2005 portant approbation du code de déontologie de la profession de commissaire aux comptes.

Décret n° 2005-1021 du 25 août 2005 relatif à l'Agence de l'innovation industrielle.

Décret n° 2005-766 du 8 juillet 2005 approuvant les statuts de la société anonyme OSEO ANVAR et portant diverses dispositions relatives à son fonctionnement.

Décret n° 2005-436 du 9 mai 2005 portant statut particulier du corps du contrôle général économique et financier.

Décret n° 2004-963 du 9 septembre 2004 portant création du service à compétence nationale « Agence des participations de l'État ».

Décret n° 2004-750 du 27 juillet 2004, portant création de l'Institut national des hautes études de sécurité.

Décret n° 2004-374 du 29 avril 2004 relatif aux pouvoirs des préfets, à l'organisation et à l'action des services de l'État dans les régions et départements.

Décret n° 2004-103 du 30 janvier 2004 relatif à UBIFRANCE, Agence française pour le développement international des entreprises.

Décret PRMD0350011D du 31 décembre 2003 portant nomination du haut responsable chargé de l'intelligence économique.

Décret n° 2003-1230 du 22 décembre 2003 instituant un haut responsable chargé de l'intelligence économique.

Décret n° 2002-889 du 15 mai 2002, relatif aux attributions du ministre de l'Intérieur, de la sécurité intérieure et des libertés locales.

Décret n° 2001-1213 du 19 décembre 2001 autorisant l'établissement public de l'État dénommé " Agence pour la diffusion de l'information technologique " à faire apport de son patrimoine à une société anonyme portant le même nom, portant dissolution de cet établissement public et autorisant le transfert au secteur privé de la propriété de cette société.

Décret n° 2001-1126 du 29 novembre 2001 fixant les attributions de la direction de la protection et de la sécurité de la défense.

Décret n° 2001-693 en date du 31 juillet 2001, créant au secrétariat général de la défense nationale, une direction centrale de la sécurité des systèmes d'information.

Décret n° 97-817 du 5 septembre 1997 érigeant l'Institut des hautes études de défense nationale en établissement public.

Décret n° 95-350 du 1er avril 1995 portant création d'un comité pour la compétitivité et la sécurité économique.

Décret n° 95-44 du 16 janvier 1995 portant création à la direction générale de la police nationale de la direction de l'administration de la police nationale et de la direction centrale des renseignements généraux et modifiant le décret n° 85-1057 du 2 octobre 1985 relatif à l'organisation de l'administration centrale du ministère de l'intérieur.

Décret n° 92-604 du 1er juillet 1992 portant charte de la déconcentration.

Décret n° 92-523 du 16 juin 1992 portant création de la direction du renseignement militaire.

Décret n° 92-472 du 25 mai 1992 portant création de l'Agence pour la diffusion de l'information technologique

Décret n° 91-903 du 10 septembre 1991 portant organisation de l'Institut des hautes études de la sécurité intérieure.

Décret n° 82-1100 du 22 décembre 1982 fixant les attributions de la direction de la surveillance du territoire.

Décret n° 82-306 du 2 avril 1982 portant création et fixant les attributions de la direction générale de la sécurité extérieure.

Décret n° 79-179 du 6 mars 1979 portant statut de l'institut des hautes études de défense nationale.

Décret n° 78-173 du 16 février 1978 portant modification du décret n° 53-707 du 9 août 1953 relatif au contrôle de l'État sur les entreprises publiques nationales et certains organismes ayant un objet d'ordre économique ou social.

Décret n° 64-251 du 14 mars 1964 relatif à l'organisation des services de l'État dans les circonscriptions d'action régionale.

Décret n° 63-112 du 14 février 1963 créant une délégation à l'aménagement du territoire et à l'action régionale et fixant les attributions du délégué.

Décret n° 59-171 du 7 janvier 1959 harmonisation des circonscriptions administratives de la France métropolitaine en vue de la mise en œuvre des programmes d'action régionale.
Décret n° 55-873 du 30 juin 1955, établissement de programme d'action régionale.
Décret n° 53-707 du 9 août 1953 relatif au contrôle de l'État sur les entreprises publiques nationales et certains organismes ayant un objet d'ordre économique ou social.

Arrêté INT C 14 08861 A du 9 mai 2014 portant application de la réforme des services de renseignement du ministère de l'intérieur.
Arrêté INT C 14 08824 A du 9 mai 2014 modifiant l'arrêté du 1er février 2011 modifié relatif aux missions et à l'organisation de la direction centrale de la sécurité publique.
Arrêté DEF D 12 43577 A du 21 décembre 2012 portant organisation de la direction générale de la sécurité extérieure.
Arrêté DEF D 10 02290 A du 25 janvier 2010 portant organisation de la gendarmerie de l'armement.
Arrêté IOC C 08 15022 A du 27 juin 2008 relatif aux missions et à l'organisation de la direction centrale de la sécurité publique.
Arrêté PR MX 0609332 A du 2 juin 2006 fixant la liste des secteurs d'importance vitale et désignant les ministres coordonnateurs desdits secteurs.
Arrêté du 14 février 1963, aménagement du territoire, commission nationale de l'aménagement du territoire.

Circulaire IOC K 12 07280 C du 24 avril 2012 relative à l'implication de l'échelon départemental dans la politique publique d'intelligence économique.
Circulaire n° 5554/SG du 15 septembre 2011 relative à l'action de l'État en matière d'intelligence économique.
Circulaire IOC K 10 14218 J du 1er juin 2010 relative à l'information sur le dispositif de la politique publique d'intelligence économique après la mise en place du délégué interministériel à l'intelligence économique.
Circulaire IOC K 10 02592 J du 23 février 2010 relative à l'organisation de la mission d'information générale.

Circulaire PRM X 10 01610 C du 18 janvier 2010 relative aux relations entre les pouvoirs publics et les associations : conventions d'objectifs et simplification des démarches relatives aux procédures d'agrément.

Circulaire INT K 08 00149 C du 13 août 2008 relative à l'action du ministère de l'intérieur, de l'outremer et des collectivités territoriales en matière d'intelligence économique.

Circulaire INT K 08 00139 C du 21 juillet 2008 relative à la réorganisation des services de renseignement du ministère de l'intérieur, de l'outremer et des collectivités territoriales.

Circulaire ECO P 0700249 C du 21 mars 2007 relative au dispositif d'intelligence économique mis en œuvre au sein des services du ministère de l'économie, des finances et de l'industrie.

Circulaire INT A 05 00085 C du 13 septembre 2005 relative à l'intelligence économique appliquée aux territoires.

Circulaire ECO Z 0200005 C du 14 février 2002 relative à la défense économique.

Circulaire MEN B 9902146 C du 7 octobre 1999 relative à la mise en œuvre des dispositions de la loi n° 99-587 du 12 juillet 1999 sur l'innovation et la recherche concernant les coopérations des personnels de recherche avec les entreprises.

Circulaire ATE C 9980216 C du 11 mai 1999 relative aux prochains contrats de plan Etat-régions.

Instruction K 14 00694 C du 21 mars 2014, relative à la réforme du renseignement territorial.

2. Références textuelles

ADDA, J. (2004). « La mondialisation de l'économie », T. 1 « La genèse ». La découverte.

AGHION, P. et HOWITT, P. (1998). « Endogenous Growth Theory ». MIT Press.

AGUILAR, F.J. (1967). « Scanning the Business Environment ». Macmillan.

ALCOUFFE, C. et CORREGE, N. (1999). « L'évaluation des performances dans les organisations en réseaux de sous-traitants : l'exemple de l'Aérospatiale Matra-Airbus ». Revue française de gestion industrielle, vol. 18, n° 4, pp. 27-42.

ALLEGRE, C. (2010) « l'imposture climatique ». Plon.

ALLIOT-MARIE, M. (10 octobre 2005). « Investissements stratégiques et la sécurité nationale ». Colloque à l'Assemblée Nationale.
AMIN, A. et THRIFT, N. (1993). « Globalization, Institutional Thickness and Local Prospects ». Revue Internationale d'Économie Régionale et Urbaine, n° 3, pp. 413-418.
ARISTOTE. (1993). « Éthique à Nicomaque », Chap. 9. Flammarion.
ARON, R. (1962). « Dix huit leçons sur la société industrielle ». Gallimard.
ARTUS, P. (28 février 2013). « Un long chemin vers la relocalisation ». Challenges n° 334, p. 35.
ASKENAZY, P. (2011). « Les décennies aveugles. Emploi et croissance en France, 1970-2010 ». Seuil.
ASSEMBLEE NATIONALE (23 septembre 2009). Rapport n° 1930 : « Perspectives des pôles de compétitivité ». La documentation française.
ASSOCIATION DE SCIENCE REGIONALE DE LANGUE FRANCAISE. (25-27 août 2008). « Territoires et action publique territoriale : nouvelles ressources pour le développement régional – session Dynamiques entrepreneuriales et renouvellement des systèmes productifs ». Colloque, Université de Québec.
ATTAWAY, M.C. (1998). « A Review of Issues Related to Gathering and Assessing Competitive Intelligence ». American Business Review, n° 16, pp. 25-35.
AYRAULT, J-M. (11 juillet 2012). Lettre de mission à M. Gallois.
BALDINI, N. (2008). « Negative Effects of University Patenting: Myths and Grounded Evidence ». Scientometrics, vol. 75, n° 2, pp. 289-311.
BALESTRI, A. (4 avril 2000). « Dialogue difficile entre les districts italiens et les groupements d'employeurs français ». Le Monde.
BANQUE MONDIALE. (18-22 mars 2002). Conférence internationale des Nations-unies sur le financement du développement, dite « conférence de Monterrey ». Mexique.
BAPTENDIER, P. (2008). « Allez-y, on vous couvre ! Un barbouze au service de l'État ». Panama.
BARRY, T. et LOBE, J. (avril 2002). « US Foreign Policy ». Foreign policy *in* Focus.

BARROSO, J. M. D., JUNKER, J-C., SARKOZY, N. et TRICHET, J-C. (12 octobre 2008). Conférence de presse sur la réaction concertée de l'Union européenne face à la crise financière internationale. Paris.

BASUNGA NZINGA, A. « Sagesse et pouvoir. Une herméneutique du pouvoir ». Source : http://www.memoireonline.com/04/11/4398/m_Sagesse-et-pouvoir-une-hermeneutique-du-pouvoir-18.html, consulté le 23/02/2013.

BATTISTI, M. (16 mai 2006). « L'intelligence économique en France et en Suède ». Colloque IFIE. Publication dans la revue Sciences de l'information, vol. 43, n° 2, pp. 155-157.

BAUMARD, P. (1991). « Stratégie et surveillance des environnements concurrentiels ». Masson.

BAVEREZ, N. (25 février 2010). « L'industrie française victime du colbertisme ». Le Point.

BAYEN, M. (1991) « La veille technologique, une fonction clé du développement des entreprises ».
Source : http://www.espace-sciences.org/science/10065-sciences-ouest/20104-Annee-1991/10323-64/11320-gros-plan/18774-la-veille-technologique/index.html, consulté le 15/05/2011.

BEAUVALLET, M. (2009). « Les stratégies absurdes ». Seuil.

BEARINGPOINT, ERDYN et TECHNOPOLIS (Cabinets). (15 juin 2012). « Etude portant sur l'évaluation des pôles de compétitivité ». Rapport Global.
Source : http://competitivite.gouv.fr/documents/commun/Politique_des_poles/2eme_phase_2009-2011/evaluation/rapport-evaluation-2012-%20complet.pdf, consulté le 27/04/2014.

BECATTINI, G. (1992). « Le district industriel : milieu créatif ». Restructurations économiques et territoires, espaces et sociétés, n°66/67, pp. 147-163.

BECATTINI, G. (1987). « Mercato e forze locali : il distretto industriale ». Il Mulino.

BEFFA, J-L. (2012). « La France doit choisir ». Seuil.

BEFFA, J-L. (2005). « Pour une nouvelle politique industrielle ». La documentation française.

BENAMOUZIG, D. et BESANCON, J. (2008). Chap. 10 « Les agences : de nouvelles administrations publiques ? », *in* « Politiques publiques, la France dans la gouvernance européenne ». Presse de Sciences Po.

BERGERON, P. (sep.-déc. 1995). « Observations sur le processus de veille et les obstacles à sa pratique dans les organisations ». Argus, vol. 24, n° 3, pp. 17-22.
BERGMAN, E. (2009). « Marshall's Dilemma: Intangible Assets and European Universities ». Intangible assets and regional economic growth (IAREG), WP 1.3e.
BERNAT, J-P. (Dir.) (2008). « L'intelligence économique, co-construction et émergence d'une discipline via un réseau humain ». Hermès-Lavoisier.
BERTACCHINI, Y. (2007). « Intelligence territoriale : le territoire dans tous ses états ». Presses technologiques. Source : http://archivesic.ccsd.cnrs.fr/docs/00/18/67/75/HTML/index.html, parag. « Prémices d'intelligence territoriale », consulté le 12/03/2013.
BERTACCHINI, Y. (mai 2004). « Entre information & processus de communication : l'intelligence territoriale ». ISDM 16, Article n° 154, p. 2.
BERTACCHINI, Y. et HERBAUX, P. (juil. 2003). « Mutualisation et intelligence territoriale ». ISDM, n° 9, pp. 11-20.
BERTACCHINI, Y. (Dir.) (2007). « Intelligence territoriale : le territoire dans tous ses états ». Presses technologiques.
BESSON, B. (août-sept. 2006). « L'intelligence économique suédoise ». Regards sur l'IE, n°17.
BESSON, B. et POSSIN, J-C. (2006). « Dix ans d'intelligence économique en France ». La documentation française.
BESSON, B. et POSSIN, J-C. (mai-juin 2005). « Du renseignement à l'intelligence économique ». Regards sur l'IE, n°9.
BESSON, B. et POSSIN, J-C. (2002). « L'audit d'intelligence économique. Mettre en place et optimiser un dispositif coordonné d'intelligence économique ». Dunod.
BESSON, B. et POSSIN, J-C. (2001). « Du renseignement à l'intelligence économique ». Dunod.
BESSON, E. (11 mars 2011). Conférence de presse.
BEYLAT, J-L. Et TAMBOURIN, P. (Avril 2013). « L'innovation, un enjeu majeur pour la France – Dynamiser la croissance des entreprises innovantes ». Rapport pour le ministère du redressement productif et le ministère de l'enseignement supérieur et de la recherche.
BLANC, C. (avr. 2004). « Pour un écosystème de la connaissance ». La documentation française.

BLIN, M. (7 fév. 2007). « L'agence nationale de valorisation de la recherche (ANVAR) : une gestion à l'envers ». Rapport parlementaire n° 220. La documentation française.

BLONDEL, J-G. (mai/juin/juil. 2006). « La protection du secret des affaires devant le Conseil de la concurrence : une réforme nécessaire et adaptée ». Regards sur l'IE, n° 15, pp. 66-67.

BOREL, V. et PUISSOCHET, A. (fév. 2002). « Soutien des pouvoirs publics à l'industrie micro-électronique ». Rapport.

BOTBOL, M. et VERDIER I. (2004). Document « France – le top 100 de l'intelligence économique ». Indigo Publications.

BOUCHER, Y. et BERTACCHINI, Y. (14-15 juin 2007). « Acteurs locaux et intelligence économique territoriale : des modalités d'expression de la territorialité ». VIème colloque international « TIC & territoire : quels développements ? ». Lyon.

BOURTHOUMIEU, L., MALARD, J., GROS, S. et COUDAL, D. (1999) « La veille ». Source : http://www-sv.cict.fr/urfist/veille.html, consulté le 24/07/2011.

BRACZYK, H., COOKE, P. et HEIDENREICH, M. (1998). « Regional Innovation Systems ». University College London Press.

BRANDENBURGER, A.M et NALEBUFF, B.J. (1996). « Co-opétition ». Currency Book.

BREGEON, J. et LUCHAIRE, F. (juin 1988). « Quelle défense économique ? ». Revue de la Défense nationale, pp. 57-65.

BRICQ, N. 29 août 2012. Intervention à l'université d'été du MEDEF.

BROUARD, F. (2000). « Que la veille stratégique se lève : faisons le point sur la terminologie et le concept ». Congrès ASAC-IFSAM, Montréal.

BRUECKNER, J. (janv. 2000). « Welfare Reform and the Race to the Bottom: Theory and Evidence ». Southern Economic Journal, vol. 66, pp. 505-525.

BRUNEAU, J-M. (20 déc. 2007). « Intelligence territoriale : de l'approche théorique à la mise en œuvre stratégique ». Thèse de doctorat en sciences de l'information et de la communication, université de Poitiers.

BRUTE DE REMUR, D. (2006). « Ce que intelligence économique veut dire ». Éditions d'Organisation.

BRUTE DE REMUR, D. (2003). « La sécurité de l'information : les enjeux ». Cahiers francophones de la recherche en sécurité de l'information, n° 2. Source : http://homepages.laas.fr/deswarte /Publications/Cahiers2.pdf, consulté le 06/03/2013.

BUQUEN, O. (29 mars 2011). « L'IE territoriale en Poitou-Charentes : histoire et perspectives ». Colloque à l'université de Poitiers.

BUQUEN, O. (2ème trim. 2010). « Olivier Buquen et la délégation interministérielle à l'IE ». Regards sur l'IE n° 30.

BUQUEN, O. (1er juin 2010). « *Vu d'en haut* ». Le Nouvel Économiste.

BURGENMEIER, B. (2006). « Analyse et politiques économiques ». Economica.

CADUC, P. (2003) (Dir. CARAYON, B) annexe 1, p. 113 *in* « *Intelligence économique, compétitivité et cohésion sociale* ». La documentation française.

CADUC, P. (1er sem. 1998). « L'information : matière première stratégique pour les entreprises ». Athéna, n° 5.

CADUC, P. (1996). Définition du terme « veille ». Source : http://www.clairebridge.com/these/21-definition.doc, consulté le 23/02/2013.

CAE (Conseil d'analyse économique). (2010). « Les marchés de brevets dans l'économie de la connaissance ». Rapport n° 94. La documentation française.

CAE (Conseil d'analyse économique). (2010). « Créativité et innovation dans les territoires ». Rapport n° 92. La documentation française.

CAE (Conseil d'analyse économique). (2008). « Innovation et compétitivité des régions ». Rapport n° 77. La documentation française.

CAE (Conseil d'analyse économique). (2005). « Désindustrialisation, délocalisations ». (Dir. FONTAGNE, L. et LORENZI, J-H). Rapport n° 55. La documentation française.

CAE (Conseil d'analyse économique). (2003). « compétitivité » (Dir. DEBONNEUIL, M. et FONTAGNE, L). Rapport n° 40. La documentation française.

CAE (Conseil d'analyse économique). (2000). « Politiques industrielles pour l'Europe ». (Dir. COHEN, E. et LORENZI, J-H). Rapport n° 26. La documentation française.

CALOF, J. (2ème trim. 1997). « For King and Country... and Company ». Ivey Business Quarterly, n°61, pp. 32-39.

CANEPA, D. (oct. 2007). « Intelligence économique infos ». n° 25, entretien.

CANEPA, D. (2006). « Le ministère de l'intérieur et l'intelligence territoriale ». La documentation française. Source : www.intelligence-economique.gouv.fr/article.php3?id_article=22 &rep=1, consulté le 28/05/10.

CAPECCHI,V. et PECQUEUR, B. (21-22 oct. 1992). « Industrie et territoire : les systèmes productifs localisés ». Colloque IREP-D, Grenoble.

CARAMELLO, F. (2008). « Renseignement humain, sécurité et management ». Lavauvelle.

CARAYON, B. (3ème trim. 2012). « Secret des affaires – protéger le secret des affaires : un enjeu national », *in* Bul. du droit du secret des affaires, n° 1, pp. 2-5.

CARAYON, B. (2006). « Patriotisme économique, de la guerre à la paix économique ». Rocher.

CARAYON, B. (2006). « A armes égales ». La documentation française.

CARAYON, B. (10 mai 2005). « Les outils de la politique industrielle ». Rapport d'information, n° 2299. La documentation française.

CARAYON, B. (9 juin 2004). « La stratégie de sécurité économique nationale ». Rapport d'information n°1664. La documentation française.

CARAYON, B. (2003). « Intelligence économique, compétitivité et cohésion sociale ». La documentation française.

CARON, F. (27 avr. 2000). « Internet, c'est la troisième révolution industrielle ». L'express.

CARTIER, M. (1998). « La veille économique ». Source : http://economedia.com/chroniques/cyber /cartier1.html, consulté le 27/06/2011.

CAS (Centre d'analyse stratégique). (28 janv. 2008). « l'État et les agences : limitation ou extension de la puissance publique ? ». Note de veille n° 88.

CATALA, P. (1984). « Ébauche d'une théorie juridique de l'information ». Dalloz, Chroniques p. 97.

CATTANEO, G. « Spin-offs – A theoretical outline ». Source : http://www.tim.ethz.ch/education/courses/courses_fs_2010/course_tt_fs_2010/Article1_Spin-offs_outline, consulté le 20/05/2013.

CCI (CHAMBRE DE COMMERCE INTERNATIONAL). « La protection des secrets d'affaires dans l'Union européenne ». Rapport, 11 septembre 2014.

CDSE (Club des directeurs de la sécurité des entreprises). (26 nov. 2010). « Mondialisation, virtualisation, externalisation. L'entreprise a-t-elle encore la maîtrise de sa sécurité ». Colloque à l'OCDE.

CDSE (Club des directeurs de sécurité des entreprises). (juil.-sep. 2010). Sécurité et Stratégie, hors série « Éthique, numéro spécial ».

CERAG (Centre d'études et de recherches appliquées à la gestion). (LESCAA, H., KRIAA, S. et CASAGRANDE, A.). (2009). « Veille stratégique : un facteur d'échec paradoxal largement avéré : la surinformation causée par l'Internet. Cas concrets, retours d'expérience et pistes de solutions ». Source : http://halshs.archives-ouvertes.fr/docs/00/51/66/21/PDF/CR-2009-01-E5.pdf, consulté le 30/08/2013.

CES (Conseil économique et social). (2008). « Les pôles de compétitivité : faire converger performance et dynamique territoriale ». La documentation française.

CES (Conseil économique et social). (2006). « Intelligence économique, risques financiers et stratégies des entreprises ». La documentation française.

CGP (Commissariat général du plan). (Dir. ETCHEGOYEN, A.) (2005). « Regards prospectifs sur l'État stratège ». La documentation française.

CGP (Commissariat général du plan). (Dir. LEVET, J-L.). (1997). « De la défense économique à la sécurité économique ». La documentation Française.

CGP (Commissariat général du plan). (Dir. MARTRE, H.). (1994). « Intelligence économique et stratégie des entreprises ». La documentation française.

CHALLENGES. (31 janv. 2013). « Les bénéfices de la relocalisation ». n° 330, (Traduction de The Economist).

CHALLENGES. (28 avr. 2011). « Les districts italiens en voie d'atomisation ». n° 254.

CHALLENGES. (15 avr. 2010). « Le tissu industriel de la France se rafistole ». n° 208.

CHALLENGES. (25 fév. 2010). « Le modèle japonais redescend sur terre ». n° 201.

CHAMBRE DE COMMERCE INTERNATIONAL (CCI). « *Le secret des affaires est-il encore protégé ?* ». Séminaire, Paris, 23 janvier 2013.

CHARTERS, D. (2001). « The Challenge of Completely Ethical CI and the CHIP Model ». Competitive Intelligence Review, vol. 12, n° 3, pp. 44-54.

CHEaR (Centre des hautes études de l'armement). (41ème ses. nat. 2004/2005). « Intelligence économique et stratégique appliquée aux PME/PMI innovantes pouvant intéresser la défense ». comité n°5.

CHESNAIS, L. et PIJAUDIER-CABOT, F. (sept. 2005). « Pôles de compétitivité : l'ambition de la France gagnante ». Les cahiers de l'industrie n° 107.

CHESNAIS, L., PIJAUDIER-CABOT, F et WILLOT, D. (nov. 2006). « Pôles de compétitivité : le premier bilan ». Les cahiers de l'industrie n° 118.

CHEVENEMENT, J-P. (15 juil. 2009). Commentaires lors des discussions sénatoriales à propos du projet de réécriture de l'article premier du code de la défense.

CHRISTOPHER, W. (13 janv. 1993). Déclaration devant le Sénat américain.

CLAUSEWITZ, C. (1834). « De la guerre ». Minuit.

CLELAND, D. I. et KING, W. R. (1975). « Systems Analysis and Project Management ». MacGraw-Hill.

CLERC, P. (fév. 2004). « dossier international : Les dispositifs territoriaux d'intelligence économique ». Regards sur l'IE, n°1.

CLINTON, B. (mars 1993). « American Leadership and Global Change ». Dispacth, vol. 4, n° 9, pp. 116-118.

CLINTON, B. (27 janv. 2000). État de l'Union. Discours.

CM INTERNATIONAL et BOSTON CONSULTING GROUP. (juin 2008). « Évaluation des pôles de compétitivité ».

COCHET, Y. (juin 2005). « Économie et thermodynamique ». Cosmopolitiques, n° 9, pp. 17-32.

COHEN, W. (janv. 2000). « Taking Care of Business ». ASEE Prism Online, pp. 1-5.

COLGAN, C. S., et BAKER C. (2003). « A Framework for Assessing Cluster Development ». Economic Development Quarterly, vol. 4, n° 17, pp. 352-366.

COLLETIS, G. (mars 1997). « Intelligence économique : vers un nouveau concept en analyse économique ? ». Intelligence Économique, n°1, pp. 25-34.

COLLOQUE. (5-7 juin 2002). « Face à la mondialisation, les PME doivent mettre du territoire et de la proximité dans leur stratégies de glocalisation ». XIème conférence de l'association internationale en management stratégique, Paris.
COLLOQUE. (21 juin 1999). « Les systèmes productifs locaux ». Toulouse-Labège.
COMITE RICHELIEU. (9 nov. 2007). Communiqué de presse.
COMMISSION EUROPPENNE. Proposition de directive relative au secret des affaires, 28 novembre 2013 (2013/0402[COD]).
COMMISSION EUROPPENNE. (29 juin 2012). « Les secrets d'affaires : soutenir l'innovation, protéger le savoir-faire ». Bruxelles.
COMMISSION EUROPPENNE. (25 juin 2008). « Think small first, a Small Business Act for Europe ». Bruxelles.
CONESA, P. (janv. 2004). « L'intelligence économique et stratégique : l'organisation française ». Étude pour l'ADIT.
CONESA, P. (2003). « L'intelligence économique et stratégique : la diplomatie d'influence au service de la guerre économique ». Revue internationale et stratégique n° 52, pp. 153-160.
CONSEIL D'ETAT (Dir. RICHARD, J.). (2012). « Les agences : une nouvelle gestion publique ? ». La documentation française.
CONSEIL DE L'UNION EUROPEENNE. Conseil « Compétitivité ». Orientation générale pour une proposition de directive relative au secret des affaires. 26 mai 2014.
CONSEIL DES MINISTRES. (9 janv. 2013). « La troisième phase des pôles de compétitivité ». Communication.
CONSEIL DES MINISTRES. (8 déc. 2010). « La politique publique d'intelligence économique ». Communication.
CONSEIL DES MINISTRES EUROPEENS. (12 fév. 2007). Communication.
COOKE, P. et HUGGINS, R. (2003). « High-Technology Clustering in Cambridge, the Institutions of Local Development ». Sforzi.
CORDOBA, V. et LUCAZEAU, R. (nov. 2012). « Pôles de compétitivité : transformer l'essai ». Rapport pour l'Institut de l'entreprise.
CREQUY, P. (2 fév. 2012). « Adopté par les députés, le «secret entreprise» pose encore question ». Source : http://blog.lefigaro.fr /crequy/, consulté le 23/02/2013.
CURRIE, A. (25 fév. 2009). « Le patriotisme économique fait un retour en force ». Le Monde.

DAGUZAN, J-F. (déc. 2004). « Pour en finir avec l'intelligence économique ». Revue de la Défense Nationale, n° 670, pp. 91-104.

DAMON, J. (2002). « La dictature du partenariat ». Futuribles, n° 273, pp. 27-41.

DASI, G. (1988). « Sources, Procedures and Microeconomics Effects of Innovation ». Journal of Economic Literature, vol. 26, n° 3, pp. 1120-1171.

DATAR (Délégation de l'aménagement du territoire et à l'attractivité régionale). (aut. 2010). « Territoires en mouvement ». Lettre trimestrielle, n° 2.

DATAR (Délégation de l'aménagement du territoire et à l'action régionale). (Dir. GINSBOURGER F., LEFEBVRE, P. et PALLEZ, F). (2006). « Le rôle des SPL dans la simulation de l'innovation ». École des Mines de Paris. Source : http://www.vie-publique.fr/documents-vp/spl-innovation.pdf, consulté le 20/05/2013.

DATAR (Délégation de l'aménagement du territoire et à l'action régionale). (2004). « La France, puissance industrielle. Une nouvelles politique industrielle par les territoires – Réseaux d'entreprises, vallées technologiques, pôles de compétitivité ». La documentation française.

DATAR (Délégation de l'aménagement du territoire et à l'action régionale). (2003). « Quelle France rurale en 2020 ? Contribution à une nouvelle politique de développement rural durable ». Source : http://www.datar.gouv.fr/sites/default/files/datar/datarfranceruralebd.pdf, consulté le 27/01/2014.

DATAR (Délégation de l'aménagement du territoire et à l'action régionale). (2003). « Une nouvelle politique de développement des territoires pour la France. Contribution au débat sur la déconcentration, l'Europe et l'aménagement du territoire ». La documentation française.

DATAR (Délégation de l'aménagement du territoire et à l'action régionale). (2002). « les systèmes productifs locaux ». La documentation française.

DATAR (Délégation de l'aménagement du territoire et à l'action régionale). (2001). « Réseaux d'entreprises et territoires. Regards sur les systèmes productifs locaux ». La documentation française.

DAUMAS, J-C. (2002). « Programme de recherche du pôle Intelligence territoriale ». Université de Besançon. Source : http://www.intelligence-territoriale.eu/index.php/fre/Ongoing-research/Concept-of-Territorial-intelligence/State-of-the-art-of-Territorial-Intelligence, consulté le 02/03/2013.

DAVID, A. (24 mai 2007). « Regard scientifique sur le concept d'intelligence économique ». Article pour le colloque : « La veille sur l'Internet du libre accès : entre objet scientifique réflexif et management stratégique de l'information économique ». IUT Paris 5.

DE GAULLE, C. (28 oct. 1966). Conférence de presse.

DE KERCKHOVE, D. (1997) Chap. 10 « L'économie connectée », pp. 213-232, *in* « L'intelligence des réseaux ». Odile Jacob.

DE LA GRANGE, A. (15 mai 2007). « Vers un conseil de sécurité nationale à la française ». Le Figaro.

DE MAÎSTRE, X. (15 avr. 2010) « Saint-Gobain renforce sa production en France ». Le Figaro.

DE ROMANET, A. (3 juin 2010). « Le financement des entreprises, nouvelle priorité de la CDC ». Le Figaro – économie.

DE VILLEPIN, D. (1er mars 2006). Conférence de presse.

DE VILLEPIN, D. (27 juil. 2005). Conférence de presse.

DE VILLEPIN, D. (14 sept. 2004). Communication.

DELAMOTTE, B. (2009). « Les coulisses de l'intelligence économique ». Nouveau Monde.

DEMAZIERE, C. et FAUGUOIN, P. (janv. 2005). « Anticiper les mutations économiques des territoires : quelles implications pour l'action publique locale ? ». Actes du colloque Atelier d'Intelligence Stratégique (ATELIS), pp. 387-395, Poitiers.

DEMERS, C. et HASFI, T. (sept. 1993). « Compétitivité et nation : jeux dominants et jeux périphériques ». Gestion, pp. 48-65.

DEVELOPPEMENT & EMPLOI. (mars 2002). « La coopération entre entreprises : mythe ou réalité ? », n° 29.

DOMITILLE, A. (13 janv. 2011). « Dur, dur... la relocalisation ». Le Point.

DOOR, J-P. (2004). « La recherche publique et privée en France face au défi international ». Rapport d'information n° 1998, La documentation française.

DUMAS, P. (mai 2004). « Intelligence, Territoire, Décentralisation ou la région à la française ». ISDM 16, n° 163, p. 2.

DUPUY, C. et BURMEISTER, A. (2003). « Entreprises et territoires : les nouveaux enjeux de la proximité ». La documentation française.

DURKHEIM, E. (1895). « Les règles de la méthode sociologique ». Champs Flammarion.

EGE (École de guerre économique). (RENY, B., BAILLET, P., PASQUIER, M. et TERREUX, B.) (18 mars 2008). « Comment les normes IFRS peuvent-elles révéler nos secrets économiques aux États-Unis ». Étude.

EISINGERICH A., BELL S. J. et TRACEY P. (2010). « How can Clusters Sustain Performance? the Role of Network Strength, Network Openness and Environnemental Uncertainty ». Research Policy, n° 39, pp. 239-253.

ENRIGHT, M. (1996). chap. « Regional Clusters and Economic Development: a Research Agenda », pp. 190-211, *in* « Business Networks: Propects for Regional Development», (Dir. STABER, U. O., SCHAEFER, N. V. et SHARMA, B.). De Gruyter.

ERNST & YOUNG. (18 janv. 2006). « Implication des PME et des SPL dans les pôles de compétitivité ». Étude.

ETATS-UNIS. (juil. 1991). « Japan 2000 ». Rapport de la CIA.

ETATS-UNIS. (3 juin 1997). « Project for the New American Centuary ». Parti républicain.

ETATS-UNIS. (1er mars 1993). « Dispatch ». vol. 4, n° 9, pp. 116-118. Département d'État.

EUROLIO. (Juin 2010). « Comment mesurer la performance des pôles de compétitivité français? ». Colloque de l'observatoire des sciences et techniques, Paris.

FAYARD, P. (6-10 sept. 1995). « L'art stratégique, horizon de recherche et sciences de l'information et de la communication », *in* « Les processus de globalisation et mondialisation : technologies, stratégies et contenu ». Actes du IIIème colloque France-Brésil des chercheurs en communication. Université d'Aracaju (Brésil).

FESSARD, G. (1944). « Autorité et bien commun ». Aubier.

FEVRIER, R. et RAYMOND, P. (2010). « Intelligence économique et collectivités territoriales : des stratégies innovantes pour une meilleure valorisation des territoires ». Ellipses marketing.

FIEVET, G. (1992). « De la stratégie militaire à la stratégie d'entreprise ». Interéditions.

FILLON, F. (02 mars 2010). Réponse à question parlementaire, JORF.

FITZPATRICK, W. (22 juin 2003). « Uncobering Trade Secret: the Legal and Ethical Conundrum of Competitive Intelligence ». SAM advanced management journal.
FLEURBAEY, M. (2003). « Peut-on mesurer le bien-être ? », pp. 133-162, *in* « compétitivité ». Rapport du CAE (dir. DEBONNEUIL, M. et FONTAGNE, L.). La documentation française.
FLORIDA, R et TINAGLI, I. (2004). « Europe in the Creative Age ». Demos.
FMI (Fonds monétaire international). (13 avr. 2010). « Reserve Accumulation and International Monetary Stability ». Rapport.
FMI (Fonds monétaire international). (12 mars 2001). Bulletin, vol. 30, n°5.
FOLLOROU, J. (10 janv. 2006). « La commission européenne contraint le gouvernement à corriger son décret sur le patriotisme économique ». Le Monde.
FOLLOROU, J. (3 janv. 2006). « La France revoit à la baisse son patriotisme économique ». Le Monde.
Fondation PROMETHEUS. (mars. 2013). La lettre mensuelle.
Fondation PROMETHEUS. (fév. 2013). La lettre mensuelle.
Fondation PROMETHEUS. (janv. 2013). La lettre mensuelle.
Fondation PROMETHEUS. (7 mars 2011). « Le secret des affaires : faire converger la défense de l'emploi et l'outil de travail ». Colloque à l'Assemblée Nationale, Paris.
Fondation PROMETHEUS. (fév. 2011). La lettre mensuelle.
Fondation PROMETHEUS. (déc. 2010). La lettre mensuelle.
Fondation PROMETHEUS. (18 oct. 2010). « La protection juridique des informations à caractère économique, enjeux et perspectives ». Colloque à l'Assemblée Nationale, Paris.
FONTAN, J-M., KLEIN, J-L et TREMBLAY D-G. (2005). « Innovation socioterritoriale et reconversion économique : le cas de Montréal ». L'Harmattan.
FRANCOIS-NOYER, V. et DROMA, D. (24-25 nov. 2005). « Le rôle des universités américaines dans l'émergence et l'accompagnement des spinoffs académiques : comparaison avec le système français ». 4ème congrès de l'académie de l'entrepreneuriat, Sénat, Paris.
FRANCOIS, L. (2010) « La question éthique dans la pratique de l'intelligence économique », pp. 43-52, *in* « Sécurité et stratégie », hors série « Éthique, numéro spécial ». CDSE.
FRANCOIS, L. (2008). « Intelligence territoriale : l'intelligence économique appliquée au territoire ». Lavoisier.

FROMHOLD-EISEBITH, M. et EISEBITH, G. (2005). « How to Institutionalize Innovative Clusters? Comparing Explicit Top Down and Implicit Bottom-Up Approach ». Research Policy, n° 34, pp. 1250-1268.

FSI. (2012). « 4 années au service des entreprises françaises ». Source : http://www.bpifrance.fr/content/download/127759/2185960/file/Rapport%20d'activit%C3%A9%202012%20PDF.pdf, consulté le 31/08/2013.

FSI France investissement. (2011). « Rapport au Premier Ministre ». Source : http://www.france-investissement.fr/index.php/content/download/1944/13455/file/Rapport_au_1er_ministre%202011.pdf, consulté le 31/08/2013.

FSI France investissement. (2010). « Le dispositif FSI France Investissement ». Source : http://www.france-investissement.fr/content/download/1742/9726/file/Rapport_au_1er_ministre_2010.pdf, consulté le 31/08/2013.

FUKUYAMA, F. (1992). « La fin de l'histoire et le dernier homme ». Champs Flammarion.

FULD, L. .M. (1985). « Competitor Intelligence ». Wiley.

GALLOIS, L. (5 nov. 2012). « Pacte pour la compétitivité de l'industrie française ». Rapport pour le Commissariat général à l'investissement.

GALLOUX, J-C. (1994). « Ébauche d'une définition juridique de l'information ». Dalloz, chronique, pp. 229-234

GAY, C. et PICARD, F. (2001). « Innovation, agglomération et espace : une mise en perspective de la littérature ». Revue Économies et sociétés, vol. 6, n° 4, pp. 679-716.

GERTLER, M. S. et WOLFE, D. A. (2004). « Local Social Knowledge Management : Community Actors, Institutioned and Multilevel Governance in Regional Foresight Exercises ». Futures, n° 36, pp. 45-65.

GILBERT, G. (nov. 2004). « Quelle légitimité économique et financière du choix de la ressource publique ». Revue française de finances publiques, n° 88, pp. 41-48.

GILLES, R. (mars 2006). « L'intelligence économique territoriale et la gendarmerie ». Revue de la gendarmerie n° 218.

GIRARDIN, J. (2008). Chap. 7 « L'approche humaine : de l'appropriation de l'information à l'intelligence sociale », *in* « L'intelligence économique, Co-construction et émergence d'une discipline via un réseau humain » (dir. BERNAT, J-P). Hermès.

GIRARDOT, J-J. (3-5 mai 2000). « Principes, Méthodes et Outils d'Intelligence Territoriale. Évaluation participative et Observation coopérative », *in* « Conhecer melhor para agir melhor ». Actes du séminaire européen de la Direction Générale de l'Action Sociale, Evora (Portugal).

GUICHARDAZ, P., LOINTIER, P. et ROSE, P. (1999). « L'info-guerre : stratégies de contre-intelligence économique pour les entreprises ». Dunod.

GUILLAUME, R. (2005). « Les systèmes productifs au Québec et dans le sud-ouest français ». l'Harmattan.

HAFSI, T., SEGUIN, F. et TOULOUSE, J-.M. (1996). « La stratégie des organisations : une synthèse ». Transcontinental.

HALL, B. et SMITH, P. (1976). « The Development of Consciousness: a Confluent Theory of Values ». Paulist press.

HAMILTON, D., MILLER, D, et PAYTAS, J. (nov. 2004). « Explorating the Horizontal and Vertical Dimensions of the Governing of Metropolitan Regions ». Urban affairs, vol. 40, n° 2, pp. 147-182.

HARAYAMA, Y (29 mars 2001). Conférence « Instances gouvernementales chargées de la politique technologique ». Université de Genève.

HARBULOT. C., LUCAS, D. (Dir). (2007). « Les chemins de la puissance ». Tatamis.

HARBULOT, C. et LUCAS, D. (2004). « La France a-t-elle une stratégie de puissance économique ? ». Lavauzelle.

HARBULOT. C. (1992). « La machine de guerre économique, États-Unis, Japon, Europe ». Economica.

HEDIN, H. (2004). « Evolution of Competitive Intelligence in Sweden ». Journal of competitive intelligence and management, vol. 2, n°3, pp. 56-75.

HERBAUX, P. (2007). « Intelligence territoriale, repères théoriques ». L'Harmattan.

HERZOG, S. (1914). « Plan de guerre commerciale de l'Allemagne ». Édition française Payot (1919).

HOGAN LOVELLES International (Dir. ANDERSON, R. et TURNER, S.) (23 sept. 2011). « Report on Trade Secrets for the European Commision ». Étude.

HOLLANDE, F. (13 nov. 2012). Conférence de presse.

HUME, D. (1740). « Traité de la nature humaine ». Édition française Poche (1995).

IERSE (Institut d'études et de recherche pour la sécurité des entreprises). (2007). « L'intelligence économique et territoriale : un défi majeur pour la prospérité des PME-PMI et des régions au XXème siècle ».

IGF / IGAENR (Inspection générale des finances / Inspection générale de l'administration de l'éducation nationale et de la recherche). (9 janv. 2007). Rapport : « Valorisation de la recherche ».

IHEDN (Institut des Hautes Études de la Défense Nationale, 14ème session nationale d'études). (2003). « Entreprise et IE : quelle place pour la puissance publique ? ». La documentation française.

IHEDN (Institut des Hautes Études de la Défense Nationale). (Dir. BOURNOIS, F. et ROMANI P-J). (2000). « L'intelligence économique et stratégique dans les entreprises françaises ». Economica.

INHES (Institut national des hautes études de sécurité). (avr.-juin 2008). « La sécurité économique dans la mondialisation ». Les cahiers de la sécurité, n° 4.

INHESJ (Institut national des hautes études de sécurité et de justice). « Le secret des affaires, vers une concurrence loyale ». Revue Défis, n°3, juillet 2014.

Institut d'aménagement et d'urbanisme de la région Île-de-France. (2008). « Clusters mondiaux : regards croisés sur la théorie et la réalité des clusters. Identification et cartographie des principaux clusters internationaux ». Étude.

Institut de l'entreprise. (Dir. CORDOBA, V. et LUCAZEAU, R). (nov. 2012). « Pôles de compétitivité : transformer l'essai ». Rapport.

JACOB, R., JULIEN, P.A. et RAYMOND, L. (1997). « Compétitivité, savoirs stratégiques et innovation : les leviers de l'apprentissage collectif en contexte de réseau ». Revue Internationale de Gestion, vol. 22, n° 3, pp. 93-100.

JACOBIAK, F. (1998). « L'intelligence économique en pratique ». Éditions d'Organisation.

JACQUET, N. et DARMON, D. (2005). « Les pôles de compétitivité : le modèle français ». Rapport n° 5225. La documentation française.

JAMES, O. (2001). « Business Models and the Transfer of Businesslike Central Government Agencies ». Governance, vol. 14, n° 2, pp. 253-282.

JAMET, J-F. (30 avr. 2007). « La compétitivité des entreprises européennes ». Fondation Robert Schuman, Questions d'Europe n° 60, Source : http://www.robert-schuman.eu/question_europe.php?num=qe-60, consulté le 09/05/2011.
JAOÜEN, M. (déc. 2010). « Pourquoi les entreprises commencent à relocaliser ». Management.
JEFFERSON, T. (2006). « Écrits politiques ». Les Belles Lettres.
JEGO, Y. (Mai 2010). « En finir avec la mondialisation anonyme – la traçabilité au service des consommateurs et de l'emploi ». La documentation française.
JEROME, B. (19 juil. 2005). « Questions cruciales sur les pôles de compétitivité ». Le Monde.
JITEX (2007). « Les clusters au Japon et en Corée du Sud : enseignements, perspectives et opportunités ». Rapport pour le MINEFI.
JOHNSON, C. (1987). « Political Institution and Economic Performance: the Goverment Business in Japan, South Korea and Taiwan ». Cornwell University Press.
JORDAN, J. et FIKELSTEIN, S. (2005). « The Ethic of Competitive Intelligence ». Tuck School of Business.
JOUYET, J-P et LEVY, M. (2006). « L'économie de l'immatériel - La croissance de demain ». La documentation française.
JOUYET, J-P. (23 juin 2010). « L'Europe économique et financière ». Conférence à l'Assemblée Nationale, Paris.
JOXE, A. (2007). « La globalisation stratégique ». École des hautes études en sciences sociales, CIRPES.
JUILLET, A. (11 mai 2006). « Entreprises et État doivent mieux intégrer l'intelligence économique ». L'usine Nouvelle.
JUILLET, A. (mars 2006). « Les défis de l'intelligence économique ». Agir n° 25.
JUILLET, A. (2005). Référentiel de formation à l'intelligence économique.
JUILLET, A. (27 nov. 2004). Allocution lors de l'assemblée générale du MEDEF.
JULIEN, P-A., RAYMOND, L. JACOB, R. et RAMANGALAHY, C. (1999). « Types of Technological Scanning in Manufacturing SMEs: an Empirical Analysis of Pattern and Determinants ». Entrepreneurship and Regional Development, vol. 11, n° 4, pp. 281-300.

JULIEN, P. A. RAYMOND, L. JACOB, R. et ABDUL-NOUR, G. (2003). « L'entreprise-réseau : dix ans d'expérience de la Chaire Bombardier produits récréatifs ». Presses de l'université de Québec (2003).

JUNGHANS, P. (8 janv. 2008). « Le retour du patriotisme économique, modèle Sarkozy ». La Tribune.

JUNGHANS, P. (12 oct. 2005). « Les habits neufs du patriotisme économique ». La Tribune.

KAHANER, L. (1996). « Competitive Intelligence: How to Gather, Analyze, and Use Information to Move your Business to the Top ». Simon & Schuster.

KAHN, A. (8 mars 2007). « OSEO veut élargir sa palette d'aides financières aux PME en 2007 ». Le Monde.

KAHN, A. (14 mars 2006). « Les patrons se méfient du patriotisme économique ». Le Monde.

KALDOR, N. (1981). « The Role of Inceasing Returns, Technical Progress and Cumulative Causation in the Theory of International Trade and Economic Growth ». Économie Appliquée, vol. 34, n°4, pp. 593-618.

KELLY, J. M. (1987). « How to Check Out your Competition: a Complete Plan for Investigating your Market ». Wiley.

KETELS, C. (juil. 2005). « How to Evaluate Clusters ». La revue parlementaire.

KEYNES, J. M. (1936). « Théorie générale de l'emploi, de l'intérêt et de la monnaie ». Version numérique réalisée par Jean-Marie Tremblay (université de Quebec).

KEYNES, J. M. (1930). « A Treatise on Money ». MacMillan.

KEYNES, J. M. (1923). « La réforme monétaire ». Version numérique réalisée par Jean-Marie Tremblay (université de Quebec).

KIRAT, T. et LUNG, Y. (1995). « Innovations et proximités : le territoire, lieu de déploiement des processus d'apprentissage », *in* « Coordination économique et apprentissage des firmes », (Dir. LAZARIC, N. et MONNIER, J-M). Economica.

KLEIN, J-L. (1992). « Le partenariat : vers une planification flexible du développement local ? ». Revue Canadienne des Sciences Régionales n° 15, vol. 3, pp. 491-505.

KNAUF, A. (2010). « Les dispositifs d'intelligence économique, compétences et fonctions utiles au pilotage ». L'Harmattan.

KNAUF, A. (12 oct. 2007). « Caractérisation des rôles du coordinateur-animateur : émergence d'un acteur nécessaire à la mise en pratique d'un dispositif régional d'intelligence économique ». Thèse de doctorat, Université Nancy 2.

KPMG. (7 déc. 2006). Évaluation des pôles de compétitivité. Communiqué de presse.

KRUGMAN, P. (mars-avr. 1994). « Competitiveness: A Dangerous Obsession ». Foreign Affairs, vol. 73, n° 2, pp. 28-44.

LA VOLONTE DES PME. (Oct. 2009). « Bienvenue dans la guerre économique ». CGPME.

LACH, S. et SCHANKERMAN, M. (mai 2003). « Incentives and Invention in Universities ». National Bureau of Economic Research, n° 9727.

LACOSTE, P. (29 juin 1999). « Démocratie ». Colloque à l'École Polytechnique.

LAGRANGE, C. (17 janv. 2013). « Rossignol, vive la relocalisation ! ». Le Point, p. 87.

LAKING, R. (2002). « Les agences : avantages et risques ». Revue de l'OCDE sur la gestion budgétaire.

LALLEMAND, D. (sept. 1999). « La défense économique ». Dossier « Du renseignement militaire à l'intelligence économique ». Les cahiers de Mars.

LAMIGEON, V. (28 fév. 2013). « La vérité sur... les transferts industriels à la Chine ». Magazine Challenges n° 334, p. 55.

LANGE, T. (29 juin 2010). « Le dispositif public d'intelligence économique et la normalisation ». Colloque à l'Union de la normalisation de la mécanique.

LARIVET, S. (2009). « Intelligence économique : enquête dans 100 PME ». L'Harmattan.

LARRAT, P. (Dir.) (2008). « Benchmark européen des pratiques en intelligence économique ». l'Harmattan.

LAURENS-BERNARD, O. (2013). « La politique publique d'intelligence économique territoriale – Évaluation de l'action des préfectures de région et propositions ». Rapport pour le ministère de l'intérieur.

LE BLANC, G. (avril 2005). « L'industrie dans l'économie française (1978-2003) : une étude comparée ». Institut de l'Entreprise et le Cercle de l'Industrie.

LE FIGARO. (05 déc. 2012). « Le nombre de pôles de compétitivité doit être réduit ».

LE FIGARO. (26 juil. 1996). « Commerce extérieur : exportation, un guichet unique pour les entreprises ».
LE MONDE. (05 déc. 2012). « Les pôles de compétitivité français sont trop nombreux et pas assez innovants ».
LE MONDE. (11 janv. 2008). « L'industrie en danger ». Éditorial.
LE MONDE. (5 fév. 2006). « Dominique de Villepin souhaite que les entreprise soient mieux armées pour résister aux OPA ».
LE NOUVEL OBSERVATEUR. (11 mai 2008). « La chine va fabriquer des avions « made in china ».
LE POINT. (17 janv. 2013). Séminaire ministériel sur l'emploi à l'Élysée.
LE POINT. (17 janv. 2007). « Dentelle de Calais, menace chinoise ».
LEFEBVRE, P. (26 mai 2009). Observatoire des pôles de compétitivité. Colloque relatif à la réforme territoriale du développement. Paris.
LEGOUTEIL, C. (29 janv. 2009). « L'intelligence économique au Japon ». Source : http://www.metisacie.fr/?p=40, consulté le 15/5/2011.
LEMAITRE, F. (22 déc. 2007). « 2007, l'année du grand retour des États ». Le Monde.
LEONETTI, X. (7 nov. 2008). « État, entreprises, intelligence économique, quel rôle pour la puissance publique ? ». Thèse pour le doctorat en droit. Université Paul Césanne Aix-Marseille III.
LEPAGE, S. (28 fév. 2007). « Les PME à l'école de l'intelligence économique ». Les Échos.
LESCA, H. (1994). « Veille stratégique pour le management stratégique : état de la question et axes de recherche », Économies et Sociétés, série sciences de gestion, n° 20, vol. 5, pp. 31-50.
LEVET, J-L. (1997). « De la sécurité économique : propositions pour une politique publique ». Rapport au ministre de l'économie, des finances et du plan.
LEVET, J-L. (1989). « Une France sans usines ». Economica.
L'EXPANSION. (4 juil. 2006). « Les patrons du CAC dénoncent le patriotisme économique ».
LEYDESDORFF, L. et MEYER, M. (2009). « The Decline of University Patenting and the End of the Bayh-Dole Effect ». Scientometrics, vol. 83, n° 2, pp. 355-362.
LEZEC, F. et RIEDINGER, N. (déc. 2007). « Le 4 Pages », n° 238 pour le MINEFI (Ministère de l'économie et des finances).

LIEBREICH, M. (7 oct. 2010). « The perils of protectionism ». Bloomberg Businessweek.

LIU, S. (1998). « Strategic Scanning and Interpretation Revisiting: Foundations for a Software Agent Support System - Part 1: Understanding the Concept and Context of Strategic Scanning ». Industrial Management & Data Systems, n° 77, pp. 295-312.

LOROT, P. (1999). « La géoéconomie, nouvelle grammaire des rivalités internationales ». Annuaire français des relations internationales. Bruylant.

LUTTWAK, E. (1995). « Le rêve américain en danger ». Odile Jacob.

MacLEOD. C. (1988). « Inventing the Industrial Revolution. The English Patent System, 1660-1800 ». Cambridge.

MacLUHAN, M. (1967). « Guerre et paix dans le village planétaire ». Robert Laffont (1970).

MALLOWAN, M. et MARCON, C. (2010). « Intelligence économique et territoriale au service d'une stratégie de développement régional : la délicate question de la formation des acteurs ». CJRS, vol. 33, n° spécial, pp. 149-162.

MANOIR DE JUAYE (du), T. (sept.-oct. 2008). « Intelligence économique et secret des affaires : le point de vue des juristes ». Cahiers de droit de l'entreprise, n° 5.

MANOIR de JUAYE (du) T. (2007). « Le droit de l'intelligence économique ». Litec.

MANOIR de JUAYE, T. (2004). « Le droit pour dynamiser votre business ». Éditions d'organisation.

MANOIR de JUAYE (du) T. (2000). « Intelligence économique : utilisez toutes les ressources du droit ». Éditions d'Organisation.

MAP (ministère de l'agriculture et de la pêche). (2008). Bilan final de l'appel à projets relatif aux pôles d'excellence rurale.

MARCIANO, A. (pour la DIACT). (2005). Rapport de la Commission nationale des systèmes productifs locaux.

MARCON, C. et MOINET, N. (2011). « L'intelligence économique ». 2ème Édition Dunod.

MARSHALL, A. (1890). « Principes d'économie politique ». Version numérique réalisée par TREMBLAY, J-M, université de Québec.

MARTIN, P. (10 juil. 2008). « Le secret des affaires en droit français ». Université Jean Moulin Lyon 3. Thèse pour le doctorat en droit. Source : http://www.univ-lyon3.fr/fr/ recherche/parutions-et-theses/theses/theses-soutenues/theses-soutenues-2008 /martin-pierre-240744.kjsp?RH=INS-RECHtheses08, consulté le 23/02/2013. Thèse publiée aux éditions Dédale (2009).

MARTINET, B. et RIBAULT, J-M. (1989). « La veille technologique, concurrentielle et commerciale. Sources, méthodologie, organisation ». Éditions d'Organisation.

MASLOW, A. (1943). « A Theory of Human Motivation ». Psychological Review, n° 50, pp. 370-396.

MASSE, G. et THIBAUT, F. (2001). « Intelligence économique – un guide pour une économie de l'intelligence ». De Boeck Université.

MEADOWS, D. (1972). « Halte à la croissance? ». Rapport pour le Club de Rome.

MEDA, D. (1999). « Qu'est-ce que la richesse ? ». Aubier.

MEDEF (Mouvement des Entreprises de France). (sept. 2004). « Intelligence économique – recommandations et propositions du MEDEF ».

MEIE (Ministère de l'économie, de l'industrie et de l'emploi). (déc. 2009). « En 2008, les pôles de compétitivité ont poursuivi leur expansion ». Le 4 pages, n°7.

MEIE (Ministère de l'économie, de l'industrie et de l'emploi). (mai 2009). « L'expansion des pôles de compétitivité se poursuit ». Le 4 pages, n°3.

MENESSIER, M. et PECH, M-E. (2 juin 2007). « François Fillon veut gagner la bataille de l'intelligence ». Le Figaro.

METI. (2005). « Industrial Cluster Study Report, Industrial Cluster Study Group ». Source : http://www.cluster.gr.jp/en/relation/data/ pdf/Cluster_Kenkyu_houkoku_eng lish.pdf, consulté le 14/04/2010.

MIGINIAC, J-P. (7 déc. 2006). « Patriotisme économique : quelle exception française ? ». Source : http://blog.jpmiginiac.com/?q =patriotisme+économique, consulté le 7/05/2010.

MINEFI (Ministère de l'économie et des finances). (mai 2008). « Mémorandum de la France sur la politique européenne des clusters ».

MINISTERE DU REDRESSEMENT PRODUCTIF (mars 2013). Rapport 2012 des commissaires au redressement productif.

MIT (Massachusetts institute of technology). (3 sept. 2010). « Better Health through Social Networking ». Source : http://web.mit.edu /newsoffice/2010/social-networks-health-0903.html, consulté le 04/09/2013.

MIT (Massachusetts institute of technology). (1990). « Made in America ». Rapport.

MITTERRAND, F. (avr. 1988). Lettre à tous les français.

MOINET, N. (2011). « Intelligence économique – Mythes ou réalités ». CNRS.

MOINET, N. (2010). « Petite histoire de l'intelligence économique – une innovation à la française ». l'Harmattan.

MOINET, N. (2009) « Mythes et réalités de l'intelligence économique. Analyse d'une dynamique à la recherche de ses concepts opératoires et perspectives de recherche en communication ». Mémoire HDR.

MOINET, N. (2007). « Actions et méthodes d'intelligence économique ». (direction d'ouvrage collectif avec CHIROUZE, Y.). Eska.

MOINET, N. (2006). « L'intelligence économique : fondements et pratiques ». (direction d'ouvrage collectif avec CHIROUZE, Y.). Eska.

MOINET, N. (8 déc. 2004). « Les enseignements de l'affaire Gemplus ». Problèmes Économiques, n° 2864.

MOINET, N. (2003). « Les batailles secrètes de la science et de la technologie – Gemplus et autres énigmes ». Lavauzelle.

MONTGOMERY, D. B. et WEINBERG C. B. (1979). « Toward Strategic Intelligence Systems ». Journal of Marketing, vol. 43, pp. 41-52.

MUNDELL, R. (12 mars 2001). FMI Bulletin, vol. 30, n°5.

MUSASHI, M. « Traité des cinq anneaux ». Réédition 2011. Hallépée.

NATIONAL COMMITTEE FOR RESPONSIVE PHILANTHROPY. (mars 1999). « One Billion Dollars for Ideas: Conservative Think Tanks in the 1990's ».

NOBLECOURT, M. (8 mars 2008). « Patriotisme mal-placé ». Le Monde.

NORDHAUS, W. et TOBIN, J. (1973). « Is Growth Obsolete ? », *in* « The Measurement of Economic and Social Performance, Studies Inincome and Wealth ». National Bureau of Economic Research (NBER), vol. 18, pp. 509-564. Milton Moss.

NYE, J. (2004). « Soft Power. The Means and Sucess in World Politics ». Public Affairs.

OCDE. (2005). Rapport annuel.

OCDE. (2002). « Les autres visages de la gouvernance publique : agences, autorités administratives et établissements publics ». Rapport.

OCDE. (2002). Revue de l'OCDE sur la gestion budgétaire, vol. 2, n° 1.

ONU. 30 juin 2007. Déclaration d'Istanbul relative à la mesure du progrès social.

OOSTEROOM, R. Van. (2002). « La gouvernance publique partagée : agences, autorités et autres organismes aux Pays-Bas ». Revue de l'OCDE sur la gestion budgétaire. vol. 2, n° 1, pp. 117-136.

OSBERG, L. et SHARPE, A. (15 oct. 2002). « Une évaluation de l'indicateur du bien-être économique dans les pays de l'OCDE ». Séminaire DARES, Paris.

PARAYRE, G. (mars 2006). « Intelligence économique et gendarmerie. Une volonté, une cohérence, une organisation ». Revue de la gendarmerie, n°218.

PARDINI, G. (juil.-sept. 2007). « Introduction à la rubrique intelligence économique ». Cahiers de la sécurité n°1, INHES.

PARDINI, G. (mars 2006). « Les apports institutionnels de l'intelligence économique ». Revue de la gendarmerie nationale, n° 218.

PASTRE, O. (2006). « La méthode Colbert ou le patriotisme économique efficace ». Perrin.

PATEYRON, E-A. (1998). « La veille stratégique ». Economica.

PAUTRAT, R. (2005). « La politique publique d'intelligence territoriale : vers l'État stratège et partenaire ». Revue de l'INHES.

PAUTRAT, R. (déc. 2003). « L'intelligence économique à la croisée des chemins ». Agir n°16.

PAUTRAT, R. et DELBECQUE, E. (2006). « La nouvelle politique publique : vers l'État stratège et partenaire ». INHES.

PAUTRAT, R. et DELBECQUE, E. (2005). « L'intelligence économique et territoriale : un défi majeur pour la prospérité des PME-PMI et des régions au XXIème siècle ». INHES.

PETERS, R. (été 1997). « Conflits constants ». Parameters, pp. 4-14.

PICHOT-DUCLOS, J. (2002). « Les guerres secrètes de la mondialisation – guerre économique, guerre de l'information, guerre terroriste ». Lavauzelle.

PIORE, M. et SABEL, C. (1989). « Les chemins de la prospérité. De la production de masse à la spécialisation souple ». Hachette.

PLATON. (vers 380 av. JC). « La République ». GF Flammarion (1966).

PLUNKET, A. (26-27 mars 2009). « Structure industrielle et technologique et performance des clusters », *in* « la problématique des clusters : où en sommes-nous ? ». Colloque, Lyon.

POMMIER, P. (2002). « Les systèmes productifs locaux ». La documentation française.

PORTER, M. E. (2000). « Location, Competition and Economic Development: Local Clusters in a Global Economy ». Economic Development Quarterly, vol. 14, n° 1, pp. 15-34.

PORTER, M. E. (1991). « Towards a Dynamic Theory of Strategy ». Strategic Management Journal, vol. 12, n° 2, pp.95-117.

PORTER, M. E. (1986). « L'avantage concurrentiel des nations ». Interéditions.

PORTER, M. E. (1982). « Choix stratégiques et concurrence ». Economica.

PORTER, M. E. (1980). « Competitive strategy ». Free Press.

POSTEL-VINAY, G. (2000). « La politique industrielle en France : évolutions et perspectives », pp. 453-486, *in* « Politiques industrielles pour l'Europe ». CAE (Conseil d'analyse économique). (Dir. COHEN, E. et LORENZI, J-H). Rapport n° 26. La documentation française.

PRAGER, J-C. (sept. 2008). « Le transfert de connaissances, quelques pratiques novatrices dans le monde ». Rapport pour l'ADIT.

PRAGER, J-C. (2005). « L'impératif stratégique des régions en Europe : la doctrine et le pratiques de références ». Rapport pour l'ADIT.

PRAGER, J-C. (2005). « Le management stratégique des régions en Europe ». Rapport pour l'ADIT.

PREMIER MINISTRE (services). (21 janv. 2013). « Programme d'investissements d'avenir : réorientation de 2,2 milliards d'euros vers les priorités du pacte national pour la croissance, la compétitivité et l'emploi ». Communiqué de presse.

PREMIER MINISTRE (services). (6 nov. 2012). Pacte national pour la croissance, la compétitivité et l'emploi.

PRESCOTT, J. E. (1995). « The Evolution of Competitive Intelligence ». International Review of Strategic Management, vol. 6, pp.71-90.

PRESSMAN, L. « AUTM Licensing Survey : FY 2000 ». Source : http://www.provendis.info/fileadmin/info/pdfs/1248.pdf, consulté le 20/05/2013.

PRICEWATERHOUSECOOPERS. (20 mars 2008). « Les facteurs et indicateurs de la compétitivité des entreprises de services rendus à l'industrie ». Rapport pour le Ministère de l'économie, des finances et de l'industrie.

RAFFARIN, J-P. (25 janvier 2005). Présentation de l'entrée en vigueur de la LOLF. Journal officiel.

REVEL, C. (juin 2012). « Influence, lobbying, public diplomacy... la France face aux armes du smart power : le décryptage de Claude Revel ». Communication & influence, n° 34, interview.

REVEL, C. (2006). « Intelligence économique et gouvernance compétitive ». (pour l'INHES). La documentation française.

REVELLI, C. (2000). « L'intelligence stratégique sur Internet ». Dunod.

REVUE DE LA DEFENSE NATIONALE. (déc. 2004). « Intelligence économique ou renseignement ». n°670.

ROCCO, A-M. (5 janv. 2012). « La France qui ressuscite ». Challenges, n° 282.

ROCCO, A-M. (16 sept. 2010). « Estrosi veut son label « fabriqué en France ». Challenges, n° 224.

ROCCO, A-M. (25 fév. 2010). « Le made in France se rebiffe ». Challenges, n° 200.

ROSENFELD, S. (2002). « A Governor's Guide to Cluster-Based Economic Development ». National Governors Association.

ROSTOW, W. W. (1997). « Les étapes de la croissance économique ». Economica.

ROUACH, D. (1996). « La veille technologique et l'intelligence économique ». PUF.

ROUBIER, P. (1952). « Le droit de la propriété industrielle ». Sirey.

SAMMON, W. L., KURLAND, M. A. et SPITALNIC, R. (1984). « Business Competitor Intelligence: Methods for Collecting, Organizing and Using Information ». Wiley.

SARKOZY, N. (3 sept. 2009). Allocution lors de la visite chez l'équipementier automobile Faurecia.

SARKOZY, N. (15 juin 2009). Discours à l'Organisation internationale du travail, Genève.

SARKOZY, N. (5 mars 2008). VIIème édition des entretiens annuels de l'ASMEP, Sénat.

SARKOZY, N. (déc. 2003). Discours au siège du MEDEF.
SCHICK, A. (2002). « Les agences à la recherche de principes ». Préface. Revue de l'OCDE sur la gestion budgétaire, vol. 2, n° 1, pp. 7-30.
SENAT. (HOUEL, M. et DAUNIS, M.) (14 oct. 2009). « Pôles de compétitivité : bilan et perspectives d'une politique industrielle et d'aménagement du territoire ». Rapport d'information n° 40.
SENAT (SAUNIER, C.). (25 juin 2008). « L'évolution du secteur de la micro/ nanotechnologie ». Rapport n° 417.
SENAT (PONCET, J-F et BELOT, C.). (2008). « nouvel espace rural français ». Rapport d'information n° 486.
SENAT (GAUDIN, C). (2007). « Notion de centre de décision économique et les conséquences qui s'attachent, en ce domaine, à l'attractivité du territoire ». Rapport d'information n° 347. Deuxième partie, II) l'État régulateur juridique, pp. 241-282.
SMITH, A. (1776). « Recherche sur la nature et les causes de la richesse des nations ». Édition numérique réalisée par TREMBLAY, J-M., université de Québec (2001).
SOULIER, E., LEGRAND, J., BUGEAUD, F. ROUSSEAUX, F., NEFFATI, H. et SAUREL P. « Agencement participatif des territoires : analyse du cas de la vallée scientifique de la Bièvre en tant que réseau multidimensionnel ».
Source : http://www.participation-et-democratie.fr/sites/default /files/atelier_4-2_ soulier_et_al.pdf, consulté le 20/05/2013.
STALLA-BOURDILLON, C. et NUNES, S. (juil.-sept. 2007). « La légitime défense économique : une alternative à la non-gouvernance mondiale ? ». Cahiers de la sécurité n°1, INHES.
STAPELTON, C. R. (juil. 2005). Ambassadeur des États-Unis à Paris, allocution.
STATEC (Institut national de la statistique et des études économiques du Luxembourg). (12 juil. 2006). « Le PIB : un indicateur mal compris face à des attentes démesurées ». Colloque « Vers de nouveaux indicateurs de richesse ». Luxembourg.
STIGLITZ, J. (14 sept. 2009). Rapport sur la mesure des performances économiques et du progrès social. Source : http://www.stiglitz-sen-fitoussi.fr/documents/rapport_francais.pdf, consulté le 23/07/2011.
STIGLITZ, J. (2006). « Un autre monde contre le fanatisme de marché ». Fayard.

STORPER, M. (1997). « The Regional World: Territorial Development in a Global Economy ». Guilford Press.

SUIRE, M. « Cluster « créatif » et proximité relationnelle : Performance des territoires dans une économie de la connaissance », pp. 557-575. Source : http://www.cjrs-rcsr.org/archives/28-3/7-Suire.pdf, consulté le 23/02/2013.

SVENSSON, B et ÖSTHOL, A. (2002). « The Partnership Response – Regional Governance in the Nordic States ». Rapport, vol. 4, n° 6. Source : www.nordregio.se, consulté le 07/09/2013.

SWAKA, K. A. (1996). « Demystifying Competitive intelligence ». Management Review, vol. 85, n° 10, pp. 47-51.

Syndicat de la métallurgie et de la chimie. (15 déc. 2009). Lettre au Président de la République.

TALBOT, C., POLLITT, C., BATHGATE, K., CAULFIELD, J. REILLY, A. et SMULLEN, A. (août 2000). « The Idea of Agency: Researching the Agencification of the (Public Service) World ». Conférence à la American Political Studies Association.

TCHURUK, S. (28 juin 2001). « Une entreprise sans usine ». Le Monde.

TERRITOIRES ET CREATION. « L'économie réelle face à la déloyauté des affaires ». Colloque, Tribunal de Commerce de Paris, 27 septembre 2013.

THE ECONOMIST. (12 mai 2011). « Moving back to America ».

THE ECONOMIST. (14 avril 2011).« Clusters flustered ».

THE ECONOMIST. (25 nov. 2010). « Money and Happiness ».

TOFFLER, A. (1980). « The third wave ». Édition française Gallimard (1988).

TREMBLAY, D-G., FONTAN, J-M., KLEIN, J-L. et ROUSSEAU, S. (2003). « Proximité territoriale et innovation : une enquête sur la région de Montréal ». Revue d'économie régionale et urbaine n° 5, pp. 835-852.

TREVINO, L. K. et WEAVER, G. (printemps 1997). « Ethical Issues on Competitive Intelligence Practice; Consensus, Conflicts and Challenges ». Comptetitive Intelligence Review, vol. 8, n° 1. Source : http://osint.pbworks.com/f/Trevino.pdf, consulté le 07/09/2013.

URVOAS, J-J. Proposition de loi n° 2139, relative à la protection du secret des affaires. Assemblée Nationale, 16 juillet 2014.

VALLS, M. (16 avr. 2014). Discours.

VELTZ, P. (2000). « Le nouveau monde industriel ». Gallimard.

VERHEUGEN, G. (20 juin 2008). Déclaration lors de l'adoption du Small Business Act européen.
VIGUERIE, R. (mars 1999). « One Billion Dollars for Ideas: Conservative Think Tanks in the 1990's ». National Committee for Responsive Philanthropy, p. 9.
VILLAIN, J. (1989). « L'entreprise aux aguets - information, surveillance, propriété et protection industrielle, espionnage et contre-espionnage au service de la compétitivité ». Masson.
VIMONT, C. (15 sept. 1991). « Pourquoi l'industrie française crée-t-elle si peu d'emplois ? Le rôle respectif des emplois d'entraînement et des emplois d'accompagnement ». Chroniques de la Société d'études et de documentation économiques, industrielles et sociales (SEDEIS), n° 9, R. 180.
VIVERET, P. (2001). « Reconsidérer la richesse ». Aube.
VULSER, N. (14 avr. 2009). « Le retour du made in France ». Le Monde.
WALL STREET JOURNAL (14 nov. 2007).
WALL STREET JOURNAL. (21 janv. 1997). Édition européenne, Bruxelles.
WEIL, E. (1955). « Guerre et politique selon Clausewitz ». Revue française de science politique, vol. 5, n° 2, pp. 291-314.
WHITE, T. (juil. 2005). Ministre-conseiller à l'ambassade des États-Unis en France. Allocution.
WIEBER, J-C. (2002). « Mélanges ». Annales littéraires de l'université de Franche-Comté.
WIEDER, T. (12 avr. 2009). « La tentation permanente ». Le Monde.
WILENSKY, H. (1967). « Organizational Intelligence: Knowledge and Policy in Government and Industry ». Basic Books.
YAMANAKA, K. (2000). « Relire le traité des cinq anneaux de Miamoto Musashi ». Economica.
ZARHA, S. A., VAN DE VELDE, E. et LARRANETA, B. (2007). « Knowledge Conversion Capability and the Performance of Corporate and University Spin-Offs ». Industrial and Corporate Change, vol. 16, n° 4, pp. 569-608.
ZARTARIAN, M. (nov. 1998). Centraliens.
ZOU, S. et CAVUSGIL, S.T. (1996). « Global Strategy: A Review and an Integrated Conceptual Framework ». European Journal of Marketing, n° 30, pp. 52-69.

Table des figures

Tables des matières

Économie et Entreprise aux éditions L'Harmattan

Dernières parutions

PROMENADE ROMANTIQUE À PÔLE EMPLOI
Coutarel Colette
Il y a un mythe Pôle Emploi. Trop de désillusions génèrent de l'agressivité. Et voilà qu'une conseillère sort du rang pour nous en dire aussi du bien. De l'intérieur, elle dévoile des vécus : joies et failles vues des deux côtés du guichet. Né de la fusion avec l'ANPE, Pôle Emploi n'apporte pas de remède universel, restant un mode de traitement du chômage. Sujet récurrent s'il en est : le rapport au travail.
(Coll. Rue des écoles, série Champ Libre, 11.50 euros, 86 p.)
ISBN : 978-2-343-04887-1, ISBN EBOOK : 978-2-336-36364-6

RECHERCHE (LA) D'EMPLOI, UN TRAVAIL À PART ENTIÈRE !
Aux marches de l'emploi
Leconte Béatrice, Eray Philippe - Préfaces d'Alain Coffineau et Michel Barabel
Alors même qu'une certaine stigmatisation des chercheurs d'emploi s'esquisse, ce livre présente la recherche d'emploi comme un travail à part entière. Et comme pour de nombreuses situations de travail, cette activité est complexe, difficile. Partant de témoignages illustrant des situations du quotidien, les auteurs proposent un éclairage nouveau sur le travail et ses situations, en commençant par l'amont : la recherche d'emploi...
(Coll. Expériences, Travail et Société : comprendre et agir, 13.00 euros, 130 p.)
ISBN : 978-2-343-04497-2, ISBN EBOOK : 978-2-336-36302-8

TRAVAIL DISSIMULÉ ET ESTIME DE SOI
Une sociologie du rapport moral face aux règles formelles
Heim Jérôme
Loin de se réduire à une stratégie rationnelle de fraude économique, le travail au noir s'explique davantage par la saisie d'opportunités de rémunération, non déclarées et donc illégales. En améliorant la performance sur le marché du travail, ces pratiques confèrent une certaine estime sociale à ceux qui y recourent. Elles s'exposent toutefois à des sanctions pénales et à une plus grande vulnérabilité en l'absence de protections sociales.
(Coll. Conception et dynamique des organisations, 32.00 euros, 322 p.)
ISBN : 978-2-343-04728-7, ISBN EBOOK : 978-2-336-36330-1

IMAGINAIRE (L') ET L'ORGANISATION
La stimulation de l'innovation technoscientifique par la science-fiction
Michaud Thomas
L'imaginaire joue un rôle important dans le fonctionnement des organisations. S'il contribue à stimuler la créativité et à mettre en place des stratégies, il peut aussi être considéré comme un péril que les managers doivent apprendre à gérer. La gestion de l'imaginaire organisationnel est un enjeu de pouvoir. La lutte pour la domination sur les marchés ou en politique passe par le contrôle d'imaginaires en permanente mutation.
(Coll. Logiques sociales, 21.00 euros, 208 p.)
ISBN : 978-2-343-04820-8, ISBN EBOOK : 978-2-336-36370-7

MARX, DU TRAVESTISSEMENT STALINIEN À L'ÉCHEC
Vers un nouvel essor ?
Bublex Georges
Le stalinisme, selon l'auteur, n'est pas une forme de communisme mais un travestissement des thèses de Marx. Totalitaire et liberticide, il pérennisait les «stigmates de la société capitaliste», il était composé d'une stratégie et d'une idéologie spécifiques qui ont mené l'URSS, et tous les partis communistes à sa suite, à l'échec et à la ruine. L'analyse politique du stalinisme, proposée dans cet ouvrage, est nécessaire à la renaissance de ces partis à la hauteur des enjeux.
(23.50 euros, 232 p.)
ISBN : 978-2-343-04797-3, ISBN EBOOK : 978-2-336-36448-3

ANALYSE ÉCONOMIQUE DE L'INVESTISSEMENT EN CAPITAL HUMAIN
Ndiaye Babacar
Comment le capital humain constitue-t-il, d'une part, une motivation individuelle dans le cadre de la théorie de l'école classique, mais aussi un facteur de croissance économique du point de vue de l'approche keynésienne ? L'itinéraire de la problématique amène à justifier les causes de l'imperfection des marchés et le rôle de l'État pour corriger ces imperfections.
(Coll. L'Esprit Économique, série Cours Principaux, 12.50 euros, 110 p.)
ISBN : 978-2-343-04767-6, ISBN EBOOK : 978-2-336-36331-8

ÉCONOMIE (L') DU DÉVELOPPEMENT
Trajectoire, analyse et stratégie de développement
Modibo Traoré
Instrument d'analyse et de gestion du développement économique, cet ouvrage a recours à deux grandes innovations : l'utilisation de la microanalyse et la définition d'une procédure permettant d'effectuer un choix «réaliste» de stratégie de développement en fonction des ressources disponibles dans le pays. Il met l'accent sur le rôle des acteurs privés du développement ; ceux du marché et de l'action collective, à côté de l'action publique qui assure la coordination au niveau méso et macroéconomique.
(Coll. Pour Comprendre, 36.00 euros, 254 p.)
ISBN : 978-2-343-04365-4, ISBN EBOOK : 978-2-336-36289-2

GESTION DE PROJET ET INNOVATION
Sous la direction de Cédric Baudet ; préface de Pienne Bonnal
L'innovation, déstructurée par essence, peut-elle être appréhendée à l'aide de la très structurée «gestion de projet» ? L'histoire des projets nous démontre que la trop grande régulation est un échec à l'innovation. Ainsi, les organisations adaptent la gestion de projet à leur besoin. Pour un projet compliqué de construction, on répond par une structure précise et organisée de projets. A un projet complexe d'innovation, on privilégie la souplesse, la créativité...
(Coll. Conception et dynamique des organisations, 21.00 euros, 214 p.)
ISBN : 978-2-343-04326-5, ISBN EBOOK : 978-2-336-36011-9

CAPITAL HUMAIN *VERSUS* HUMAIN CAPITAL
Schoun Gérard
Accepter que l'humain ne soit pas seulement un capital à exploiter mais un patrimoine à faire fructifier change radicalement notre façon de penser les valeurs, l'innovation, le *leadership* et la gouvernance. Dans la compétition internationale, la France a une formidable carte à jouer. Son déclin est d'autant moins une fatalité que l'esprit français pourrait se révéler parfaitement adapté aux temps nouveaux.
(Coll. Ad valorem, 16.50 euros, 162 p.)
ISBN : 978-2-343-04483-5, ISBN EBOOK : 978-2-336-36013-3

AUTOUR DE L'ANTHROPOLOGIE ÉCONOMIQUE
Actualité des écrits du professeur André Nicolaï
Coordonné par Mahieu François-Régis, Suchère Thierry
Le bon économiste serait celui qui raisonne à partir de trois hypothèses de base que sont l'individualisme méthodologique, la rationalité des acteurs et le marché qui produit de la

complémentarité. En formalisant ces hypothèses, l'auteur entend ici rappeler qui était André Nicolaï : un hétérodoxe ancré dans le courant dit de la socio-économie et qui s'est intéressé à des thèmes tels que le pouvoir, le ludique, l'épistémologie et la sociologie de la connaissance.
(Coll. Éthique Économique, 30.00 euros, 292 p.)
ISBN : 978-2-343-04709-6, ISBN EBOOK : 978-2-336-36061-4

DU PROJET AUX «PROCESS»
Un vade-mecum de la gestion du Risque – L'exemple de la fonction fiscale
Jx' Beaumont Stéphane
Avec ce Vade-Mecum, troisième ouvrage de l'auteur, ce dernier partage sa démarche opérationnelle autour de ces Process qui permettront aux fonctions supports d'améliorer leurs performances, de valoriser leurs «Best Practices» et, après standardisation, de se transformer en centres de profits. Un outil indispensable de la prise de décision face au risque-projet et de sa portabilité interne et externe.
(12.00 euros, 52 p.)
ISBN : 978-2-343-04409-5, ISBN EBOOK : 978-2-336-36066-9

MONNAIE ET FINANCE – Du boom au krach
Sari Camille
Incapable de brider une finance dont le seul objectif est le faire à court terme, les États déclarent leur impuissance face aux forces des marchés. Afin de comprendre le présent et se projeter dans le futur, il est nécessaire de recourir à des outils d'analyse en rupture avec les paradigmes dominants et de tirer les enseignements de ce qui s'est réellement passé, avant d'en arriver au désastre actuel qui risque de compromettre l'avenir de plusieurs générations.
(28.00 euros, 274 p.)
ISBN : 978-2-343-04601-3, ISBN EBOOK : 978-2-336-36231-1

RÉINVENTER L'ENTREPRENEURIAT POUR REFONDER L'ENTREPRISE
Adam Michel - Préface de Claude Alphandéry
Créer son entreprise, fonder une coopérative, lancer une entreprise d'insertion... Quelles ressemblances, mais aussi quelles différences ? Comment distinguer, repérer, modéliser, relier les trois logiques de ces engagements, leurs évolutions possibles voire leurs dérives évitables, mais aussi leurs coopérations réelles et leurs hybridations innovantes ? Et si ces trois dimensions tant éthiques que juridiques structuraient les relations à l'intérieur même de toute entreprise ?
(21.00 euros, 208 p.)
ISBN : 978-2-343-04621-1, ISBN EBOOK : 978-2-336-36182-6

MANAGEMENT INTERCULTUREL, ALTÉRITÉ ET IDENTITÉS
Sous la direction d'Alain Max Guénette, Evalde Mutabazi, Saskia von Overbeck Ottino et Philippe Pierre
Le management interculturel se fonde sur un effort permanent de remise en question de repères culturels acquis et ressentis comme universels. Ce livre s'appuie sur des travaux de recherche et sur des témoignages d'expériences pratiques. Il défend l'urgence d'un management interculturel au lieu d'une gestion de la diversité risquant d'assigner des individus à résidence identitaire, et intègre les apports de l'ethnopsychanalyse.
(Coll. Diversité culturelle et dynamique des organisations, 52.50 euros, 590 p.)
ISBN : 978-2-343-03834-6, ISBN EBOOK : 978-2-336-36190-1

VERS UNE ÉCONOMIE DU BONHEUR
Influence de l'utilitarisme anglo-saxon de Francis Bacon à John-Stuart Mill
Cluzelaud André
Pour saisir la pensée économique anglo-saxonne, il convient de se tourner vers des auteurs comme Bacon, Hobbes, Locke, puis Hume, Bentham et John-Stuart Mill. Avec eux, une ligne de pensée se dégage : l'utilitarisme. Issu de l'empirisme, l'utilitarisme a pour mission de conduire « le plus grand nombre » au « plus grand bonheur » par la voie économique fondée sur le travail et

encadrée par des institutions dont l'objectif n'est pas de dissoudre les valeurs individuelles mais, au contraire, d'en faire profiter toute la communauté.
(33.00 euros, 326 p.)
ISBN : 978-2-343-04700-3, ISBN EBOOK : 978-2-336-36197-0

CULTURES RÉGIONALES, DÉVELOPPEMENT ÉCONOMIQUE
Des ressources territoriales pour les économies régionales
Sous la direction de René Kahn, Roseline Le Squère et Jean-Michel Kosianski
Sous la pression de la mondialisation, des initiatives communautaires et d'une conjoncture économique préoccupante, les cultures et traditions régionales sont considérées comme des ressources mises au service de la croissance et du développement économiques. Cette valorisation économique, pratiquée de façon différente et avec des succès inégaux selon les pays et les régions, suscite des attentes très fortes et soulève beaucoup d'interrogations quant à leurs retombées économiques concrètes et leurs effets sur la dynamique culturelle.
(Coll. Villes et entreprises, 37.00 euros, 364 p.)
ISBN : 978-2-343-03956-5, ISBN EBOOK : 978-2-336-36020-1

BIORAFFINERIE 2030
Une question d'avenir
Schieb Pierre-Alain, Lescieux-Katir Honorine, Thénot Maryline, Clément-Larosière Barbara
Cette étude de la bioraffinerie intégrée de Bazancourt-Pomacle, en Champagne près de Reims, met en exergue le potentiel de la bioéconomie industrielle à réaliser une substitution de ressources fossiles (charbon, pétrole, gaz naturels) par des ressources tirées de la biomasse (agro-ressources principalement) dans des conditions plus durables tout en étant performantes sur le plan économique et social. Un enjeu majeur du XXIe siècle.
(27.00 euros, 256 p.)
ISBN : 978-2-343-04458-3, ISBN EBOOK : 978-2-336-35816-1

EXPLOITATION (L') DU GAZ DE SCHISTE EN FRANCE
Entre enjeux et opportunités
Thévenet Florentin
Le gaz naturel devrait jouer un rôle croissant dans la balance énergétique globale des années à venir, en particulier grâce à l'exploitation du gaz de schiste. Que cache cette nouvelle énergie ? Au-delà des aspects purement financiers ou environnementaux, l'exploitation du gaz de schiste est-elle une fin en soi ou peut-elle être utilisée comme pilier d'une transition énergétique qui se fait attendre ?
(Coll. Géoéconomie et Géofinance, 21.00 euros, 204 p.)
ISBN : 978-2-343-04399-9, ISBN EBOOK : 978-2-336-35934-2

SCIERIE (LA) FRANÇAISE ET LA PRODUCTIVITÉ
Chalayer Maurice
Préface de Christian Senegas ; postface d'Yves Poss
Après un état des lieux du secteur, l'Observatoire du métier de la scierie trace trois scénarios de développement en termes de productivité et d'augmentation de volume de sciages. Une étude des tendances centrées sur la construction et l'emballage permet de dessiner des perspectives d'adaptation des scieries à l'horizon 2020.
(17.00 euros, 170 p.)
ISBN : 978-2-343-04316-6, ISBN EBOOK : 978-2-336-35726-3

L'HARMATTAN ITALIA
Via Degli Artisti 15; 10124 Torino

L'HARMATTAN HONGRIE
Könyvesbolt ; Kossuth L. u. 14-16
1053 Budapest

L'HARMATTAN KINSHASA
185, avenue Nyangwe
Commune de Lingwala
Kinshasa, R.D. Congo
(00243) 998697603 ou (00243) 999229662

L'HARMATTAN CONGO
67, av. E. P. Lumumba
Bât. – Congo Pharmacie (Bib. Nat.)
BP2874 Brazzaville
harmattan.congo@yahoo.fr

L'HARMATTAN GUINÉE
Almamya Rue KA 028, en face
du restaurant Le Cèdre
OKB agency BP 3470 Conakry
(00224) 657 20 85 08 / 664 28 91 96
harmattanguinee@yahoo.fr

L'HARMATTAN MALI
Rue 73, Porte 536, Niamakoro,
Cité Unicef, Bamako
Tél. 00 (223) 20205724 / +(223) 76378082
poudiougopaul@yahoo.fr
pp.harmattan@gmail.com

L'HARMATTAN CAMEROUN
BP 11486
Face à la SNI, immeuble Don Bosco
Yaoundé
(00237) 99 76 61 66
harmattancam@yahoo.fr

L'HARMATTAN CÔTE D'IVOIRE
Résidence Karl / cité des arts
Abidjan-Cocody 03 BP 1588 Abidjan 03
(00225) 05 77 87 31
etien_nda@yahoo.fr

L'HARMATTAN BURKINA
Penou Achille Some
Ouagadougou
(+226) 70 26 88 27

L'HARMATTAN SÉNÉGAL
10 VDN en face Mermoz, après le pont de Fann
BP 45034 Dakar Fann
33 825 98 58 / 33 860 9858
senharmattan@gmail.com / senlibraire@gmail.com
www.harmattansenegal.com

L'HARMATTAN BÉNIN
ISOR-BENIN
01 BP 359 COTONOU-RP
Quartier Gbèdjromèdé,
Rue Agbélenco, Lot 1247 I
Tél : 00 229 21 32 53 79
christian_dablaka123@yahoo.fr

643098 - Mars 2016
Achevé d'imprimer par

1livre.com
du rêve à la réalité !

www.ingramcontent.com/pod-product-compliance
Lightning Source LLC
LaVergne TN
LVHW011141061026
849535LV00003B/565